中国人民大学劳动人事学院系列教材

招聘与配置

（第2版）

主 编 王丽娟 王 青

中国人民大学出版社
·北京·

前言

党的二十大报告指出，人才是第一资源。培养造就德才兼备的高素质人才，是国家和民族长远发展大计。功以才成，业由才广。对于任何组织来说，人才都是最宝贵的资源。人力资源管理负责人才的选、用、育、留。通过有效的人才管理，组织能够吸引、保留和发展高素质的人才，为组织的战略目标实现提供有力支持，对于组织的长期发展和竞争优势至关重要。员工招聘与配置是人才进入组织的起始环节，在人才的发展和管理中起着至关重要的作用。

广义的员工配置既是人力资源管理的起点，又是人力资源管理的终点，其最终目的是要达到个人与职位、个人与组织的匹配，提升组织的整体绩效。从组织的人力资源规划到绩效考核，从职位分析到培训项目的设计，从招聘录用到终止合同或解雇裁员，这些既是员工配置的任务和程序，也体现了员工配置的结果。

狭义的员工配置是一个管理过程，是为了实现创造组织效能的有利条件而从事的获取、运用和留任足够质量和数量劳动力的过程。通过这个过程，组织可以保证持续不断地拥有适当数量并具备相应技能的员工高质量地完成工作任务。“人尽其才，才尽其用”，给每个人找到合适的工作，给每份工作找到合适的人。无论是站在组织的角度还是个人职业生涯的角度，人岗匹配都至关重要。对于组织来讲，员工招聘与配置是帮助组织获取人力资源最直接最有效的手段，是人力资源管理与开发中一项重要的基础性工作。员工配置的质量直接影响一个组织人才资本的质量，影响组织战略的执行，影响组织的兴衰。

员工招聘与配置具有深厚的理论基础和很强的实践操作性。从理论研究来看，人与职业的匹配、人与组织的匹配、人与工作的匹配为员工配置提供了理论支撑。我国的科举制和西方国家文官制度的创立和发展，心理测验的学科发展和在两次世界大战中的成功运用，既促进了员工招聘与配置的理论发展，又促进了员工招聘与配置的社会实践。案例教学可以看作是教学内容的具体化和形象化，可以更好地“润物细无声”，促进学生对基本知识和基本技术的理解。中国企业案例既是国家经济发展的表征，也能体现中国文化，可以一定程度上反映中国人力资源管理的环境。应用中国企业案例，可以有效地缩短理论和现实的距离，有助于拓展知识学习的广度、深度。本书在讲述员工配置理论的同时，引入大量当代中国本土的案例，试图将理论和操作实践结合起来，让学生能站在理论的高度对该领域有更全面的理解，同时也能理解中国的企业实践，学会把理论应用于实践，掌握员工招聘与配置的实操技术，成为既有专业知识又懂企业实践的人才。

这次修订在上一版的基础上，补充了招聘与配置领域的前沿理论和本土企业最佳实践；每章章首补充了引入案例，作为学习前的“热身动作”；更新了章尾的思考案例，作为学习后的“巩固练习”；文字更加简明清晰，使本书更加明白易懂。

本书的完成是团队合作的结果。在第1版的写作中，陈璜、刘佳、陈圆圆和陈佳莉提供了初稿，王丽娟和杨芃审阅全文和定稿。在第2版的写作中，王振、付心仪、姜丽和洪雯琦提供了案例的初稿，王青负责全书的修订、案例调整和定稿。

在本书的写作过程中，我们参阅了大量的专著和研究成果，由于篇幅有限，并没有一一列出，仅在最后列出了主要的参考文献，在此谨向所有这些著作的作者致以最诚挚的谢意！感谢中国人民大学出版社的谷广阔编辑，正是因为他的支持、帮助和督促，本书才能与读者见面。

由于水平有限，书中难免有一些不足和疏漏之处，恳请同行专家和广大读者批评指正，以便将来进一步完善。

编者

目 录

第 1 章

员工配置

［学习目标］

- 解释员工配置的重要性
- 了解内外部环境对员工配置的影响
- 了解如何选择与公司实际相适应的配置战略
- 了解我国员工配置的历史、现状与发展趋势

［引入案例］

大数据+人工智能：百度这样管理人才

作为中国互联网行业的领军企业，百度充分发挥其在人工智能和大数据方面的天然优势，组建了面向智能化人才管理的专业复合型团队——百度人才智库（Baidu Talent Intelligence Center，简称百度 TIC）。百度 TIC 以大数据人工智能为基础，提供了从数据、技术到落地的一整套人才智能化管理解决方案，推动了百度人才管理模式从传统经验型向大数据驱动的、以人为本的人工智能管理模式转型，在招聘理念、人才信息平台搭建、招聘标准及评估方面都推动了大数据在人力资源管理领域的应用。无论是人才的全面搜索与精准匹配，还是面试流程的精简与个性化设计，百度将人工智能应用到招聘实践的方方面面，极大地提高了招聘效率。

从招聘理念上，百度强调价值匹配和因人设岗。招聘需求在企业不同发展阶段，会伴随着战略转变和业务调整而发生动态波动。大数据和机器学习可以使系统自动分析岗位需求进行人才精准匹配，强调出于人才考虑的主动岗位设计路径。

百度的人才观是最好的人、最大的空间和最好的结果。这几个标准对应着人才的专业技能和文化价值观、工作环境、晋升路径、项目推进和项目成果。百度 TIC 为员工建立了成长“电子档案”，通过计算员工的业务核心度指数，判断其成为“人才”的可能性，并且能够发现员工在五个维度（企业中的核心地位、业务桥梁、开放交流、组织框架和广泛合作）的优劣强度，进而因材因需给予适合的任命或有针对性的培训辅导。

为了保证线上招聘活动的顺利开展，人才管理系统主要通过三个方面进行平台搭建。第一，多渠道数据收集和整合，包括候选人的简历、证明材料、前期沟通、面试评

估反馈信息等非结构化数据。第二，数据的分析。针对候选人工作特质与应聘的岗位直接的相关关系，智能化匹配出多维度的评估人才标准，包括技术深度和广度、项目经验、管理经验、领导力和文化适应度等。第三，通过分析形成候选人的画像、人才报告、企业人才图谱，从而为“机器学习”提供智能化资源，帮助管理者进行能力评审和决策。

总之，百度通过探索大数据和人工智能在人才招聘和管理方面的应用，科学地识别优秀管理者与潜力人才，极大地提升了招聘效率，也给百度的年轻员工群体提供科学化、个性化的成长和发展指导，促进了人才与岗位的智能双向自动匹配。

资料来源：刘铮等．大数据+人工智能：百度这样管理人才．企业家信息，2017（4）：73-75；彭剑锋．人力资源管理概论．3版．上海：复旦大学出版社，2018.

自从诺贝尔经济学奖获得者西奥多·舒尔茨（Theodore W. Schultz）提出人力资本理论之后，人力资源因其在企业生产、管理中的重要作用而被经济学家和管理学家称为第一资源。他们认为人力资源是组织各项资源中最宝贵、最重要的资源，是组织发展的“第一资源”，组织中其他资源的组合、运用都要靠人力资源来推动。经济的竞争、科学技术的竞争、智力的竞争，归根到底是人才的竞争，而现代企业在人才方面的竞争究其根本也就是人力资源的竞争。世界上成功的企业无不重视人力资源开发与管理活动，抢占人力资源开发与管理的制高点，在人力资源开发和管理争夺战中争取主动。

第1节　员工配置概述

任何组织必须拥有员工配置系统，用以指导获取、运用和留任劳动力队伍。员工配置是人力资源管理各项活动中最基础的工作，也是一项关键的组织职能。

一、员工配置

（一）员工配置的概念

员工配置（staffing）是一个比较宽泛的概念，学者对员工配置的定义有：

萧鸣政（2005）认为，员工配置即组织的人力资源管理政策和技术，具体是指组织根据自身的发展战略、人力资源规划，以及人员所具有的职位心理欲求和能力等个人具体条件和情况，不断、经常性地通过一定的方式和手段，有目的、有计划、合理地对人员的职务进行调整变化，将人员能力和岗位进行最佳结合，从而使组织目标得以有效实现，同时有助于人员的职业发展和能力开发。

卡鲁思（2009）认为员工配置是一个决定组织中人力资源需求的程序，并且确保足够合格的人员来满足这些需求。

赫伯特·赫尼曼等（2005）将员工配置定义为：为了创造实现组织效能的有利条件

而从事的获取、运用和留任足够质量和数量劳动力队伍的过程。该定义强调了员工配置水平和劳动力质量两方面对组织效能的贡献，以及一套相互配合的劳动力获取、雇佣和留任活动，指导人员的流入、保留和流出组织，本书采用该定义。

（二）员工配置的内涵

任何组织必须拥有员工配置系统，用以指导获取、运用和留任劳动力队伍。赫伯特·赫尼曼的定义包含以下几方面内容。

1. 获取

获取活动包括外部员工配置系统，它管辖的是组织新进入人员的最初入口。它包括规划人员数量和需要类型，确定以有效完成工作所需的任职资格或知识、技能、能力和其他特征（knowledge，skill，ability and other characteristics，KSAO）为形式的工作要求，确定工作的相应报酬类型，发起外部招聘活动，使用选拔工具来衡量应聘者应有的 KSAO 水平，决定哪些应聘者最称职，应获得工作邀请，并汇总应聘者愿意接受的工作邀请。

2. 运用

运用活动指的是对新聘用员工在他们将要从事的实际工作岗位上的安置，有的时候有些内容在招聘期间还没有完全明晰，例如特殊的工作部门或工作地点。运用活动也包含了指导现有员工的流动，也就是通过处理晋升调动和新项目任务等问题的内部员工配置系统，来完成遍及组织的流动。内部员工配置系统在很多方面和外部员工配置系统相似，例如晋升的规划和调动的职位空缺，确定工作要求和报酬，为晋升或调任职位招聘员工，评价员工的任职资格以及就新岗位提供工作邀请。

3. 留任

留任系统试图管理不可避免将要流出组织的员工流。有一些流出是组织发起的、员工非自愿的，比如裁员或业务部门并入其他组织。有一些流出是员工发起的、自愿的，比如离开组织去从事另一项工作（一种潜在可避免的人员调整）或离开组织跟随伴侣或合伙人到另一个地方（一种潜在不可避免的人员调整）。因此，没有组织能够或应该完全避免人员流出，但是组织应该试图减少有价值员工的离开，尤其是可避免的员工主动离职，因为这样的调整对组织来说成本很高。解聘和裁员也会造成人员调整。通过不同的留任战略和策略，组织能防止某些类型的人员调整，能够留任那些对组织有重大价值的员工。

（三）与员工配置相关的概念

员工配置是组织人力资源管理活动之一，是组织获取、运用和留任劳动力的职能，是一个比招募、甄选等词汇更为宽泛、系统的概念。但是在诸多人力资源管理的相关研究中，常常看到的是招募与甄选等词汇，很少见到员工配置，这就需要我们仔细分析这些概念之间的差别。

招募包括搜寻和获得足够数量的合格的职位候选人，以便组织能够从中挑选出最合适的人员来填补职位空缺的需要（诺伊，2005）。人力资源招募包括发生在雇主与潜在雇员之间的大部分活动内容，在日常交谈当中，人们经常把“招募”当成组织雇佣的全部过程。人力资源专业工作者通常把雇佣的全过程描述为招募与甄选。招募与甄选是两个关系非常密切的活动。人力资源招募的主要目的是创造一个潜在的雇员群。

甄选是为了决定应该雇佣谁来填补组织出现的长期或短期的职位空缺，获取求职者的信息并对其加以运用的过程（诺伊，2005）。甄选包括对求职者进行分类、排序，并决定哪些求职者最终将收到组织的雇佣通知，是一个选择的过程。人力资源招募活动是获取职位的候选人，而人力资源甄选活动是从候选人中选择组织员工的过程。

与员工配置相关的概念还有人力资源配置。人力资源配置可以从宏观角度和微观角度理解。宏观角度的人力资源配置包括一个国家对全部人力资源的宏观配置，而从组织管理的角度来看，人力资源配置就是通过考核、选拔、录用和培训，把符合组织价值观和发展需要的人才及时、合理地安排在所需要的岗位上，形成一定的结构效应，并使之与其他经济资源相结合，使得人尽其才，提高人力资源利用率，最大限度地为组织创造更多效益（严妍，2008）。微观角度的人力资源配置与员工配置的概念相似，但该定义包含人力资源的配置和培训，虽说培训是为了使员工能够更胜任工作或者更能够与组织匹配而进行的，但是其终究应该属于人力资源管理活动中的培训环节，不应放在员工配置中。

员工配置是为了实现创造组织效能的有利条件而从事的获取、运用和留任足够质量和数量劳动力队伍的过程。从概念中可以看出员工配置包含了对进入组织和在组织中留任的人员流动情况的管理。员工配置过程包含招聘、选拔和雇佣这几个关键要素，图1－1描述了在这些人员流动过程中发生的步骤和活动。

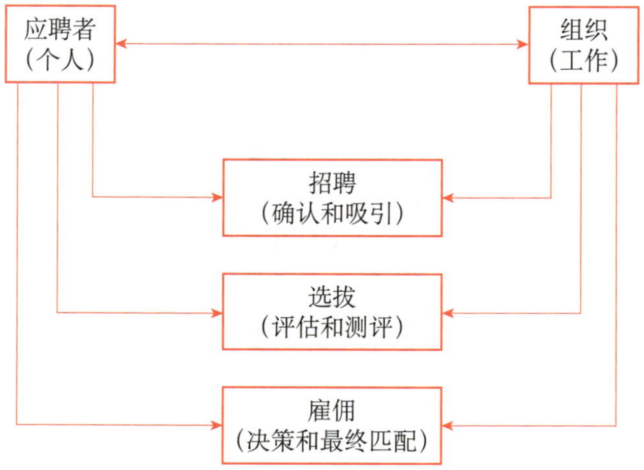

图1－1 员工配置系统的组成要素

资料来源：赫伯特·赫尼曼，蒂莫西·贾奇．组织人员配置：第4版．王重鸣，陈学军，等，译．北京：机械工业出版社，2005.

（四）员工配置：一个系统或过程

从上述分析中可以看出，员工配置不是一个简单的招聘或选拔活动，而是一个过程。它不仅包括人员的获取，还包括人员的运用、开发和留任管理。在整个员工配置过程中，组织和应聘者双方始终是员工配置程序的合作参与者。员工配置的初始阶段是招聘，在这一阶段组织通过广告、网络媒体等方式吸引应聘者参与招聘或竞聘，形成“人才池”（talent pool）。员工配置的第二阶段是选拔，选拔阶段的重点在于评估和测评。组织以任职要求为依据，评估应聘者的技能、能力、素质等条件与目标岗位的匹配程度。同时，应聘者也对工作和组织进行评估。员工配置的下一个阶段是雇佣，它包括了决策及组织和应聘者之间的最终匹配活动。在应聘者接受工作之后，匹配的最后阶段就告结束，雇佣关系正式确立。

二、员工配置的基础——匹配

组织进行员工配置的总目标是使匹配（fit）最大化和避免不匹配（misfit）。备受推崇的匹配理论认为，人与环境之间的匹配将会带来积极的效应。人与环境匹配（person-environment fit，P-E fit）的定义为，当个体与工作环境的特征相匹配时出现的相容性。依据这个简单的定义，学者提出了不同的匹配类型。

（一）人与职业匹配

人与职业匹配（person-vocation fit，P-V fit）的研究包括职业选择理论，目的是使人与符合他们兴趣的职业相匹配。工作适应理论，强调适应和满意是职业环境满足员工需要的结果。舒伯（Super，1953）的职业发展理论认为人们选择职业时会基于职业与自我概念的一致性。霍兰德（Holland）的职业类型理论认为人的个性分为六种类型：实际型、研究型、艺术型、社会型、企业型和常规型，相应的职业也可分为六种基本类型。人们一般都倾向于寻找与其个性类型相一致的职业类型，职业也要求与其类型相一致的人匹配。当员工认为自身属性特质与某职业环境特质相似时，就会感知到个人与职业匹配。组织在员工配置时可以将人与职业的匹配作为选择员工的标准，然而需要注意的是，人与职业匹配并未考虑到员工是否适合进入某组织，因为每一个组织的组织文化都是独特的。

（二）人与组织匹配

很多研究者把人与组织匹配（person-organization fit，P-O fit）宽泛地定义为个人与组织之间的相容性。如施耐德（Schneider，1987）提出的吸引-选择-摩擦（attraction-select-attrition，ASA）理论认为人与组织因其之间的相似性而相互吸引。近年来，研究人员提出用整合的观点对人与组织匹配进行解释。克里斯托夫（Kristof，1996）提出一个较为完整的人与组织匹配模型（见图1-2），认为不管是个体还是组织，除了既有基本特征，还分别拥有需求及所能供给的资源。克里斯托夫将人与组织匹配分为两个主要类别：一致性匹配（supplementary fit）和互补性匹配（complementary fit）。

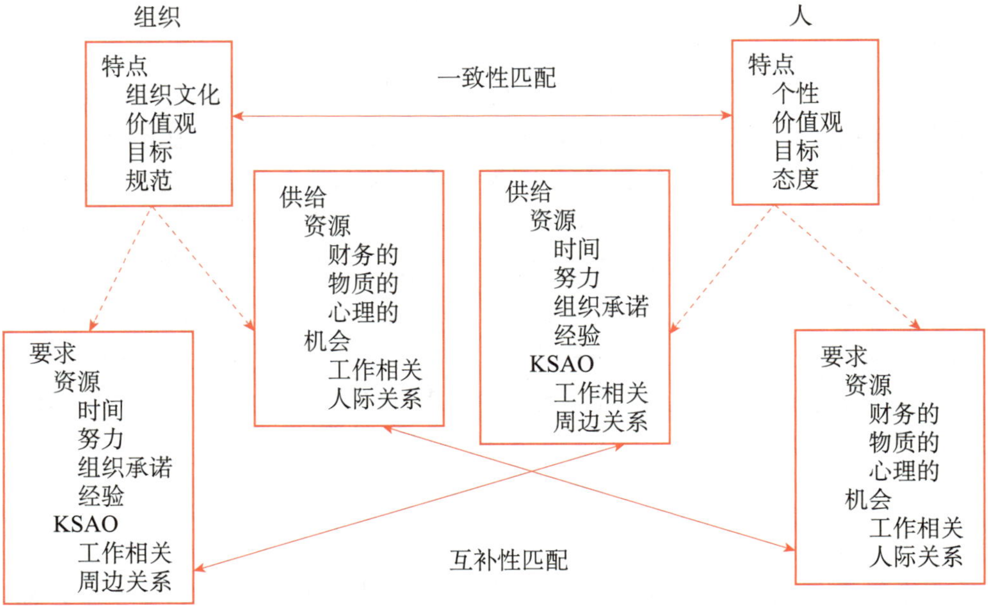

图1-2　克里斯托夫的人与组织匹配模型

这种模型强调员工与组织的整体匹配，一方面，个体能够满足特定工作岗位的要求；另一方面，个体内在的特征与组织的基本特征要保持一致。克里斯托夫（Kristof，1996）认为：当个体与组织至少一方能够为另一方提供所需的资源时，或者当个体与组织的某些特征具有相似性时，或者当前两者都存在时，就可以说人与组织匹配在某种程度上存在。

（三）人与群体匹配

人与群体或人与团队匹配（person-group fit，P-G fit），着重于个体与他们工作群体之间人际关系的相容性。在所有匹配类型中，人与群体匹配是最新出现的。然而，几乎没有研究探讨这类匹配的前因和后果，很少有研究关注在群体的环境中同事之间的心理相容性如何影响个体的结果，大多数的研究关注人与群体匹配如何影响群体绩效。威贝尔（Werbel，2001）提出新的雇佣和直接的工作群体之间匹配的基础是获得一致和互补的人与群体匹配。和人与群体匹配最相关的文献是团队的组成，其中存在着所谓异质性与同质性的争论。持异质性看法的学者认为若团队由具备不同能力与经验的成员组成则效能较高；而同质性看法的学者则相信成员在价值观、目标上一致性的程度越高则工作结果越佳。有研究发现，当员工与同事在种族、年龄、人格上不相似时，其对组织的承诺较低、对同事满意度较低，会表现出组织和人际的偏差行为（Liao et al.，2004）。

（四）人与工作匹配

人与工作匹配（person-job fit，P-J fit）研究得最好的类型，是人与具体工作之间的相容性。爱德华兹（Edwards，1991）将人与工作匹配定义为两个方面：一是员工的知识、技能、能力与工作要求（需求-能力）相匹配；二是个人的期望与工作的特征（需要-供给）相匹配。赫伯特·赫尼曼（2005）认为人与工作的匹配是双重匹配，包括工作任职要求与KSAO的匹配和工作报酬与个人动机的匹配，而且匹配程度越高，越能促进人力资源结果，特别是可以吸引工作申请者、提升工作绩效、促进留任、提高敬业度和满意度等（见图1-3）。

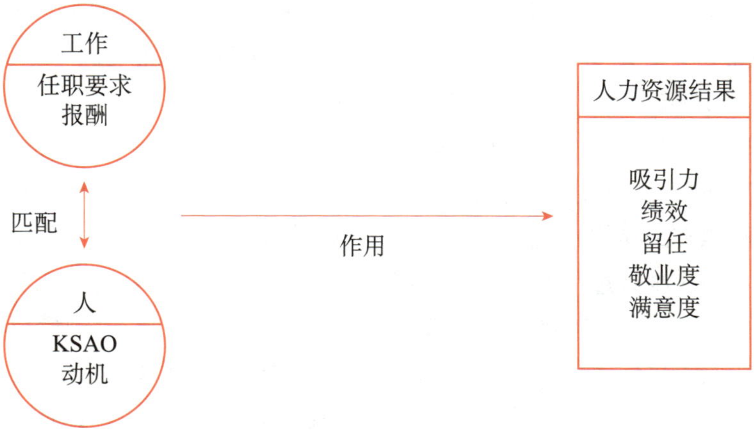

图1-3 赫尼曼的人与工作匹配模型

资料来源：赫伯特·赫尼曼，蒂莫西·贾奇．组织人员配置：第4版．王重鸣，陈学军，等，译．北京：机械工业出版社，2005.

（五）人与人匹配

詹森和克里斯托夫-布朗（Jansen & Kristof-Brown，2006）提出了另外一个维度的匹配——人与人匹配（person-person fit，P-P fit），强调在工作情境中特殊的两个个体之间的相容性。大量的研究队伍发展了在求职者与面试官、上司与下属、指导者与新来者之间的匹配。目前研究得最好的领域之一是上司和下属之间的匹配。学者指出，当上司与下属的偏好、性格特质、背景（包括年龄、性别、种族、受教育程度、年资）、解决问题方式类似时，双方的人际吸引力较高，互动的频率较多，下属的工作满足度较强。一项研究对350多所中学的教师和校长进行了调查（Voucouver & Schmitt，1991），发现上级与下属、下属与下属之间的目标匹配与员工满意度、忠诚度呈显著正相关，上级和下属之间、同事之间在目标上的高水平匹配与离职倾向呈负相关，低水平匹配的员工表现出较强的离职倾向。

人与职业匹配直接影响个体对某类偏好职业的具体组织和工作的选择，是匹配最广泛、最宏观的层面；人与组织匹配是个体与组织价值观、目标和使命的匹配，是次级的宏观层面；人与群体匹配是个体技能或人际关系与工作群体或团队的匹配，属于中观层面；人与工作匹配是关于个体与具体工作的相容性，包含能力、工作特性、兴趣或人格上的匹配，属于微观层面；而人与人匹配是上下级或同级之间在偏好、人格等方面的匹配，属于最微观的层面。

关于这几种匹配类型，学者们做了大量的研究，如奥莱利等（O'Reilly et al.，

1991）发现人与组织匹配和人与工作匹配对会计师的工作满意度、组织承诺和流动意图有独立的作用。有研究（Lauver & Kristof-Brown，2001）发现员工知觉的人与组织匹配比知觉的人与工作匹配能更好地预测流动意图和周边绩效。克里斯托夫-布朗等（Kristof-Brown et al.，2001）研究发现，人与工作匹配对工作态度影响最大，其次是人与组织匹配和人与群体匹配。王萍（2007）认为在匹配领域中，工作满意度和人与工作匹配的关系最密切，组织承诺和人与组织匹配的关系最密切，对同事的满意度和人与群体匹配的关系最密切，对上司的满足度和人与人匹配的关系最密切。

对446名校园招聘人员的一项调查发现（Chuang，2005），在初试中人与工作匹配比人与组织匹配更重要，随着进入复试和最终面试，人与工作匹配的重要性逐渐下降，而人与组织匹配的重要性逐渐上升。本书认为，对于组织来说，人与职业匹配是较难控制的，可以在最初的面试过程中用人格测试进行选拔。工作要求和任职资格是员工配置的根本，在员工配置过程中是必不可少的，相对而言比较容易衡量和辨别。而人与组织匹配在员工配置过程中比较难以衡量和判断，因为人与组织匹配的测量在学术界还没有公认的较好的工具可供使用，但是组织管理者和人力资源部门可以从以下几个方面对应聘者进行考察：比较个体的价值观是否与组织的价值观相似（Cable & Derue，2002）、个体的目标是否与组织目标相似（Kristof & Stevens，2001）、个体的需要是否与组织系统和结构互补（Cable & Judge，1994）、个体个性特征是否与组织气氛或文化相似和互补（Rentsch & McEwen，2002）。人与群体、人与人匹配则属于组织人员的进一步再配置，在一般员工配置过程中需要考虑，但不是决定性的因素，不过对于管理层人员的选拔配置来说则相对重要，管理层之间的相互配合程度对于组织管理来说十分重要。

三、员工配置的重要性

在人力资源管理活动中，员工配置包括人力资源的流入和流出等环节，是组织成功的关键。员工配置对于组织和员工都具有重要意义。对于组织来讲，员工配置是组织获取人力资源这一核心战略资源的基础，组织能否拥有符合自身发展需求的人力资源梯队，在一定程度上取决于员工配置。员工配置是否动态合理在很大程度上影响组织的运行效率。对员工来讲，一方面，员工配置是充分发挥其作用、实现其价值和得到物质与精神回报的必要条件；另一方面，员工配置也是一个不断统一员工个人职业发展目标与组织战略目标、帮助员工在组织内外实现个人职业发展目标的过程。

（一）人力资本是组织的核心竞争力

在知识经济时代，人们对知识和智力资本的关注程度远远超过了以往任何时代。尽管金融资本对组织的发展仍然具有举足轻重的作用，但是人们已经越来越认识到，拥有和创造知识与智力资本的人是构成组织核心竞争力的源泉，与此同时，人力资源管理的地位和重要性也达到了前所未有的高度。詹姆斯·皮克福德（2003）认为人力资源之所以被称为一种战略资产，是因为确保战略得到良好执行的能力是竞争优势的一个源泉，而人是战略执行过程的关键。

组织的竞争就是人力资本的竞争，能否获取优秀的员工使得组织拥有具有竞争力的人力资本是组织兴衰的关键。组织的发展根系于人的发展，人才质量是衡量组织整体竞争力的标志。组织都在不惜代价地吸引和保留有竞争力的人力资源，员工配置在人力资源管理与开发工作中也是一项重要的基础性工作。员工配置的质量直接影响一个组织人才资本的质量，是人力资源质量管理的第一关。

（二）员工配置是一个组织人力资源形成的关键

员工配置可以帮助组织获得人力资源，而且是最直接、最有效的手段。员工配置的目标就是保证组织人力资源得到充足的供应，使人力资源得到高效的配置，提高人力资源的投资效益。员工配置是开展其他人力资源工作的输入和前提，直接决定了新进员工的知识背景、技能高低、基本素质、文化适应性等是否符合组织发展的要求，对人力资源的使用、留用、培养等工作都有决定性的影响。

一份对组织中四个管理层的 1 969 名经理和主管人员的跨国调研（赫尼曼，2005）表明，对于经理和主管人员来说最为紧迫的问题依次是：

（1）吸引、发展和留任核心员工。

（2）战略性思考和计划。

（3）保持高绩效文化。

（4）提升客户满意度。

（5）时间和压力管理。

另外，吸引、发展和留任核心员工的问题也是所有职能类型的经理和主管人员最紧迫的五个问题中的一个，并且是制造、操作、人力资源、研发、综合管理、财会和工程等职能的经理和主管人员的最紧迫问题之首。

另一份对 525 位人力资源专业人员和综合管理主管的调研（赫尼曼，2005）发现，招聘/留任对于人力资源专业人员和综合管理主管是最重要的，员工配置问题确实会上升为组织首要关注的问题。

（三）员工配置决策对组织和员工的影响重大

如图 1－4 所示，做出正确的员工配置决策还是错误的员工配置决策将导致截然不同的后果。

（四）员工配置状况会影响组织绩效

人力资源管理实践（活动）对组织绩效的影响是学术界的热门话题。陈（Chen，2001）指出人力资源管理对组织运作的影响原理之一是资源基础理论（resource-based theory），即假设人力资源管理体系是一种无形资产，具有技能、知识与能力的人力资源可提供经济性价值给组织。组织投资以增加员工技能、知识与能力，并期望员工能通过增加生产力而对组织产生回报，若员工对组织的贡献具有高潜力，组织则可能通过人力

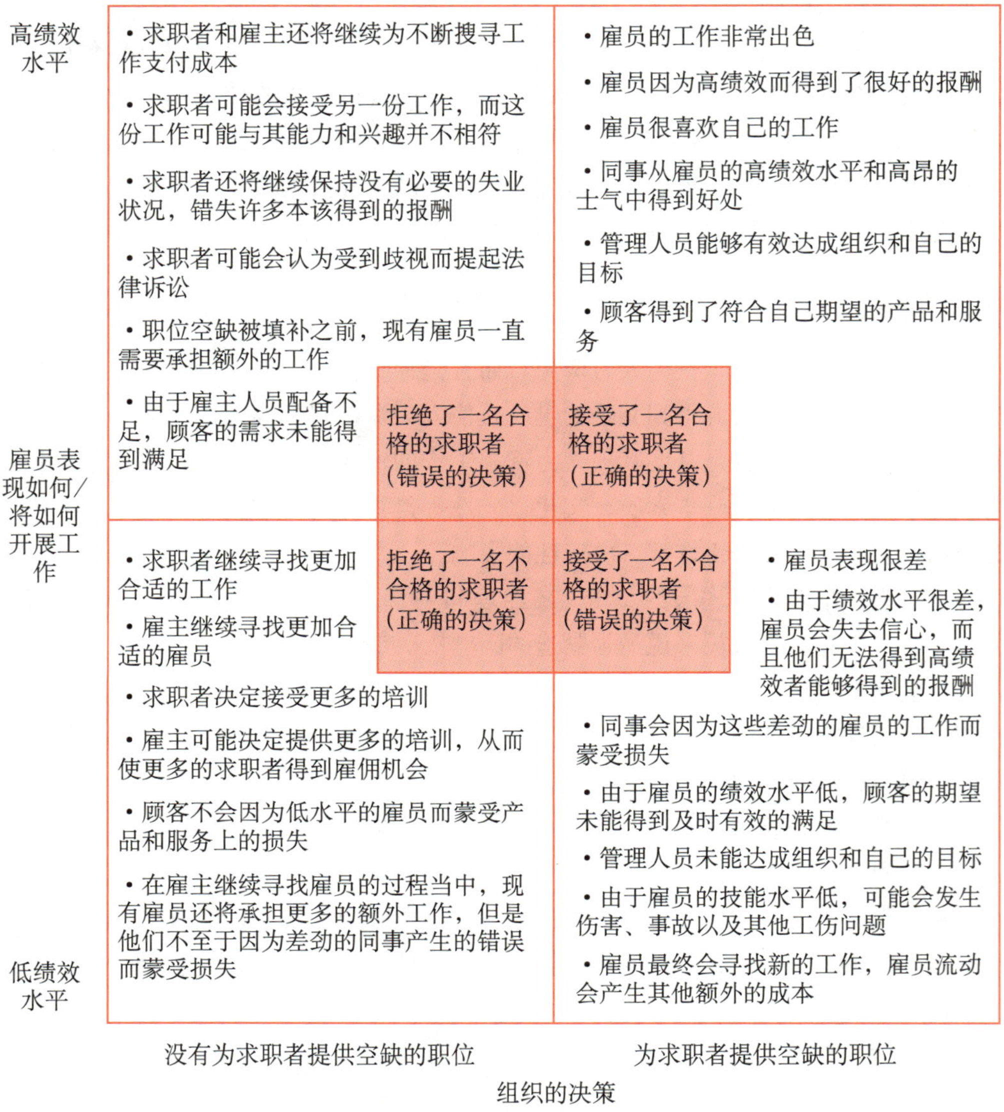

图 1-4　正确与错误的员工配置决策可能产生的后果

资料来源：苏珊·杰克逊，兰德尔·舒勒．管理人力资源：第 7 版．欧阳袖，张海容，译．北京：中信出版社，2006.

资源管理活动投资其人力资本，而这些投资将带来较高的员工生产力与组织绩效，因此人力资本理论认为人力资源活动可直接影响组织绩效（Youndt et al.，1996）。基于该理论，员工配置工作为组织提供了最核心的要素——人力资源。如果实施得当，这些工作将确保组织得到和拥有能够有效地完成工作任务的雇员，进而使组织的劳动生产率水平与组织绩效得到提高。有研究证明科学有效的甄选能使组织达到目标，并提升组织绩效（Terpstra & Rozell，1993；Guest，1997；杰克逊，2006）。

四、员工配置与其他人力资源管理活动

员工配置既是人力资源管理的起点，又是人力资源管理的终点，其最终目的是要达

到个人与职位、个人与组织的匹配，提升组织的整体绩效。员工配置与其他人力资源管理活动的关系非常密切。

（一）员工配置与工作分析

工作分析是员工配置的基础，人与工作匹配就要求人的知识、技能符合工作岗位的要求，而工作分析在明确岗位工作性质、内容、职责、权限、难度与环境的基础上，提出了岗位工作人员的任职资格，这些任职资格为员工配置工作提供了科学的依据。从另一个角度来说，员工配置又可以通过实践验证工作分析的适用性，并为工作分析结果的调整提供基础信息。

（二）员工配置与绩效管理

员工配置将员工安置到相应的岗位上，企业通过定期的绩效考核了解其工作表现、职责履行情况与工作绩效。绩效考核结果可以发现新配置员工在工作上的表现，反映员工配置是否合适，反映员工配置的质量。同时，绩效管理也有助于提高新配置员工的工作胜任能力。

（三）员工配置与薪酬管理

公平合理的薪酬制度应该建立在科学的岗位评价基础上。岗位薪酬是针对岗位自身的价值而言的。配置的新员工能够胜任岗位的工作需要，他所获取的报酬与其付出的劳动是匹配的；反之，则会出现不公平情况。因此，员工配置的质量将会影响企业薪酬管理制度执行中的公平合理性。此外，有吸引力的薪酬将会吸引更多的潜在应聘者，将会为员工配置提供更为丰富的人员选择基础。

（四）员工配置与员工培训

新配置员工的素质将直接影响培训费用的投入、培训效果及培训迁移。一个训练有素的经验型员工，具有较强的接受能力，将在企业低费用的培训下，在较短的时间内获得较好的培训效果，这也反映了员工配置的效果。

（五）员工配置与职业生涯规划

现代企业越来越重视员工的职业生涯规划与管理，这也是现代人力资源管理理念——企业与员工共同发展的体现。新配置的员工如果与岗位的匹配度高，就能够胜任工作，也有利于发挥他们的特长，在岗位上有良好的表现，做出突出的业绩，从而会有更多的晋升与发展机会，有利于其职业发展。

从图 1－5 中可以看出，员工配置是员工培训与开发、绩效管理、薪酬管理、员工关系管理等几项工作的前置性工作，它是这几项工作得以开展的基础，员工配置效果的好坏将直接影响这些工作的开展和成效。只有将员工招聘进来后，才能谈得上员工的使用与管理。

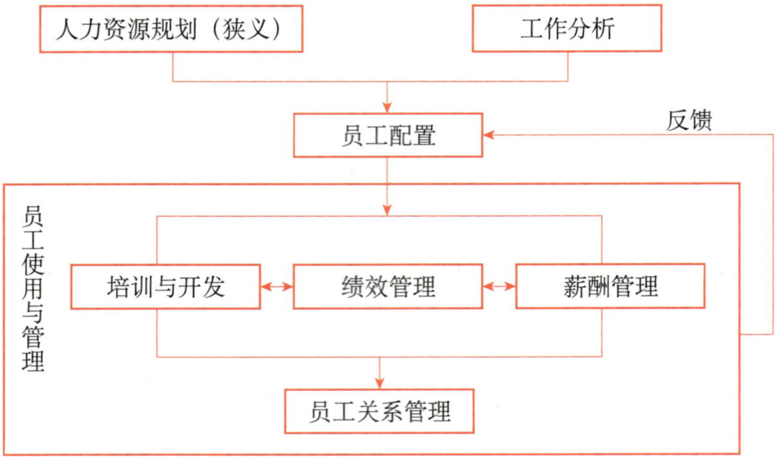

图 1-5　员工配置与人力资源管理关系图

资料来源：王贵军，丁雯，李明昱．招聘与录用．大连：东北财经大学出版社，2007.

第 2 节　员工配置的环境

企业是一个开放系统，其行为方式受外界各种因素的制约和影响，人力资源管理也不例外。员工配置活动的目的是获取、运用和留任足够数量和质量的劳动力。在很多情况下，吸引、获取满足组织要求的人员并非易事。在员工配置过程中，无论是人员获取、运用还是留任，都会受到很多因素的影响。员工配置环境总体上可以划分为外部环境和内部环境两类。影响企业员工配置活动的外部因素主要有经济、政治、劳动力市场、文化、技术进步、国家政策法规等，内部环境有企业战略、企业生命周期、企业文化等，如图 1-6 所示。

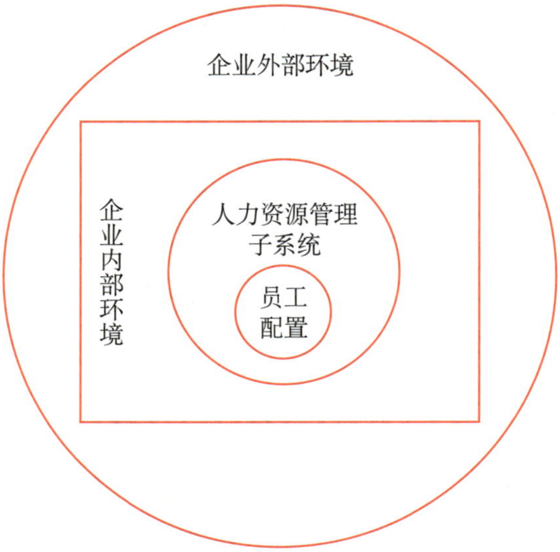

图 1-6　企业员工配置的环境

资料来源：董克用．人力资源管理概论．4 版．北京：中国人民大学出版社，2015.

一、员工配置的外部环境

(一) 影响员工配置活动的经济因素

1. 经济制度

经济制度对员工配置的影响主要表现在对劳动力供求的调节机制上。在高度统一的计划经济体制时期，人事管理实行统包统配制度，企业用人计划、招收范围等都由国家统一计划管理，企业缺乏选人用人的自主权，几乎不存在招聘工作。其大致的过程如下：劳动力供给→政府人事管理部门分配招收指标→企业等待指标的下达→供求双方（企业与企业主管部门双方）讨价还价。随着市场经济的开拓，统包统配制度的弊端越来越明显。随着改革的推进，企业的员工配置活动从无到有，由计划指导下的员工配置向市场配置下的员工配置转变。企业员工配置活动逐步实现科学化、规范化、合理化和自主化。

2. 经济形势

组织员工配置往往受到国家和地区经济形势的影响。当经济发展缓慢时，各类组织对人员的需求减弱；而在经济快速发展阶段，对人力资源的需求呈旺盛的态势。宏观经济处于高速增长的繁荣时期，失业率较低，劳动力市场的供给量较少；经济萧条时期，失业率较高，劳动力市场供给量也会大增。此外，通货膨胀也会影响企业员工招聘过程所涉及的招聘成本。

3. 国家经济政策

政府对宏观经济的调控，也会在很多方面影响企业的员工配置活动。政府支持资本市场形成的政策、税收政策等都会影响企业资金运转，从而影响企业招聘的规模。国家以及各级行政机关通常也会出台相关经济政策，影响劳动力市场和组织内部的各项人力资源管理政策。

可以说，经济环境对员工配置活动的影响是巨大的，因而很有必要综合分析，弄清具体的相关要素，以及这些相关要素会产生哪些影响、企业应采取哪些应对措施。

(二) 影响员工配置活动的政治因素

影响员工配置活动的政治因素主要包括政治环境、政府管理方式和方针政策等。

1. 政治环境

政治环境主要是指政局的稳定性。政治环境对于在该国经营的企业来说是非常重要的外部因素，政局的稳定虽然不是企业发展壮大的充分条件，却是企业生存的必要条件，动荡的政治环境必然导致企业无法正常运转，进而危及企业的生存。对于单个企业来说，政治环境一般并不能直接作用于其内部的人力资源管理活动，却能够影响整个企业系统，进而影响作为企业子系统的人力资源管理活动。

2. 政府管理方式和方针政策

对企业而言，政府管理方式和方针政策能够直接影响甚至决定人力资源管理的很多活动。一方面，连贯的政府管理方式和方针政策是企业人力资源管理活动保持稳定的必要条件，如果政府管理方式和方针政策经常发生变化，企业的人力资源管理及员工配置活动也必须相应地经常变动，这就会造成企业内部人力资源管理及员工配置活动的波动，而人力资源管理政策及其员工配置政策的频繁变动，不仅会影响人力资源管理的效果，也会影响企业吸引、获取、保留人才的效果，影响企业的发展。

另一方面，政府管理方式和方针政策的具体内容也会给企业人力资源管理活动带来影响。政府对企业的管理方式直接决定了企业进行人力资源管理活动的自主权。例如，早些年国家在很大程度上直接控制着国有企业，对其工资分配、人员招聘等活动都做出了明确的规定，国有企业根本没有空间和余地根据自己的实际情况对员工配置活动做出调整；与此同时，民营企业大量兴起，国家对它们的管理比较宽松，这些企业在员工配等方面拥有更多的自主权，也更能吸引人才。

（三）劳动力市场对员工配置活动的影响

劳动力市场是员工配置工作的主要场所和前提条件。企业的人员结构、人员素质水平、工作结构、现有或预期的人力资源最终取决于劳动力市场的结构和作用。劳动力市场状况影响着企业员工配置计划、范围、来源、方法和所必需的费用等。为有效开展员工配置工作，员工配置工作者必须密切关注劳动力市场条件的变化。

1. 劳动力市场的供求变化直接影响员工配置活动的质量

一般而言，当劳动力市场需求大于供给时，企业招聘工作的难度会相应有所增加，人员缺口不易填补；当劳动力市场供给大于需求时，可供企业选择的人才较多，企业比较容易选聘到符合要求的人员。

2. 劳动力市场的不完善将影响员工配置活动的成本

在完善的劳动力市场，供求双方信息充分，中介机构提供职业指导和就业咨询、开展各种能力或心理测评、开展人事代理活动，这样企业主和应聘者都能得到充分的信息交流和评估，降低交易成本。

3. 其他市场因素

实际上，真正影响劳动力市场供求双方的只是相关劳动力市场。人力资源专家会将专业能力（需要的资格和技能）、地理因素（未来员工愿意居住的地方或者愿意通勤的距离）以及生产相关产品或者提供相似服务的其他竞争对手的情况（既包括参加竞争的企业主，也包括参加竞争的劳动者）进行综合考虑，选定自己的相关劳动力市场。一个职业所需要的资格和技能使该职业有别于其他职业，使不同职业之间的流动受到了限制，尤其是技术含量高的职业更不易流动，例如，律师很难进入建筑设计师市场。地理因素使相关劳动力市场界定范围更小、更清晰。一般来说，所需技能越稀缺、技术含量和知识含量越高的职位，其招聘市场越大，有的甚至扩大到国际市场范围；所需技能越简单，其招聘市场越小，有的甚至缩小到本区、本镇（见表 1-1）。

表 1-1　按照地理范围和员工群体划分的相关劳动力市场

地理范围	员工群体/职业					
	生产工人	文职和办公人员	技术人员	科学家和工程师	管理人员	主管
地方市场：在相对小的范围内，如北京市范围	可能性很大	可能性很大	可能性很大			
区域市场：在几个省的范围内，如在华北、东北范围	只有在短缺或紧急的情况下	只有在短缺或紧急的情况下	可能性很大	可能性很大	可能性很大	
全国市场：在全国范围内				可能性很大	可能性很大	可能性很大
国际市场：跨越几个国家				只有在极为短缺时或针对特殊技能	只有在极为短缺时或针对特殊技能	可能性很大

资料来源：MILKOVICH G T，NEWMAN J M. Compensation. Plano，Texas：Business Publication，1984.

不过劳动力市场的地理范围并不是固定不变的。现代发达的交通工具和通信方式缩短了人们的空间距离，企业可以在更大的空间范围内寻找所需的人员，求职者的流动倾向也有所增强。求职者还因生活环境、工资等原因扩大流动范围，扩大相关劳动力市场的范围。经济较为落后的地区，由于受到条件的限制，有时不得不降低人员的资格层次和要求，退而求之，可选择的范围也相应缩小。

（四）文化对员工配置活动的影响

从狭义角度理解，文化是指人们的观念形态，包含价值观念、伦理道德、风俗习惯以及宗教信仰等。对于整个社会而言，文化具有重要的社会整合和社会导向的作用，它内在地影响着人们的思维方式和行为方式。

霍夫斯泰德（Hofstede）所研究的文化理论显示，文化背景与招聘具有很强的相关性。在权力距离大的国家中，企业在人力资源管理实践中倾向于采用专制的领导行为和集权的决策方式。研究发现，在权力距离大的国家如印度，高级经理的独裁行为导致雇佣政策和工作分配中的集权决策，高级经理不愿意针对这些政策问题与员工或者工会协商。在美国、澳大利亚和英国等国家，企业希望雇佣具有工作技能或经验的人从事某项工作，他们鼓励求职者向企业投递个人简历。但在日本、葡萄牙等国家，企业强调求职者的可信任度、忠诚度、与同事的相容性，他们愿意招募有所了解的人。又比如在中国，受“官本位”意识、“学而优则仕”等观念的影响，很多家长希望孩子以后成为白领阶层，而不愿孩子成为蓝领，这就导致了技工学校生源的匮乏，对企业而言就意味着高级技工的招聘难度加大，有些企业只能开出高薪来吸引高级技工。

（五）技术进步对员工配置活动的影响

技术进步对企业员工配置的影响，反映在以下三个方面：一是技术进步引起招聘职位分布以及职位技能要求的变化；二是技术进步对招聘数量产生影响；三是技术进步对招聘质量产生影响。这三个方面的划分不是绝对的，存在着交叉。

技术进步对劳动力市场的影响主要体现在对就业职位的影响和劳动力供需双方的影响上。技术进步使得传统的就业职位减少，招聘总量减少，而传统的就业职位逐渐被新的职位所取代，新技术的传播和应用创造了新的职业或部门，又使就业职位逐步增加。在劳动力供应方面，技术进步带来如下变化：劳动力现有的技能失去价值或贬值，已会的本领无用或效用降低；对劳动力素质要求提高，质量重于数量；劳动力的知识技能要不断更新。

（六）国家政策法规对员工配置活动的影响

在员工配置的外部环境中，相关政策和法规也是一个不可忽视的因素。员工配置是企业人力资源管理中的重要环节，按照相应的法律法规及合法的程序录用员工，不仅可以为企业选择合适的人才，而且可以避免日后劳动争议事件的发生。市场经济日渐规范，法律环境对企业的运行至关重要，减少员工配置过程中产生的法律纠纷以及日后员工流出时产生的劳动争议，对提高组织运行有效性十分必要。

我国在人力资源方面的法律日益健全。1994 年通过的《中华人民共和国劳动法》是我国劳动立法上的里程碑。以《中华人民共和国劳动法》为准绳，我国已经颁布了一些与招聘有关的法律、法规、条例、规定和政策，包括《企业经济性裁减人员规定》《集体合同规定》等。2008 年 1 月 1 日开始施行的《中华人民共和国劳动合同法》《中华人民共和国就业促进法》等，加强了对劳动者的保护，严格了用人单位的招聘义务和法律责任，给企业的用工提出了更多、更高的要求。

虽然企业的外部环境是不可控的，但并不是没有办法识别和防范。在应对外部环境时，企业可以选择事前反应（proactive response），也可以选择事后反应（reactive response）。事前反应是在预期环境变化时就采取行动，而事后反应是在环境改变之后随之做出行动。例如，在《美国残疾人法》艰难地通过国会审议时，有些公司就已经履行它的预期条款，而那些一直等到该法生效以后才针对变化制订计划的管理者，他们的反应则是一种事后反应。事前反应者总是主动出击而不是被动反应，当环境发生未预料到的变化时，事前反应者的行动往往已超出了环境改变迫使他们所做的范畴。而人力资源经理也发现，事前反应的态度能够降低歧视诉讼的水平（蒙迪，2003）。

二、员工配置的内部环境

（一）企业战略

员工配置活动是企业人力资源管理的一个子系统，它必须服从和服务于整个企业发展的需要。而企业的发展是在战略的指引下进行的，企业的员工配置活动必然会受到企业战略的影响。企业战略不同，相应的员工配置活动也不同。

1. 企业发展战略与员工配置

企业发展战略是用来解决企业在一定时期内的发展方向和发展目标问题的，如表 1-2 所示，企业发展战略一般有三种类型：成长战略、稳定战略和收缩战略，成长战略又可分为内部成长战略和外部成长战略。在内部成长战略下，企业要借助内部的资源来实现经营规模或经营领域的扩大，为此需要从外部招聘大量的人员，随着大量新员工的进入，原有的老员工要晋升到合适的位置上去，员工配置的重点是重新安排员工。外部成长战略通过兼并、收购等方式扩展企业资源或强化企业市场地位，企业员工配置的重点是重新合理配置人力资源，维持员工队伍士气，实现价值观及文化的整合，确保各项人力资源管理实践和标准的统一。在稳定战略下，企业的规模要保持不变、企业的运行要维持稳定，所以员工队伍也要保持相应的稳定，员工配置活动主要是进行企业内部的调整。至于收缩战略，由于企业的规模要缩小，人员必然会产生流动，但必须稳住核心员工队伍，提高他们的士气。

表 1-2　成长战略、稳定战略、收缩战略与员工配置

		成长战略		稳定战略	收缩战略
		内部成长战略	外部成长战略		
企业的着眼点		不断增强自身力量	兼并/收购公司	做好目前的事情	紧缩
人力资源管理活动	员工配置	雇佣和晋升	人员重新配置	内部调整	留住核心员工
	培训开发	多样化的培训	冲突的解决	提高现有技能	士气的提高
	薪酬管理	目标激励	管理实践的统一	内部公平	与公司业绩相联系
	绩效管理	结果导向	管理实践的统一	强调工作的质量	行为导向

资料来源：董克用，叶向峰．人力资源管理概论．北京：中国人民大学出版社，2003.

2. 波特竞争战略与员工配置

波特（Porter）提出了三种基本的竞争战略，包括成本领先战略、差异化战略和集中战略。一些学者探讨了每一种类型的竞争战略最适应的人力资源战略：当企业采用成本领先战略时，主要通过低成本来获取竞争优势，为配合低成本竞争战略，人力资源战略强调的是有效性、低成本生产、高结构化的程序来最小化不确定性，并且不鼓励创造性和创新性。因此员工配置活动注重效率，采用成本较低的方法获取职位候选人，采取简单高效的手段对候选人进行筛选，招聘那些可以立即胜任工作的人，或者尽可能地保留现有的人才，以较低的培训成本使员工胜任工作。

当企业采取差异化战略时，通过创造产品或服务的独特性来实现竞争力，因此，这类企业的一般特性是具有较强的营销能力，强调产品的设计和基本研究，产品以品质著称，与之相配合的人力资源战略则是强调创新性及弹性。因此员工配置活动主要是以高报酬吸引本领域中的高端人才，注重对人力资源的投资以及对关键员工的保留。

当企业采取集中战略时，其特性是结合成本领先战略和差异化战略，相应的人力资

源战略是以上两者的综合，员工配置活动也是综合上述两种配置战略。

（二）企业生命周期

企业生命周期是指一个企业的诞生、成长直至最后消亡的过程。对于企业生命周期的划分比较典型的是美国奎因（Quinn）和卡梅隆（Cameron）的四阶段论，即将企业生命周期划分为创业阶段、聚合阶段、规范化阶段、协作阶段，如图1-7所示。

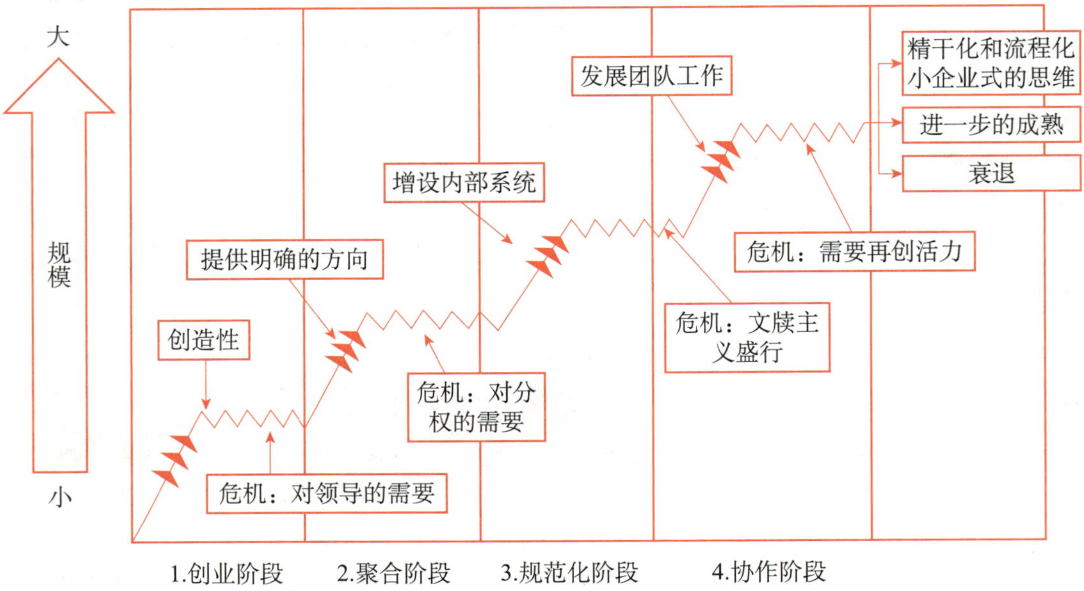

图1-7 企业生命周期

在创业阶段，企业刚刚出现，生存压力较大，发展重点是吸引优秀人才并迅速开拓市场，以求在激烈的竞争中生存下来。与此相适应，人力资源管理的各项职能活动比较简单，由于创业阶段企业的灵活性非常大，员工配置工作没有明确的标准。创业阶段企业的人员需求量较少，但是质量要求很高，最好能够独当一面，支撑一个部门，主要是挑选有相关工作经验的应聘者。

随着企业的不断发展壮大，员工的数量会越来越多，单靠创业者个人或几个人已不可能对企业进行有效的控制，为了适应这种转变，企业就需要从内部选拔或从外部招聘相应的专业管理人员，员工配置工作在这时显得非常重要。

进入聚合阶段，企业开始有明确的经营目标及方向，这时的人力资源管理要根据发展战略的不同来提供不同的支持。这一阶段企业规模扩大，人员增多，需要设置不同的部门，因此要进行细致的工作分析，界定各个部门与部门内部成员之间的工作与活动。企业的员工配置工作就有了标准，需要根据岗位的活动以及具体要求来挑选人员。该阶段的员工配置工作需要用更为成熟的招聘和甄选方法获取符合企业要求的员工。在聚合阶段企业的员工配置活动是一个不断优化调整的过程。

在规范化阶段，企业建立起了完备的规章制度，高层管理者更多的是思考战略性与全局性的问题，企业发展的重点转向维持稳定的运行和提高效率。这个阶段人力资源管理活动更加规范，要依照既定的制度开展。在员工配置上，多表现为高高配置，即高能力的人配置到较高的位置上。但是在这一阶段企业也容易滋生官僚主义、创新精神减弱等问题，因此这一阶段企业人力资源管理的核心是激励企业的灵活性，而员工配置工作则要建立人力资源储备库，采取比竞争对手更为优秀的人才垄断战略。

在企业进入协作阶段以后，人力资源管理与前几个阶段相比也有所不同。此时由于人的惰性和制度的惯性，企业如果想要继续发展，就必须进行新的变革，这时，企业的员工配置工作需要从外部招聘新的管理人员，给企业注入新的血液，带来新的活力。

（三）企业文化

企业文化是指企业在发展过程中逐步形成的企业成员共同具有的价值观念、道德准则等观念形态的总和。作为精神层面的东西，企业文化并不是抽象的，它总是以一定的具体实体为载体表现出来，如企业的形象、制度等。

企业文化对人力资源管理的影响主要表现在它能够影响甚至决定人力资源管理的方式、内容等。不同企业文化下，人力资源管理的具体活动是不同的。同样，不同的企业文化也会导致不同的员工配置活动。不同的员工配置活动，实质上也是不同企业文化的表现。

1. 企业文化不同，招聘的对象不同

企业文化直接决定了企业人才的定义，决定了企业的招聘对象。如果新员工的价值观和企业文化特别是企业核心价值观一致，在进入组织后就可以较快地了解和适应新的工作环境和岗位。反之，新员工将需要很长的一段时间来适应这种环境和氛围，并且逐步改变自己以期能够融入这样的文化，如果融入失败可能会导致新员工消极怠工或退出等行为，给企业带来损失。

2. 企业文化不同，员工配置的方式和途径不同

企业在招聘时究竟采用哪种招聘方式与招聘途径，要视具体情况而定。仅就企业招聘的来源看，大多数企业实行内部招聘和外部招聘（如网络招聘、猎头等）等多种招聘途径并举的方式，两者在企业招聘中扮演的角色和在不同招聘途径上的成本投入需要根据企业文化来做出抉择。例如，强调创新和学习的企业文化要求以外部招聘为主，而强调稳定的企业文化要求以内部招聘为主。

只有选择与企业文化相适应的招聘方式，才能更好地发挥优势，规避劣势。同时，招聘方式也会随着企业文化的发展适时调整，保证其始终与企业文化保持一致。

3. 企业文化不同，员工配置的策略不同

企业无论规模大小，在开展招聘工作之前都必须做出以下决策：（1）企业招聘员工的人数；（2）企业要涉足的劳动力市场；（3）企业应当采用的雇佣方式；（4）招聘员工需具备的知识、技能、能力和经历；（5）招聘中法律因素的影响；（6）是否需要委托代理机构；（7）关于职务空缺的信息如何传递；（8）企业招聘工作的力度等。企业文化会直接影响企业将采用或者侧重哪些招聘策略组合。合乎企业文化的招聘策略组合，可以

更大程度地发挥企业招聘的作用，达到企业找寻合适的人填补岗位空缺的目的，同时还能大大降低招聘成本；而只注重形式、不合企业文化的招聘策略不但费时费力，最终还难以找到合适的人选。

董克用（2003）认为，如果企业管理看重工作结果，那么员工配置活动的重点是用最少的花费招到最合适的人，注重员工配置工作的成本；如果企业管理注重工作过程，员工配置活动需要有计划地进行，强调员工配置活动的规范和有效性，要符合相关的法律、法规和企业的相关规定；如果企业管理是以“事”为出发点，则员工配置工作的重点就是强调“人”要匹配“事”，在招聘时严格地按岗位的要求来甄选人员；如果企业管理是以“人”为出发点，则员工配置的重点是强调“事”要适合“人”，在招聘时更多的是考察应聘人员的综合素质和能力，进入企业后经过一段时间的适应再来确定新员工的具体岗位。公平观念的不同，也会造成员工配置实践的不同，企业如果以绝对的观点来看待公平，员工配置活动就会追求结果的公平；如果以相对的观点来看待公平，员工配置活动就会注重过程的公平。管理关系导向对员工配置活动的影响主要体现在管理方式方面，单项命令式的管理中，员工处于被管理的地位，不能参与员工配置工作的决策，员工配置活动也不会征询员工的意见；相反，双向互动式的管理中，员工可以参与管理决策，人员调配活动也会充分考虑员工的意见。

（四）组织结构

如果企业的员工配置基础是人与工作匹配，要求个人特征与工作岗位的特征有机地结合起来，那么，组织结构将是员工配置工作的一项重要的考虑因素。组织在招聘员工时，必须考虑到应聘者的个体特点是否与组织结构相适应。

例如，在相对灵活且扁平的组织结构中，工作职责不再是固定的，而是处于不断调整变化中，职位之间界限模糊，因此，员工配置工作应该重视对应聘人员的综合能力和综合素质的考察，选拔的员工应该具备承担多项工作的能力。而层级较多的集权式组织可能更倾向于选择那些喜欢依赖地位较高的权威人物，喜欢用正规、具体的规则来指导自己的工作程序，并希望在工作中与他人保持正规关系的应聘者。

（五）企业的形象和地理位置

企业是否在应聘者心中树立了良好的形象以及是否具有较大的号召力，将从精神和行动两方面影响组织的员工配置活动。每一个人都希望能够进入优秀的公司，应聘者会因有能力进入公众认可的优秀企业而自豪，所以具有良好社会形象的企业在招聘宣传会、招聘方式选择等前期工作中单凭它们在公众中的声望，就能很容易地吸引大批的应聘者。

企业所处的地理位置在很大程度上也会影响求职者的意向。我国经济发展不平衡，这在很大程度上造成我国各地区人才分布的极不平衡。一方面，经济发达地区吸引各类人才蜂拥而至，另一方面，经济欠发达地区的各类人才纷纷外流，进而又制约了这些地区经济的发展。经济发达地区各类人才相对充足，这为员工配置工作提供了更多的机会；而经济欠发达地区环境艰苦，人才匮乏，这就增加了这些地区员工配置工作的难度。现在国家和地区推出一系列政策，鼓励各类人才到经济相对落后的地区工作，经济相对落后地区的企业和单位在吸引人才方面采取了很多优惠、灵活的政策，这些政策为经济落后地区吸引人才提供了条件。

（六）企业管理水平和人力资源管理政策

企业管理水平影响着员工配置工作的效率。一般来说，企业管理水平越高，各项管理制度越规范，员工配置工作的效率也就越高，越能够招聘到企业真正需要的人员。管理水平高的企业，由于其发展的可预见性，能够吸引大量的高素质人才前来应聘。同时，员工配置过程也体现着企业管理水平的状况。例如，招聘过程中招聘人员的形象会影响招聘的质量。招聘人员仪表端庄、热情高效、耐心细致、政策水平高，既能提高招聘效率，也能给公众特别是应聘者留下良好的印象，吸引高素质的应聘者；反之，不仅会拒应聘者于千里之外，而且也会影响企业在公众中的形象。

企业的人力资源管理是一个系统，各个子系统之间相互关联、密不可分，其他的人力资源管理活动势必会影响企业的员工配置工作。例如，企业的薪酬政策、培训政策等都直接决定了企业在劳动力市场上的竞争力。

影响企业员工配置工作的因素还有很多，包括企业的承受能力、员工配置工作的成本、企业对人才需求的紧迫性等。总之企业应根据自身的实际情况有效地组织员工配置活动，保证企业对人员的需求能够及时得到有效满足。

第3节 组织员工配置

一、员工配置战略

人力资源战略是组织战略的重要组成部分，并为组织战略服务。恰当的人力资源战略是实现组织战略和促进组织发展的关键，而员工配置是人力资源管理的起点，员工配置战略合理与否直接影响人力资源战略的执行，所以，员工配置战略不可避免地影响组织经营战略的实现。因此，为了保证组织的持续发展，必须根据组织的实际和外部环境选择合适的员工配置战略，并制定科学有效的员工配置策略，获取组织战略实现和组织发展所必需的人力资源。

（一）员工配置战略概述

赫尼曼（2005）认为，员工配置战略是组织战略和人力资源战略相互作用的结果，它直接处理关于获取、雇佣和保留组织劳动力的关键决策，这些决策指导招聘、选拔和雇佣计划的开发。

在实施战略的过程中，员工配置扮演着越来越重要且相当困难的角色。战略性的员工配置是通过实施计划以保证通过招聘、选拔、晋升和调动得到必需人才的过程（Hall，1986），其理想结果是准确及时的人才供给，即当组织需要某些人才的时候组织就应当拥有这些人才。咨询顾问鲍勃·艾青格（Bob Eichinger）认为："组织中任何关键职位出现空缺的时候，补充人员应准备就绪，第二天就能上任，可从组织内部备选人才库找到适当的人员，这种替补人员比前任者更好，经过一段时间，如果需要的话可以承担更多职责。”

贝谢（Bechet，2000）将战略性员工配置定义为识别和解决与组织规划相关的员工配置的过程，或者更进一步说，是一个识别和解决组织不断变化的员工配置问题的过程。不论是短期还是长期的组织规划发生改变，这些变化对组织员工配置的影响都应该明确，或者至少应该讨论。贝谢指出战略性员工配置强调长期，是一个组织不断定位的过程，战略性员工配置活动通常包括：

（1）定义员工配置数量（员工配置水平）和将来需要放在特定岗位上的以有效实现组织规划的员工的类型（能力），通常包括员工如何组织和配置。

（2）明确现在可用的员工配置资源。

（3）预计组织将来可能需要的才能，并对这些需求进行定义。

（4）识别预测需求和预期供给之间的差异。

（5）制订和实施员工配置计划，包含明确人才缺口和消除冗余。

（二）员工配置战略选择

如前所述，员工配置战略的理想结果是准确及时的人才供给，即当组织需要某些人才的时候组织就应当拥有这些人才。组织的员工配置无非是向组织提供足够数量和合适质量的人才，组织的员工配置战略选择或制定就应该从这两个方面入手，赫尼曼（2005）将这两个方面称为员工配置的水平和员工配置的质量。员工配置水平方面的战略选择主要是从哪里获取人才、如何获得、采取什么样的方式等，而员工配置质量方面的战略选择主要是决定员工配置的基础、要求、标准等（见表1-3）。

表1-3　赫尼曼员工配置战略决策

战略	主要内容
获取或发展战略	该战略选择指组织要决定是获取直接能够发挥作用并在短期内达到巅峰绩效的新员工还是注重对组织内员工的培训和发展
滞后或领先战略	该战略选择指根据组织目标和任务来确定需要员工的数量和类型还是在没有关于需求量和需求时间的计划的情况下，就先获取人员及其相关技能
外部或内部招聘战略	该战略选择指当空缺职位或新工作产生时，组织应该从外部还是内部劳务市场寻找员工填补空缺的职位
核心或弹性劳动力战略	该战略选择指组织必须决定使用核心劳动力还是灵活的劳动力，或者两者混合使用
雇佣或留任战略	该战略选择指组织是雇佣替换者来顶替空缺职位还是进行组织内的人员调整，以使员工配置替换成本最小化
国内或国际战略	国际化经营的企业是选择在国内配置自身人员还是招聘其他国家的员工来填补或替换这些招聘岗位
吸引或工作场所变更战略	该战略选择指组织希望着重吸引足够数量的、合格的员工进入组织还是将工作场所迁移到劳动供给丰富的地方

续表

战略	主要内容
配置超编或配置不足战略	该战略选择指组织决定员工配置的水平是超编还是不足
雇佣或并购战略	该战略选择指组织决定雇佣新的员工弥补职位空缺还是通过兼并或购入其他企业来获得员工资源
人与工作或人与组织匹配战略	该战略是指组织在获取、雇佣人员时，是选择人与工作还是人与组织匹配
具体或一般素质战略	该战略是指组织在获取、雇佣人员时，是选择具有特殊技能的人还是具有一般的 KSAO 的人
杰出或合格人才战略	该战略是指组织在获取、雇佣人员时，是获取具有杰出 KSAO 导向的劳动力队伍（杰出质量），还是可接受的 KSAO 为导向的劳动力队伍（可接受质量）
积极或被动多元化战略	该战略是指组织在劳动力市场多元化的情况下，是积极主动应对变化，还是被动地接受变化

以下介绍几种员工配置战略。

1. 获取战略、 发展战略或替代战略

获取战略主要依靠不断地吸引、选拔新员工来满足组织所需的人力资源。获取战略不需要或者很少需要对员工进行培训、发展，因为他们在进入组织之前就已经具备了一定的才能，可以直接进入工作状态，并且可能在短期内达到较高的绩效水平。获取战略对组织的招聘选拔系统要求非常严格，如何吸引人才、如何对其进行测评是非常重要的内容。

发展战略主要依靠保留或发展组织已经聘用的员工来满足组织人力资源的需求。发展战略是建立在企业内部劳动力市场基础上的人力资源优化配置、持续开发的过程，主要是组织重新培育或认识员工的新价值。该策略侧重于人才培养与发展，需要对组织内的员工进行大量的培训，使之符合岗位的任职要求。发展战略也涉及人员进入组织后的再配置问题，可以通过工作轮换等方式来发掘员工潜力，积累经验，使之更符合组织要求。此外，在组织中对管理层继任者的培养尤为重要，这关系到组织未来的发展。

替代战略主要依靠加班、转包、雇临时工、租赁员工等方式来满足组织人力资源的需求。替代战略不属于主要的员工配置战略选择，而是辅助性战略，即当组织员工配置不足时，可供选择的一种弥补方法。主要的替代战略包括：

（1）加班。解决工作量短期增加最常用的方法就是加班。采取加班的方法，对组织和员工双方都有益，组织可以避免因招聘而引起的资源消耗或因新员工技术生疏而难以胜任的问题，员工则可以通过加班得到额外的收益。

但是采取该方法也有潜在的问题。过度加班往往会因员工疲劳而影响工作效率。对于不在乎加班带来额外收益的员工来讲，加班会影响其正常的娱乐和休息时间，会带来员工的不满情绪；而一旦不再需要加班进而报酬减少时，很在乎这种额外收益的员工也会产生不满情绪。

（2）转包。转包也是组织解决工作量短期增加常用的方法。组织将自己无法完成的部分或全部工作任务转包给其他企业或承包商，由其承担部分或全部工作任务并分享一定的利润，尤其是其他企业或承包商在某些产品或服务上具有专长时，这种方法更具吸引力，这样的安排将使双方都能获益。

但采用转包的方法也有潜在的问题。一定程度上，在转包工作量的计算和利润分配过程中，企业的利润可能会有一定损失，如果其他企业或承包商提供的产品或服务出现偷工减料等质量问题，将会损害企业的形象和声誉。

（3）雇临时工。采用雇临时工的方法可以节省劳动力成本，并可避免因招聘而引起的各种资源的消耗。我国农村有大量的剩余劳动力，他们外出打工，就成了人们通常所说的“农民工”。农民工往往是企业雇用临时工的主要对象。企业雇临时工不仅经济、方便，而且对充分利用闲置的劳动力资源大有裨益。

雇临时工的方法也有一定的缺点。一般这种方法只适用于不需要很高技能、不需要长时间培训和具有明显季节性的工作，而缺少技能和培训且抱有临时心态的临时工往往会给管理带来很多麻烦。另外，一些城市出台了缓解城市人口就业压力的政策，富余劳动力减少，这就使企业在雇用临时工时遇到了困难。

（4）员工租赁。员工租赁作为招聘的替代方法，在国外比较多见，现在我国经济发达地区也经常可以看到。企业将其部分员工解聘，同时专业租赁企业以同样的薪水雇用他们，再将他们租赁给原来的企业。对于企业来讲，采用租赁员工方法主要的好处是，可以根据工作量的需要灵活使用这些员工，而不必再进行大量的人力资源管理活动。但是潜在的问题是这些员工的报酬和福利均由专业租赁企业支付，员工对企业的忠诚度低，人员流动率高。

2. 滞后战略或领先战略

滞后战略是指组织的员工配置是为了实现组织的经营战略和人力资源战略。

领先战略是指员工配置作为一个重要因素，在制定组织经营战略和人力资源战略时要考虑进去。

简单来说就是，实施滞后战略的企业，其战略性组织目标和任务会被首先确定，然后员工配置系统才会确定下来，即根据组织目标和任务来确定需要员工的数量和类型。而领先战略则是在没有关于需求量和需求时间的计划的情况下，就先获取人员及其相关技能。新获取的人员进入公司使业务运转起来，因此组织战略成为新进入员工才能和观念的反映。

3. 具体素质战略或一般素质战略

如果组织是按照具体的人与工作匹配原则来招聘人才，则意味着招聘时注重求职者的岗位知识和岗位技能；如果组织按照一般的人与组织匹配原则来招聘人才，则表明组织注重求职者是否具有组织目前和未来所需要的一般技能，如人的适应性、学习能力、文字和沟通能力、数字和统计技能等。前者就是具体素质战略，后者就是一般素质战略。具体素质战略关注与工作相关的胜任能力，一般素质战略关注跨多种工作所需的综合素质和能力。

4. 杰出人才战略或合格人才战略

组织要在招聘选拔出类拔萃的人才和合格人才之间做出选择。组织招聘杰出人才是寄希望于这些优秀人才产生真正的高绩效；而招聘合格人才则表示对引进人才没有那么高的期望，追求的是相对较低的人工成本。

5. 外部招聘战略或内部招聘战略

该战略选择主要指当空缺职位或新工作产生时，组织应该从外部还是内部劳动力市场寻找员工填补空缺的职位。一般来说，组织培养稳定、忠诚的劳动力队伍的意愿越高，就越需要重视内部招聘。这将让员工以内部劳动力市场作为跳板，来实现在组织内部的长期职业生涯发展。外部招聘一般应用于初级职位，以及内部应聘者都不适合新产生的职位时。外部招聘对于快速成长的组织十分有必要，因为这些组织新职位的数目要大于内部能够供应的数目。当然，内部招聘和外部招聘也可以结合使用。

6. 核心劳动力战略或弹性劳动力战略

组织的核心劳动力是指那些忠于组织，在组织生产和销售服务中起关键作用的员工；弹性劳动力是指组织在需要时随时都可以招聘到的员工，他们可以不是组织的正式员工，比如兼职和临时人员。在制定招聘战略时，组织必须决定是使用核心劳动力还是弹性劳动力，或者两者混合使用。

7. 积极多元化战略或被动多元化战略

随着用工方式的多元化和人们的生活方式的多元化，进入劳动力市场的求职者也越来越多元化，对此组织可以采取积极多元化招聘战略，也可以被动地接受劳动力多元化这一趋势。多元化的劳动力会增加组织的管理难度和复杂性，但同时也为组织带来了新思想、新观念，提高组织的创新能力，使组织能够更好地满足顾客的多元化需求。因此，组织需要在主动与被动之间进行权衡，选择合适的战略。

上述员工配置战略是按照不同的标准划分的，实践中常常是多种战略综合运用，企业可根据自己的实际情况与需要进行有效的组合搭配。

（三）员工配置战略的制定

员工配置战略的选择和制定需要综合考虑各方面的因素，员工配置战略必须和组织的经营战略相匹配，招聘和选拔的人才必须符合经营战略实施的需要。

企业在制定员工配置战略时，必须把企业的使命、愿景和组织的竞争战略考虑在内。企业的人力资源战略必须是企业整体战略的一个有机组成部分，员工配置工作与企业的战略选择有很大的关系。事实上，企业在制订战略计划的时候，就已经将如何有效地招聘和保留员工考虑在内了。企业的管理者必须决定企业目前和未来的人员需求：企业需要什么样的人？在员工配置方面的成本考虑是怎样的？

企业在制定员工配置战略之前，需要考虑下列问题。

1. 与组织使命和愿景有关的问题

（1）我们是谁？

（2）我们是做什么的？

（3）我们为什么存在？

（4）我们是一家怎样的企业？

（5）我们希望成为一家怎样的企业？

2. 与组织文化有关的问题

（1）我们的组织有着怎样的文化？

（2）我们的组织文化对员工有怎样的要求？

（3）哪种类型和价值取向的员工更适合我们的组织？

3. 与组织经营战略有关的问题

（1）我们的企业战略是什么？

（2）我们的企业规模、业务发展的目标是什么？

（3）我们在哪些市场、哪些业务以及哪些地区与竞争对手进行竞争？

（4）与竞争对手相比，我们的竞争力体现在哪里？

（5）组织经营战略的实现需要怎样的人力资源支持？现有人力资源处于何种状态？

4. 其他有关问题

（1）在近期以及未来的几年内，我们需要什么样的新员工？数量如何？

（2）我们怎样做才能够满足基本的人才需求？

（3）我们是否正遭遇严重的人才“瓶颈”？可以采取哪些行动来解决？

（4）组织内部是否有足够的人才来满足我们的需求？

（5）我们能够投入多少人力、物力、财力用于员工配置？

（6）我们的目标人才群体是哪些？他们具有什么特征？会被什么因素所吸引？

（7）在我们这个行业中，其他组织是怎样搜寻、招募、留住关键人才的？

（8）我们以前用过哪些招聘渠道？核心渠道是什么？是否可以充分利用？是否有效？我们经常在哪些地区进行招聘？

（9）我们的培训开发、薪酬考核采取怎样的战略？我们能够为人才提供什么样的待遇？

（10）我们是期望以高工资吸引最优秀的人才，还是期望以较低的成本雇用人员？

（11）我们是否期望员工在企业长期工作？

（12）我们是期望找到一些与现有员工不太一样的人为组织带来新的思维，实现组织的多元化，还是期望招聘与目前的员工思想比较一致的人？

（13）我们需要员工具备的能力特点和行为风格特点是怎样的？是否需要他们在能力和行为方面进行发展和变化？

对上述问题的回答，可以帮助组织更科学有效地选择与制定员工配置战略。员工配置战略是随后进行的员工配置实践的全面指导，在激烈竞争的环境中，员工配置战略的正确与否，直接决定着组织选人、用人、留人的有效性，对组织经营战略的实现具有极其重要的影响。

（四）几种典型的企业战略及其对员工配置的影响

1. 低成本战略

实施低成本战略的公司的竞争优势在于能够以较低成本提供某种产品和服务，公司不追求技术上的高端和创新，在提供产品和服务的效率上有较高要求。因此，其员工配置策略所体现出来的特点就是：

（1）希望以中等或者较低的工资待遇招聘到能够胜任工作的人。

（2）在员工配置工作方面注重效率，希望用成本较低的方法获得职位候选人，并且在人员选拔方面也采取简单高效的手段。

（3）尽可能地保留现有人才以减少招聘成本。

（4）招聘那些可以立即胜任工作的人，或者仅需较低的培训成本就可以胜任工作的人。

2. 差异化战略或者创新战略

实施差异化战略或创新战略的公司期望提供与竞争对手不同的有创新的产品，以高的边际利润来提高收益。当公司创造出一种新的产品或服务时，它的独特性使得公司能够设定高的价格，并且消费者愿意接受这个高价格。在这种战略下，员工的招聘和保留策略体现出来的特点就是：

（1）以高报酬吸引本领域中的高端人才。

（2）必须设法主动接触所需的人才，而不是等待他们找上门来。

（3）注重对关键员工的保留。

（4）有时需要某一领域独特的技能，往往很难直接获得已经具备这种技能的人，必须对那些有潜力的人才进行投资，培训他们使之具备公司所需的特定技能。

3. 多元化战略

有的公司实行的是多元化战略，从事十几个不同领域的业务，那么在员工配置方面就应做到：

（1）在制订新的业务扩张计划的同时考虑如何高效地获取相应的人才。

（2）设法从现有员工中发现适合新业务的潜能，并加以培养，通过对现有人员的调配满足新业务的需要，以减轻从外部招聘的压力。

（3）为新业务进行适当的人才储备。

二、组织员工配置模型

员工配置模型的构建思路是配置过程的系统呈现，表现出系统的结构及运作机制。此外，模型可以被认作一种目标状态，建立目标模型的意义在于，虽然在实际的操作与管理过程中或许存在一些不规则的因素，但是知道了“应该是什么样的”，就可以在最大程度上认识、规避这些因素。

（一）组织人力资源静态配置模型

组织人力资源静态配置模型从系统论的观点出发，将组织人力资源配置看作一个与外部相通的有机系统，描述了组织人力资源配置的体制结构，如图1-8所示。

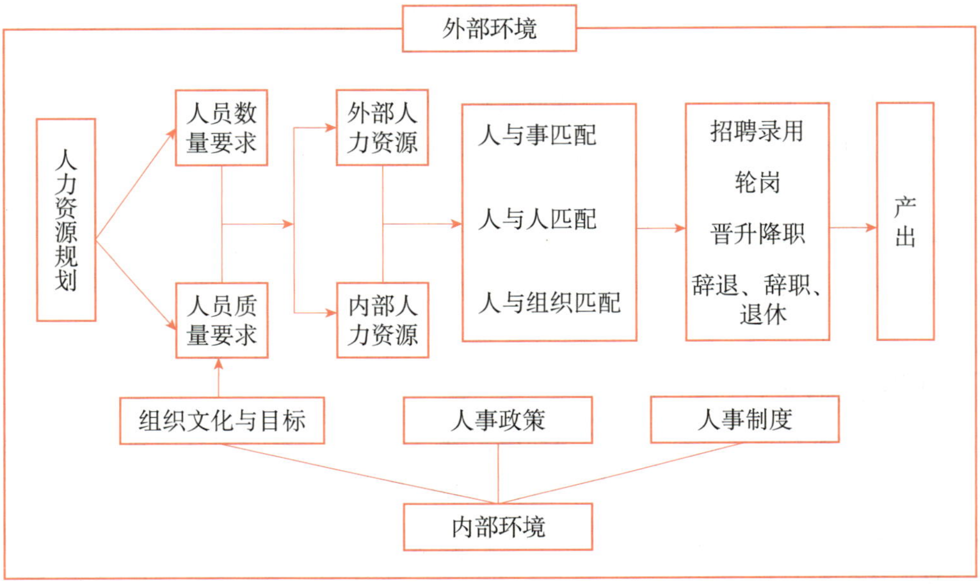

图1-8 组织人力资源静态配置模型

资料来源：严妍．人力资源配置模型研究．当代经济，2008（3）：156-157.

该模型认为组织人力资源配置所处的环境分为外部环境和内部环境。所谓外部环境，是组织人力资源配置系统以外影响组织人力资源配置的要素总和，包括政治环境、经济环境及文化环境等。内部环境则是位于组织与组织人力资源配置系统之间的环境因素，它直接影响和作用于组织人力资源配置系统，包括组织文化与目标、人事政策、人事制度等。需要说明的是，外部环境以及内部环境中的某些因素并不与组织人力资源配置构成直接的对应关系，因此无法在模型中用因果关系直接描述。人力资源规划是人力资源配置的前期工作，在人力资源管理中具有统领与协调作用。人力资源配置可以说是人力资源规划的延续、细化和动态管理。组织人力资源规划通过需求和供给预测，可以得出计划的人力资源配置需要和人力资源配置可得性，之后就可将二者进行比较，得出配置计划。

（二）组织人力资源动态配置模型

组织人力资源动态配置模型认为需求与供给的均衡状态是组织人力资源配置的最优状态。而均衡是相对的，组织的人力资源不可能一直保持在一个最优配置的状态，需要通过调整达到新的均衡，因此配置水平的提高也意味着更高层次的效率产出。从管理学角度来看，组织人力资源动态配置模型应该是一个完备而闭合的管理循环系统，可以使组织人力资源配置产生螺旋式的动态优化态势。同时，组织人力资源配置并不是独立存在的，它贯穿组织人力资源管理活动始终，是起点、初衷，也是终点、结果。因此组织人力资源管理的其他模块必然与之发生密切关系，并且决定它的最终效果。组织人力资源动态配置模型旨在对组织人力资源动态配置的诱因和循环过程，及其与人力资源管理相应环节的关系进行深入剖析，并在此基础上讨论模型的科学应用。在时间的维度上，组织人力资源配置系统的外部环境、内部成分都会发生变化，岗位需求及个人能级也会随着时间的推移而发生变动。如图 1－9 所示，a，b，c 三个节点分别代表人与工作匹配、人与人匹配以及人与组织匹配；箭头 A 表示由于员工供给的变化，即员工能级的变化导致的再配置过程，箭头 B 代表由于组织需求，即岗位能力需求与人员结构需求所导致的再配置过程。

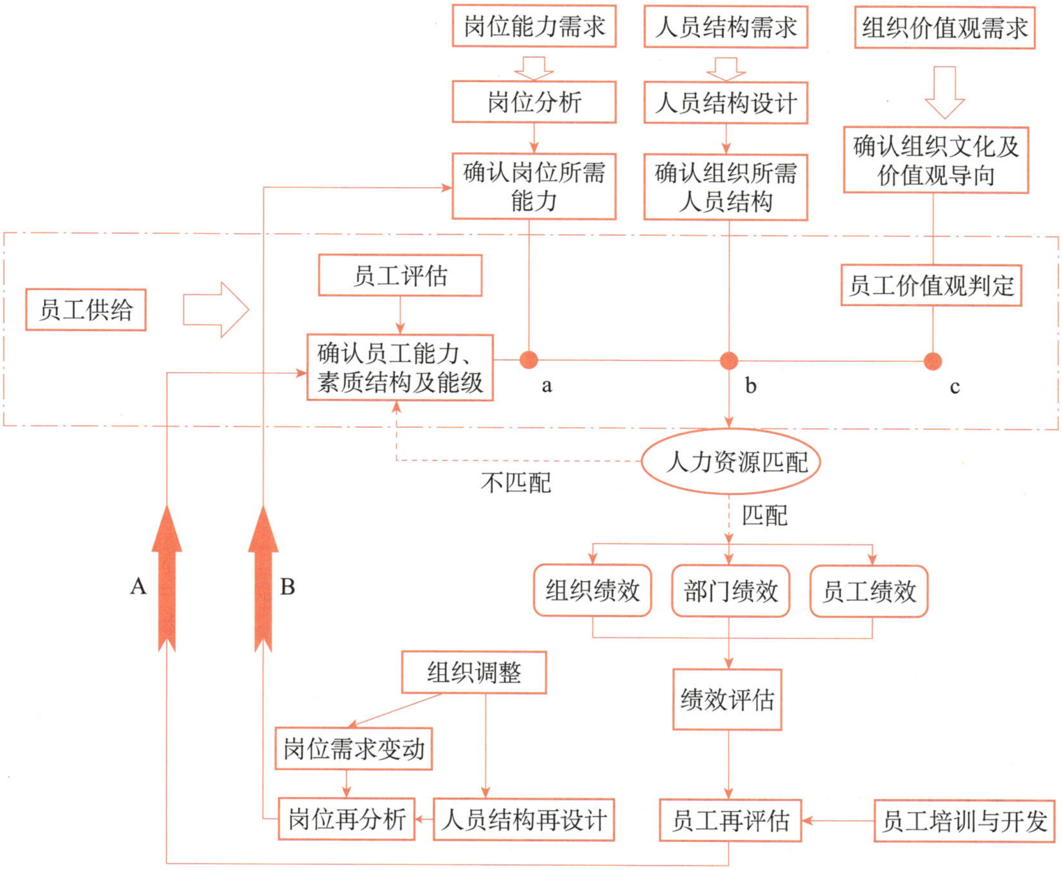

图 1－9　组织人力资源动态配置模型

资料来源：严妍．人力资源配置模型研究．当代经济，2008（3）：156－157.

从图 1－9 中的组织人力资源动态配置模型中可以看出，岗位分析（职位分析、工作分析）是人力资源配置的起点。员工能力评价是根据员工能力模型，分析确认员工所具备的与岗位要求相关的能力，并在此基础上确定该员工在岗位层级及组织人员结构中的位置，为实现人与工作匹配及人员与组织匹配奠定基础。这些是实施绩效管理的必要基础，也是实现组织人力资源优化配置的必要条件。科学绩效管理是对人力资源配置效果的评价与反馈，也是人力资源动态配置的必要环节。随着时间的推移，员工的原有知识、技术可能变得陈旧，不再适合该岗位；岗位本身也可能对员工的知识、能力、技术提出更高的要求。这时首先应考虑是否可以通过培训的方式使其获得该岗位所需的知识和技能。通过培训，可使个人能级及人员结构发生有益的变化，达到新的匹配平衡。另外，组织应该注意培训的及时性与针对性，注重培训的目的与效果。

（三）赫尼曼的组织员工配置模型

赫尼曼（2005）的组织员工配置模型（见图 1－10）描述了组织使命、目标和任务以及组织战略与人力资源和配置战略的相互作用。

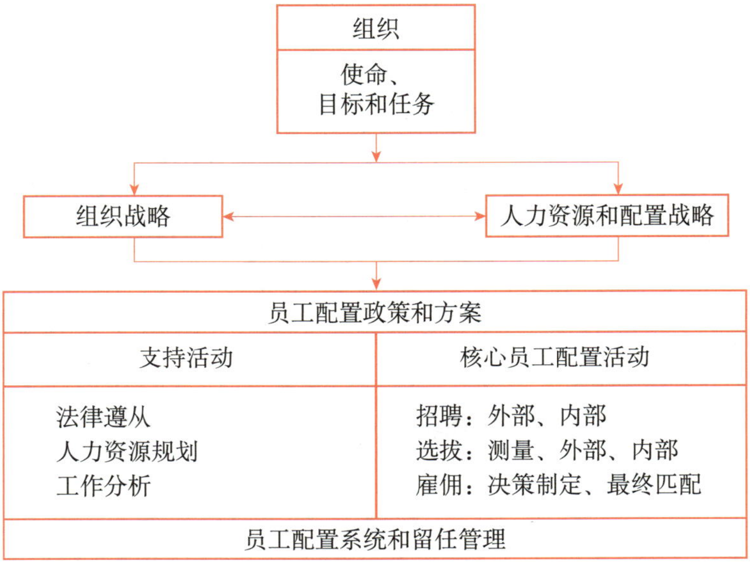

图 1－10　赫尼曼组织员工配置模型

资料来源：赫伯特·赫尼曼，蒂莫西·贾奇．组织人员配置：第 4 版．王重鸣，陈学军，等，译．北京：机械工业出版社，2005.

员工配置政策和方案就来源于这种相互作用，并且涵盖了所有支持活动和核心员工配置活动。员工配置系统和留任管理贯穿这些支持活动和核心员工配置活动。而且员工配置水平和员工配置质量是员工配置战略、政策和方案的关键点。

赫尼曼认为组织形成战略是为了实现组织使命，并且建立宽泛目标与任务以指导组织朝使命完成的方向发展。在这些目标之下，是对组织需要获取、培训、管理和留任的劳动力队伍规模和类型的特定假设。人力资源和配置战略代表的是对这些假设如何处理的关键决策。这样的人力资源决策，不但来源于组织战略，自身也可以直接构成组织战略。

支持活动是开展核心员工配置活动的基础和必要组成。法律遵从代表了对公平就业机会和反优先雇佣等种类繁多的法律法规的知识掌握，以及将它们的要求融入核心员工配置活动的所有阶段。人力资源规划是支持活动的工具，需要首先了解对于员工配置来说关键的外部影响因素，特别是经济条件、劳动力市场和工会。这些限定了员工配置水平的形成，既包括需求也包括可得性，员工配置水平会驱动关键员工配置活动的规划。工作分析呈现关键机制：组织确定工作所需的 KSAO 和薪酬水平，通过核心员工配置活动来满足预计的空缺职位。

核心员工配置活动聚焦于劳动力的招聘、选拔和雇佣。员工配置水平作为员工配置规划的组成确立下来后，员工配置工作的重点就转移到了员工配置质量上，以保证建立成功的人与工作和人与组织匹配。完成这个最终结果需要多样的计划、决策和活动，其中涵盖招聘手段的使用、与潜在应聘者和招聘媒体沟通、选拔工具的类型选择、决定邀请的应聘者以及邀请费用等。

各种不同的支持活动和核心员工配置活动是非常复杂的，必须得到指导、调整、控制和评估，这就是员工配置管理的作用，组织需要对员工配置活动进行管理。此外，留任管理也是一项重要的员工配置活动，因为员工主动离开通常导致高成本和工作破坏，并且员工流失会造成人才难以替代的局面，而留任管理可以确保组织维持足够数量和质量的员工，使组织免受危害。

赫尼曼的组织员工配置模型为组织的员工配置搭建了一个很好的框架，从模型图中可以清楚地了解组织员工配置的活动和结构，而组织人力资源静态和动态配置模型非常具体地描述了组织员工配置的过程，更像是组织员工配置的流程图。

组织的员工配置活动应该有以下活动：

（1）环境分析（法律、社会）。

（2）人力资源规划。

（3）工作分析。

（4）招聘。

（5）甄选。

（6）雇佣。

（7）员工配置系统管理。

（8）员工配置活动评估。

（9）留任管理。

第 4 节　我国员工配置的历史、现状与发展趋势

一、我国员工配置的历史与现状

西方的人力资源管理始于 20 世纪初的美国，最早的教科书和课程将其称为人事管理，在之后八九十年的时间里，无论是人力资源管理实践，还是人力资源管理理论研究都得到了很大发展。我国的人力资源管理是在 1978 年改革开放之后发展起来的，40 多年来，中国各类组织的人力资源工作者，通过接受各种人力资源管理知识培训及实践的磨炼，走过了西方一个世纪走过的道路。员工配置制度的发展经历了起步、发展、繁荣的三个阶段。

（一）员工配置制度的起步阶段（1978—1984年）

从新中国成立初期到改革开放前，我国实行的是干部统一调配和工人统一招工制度，强调计划配置，人事管理实行统包统配制度，单位领导缺乏选人用人的自主权，企业的用人计划、招收范围等都由国家统一计划管理，企业几乎不存在自主的招聘工作。1978年以后，我国的劳动人事制度才得以恢复，逐步走上正常的发展轨道。

首先是废除领导职务终身制，1980年8月，中共中央政治局讨论通过了《党和国家领导制度的改革》，提出干部队伍年轻化、知识化、专业化以及对于干部的提拔使用制度化的“四化”方针，为我国的干部人事制度改革拉开了序幕。1982年劳动人事部制定了《吸收录用干部问题的若干规定》，在干部吸收录用方面试行考试办法，改革限额推荐、考核录用的做法，提出了“实行公开招收，自愿报名，德、智、体全面考核，坚持考试，择优录用”的办法。在干部任用方面，打破了单一的委任形式，出现了考任制、聘任制，并扩大到选任制。在企业中实行从工人中聘用干部的办法，初步探索了干部能上能下、能进能出的渠道。

总体而言，干部人事制度改革针对当时存在的突出问题取得了突破，领导班子年龄偏大、文化偏低的状况得到了改善，突破了“大锅饭”“铁饭碗”“单位所有制”。但是，这个阶段的干部人事制度基本上处于探索阶段，缺乏整体配套和总体规划，传统的干部人事制度作为一种习惯力量仍然发挥着重要影响。

（二）员工配置制度的发展阶段（1984—1997年）

1984年后，中国的经济体制改革开始全面深化，中国的改革走的是一条渐进式道路，很多改革项目需要在局部地区试验，取得经验后进行推广。深圳承担了改革“试验场”这一历史重任。深圳在改革之初面临的最大问题是，如何认识与处理计划与市场的关系问题。深圳从经济结构的实际出发，充分运用中央赋予的改革试验权，一开始就确立了以市场为导向的改革模式，较早地建立了资本市场、劳动力市场。在企业制度改革方面，深圳大胆地进行股份制改造，实行员工持股制度，使国有企业初步具备了比较灵活的运行机制。此外，深圳较早地进行了社会保障制度改革，建立了失业保险，实施了“再就业工程”，并实行了常住人口按比例就业制度，从而较好地解决了下岗员工的安置问题。深圳较早地打破了干部和工人的身份界限，实行全员劳动合同制。深圳改革的成功，为许多组织提供了可借鉴的经验。

1984年，本着“管少、管活、管好”的原则，政府开始把一部分干部管理权交给企业，改变了过去在人事任用上大包大揽的做法，扩大了地方和企事业单位选人用人的自主权，人事任用更能结合各单位的实际。1986年7月12日，国务院发布了《国营企业招用工人暂行规定》，废止了“内招”和“子女顶替”的办法，并强调指出“企业招用工人，必须在国家劳动工资计划指标之内，贯彻执行先培训后就业的原则，面向社会，公开招收，全面考核，择优录用”。

1988年《中华人民共和国全民所有制工业企业法》通过，明确规定政府不干预企业的生产经营。政府任免和奖惩厂长，并根据厂长的提议，任免和奖励副厂级干部；企业有权决定机构设置和人员配备，有权招聘人才，有权对职工实施奖惩，有权按照有关规定，确定管理人员的任用和管理方式。1992 年 7 月，《全民所有制工业企业转换经营机制条例》通过，把实行劳动合同制列为国有企业经营机制的重要内容。1994 年全国劳动合同制职工已达到全国职工总数的 40%。1995 年 1 月《中华人民共和国劳动法》正式生效执行，明确确立了劳动合同制是我国劳动用人的基本制度，淘汰了过去的固定工制、劳动合同制等多种形式并存的状态，同时该法律也为广大劳动者的合法权益不受侵害提供了法律上的保证。1994 年以后，国家加强了对养老保险、医疗保险、失业保险和工伤保险等社会保障制度的建设。

随着改革的推进，我国企业人力资源员工配置制度从无到有，由计划指导下的招聘向市场配置的招聘转变，逐步科学化、合理化、自主化。我国在逐步实现劳动力资源的市场化配置，各地人才市场基本建立起来。

改革开放的深入使人们越来越认识到劳动人事科学化的重要性，企事业单位自主权日趋增大，用人制度不断创新，迫切需要引进适应市场经济的人事管理观念和方法。1983 年，劳动人事部与中国人民大学联合成立的劳动人事学院开始招生，1985 年首次设立了人事管理专业。1987 年国际劳工组织在中国建立了人力资源开发网，将人力资源概念引入中国。1992 年国家教委将人事管理专业更名为人力资源管理专业。人力资源管理专业逐渐发展起来。

（三）员工配置制度的繁荣阶段（1997 年至今）

在全球经济一体化、知识经济的趋势下，人力资源已成为组织取得和维系竞争优势的关键要素，如何组建和维持高素质的员工队伍，成为关乎组织战略成败的关键。1997 年 9 月，党的十五大报告强调要“深化人事制度改革，引入竞争激励机制，完善公务员制度，建设一支高素质的专业化国家行政管理干部队伍”。公务员实行公开招聘。2002 年 7 月，中共中央颁布《党政领导干部选拔任用工作条例》，我国的干部人事制度在建立科学机制方面迈出了重要的一步，进入全面规范的新阶段。

加入世界贸易组织（WTO）以后，我国面临一个竞争更加激烈、变化更为迅速、高度多元化的市场，中国的经营管理进入了一个特殊的时代，各类组织在员工配置领域使用系统化的科学工具，建立全方位人才测评系统，基于能力的规划模式以及依据核心能力挑选员工，提拔有创新能力的人，以提高人力资源管理现代化水平。

随着教育体制的改革、各种人才的增多、劳动力市场出现整体供过于求的状况以及计算机等信息技术的广泛应用等，我国企业在招聘和甄选管理中发生了很大的变化，企业增强了对招聘重要性的认识，人力资源因其在企业生产、管理中的重要作用而被经济学家和管理学家称为第一资源。为此，对人力资源的获取也就成为管理中的必要工作，只有这样才能运用人力资源来整合现代企业的另外两大资源——物质资源和信息资源，创造企业价值。作为人力资源的基础性工作，招聘工作也日益受到企业高管层的重视，在整个人员招聘和甄选过程中，80%以上的企业的人力资源部门经理直接参与人员招聘和甄选的全过程，并根据组织的发展战略，制定相应的人力资源规划及人员招聘计划，满足组织需求，招聘渠道日益表现出多元化趋势。

在学习先进管理理论和甄选技术的基础上，我们不断发展符合中国国情的员工配置方法与技术。不仅如此，随着新技术的发展，许多招聘工作在互联网时代的延伸概念与工作受到了学者和人力资源实践者的重视，如招聘外包、社交网络招聘、大数据招聘等，越来越多的企业开始在这些新兴领域创新与发掘，不断优化企业招聘与配置（见表1-4）。

表1-4　技术发展对人才招聘的启示

技术发展	对人才招聘的启示
社交媒体	如今，在网络上查看一个人的个人生活和职业经历已越发简便，人才搜寻变得前所未有地容易，竞争环境也更趋于公平
数字营销	基于人群特征和在线行为的针对性广告正从市场营销渗透至招聘行业，通过细分领域和为人才提供最合适的岗位，企业可以精准快速地找到合适人选
移动化	随着移动设备在全球范围内异军突起，求职者越来越倾向于在适配的移动版网站了解就业机会和企业信息
机器学习	如今，自适应算法可以基于实时行为反馈（如查看岗位、点击申请），将岗位与求职者联系起来
大数据分析	随着数据存储、处理和传输成本的下降，人才招聘负责人开始将数据技术应用在业务的战略和战术决策上

资料来源：2015年中国人才招聘趋势报告．（2015-02-01）．互联网数据资讯网．

二、我国员工配置的现实问题与对策

（一）员工配置的现实问题

1. 员工配置的公平性

员工配置中的歧视主要表现在受歧视者在受聘机会和受聘条件相同的情况下，不被聘用或以较低的水平聘用。虽然我国现行法律有禁止这种行为的规定，但是国内劳动力市场的歧视现象仍然以各种形式存在，包括存在不合理的招工条件，如性别、年龄、婚姻状况的要求等；大型企业集团的员工配置难以摆脱行政机制；干部任命仍然广泛地存在于国内企业中。

2. 员工配置的计划性

企业的人力资源规划是实现企业内部人力资源合理配置的基础性工作，是企业招聘甄选工作的客观依据，它不仅要包括当前的人员需求与配置，还要建立长远的人才储备库。目前我国的许多企业在招聘时，没有系统性的人力资源规划作前提，不做深入全面的分析，没有制订出合理的用人计划，包括所需人员的结构、层次、类型、要求和条件，以及数量和轻重缓急，企业只是根据当前的人员需求盲目开展工作，这样就造成了招聘工作的随意性和无序性。在现实工作中，用人部门常常会提出很急迫的用人需求，一些招聘人员为了满足用人部门的要求而招人，招进来后却发现根本不适合企业，要么辞退要么员工自动离职，招聘人员再重新招聘，使招聘陷入招人、辞人、再招人的恶性循环，由于人力资源部对于用人部门的需求把握不准确或不完整，企业在磨合阶段要投入较高的纠正成本，甚至影响工作的分配与执行。

3. 实施过程的标准化与规范化

我国很多企业目前招聘的整体水平远未达到标准化、流程化招聘体系的程度。在对大量招聘信息进行整理和分析时，由于缺乏成熟的人力资源体系和一整套客观的评价体系，要判断求职者是否适合企业的发展是非常困难的。在招聘的各个环节，基于主观经验的招聘方式占据了首要位置，一些企业的招聘问题设计不合理，或漫无目的地闲谈，或纠缠于某一问题，科学化、系统化的理论未能普及。现阶段企业在招聘过程中普遍存在的周期长、淘汰率高、效果不理想等问题，在很大程度上是由基础工作不足导致的。由于缺乏合理的招聘标准，一方面，企业把优秀的人才让给了对手；另一方面，在招聘中又出现了"人才高消费"的现象。大多数企业重使用，轻成长，有短视现象。

4. 甄选工具的可靠性

一方面，由于招聘成本有限，企业在招聘中不总是能选用适当的甄选技术，如公文筐测验、评价中心等；另一方面，在甄选工具的使用上，由于经验与知识的不足，一些招聘工作者没有在合适的情境下正确地使用工具，这就使得无领导小组讨论等方法在实际应用和操作中产生了一系列困惑和问题，影响到甄选的有效性，以及方法在人才测评领域的推广使用。

5. 招聘人员的专业性

许多企业没有形成一支具有专业知识的人力资源管理者队伍，在人力资源管理活动上，有关人员仍大量集中于档案性、事务性工作，未能更多地与企业的战略和发展相结合。众多企业中，除了个别岗位会采用标准化试卷或其他形式，大多数职位的招聘仍然以直接面谈为主导的招聘形式。面谈中招聘人员受主观因素影响过多，往往会因为喜欢某应聘人员的单方面背景而录用，这也是人力资源管理人员非专业性的表现。

6. 对于招聘的评价与分析

招聘成功与否，应该由员工入职后的业绩来检验。大部分企业会对招聘的具体操作非常重视，但是对招聘过程中如何有效控制成本的认识还不足，对入职人员的持续关注不足。这表明国内企业对于招聘质量的评估认识不足，缺乏配套的质量评估体系来对招聘整体过程和效果进行客观的评价。

（二）员工招聘与配置的对策

1. 做好招聘的准备工作

尊重个体，树立以人为本的思想，公平对待前来企业应聘的每一位应聘者。在广泛推行全员性、竞争性、经营性、战略性人力资源管理的时代，招聘部门应该主动地参与企业和部门的人力资源规划，深入一线了解人员流动去向，随时掌握企业在各阶段的用人需求，以采取合适的招聘策略，及时为企业输送所需人才。人力资源部门要明确企业的中长期发展目标和企业当前的任务，在实施人力资源规划时，既考虑组织的现实需要，也考虑长期利益。招聘人员在招聘前应确定空缺岗位的责任、内容、操作规程及职位对胜任人员的素质要求，并以此为标准开展招聘工作。由于企业内部各方面的功能、作用不同，对人才的要求也不同，企业应当全面理解企业人才需求，不能单纯地注重学历，应将学历和经验同时作为衡量人才的标准。

2. 推行实施过程的标准化与程序化

加强企业的人力资源基础建设，用科学、客观、理性的思路，设计一整套符合企业具体实际的人力资源体系，并在此基础上不断调整和优化现有招聘流程，使整个招聘的过程可预见、可控制和可量化。为了实现招聘高质量员工的目的，企业要做到：制定与经营目标相匹配的完备的人力资源策略；确定职位空缺、人员配备需要的完整的程序；确定候选人来源（中介公司、人才市场、报告广告、推荐、内部提升等）；制定工作说明书，内容应包括有关公司使命、目标、价值观的明确陈述，以及对招聘对象的基本要求（学历、工作经验等）；依据职位描述，制定每个职位的人员要求及胜任能力；面试组织专业化，招聘人员要受过专业培训，熟悉面试和评估程序中使用的工具；建立新员工入职培训的整套方案；建立公司人才资源信息库，引进职业生涯设计。

3. 提高招聘工具的可靠性

由于迅速变化的竞争环境，组织越来越依靠多样化的人力资源来完成各种复杂的任务，人员招聘必须善于为组织提供具有应变能力且富有组织承诺的人。因此拥有和使用系统化的甄选评价工具，用现代人事测量技术选拔人才，势在必行。对于从国外引进的选拔工具，要真正实现该工具在国内从理论层面向操作层面的转化，明确工具的优势、特点，考虑比较其收益和成本，使这些选拔工具为企业招聘到优秀的人才。检验工具的有效性也是企业控制招聘成本的重要措施。

4. 提高招聘人员的专业素质

企业人力资源部门的员工必须具备相关的专业知识、技能和能力，具有创新意识，敢于应用先进的选拔工具。招聘人员既对企业负责，也对每一位应聘者负责。企业的人力资源管理人员在招聘过程中应根据不同岗位、不同特征使用多种招聘方式，全方位、客观地对求职者做出评价，而不是千篇一律地采用单一的面试方法。在人力资源部门为某用人部门选拔人员之前，人力资源部门应当有责任通过沟通等方式，引导用人部门准确描述出职位的职责和全面具体的能力素质要求，避免增加企业纠错成本。企业在安排招聘工作时，应对招聘人员进行全面的培训，通盘考虑招聘人员的个性特点、知识能力结构和年龄层次，合理搭配，形成理想的层次分布，全面提高人力资源管理人员的综合素质，培养一种尊重的文化，增加对应聘者的吸引力。

5. 注重招聘的评价与分析

人员招聘的效价评定，应该包括经济效价分析和非经济效价分析。经济效价分析主要是指人员招聘、岗位适应性培训成本的效益分析；非经济效价分析主要包括对人员岗位适应性、业绩表现、人才流失可能性、人与团队磨合速度等的分析。只有招聘和培训成本低，新员工业绩优良、流失可能性小、很快融入团队与组织，并给团队带来良好影响，企业才能认为人员招聘是成功的。

6. 改善招聘环境

政府的方针政策能够直接影响甚至决定企业人力资源管理的很多活动。在政府和企业的互动关系中，政府可以说拥有相对支配权，因此它所制定的有关政策对企业的人力资源管理具有一定的引导性和支配性，进而影响企业的招聘选拔活动。要充分发挥政府对企业的招聘管理工作的引导性作用，改革、调整或完善与劳动关系相关的各项制度，健全并完善我国的劳动法制体制，为我国招聘体制的进一步发展提供良好的社会法制环境。

本章小结

员工配置是一个比较宽泛的概念，学者对员工配置有多种定义，员工配置是为了创造组织效能的有利条件而从事的获取、运用和留任足够质量和数量劳动力的过程。从概念中可以看出员工配置包含了对进入组织和在组织中留任的人员流动情况的管理。员工配置过程包含招聘、选拔和雇佣这几个关键的要素，同时还描述了在这些人员流动过程中发生的步骤和活动。员工配置同时受到内部和外部环境的影响，影响企业员工配置活动的外部因素主要有经济、政治、文化、国家政策法规等，影响企业员工配置活动的内部因素主要有企业战略、企业生命周期、企业文化、企业形象等。

员工配置对于组织和员工都具有重要意义。对组织来讲，员工配置是用人的基础，用人是人力资源管理活动的中心环节之一，组织效率在一定程度上取决于员工配置，员工配置是否合理在很大程度上影响组织与人力资源之间的和谐发展。对员工来讲，员工配置是充分发挥其作用、实现其价值、得到物质与精神回报的必要条件。

组织进行员工配置的总目标是使匹配最大化和避免不匹配。匹配理论认为，人与环境之间的匹配将会带来积极的效应。广义的人与环境匹配指的是当个体与工作环境的特征相匹配时出现的相容性。依据这个定义，学者提出了不同的匹配类型，如人与职业匹配、人与组织匹配、人与群体匹配、人与工作匹配、人与人匹配。

思考案例

某电子集团的招聘

深圳某电子集团公开招聘一名战略研发经理，该企业采用传统的“简历+面试”方式，淘汰了大部分应聘者，在剩下的五名候选人当中面试小组普遍特别看好王先生。王先生是所有应聘者中唯一的“海归”，他在美国获得了工商管理硕士学位，在国际知名公司工作过，他在面试中表现出的沟通能力、协调能力等各方面也十分出色。最终，该企业让他出任战略研发经理一职。该企业正处于转型期，市场开拓还依赖于战略研发部的调研与决策，然而在王先生上任半年多时间内，战略研发部战略意识不到位，战斗力薄弱，对市场业务部门的支持捉襟见肘。

集团领导甚为不解，责成人力资源部门调查王先生的资历。人力资源部门多方调查，发现王先生的工作经历与资历并没有造假，那么问题到底出在哪里呢？

A人才测评中心了解到该企业的需求后，建议借助该中心的测评系统为王先生做一次全面的人才测评。测评报告显示王先生的理论素养和工作经历很丰富，但他的逻辑分析能力和战略规划能力勉强及格，显然，这些都是一个战略研发人才必备的能力素养。测评结果同时还显示出王先生属于社会型人才，更适合市场销售部门的管理工作，与属于研究型人才的战略研发部门负责人一职不是最吻合的。做完测评，该集团人力资源部门招聘负责人不禁感慨："最优秀的人不一定是最合适的人，人与岗位的匹配才是招聘中应该看重的。"

思考题：

结合材料，说一说你对于"招聘最优秀的人"和"招聘最合适的人"的看法。

拓展阅读

《应用心理学》100年的招聘和甄选研究回顾

一、JAP中的招聘研究

（一）JAP的早期招聘研究

《应用心理学》（*Journal of Applied Psychology*，JAP）中最早提到招聘的文献出现在第一年期刊的第四期和最后一期，更多的是关于德国军事的甄选和招聘培训。在之后的50年里，JAP很少有关于招聘的文献。这很可能是因为两次世界大战创造了一大批技术工人，社会鼓励员工对雇主保持忠诚，因此甄选是最基础的问题。

20世纪70年代，商业和社会变化推动了专业化技能的产生，加剧了雇员流动。此时的研究主要关注招聘面试（如设计面试以吸引申请者）、影响申请者或者面试官的因素以及评价不同招聘方法和策略的有效性。

20世纪80年代的招聘研究很大程度上延续了20世纪70年代的研究，如招聘面试、招聘策略、现实工作预览，同时开始以新的方式探索招聘策略。例如，研究者开始研究招聘评价里的歧视问题和不同的招聘手段，如大学生实习。

20世纪90年代，信息技术快速发展，高素质人才竞争激烈。这期间发表的招聘方面的研究反映了这些趋势，并且越来越专业化和精细化。例如，招聘效用分析包括更详细的招聘成本缩减结果，探讨不同的面试形式对申请人信息获得产生的影响，并在很长一段时间内跟踪申请者信息获得的结果。

（二）JAP的当前招聘研究

关于招聘的研究还在继续探索不同的招聘策略对员工受雇前后行为的影响，以及剧烈的商业和社会变化正在推动的招聘研究采取的新方法，包括多样性的招聘目标、招聘技术的变革、雇主品牌的建立和招聘理论的发展。

首先是招聘和多样性。许多公司将多样性招聘目标作为使命的一部分，所以其研究重点集中在如何招聘才能提高劳动力多样性上。这项工作试图找出能吸引不同候选人的招聘策略和影响因素，其他研究与招聘的多样性和选择有关。例如，纽曼和里昂（Newman & Lyon，2009）发现，多样性和合格的劳动力将减少后续招聘决策中的不利影响。这些研究共同表明，招聘信息多样性的影响是中等到小或有条件的中等，但即使是小影响也可能有助于增加申请人的多样性和减少不利影响。

其次是招聘实践和技术。随着科学技术的进步，传统的招聘方式也在不断升级，技术从根本上改变了传统的招聘方式。最突出的是互联网，现如今社交媒体和大数据的其他来源已经彻底改变了招聘的本质。几乎所有的公司都使用互联网进行招聘，许多公司使用社交媒体，尽管社交媒体能否增强招聘有效性仍有待研究。

再次是招聘和组织形象。一个比较新的招聘研究领域是申请人如何看待组织的就业品牌、声誉或形象。组织形象很重要，不仅因为它影响对申请人的吸引力和工作选择，也因为可能被用来从战略上区分本组织和竞争对手。例如，研究表明，招聘的做法（特别是口碑）影响申请人的品牌认知，同时组织的品牌意识可以影响招聘过程和招聘实践结果。其他研究侧重于不同渠道的角色，即沟通关于工作、公众对组织形象的认知、申请者结果的渠道。申请者的组织形象认知似乎高度稳定，因此可能会在招聘中产生重要的后果。需要更多的研究来了解营销、招聘和组织形象之间的关系。

最后是招聘理论。早期关于招聘的研究焦点更多的是实践驱动，后续的研究重点则转向理论驱动。尽管目前没有一个被广泛接受的招聘理论，但这一领域的研究受益于相关文献的理论的融合。一种理论方法是基于认知理论、心理学和社会认知，解释信息处理、态度形成和说服。例如，社会心理学理论已经被用来了解实习、招聘参观和招聘来源。

（三）招聘中的研究与实践的鸿沟

如今，经济和社会力量与以往几十年完全不同。全球化、互联网和移动技术、人口变化、经济不确定性以及变化发生的速度对招聘提出了挑战。组织现在必须找到有效的招聘策略，以满足世界各地的不同群体，他们有不同的职业期望，并有不同层次和种类的电子访问技术。以这些挑战为背景，招聘中一些主要做法的问题如下。

第一，在许多情况下，需要识别候选人的来源。显而易见的是，企业必须越来越关注识别、创造、形成必要的人才池。比如全球招聘正在变得越来越重要，因为具备必要资质的应聘者并不是均匀分布的。与发展中国家相比，发达国家倾向于在劳动力中保持较高比例的老员工，因为发展中国家拥有先进技能的人较少。在招聘过程中，企业也可能需要强调自己的竞争优势来吸引合适的人选。总之，未来的合作研究不仅要关注有效的招聘策略，还要努力关注确定各种战略分别对何种类型的人选最有成效。

第二，组织往往很难保留那些评估招聘人选来源和方式有效性的数据。技术的发展、工作信息来源的多样性，使得企业必须整体了解影响人选的因素。因此，未来的研究将会需要完整和准确的招聘数据活动，更广泛地考虑信息来源，将这些信息提供给候选人并确定哪些对于他们是有意义的。

第三，大部分招聘研究的重点在于考量特定平台或网站的成效。将来，研究人员将会从研究具体的技术平台（如脸书）转向捕捉关键功能的框架平台。

第四，对于许多企业来说，技术和组织对速度和灵活性的需求营造了活跃的招聘过程，但这并未反映在现有的招聘研究中。未来的研究需要一个更实际的模型，为实践提供更多的指导。

第五，随着学术领域的日益专业化，学者对实践问题的关注达成了共识。例如，招聘和企业经营效益是密不可分的，由何人负责招聘以及何时招聘在很大程度上受企业经营效益的影响。招聘研究需要考虑招聘效果和企业经营效益，它们是同一个人才方程的不同侧面。

二、JAP 中的甄选研究

（一）JAP 的早期甄选研究

1917—1940 年，大部分 JAP 中的文章研究的是能力测试在不同情境和不同职业下的使用。以今天的标准，无论从样本量还是分析方法来看，这些都是非常简化的研究。但是，这些研究试图解决的都是重要的实际问题。后来的研究开始在这些简化的研究的基础上增加预测指标的复杂性，并发展效标的测量方法以及拓展关于甄选和效度研究的主题。例如，雷默斯（Remmers，1934）发现学生评估老师时会出现晕轮效应，布兰登伯格（Brandenburg，1925）关注人格测试在甄选中的应用，而哈特曼（1933）则讨论了面谈作为教学和研究工具的价值。此外，数据分析方面的进步在这几十年发表的文献中也有所体现。

20 世纪 40—60 年代，其他形式的甄选测验相继出现，包括生物数据、情景测试、小组练习、领导力测试、评价中心等。关于效标领域的研究在这 20 年中也有所发展，包括营业额、工作场所中的事件和团队绩效等的测量以及新的测量工具，比如行为锚定等级评价法的开发。在 20 世纪 60 年代末，JAP 中出现了使用多种方法来研究建构效度的文章。沃尼蒙特和坎贝尔（Wernimont & Campbell，1968）的研究则对构建和选择预测指标的效标给予了很大关注。

（二）JAP 的当前甄选研究

首先，当前效标的概念和测量的发展。几十年来，JAP 越来越关注工作绩效的结构以及除任务绩效之外的绩效的测量方法的使用和发展。罗森鲍姆（Rosenbaum，1976）在预测员工离职方面做出了一些努力，将员工离职的性质分为积极的和消极的以及自愿的和非自愿的，使我们对早期的员工离职问题的理解有了进步。纵观工作行为的积极方面，史密斯等（Smith et al.，1983）引入了组织公民行为这一概念。萨克特等（Sackett et al.，1988）提出了典型绩效和最佳绩效之间的重要区别。普莱克斯等（Pulakos et al.，2000）提出，员工适应不断变化的工作需求的能力是评价员工绩效的一个重要方面。

其次，当前预测指标的性质和测量的发展。预测指标结构的拓展以及用来衡量它们的方法的发展，仍然是 JAP 中许多关于甄选的文章的主题。在所有甄选工具中，人格测验可能是过去 25 年中最受欢迎的。蒙特等（Mount et al.，2011）没有检验自评式大五人格测量的效度，而是用元分析的方法研究了旁观者评分的效度，结果发现旁观者评分（范围从 0.18 到 0.32）比起自我评分（范围从 0.05 到 0.22）具有更高的有效性。利文斯和德索埃特（Lievens & DeSoete，2011）描述了许多创新的甄选方法，包括通过各种各样的游戏来测量人格，这种甄选方法可以帮助组织改善形象，增加吸引力，并在某些情况下提升甄选效度。

最后，建立适当的效度证据。人员甄选的研究者普遍较为关心效度——用来支持根据测试成绩对员工绩效进行归因的证据。早期甄选方面的研究几乎完全依赖于效标关联效度，即测试分数与所关注的绩效结果之间的相关性。苏斯曼和罗伯森（Sussman & Robertson，1986）描述和评估了效标关联效度研究的各种方式。宾宁和巴雷特（Binning & Barrett，1989）提供了一个整合各种效度证据的观点的模型，这个模型经常被修改和讨论。当甄选方面的研究人员开始考虑多层次和跨层次关系时，这个模型需要扩展和修改。在JAP中已经有文章提出了关于什么构成了内容效度的问题。

（三）甄选中的研究与实践的鸿沟

目前，商业（例如全球化）、社会（例如人口变迁、移民、价值和工作期望）和技术（例如移动设备）发生了巨大变化。然而，甄选方面的研究却落后于这些重大转变。

第一，我们需要继续寻找能够最小化子组差异同时保持较高的效度和成本效益的测验或项目类型。第二，减少被测者的作弊和伪装，提高各项测验尤其是人格测验和其他自评式测验的信度，仍然是从业者关注的重中之重。第三，提供与目标工作相关的测验工具，并在测验中强调雇主品牌，让求职者参与到测试过程可能比以往任何时候都更重要。第四，尽管许多公司现在都在全球范围内进行招聘，但对全球性和国际性的人员甄选问题的研究仍然存在大片空白。

在这一领域，大数据可能会产生与其他科学领域一样的机会和挑战。人们可以预见到，大型跨组织和跨国数据库可以用来评估甄选测验在各种情况下的效度和效用。人们还可以设想，大数据使得我们能够使用非传统预测指标（例如，来自社交媒体的信息，信用评分），随之而来会出现预测指标与工作的相关性及个人隐私的问题。许多组织将使用大数据做出甄选决定，而不管这样的过程是否符合应用心理学家期望的严格要求和法律制度的要求。因此，人员甄选方面的研究人员在研究中考虑这些方法的潜在利益和风险是至关重要的。

未经监督的互联网测验（unproctored internet testing）指的是在没有监督的情况下，在一些方便的位置进行测验。这种测验模式对于雇主和求职者都很方便，但是它也带来了作弊、测验安全以及测验环境的标准化方面的隐患。也许缓解这些问题最常用的方法是使用未经处理的测验成绩作为一个过滤器，并通过一个有监考的考试来验证这些成绩，这些考试是针对一些在未经监督的测验中满足一定标准的考生。更复杂的方法是使用计算机自适应测验作为初始过滤器，接着在监控环境下进行计算机自适应验证性测验。

人员甄选方面的研究产生于对个体差异的兴趣，所以我们主要关注的是个体层面所测量的变量之间关系的本质。但是企业的成败基于它们相对于竞争对手而言创造业绩优势的能力。克莱恩和科兹沃夫斯基（Klein & Kozlowski，2000）将多层次研究引入人员甄选领域，这对该领域有重要的意义：在个人层面观察到的效度可能不会推广到公司层面。事实上，对小组和团队的研究发现，个人KSAO与个人绩效之间的关系经常不同于一个小组的KSAO组成和团队绩效的关系。

三、总结

在招聘和甄选领域进行的100多年的研究回答了一些问题，也留下了一些问题，并提出了很多新的问题。要列出100多年的研究结论是不可能的，然而有几个重要的见解可以从文献中总结出来。

第一，招聘和甄选的研究都倾向于解决现实世界的问题。从业人员的关注点与研究人员的兴趣之间的差距，在招聘和甄选方面比其他如工业和组织心理学领域更小。然而，仍然存在一个缺口，特别是在招聘领域，在这个领域中研究人员努力创造和证实有意义的理论，而这些理论对实践的作用常常是存疑的。另外，研究人员会深入研究招聘实践的效果，但等到这些研究发表时，所研究的实践可能已经过时了。在甄选方面的研究，从业人员与研究者的兴趣之间的差距可能更小。

第二，招聘和甄选文献中最重要的两个主题是：个体能力和多样性。JAP中大多数关于招聘与甄选的研究回答了以下三个问题：如何准确确认谁拥有执行特定工作的KSAO？在哪里找到他们？如何识别不同背景的人？然而，近年来全球化商业环境突出强调，无论种族、信仰、肤色、性别如何，都要以KSAO的先决条件来确定一支有能力的劳动力队伍，从而保持竞争优势。

第三，招聘和甄选都可以从两个角度来看：个体候选人的角度和组织的角度。JAP的早期研究集中在公司如何找到拥有合适技能的人。后来求职者角度的研究探索了候选人对不同招聘和选择策略的反应。虽然任何一种角度的研究都能解决问题，但是大多数研究人员，特别是当今的从业者都认识到了两者的重要性。

第四，技术在招聘和甄选以及其他业务流程中扮演着越来越重要的角色。过去二三十年的大量研究关注了如何利用技术的力量来提高招聘和甄选过程的速度与灵活性，并解决它所带来的问题（例如，未经监督的互联网测验和作弊的问题）。

第 2 章

员工配置的基础（上）

［学习目标］

- 了解测量中变量的属性及适用范围
- 理解信度并了解影响信度的因素
- 理解效度并了解影响效度的因素，区分信度和效度
- 描述人力资源规划的内容

［引入案例］

上汽集团战略性人力资源分析

上海汽车工业总公司（以下简称“上汽集团”）是中国三大汽车集团之一，主要从事乘用车、商用车和汽车零部件的生产、销售、开发、投资及相关的汽车服务贸易和金融业务。上汽集团的愿景是满足用户要求，提高创新能力，集成全球资源，崇尚人本管理，以国际化的视野倾力打造卓越品牌，建立推动可持续发展的技术和经营体系，不断增强核心竞争能力和国际经营能力，将上汽集团发展成国内领先并具有国际影响力的汽车企业，为消费者、投资者和社会创造最大价值。

为了实现这一愿景和目标，上汽集团经过 SWOT 分析制定了开发新能源车战略；大力发展自主品牌乘用车；在保持微型车发展的基础上，大力发展商用车的轻、中、重卡，轻型客车和轻型商用车；整合国内客车资源，提升客车市场的占有率以及加强合资乘用车的发展。

战略性人力资源需求是实现组织战略的基础，是对组织中人事流动的规划和管理，确定出企业什么时候需要人，需要多少人，需要什么专业、什么技能的人。实现上汽集团的战略，最核心的是一大批掌握关键知识与技能的员工。而上汽集团现有的人才数量和素质能力尚不能满足集团发展的需要。在现有员工中，从事低能级的生产辅助、服务类员工占总量的 16%，集团紧缺的高级经营管理、高级专业技术和高级专业技能人才的缺口率达到 57%，而且后备力量配置计划尚未整体启动，选拔培养机制还不完善。所以需要系统化的人力资源选拔计划、培训计划、职业发展规划，建立以业绩为基础的薪酬和激励计划。

高级经营管理人才队伍：以内部培养为主、人才市场引进为辅。通过制订高潜力人

才职业发展计划，由集团决定关键岗位人才，与人才市场专业公司建立合作伙伴关系，帮助挑选合格和优秀人才。

高级专业技术人才队伍：内部培养和人才引进相结合。与国内著名高校、研究机构建立合作机制，共建工程技术中心和培训基地培养人才，选拔优秀应届毕业生，参加各专业职业资格培训和资质考核。

高级专业技能人才队伍：以内部培养为主，对个别紧缺专业人才可引进。采取方式包括：集团人力资源部、工会、团委、企业和培训中心共同建立课题，研究技能型人才职业发展计划；加强对技能型人才培训基地的建设与培训投入，建立各专业培训模块；与市有关机构合作，建立集团技能鉴定中心，鼓励工人技能等级提升。

资料来源：秦迎林．人力资源案例集．北京：清华大学出版社，2014.

第1节　员工配置的基础：测量

员工配置是一个复杂、完整且连续的程序化操作过程。有效的员工配置系统可以为组织不断补充新生力量，实现组织人力资源的合理配置。员工配置是一个有目的、有计划的活动，不是凭经验和感觉进行的。组织的员工配置工作建立在四项工作的基础上：测量、组织的人力资源规划、工作分析、胜任力模型。

员工配置是建立在测量工作基础上的，没有测量就不会有系统的员工配置。在人员招聘与配置的活动中，测量意味着使用数字的形式收集与表达关于个人与工作的信息。企业的管理者通过测量来判断应聘者或者被测量人员是否适合所应聘的岗位，是否具有该岗位所要求的某些能力和知识。测量方法是描述和测评各种特征的方法，包括面试、评价中心以及一些能力测验等人员素质测量的方法。

一、测量的主要概念与内容

（一）测量的定义

测量可以被理解为给被测量对象打分的过程，分数用来表示测量对象某个属性的多少。在应用中测量一般可以分为四个步骤。

1. 选择和定义测量的属性

例如，在对计算机软件工程师的测量中要选择和定义的测量属性就是与计算机软件相关的专业知识。

2. 为该属性开发测量

例如，为计算机软件专业开发客观的纸笔测验，然后对计算机软件专业的候选人进行测验。

3. 确定测量的分数

使用一定的记分标准决定测验的分数，实践中就是对被测量者的测验结果进行评定，按照一定的标准计算分数。

4. 评估

通过被测量者展现出来的分数，确定什么样的分数适合该工作，依据标准进行评估。最后制定决策，做出录用决定。

（二）测量标准化

标准化对一个有效的测量来说十分重要，标准化是控制和减少影响测量结果的内部和外部因素的一种手段，用于确保所获得的分数是被测量对象的特征的反映。

一般来说，一个标准化的测量具有三个基本特征：第一，测量的内容对于被测量对象来说是相同的，比如针对所有候选人的测量内容都是一样的；第二，从实施测量的角度看，对所有被测量者的测量方法、形式都是相同的，比如统一测量的纸笔形式和时间限制等；第三，事先确定计分规则，并且达成一致，比如在实施测量之前，对测量题目的计分和标准已经明确统一。

这三个基本特征看起来十分简单，但是对于测量的标准化来说却十分重要，并且对于很多人力资源管理活动都有深刻的含义。像雇佣面试和推荐信之类的测量工具和测量方法，常常不能够满足标准化的要求，这时就需要组织采取一定的措施，使其更加标准化，这样有利于组织做出雇佣决策。

1. 测量水平

通常测量对象的属性并不是完全相同的，应该说是有一定差异的，可以将这些差异精确到不同的程度，相应地就有不同的测量水平和测量的量表。目前，在测量中常用的方法就是将某一变量归入四种测量水平中：名义变量、顺序变量、等距变量和等比变量。

(1) 名义变量。当测量对象的属性具有完备性和排他性特征时，该变量就是名义变量。例如性别、政治面貌、出生地、大学主修专业等。组成这些属性的类别各自不同，例如，“男性”和“女性”组成性别这个变量，它们一起涵盖了所有人的性别，且不具备后面几种变量所提到的特征。名义变量是只表达特征的名称或特征的标签。

使用名义变量时，我们常对某一属性加以归类，并赋予类别数字。不管是否使用数字，组成变量的类别并没有先后的顺序或者高低的水平，没有哪一类比其他的更高或者更低。例如，每一种工作名称只能代表不同种类，为其赋予数字：市场专员为 1、招聘专员为 2、商务助理为 3 等。很明显，数字并不代表工作种类之间的高低顺序。

(2) 顺序变量。当变量的属性能够进行逻辑顺序的排列，或者依据变量的属性沿着某个维度排列时，该变量就是顺序变量。不同的属性代表了变量的相对多寡的程度，例如学历等。根据顺序变量我们可以描述属性的不同之处，还可以对属性进行比较。

一般来说，采用顺序变量要根据对象属性的程度进行排序。也就是说，对象可以从最好到最差，或者从最高到最低加以排列。需要注意的是，顺序变量的排序只表明对象属性之间的相对差别，并不能说明属性的绝对水平。例如，对应聘候选人的排序并不能精确地表示他们适合工作的程度，而且顺序之间的差别也不能说明他们之间资格差别的程度，等级为1和2的候选人之间的差距与等级为3和4的候选人之间的差距可能是不一样的。

（3）等距变量。当变量的属性可以排序，属性之间的实际距离的测量是有意义的，并且相邻属性之间的距离相等时，该变量就是等距变量。对等距变量来说，属性之间的逻辑差距可以由有意义的标准间距来表达。如果用等距变量定义应聘候选人的资格差别，等级1和等级2的候选人资格之间的差别与等级3和等级4的候选人资格之间的差别是相等的。

在许多情况下，测量水平处于顺序变量和等距变量之间的某个位置。也就是说，对象的属性可以明确地进行等级排序，但是在整个量表中等级之间的差别并不是必然相等的。同时需要注意的是，在等距变量中，零并非没有意义，但等距变量不能进行倍数的比较。例如在温度的测量中，0℃是有意义的，但我们不能说80℃是40℃的2倍。

（4）等比变量。与顺序变量相似，等比变量里相邻两点之间的间隔都是相等的。此外，等比变量还有绝对零点，正是有了该点，研究对象所拥有的某种物质的程度可以用绝对值表现出来。

一般来说，等比变量包含着对事物的计算和称量。在人力资源的招聘配置中有很多这样的例子。例如，对某些需要体力的工作，如消防、建筑、搬运等工作，要测量候选人在某段距离内能承担多少的重物。

2. 客观测量与主观测量

人注定是感性的，因此不可避免会夹杂主观的看法。多数时候，人员配置的测量被描述为主观的，因为其中评估者或决策者的个人意见占了很大比重。有的时候，这种测量被看作是客观的，因为它可能更加看重测量的结果，而不是决策者的主观判断。那么所谓的主观测量和客观测量之间有什么区别呢？

一般来说，两者的区别在很大程度上与给定的属性和计分规则有关。对于客观测量，测量的规则是事先确定的，并常常通过某种计分方法或者系统传达和应用，大多数纸笔测验都被认为是客观测量。主观测量中的计分系统常常被认为是难以捉摸的，通常由一位计分者或者评估者来记分，面试官就属于这一类角色。尤其是那些采用特别的方法评价人们反应的人，他们的评价方式常常不为其他面试者所了解，这种情况通常发生在由高管层面试候选人时。

从原则上来说，上述的四大类变量水平都可以用主观或者客观的测量来评价，或者同时使用两种方法。但是研究表明，当两种测量形式共用时，这两类测量的得分往往有较低的一致性。例如，在对工作绩效这一属性进行测量时，可以通过工作各方面输出的数字来测量，也可以通过上级的绩效评估主观地进行测量，这时有可能出现不一致的情况。

在人力资源招聘与配置中，不论使用哪种测量评价属性，都应该认真地关注使用的评分系统或计分方法。而这就要求人力资源招聘工作人员在招聘配置的测量前了解组织测量的究竟是什么，而且要明确标准化在测量中的重要作用。

（三）分数

通过测量可以赋予测评属性以数字或者分数。一旦得到了分数，就可以对它们进行多种处理，并赋予它们更多的意义，以便更好地描述计分对象的特点。

1. 集中趋势和变异量

为了发现和表示一组数据的规律性，需要计算一些能够反映这组数据的统计特征的数字。在日常生活中，我们会经常用到“平均”这个词，比如，大学毕业生的平均收入是多少？平均每天的花销有多少？平均就是一个统计数字。对于一组数据，最常用的统计量有两类：一类是表现数据集中性质或者集中程度的，称为集中趋势的测量；一类是表现数据分散性质和分散程度的，称为离散性测量。

集中趋势的指标包括平均数、众数和中位数。如果数据是在等距水平上测量的，那么可以计算这些数据的这三种集中趋势指标。如果数据是顺序的，就不能计算平均数；如果是名义变量，那么只可以计算众数，也就是计算频数。

集中趋势只描述数据的平均或典型特征，但是并不能说明一组数据的全貌，还需要描述变异性的特点。变异量则是可以描述分数是如何围绕分布的中心散布的。变异量通常反映一组数据的离散性、宽度或者散布性，常见的变异量测量有全距和标准差。其中，全距表明工作候选人也就是被测量者的最低分数与最高分数之差，标准差表示个体分数离开平均数的平均距离，它概括地描述了分数的发散程度，标准差越大，数据的变异量或者发散性越高。关于集中趋势和变异量的举例见表 2-1。

表 2-1　集中趋势和变异量：总结统计

数据			
应聘者	测验分数	应聘者	测验分数
A	10	K	17
B	12	L	17
C	14	M	18
D	14	N	18
E	15	O	19
F	15	P	19
G	15	Q	19
H	15	R	22
I	15	S	23
J	17	T	24
总分（Σ）=338		N=20	

续表

总结统计
集中趋势： 平均数（$\bar{X}$）=338/20=16.9 中位数（中间的数）=17 众数（出现频率最多的数）=15 变异量： 全距=14 标准差（SD）=$\sqrt{\frac{\sum(X-\bar{X})^2}{N}}$=3.43

2. 百分位数

一位应聘者的百分位数指的是在所有应聘者分数的分布中，分数处于该应聘者以下的人数的百分比，以表 2－1 中的应聘者 F 为例，该应聘者的百分位数是在第 25（5/20×100）分位，而应聘者 S 则处在第 90（18/20×100）分位上。

3. 标准分数

在对分数进行解释的时候，我们会自然地将个体的原始分数与平均数进行比较，也就是要看个体的分数是在平均数之上还是在平均数之下。但是，想要真正了解一位应聘者的分数相对于平均数有什么样的差别，就必须考虑分数围绕平均数的变异程度（也就是常说的标准差）。在对某位应聘者的分数进行评估时，为了精确地表示其得分相对平均数的好坏，在计算中必须用测量分数的变异量进行校正或者控制。

标准分数是校正分数的一种方法，计算标准分数或者 Z 分数的公式为：

$$Z=\frac{X-\bar{X}}{SD}$$

$$SD=\sqrt{\frac{\sum(X-\bar{X})^2}{N}}$$

应聘者 S 在测验上的原始分数是 23，平均数是 16.9，标准差是 3.43。将这些数字带入上面的公式，可以得出应聘者 S 的标准分数是 1.8，也就是说应聘者 S 的得分高于平均数大约 1.8 个标准差。

另外，标准分数还能用来确定在两个或者更多的测试当中，某位应聘者两次测试的相对水平如何。例如，假定某位候选人的两次测试的数据如表 2－2 所示。

表 2－2　两次测试数据统计

	测试 1	测试 2
原始分数	50	48
平均数	48	46
SD	2.5	0.8
Z	0.8	2.5

该候选人在哪次测验中的表现更好呢？只需简单地计算出该应聘者在两次测验中的标准分数。根据表 2－2 可以发现，尽管在测验 1 中该候选人的原始分数较高，但是在测验 2 中他的标准分数更高一些。因此，从这一角度来看，该候选人在测验 2 中表现更好。

（四）分数间的相关性

一般来说，在人员配置的活动中关于某一应聘者会有两个或者更多的测量分数。例如，某一位应聘者有一个参加知识测验的分数，同时也会有一个根据雇佣面试情况得到的工作成功可能性的总体评定的分数。这两个分数之间是否存在某种关系？是否存在这样的关系：随着知识测验分数的增加，面试的分数也会相应增加呢？再如，在招聘过程中企业得到了关于某岗位的录用员工的特定知识测验的分数，工作后又收集到了这些人的工作绩效测量的分数，那么录用人员的工作绩效成绩和特定知识测验的成绩是否具有相关性？如果有的话，就可以把知识测验作为工作绩效的预测指标。这种相关性的证据可以帮助组织决定是否在对应聘者的选拔中加入相关的知识测验。

通常，对两组分数关系的考察通过散点图和计算分数之间的相关性来进行。

1. 散点图

根据前文提到的例子，我们假定有一组人员，他们分别有两组分数：知识测验分数和工作绩效分数。散点图就是这两组分数的联合分布，表示一个变量随另一个变量而变化的大致趋势，仔细观察散点图可以发现两组分数之间的关系类型。

散点图将序列显示为一组点，通常用于比较跨类别的聚合数据。图 2－1 提供了三种不同的散点图，图中的小圆点代表单个员工知识测验分数和工作绩效分数的组合。

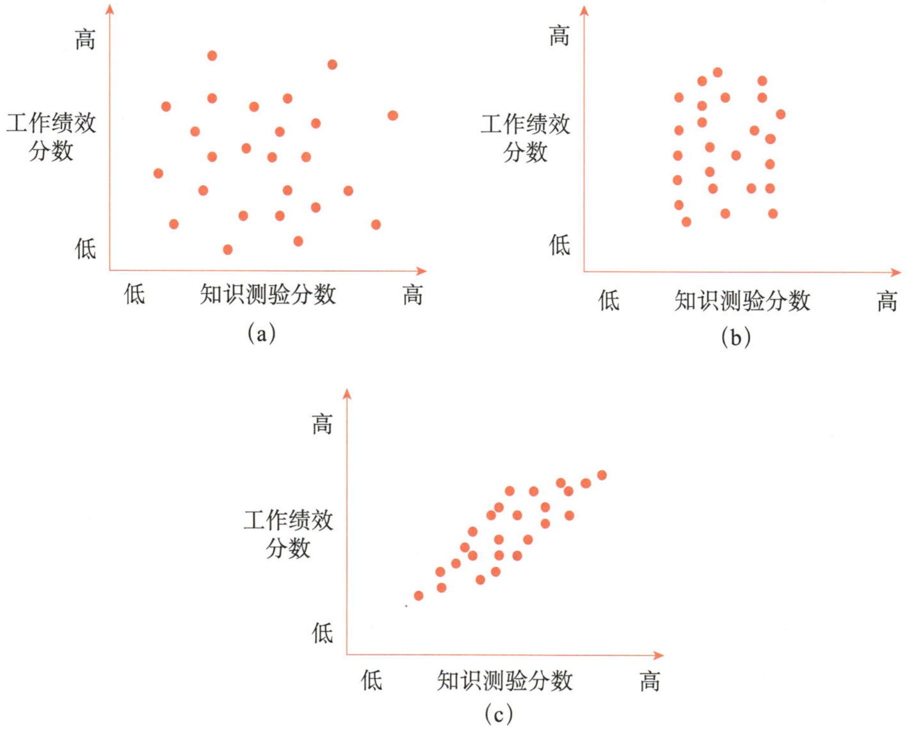

图 2－1　散点图

从图2-1中可以看出，（a）图表明两组分数间的相关性很小，（b）图表示两组分数间有中等程度的相关性，（c）图表示两组分数之间有较高的相关性。

2. 相关系数

通常两组分数之间的相关性可以通过相关系数来表示。相关系数的符号是 r。r 的取值范围为－1.0～1.0，r 的绝对值越大，表明两者的相关性越强。r 的值与散点图有关，可以直接通过计算获得。关于 r 的计算的例子和公式见表2-3。计算结果可以看出上述两个分数之间的相关性是0.49。

表2-3　同一组个体两类测量分数的统计结果

个体	知识测验分数（X）	绩效评定（Y）	X^2	Y^2	XY
A	10	2	100	4	20
B	12	1	144	1	12
C	14	2	196	4	28
D	14	1	196	1	14
E	15	3	225	9	45
F	15	4	225	16	60
G	15	3	225	9	45
H	15	4	225	26	60
I	15	4	225	16	60
J	17	3	289	9	51
K	17	4	289	16	68
L	17	3	289	9	51
M	18	2	324	4	36
N	18	4	324	16	72
O	19	3	361	9	57
P	19	3	361	9	57
Q	19	5	361	25	95
R	22	3	484	9	66
S	23	4	529	16	92
T	24	5	576	25	120
$N=20$	$\sum X=338$	$\sum Y=63$	$\sum X^2=5\,948$	$\sum Y^2=233$	$\sum XY=1\,109$

$$r=\frac{N\sum XY-\sum X\sum Y}{\sqrt{\left[N\sum X^2-\left(\sum X\right)^2\right]\left[N\sum Y^2-\left(\sum Y\right)^2\right]}}$$

$$=\frac{20\times 1\,109-338\times 63}{\sqrt{[20\times 5\,948-338^2][20\times 23-63^2]}}=0.49$$

r 的结果能够简单地表明两组分数之间相关的程度和方向，关于相关系数有以下几点值得注意：

（1）相关并不意味着比例或者百分比。测量变量 X 与 Y 之间的相关系数 $r=0.50$ 并非表示 X 是 Y 的 50%，也不表示 Y 由 X 预测的精确性为 50%。合理的解释是要对 r 的值加以平方，这样我们才能说这两个变量的分数共同变异的百分数为 r^2。因此，对 r 的合理解释是这两个变量的分数拥有 25%（$0.50^2\times100\%$）的共同变异。

（2）r 值会受到每组数据实际变异程度的影响。在其他条件相等的情况下，各组数据的变异越少，计算出来的 r 值就越小。一种极端的情况是，如果一组分数没有变异的话，相关系数 $r=0$，也就是说如果有相关的话，两组分数必须存在变异。

（3）表 2－3 中对 r 的计算公式基于这样的假设，即两组分数之间存在线性相关。但必须注意，这个假设并不总是正确的，两组分数之间也有可能是非线性相关。非线性相关的两组数据用上述公式计算的话，产生的 r 值会比真实的 r 值要低一些。

（4）相关并不代表因果，两组分数之间的相关并不能说明两个变量之间有因果关系。相关只能简单表明两个变量的共变或者相互关联，而不能说明一个变量的变化必然导致另一个变量的变化。

3. 相关系数的显著性

根据两个变量得出相关系数，就会产生相关显著性的问题。通过相关系数的显著性的判断可以了解两个变量相关程度的高低、强弱。一般来说，相关显著性的问题可以用相关的实际显著性和统计显著性说明。

（1）实际显著性。相关的实际显著性是指相关系数 r 的大小，不考虑符号。r 越大，实际显著性越高。相关实际上就是两个变量共有或者共同的变异，变异程度越高，就越有可能使用一个变量来帮助解释或者预测另外一个变量。例如，知识测验的分数与工作绩效评定的分数之间的相关系数 r 越大，就越有把握确定知识是影响工作绩效的关键指标，就越能用应聘者在此测验中的分数来预测个体的绩效，而这样的预测正是人员配置中的一个重要的目的。因此，对相关系数的使用是人员招聘与配置中的重要工具。

（2）统计显著性。在针对一个群体的相关系数计算出来之后，该相关系数只能描述这一群体的两个变量之间的关系，但是这一群体在多大程度上能代表总体，总体中是否存在类似的相关，可以通过统计显著性加以说明。仍然使用知识测验与工作绩效评分的例子，对于当前应聘者的样本，如果在知识测验的分数和工作绩效评定之间存在相关，就可以推断未来的应聘者总体也会存在这样的相关。如果能够做出这样的类似推断，组织就可以使用知识测验从未来的应聘者总体中选拔应聘者。相关的统计显著性是指根据样本 r 的实际值确定相应总体存在相关的可能性，做出相关是否统计显著的结论。要推断总体是否也相关就要计算 t 值。

$$t=\frac{r}{\sqrt{(1-r^2)/(n-2)}}$$

式中，r 是相关系数，n 是样本容量。

在任意一本基础的统计书籍里面都有 t 分布表，由此可以获得 r 的显著性水平。显著性水平表示为 p 小于某值。这里的 p 水平表示，总体实际上不存在相关时却得出相关结论的概率。因此，显著性为 $p<0.05$ 的相关程度意味着在 100 次的结论中，只有不到

5次会在总体实际上不存在相关时却做出了相关的结论。可以看出，这是很小的概率。

避免在总体不存在相关性的时候得出相关的结论十分重要。因此，人们常常选择相对严格的显著性水平，相关只有达到此水平时才能得出相关的结论。通常，我们选择 $p<0.05$ 或者更低的 $p<0.01$。再将实际显著性水平（根据相关的 t 值）与期望的显著性水平比较，最后确定相关是否统计显著（见表2-4）。

表2-4　期望水平、实际水平与相关程度

期望水平	实际水平	相关程度的结论
$p<0.05$	$p=0.17$	不显著
$p<0.05$	$p=0.03$	显著
$p<0.01$	$p=0.06$	不显著
$p<0.01$	$p=0.007$	显著

考虑相关的显著性时，需要关注实际显著性和统计显著性。例如，$r=0.25$ 且 $p<0.05$，就可以做出下面的相关性解释：相关具有中度的实际显著性（$r^2=0.06$），并且满足统计显著性的常态阈值，所以根据该样本的信息，两个变量之间在总体上可能相关。

二、测量的方法

（一）预测工具

预测工具是人力资源招聘与配置工作人员进行甄选决策的依据。预测工具是管理者用来决定录用还是拒绝应聘者的测量方法（如测验）。预测工具对人力资源决策有十分重要的影响。一个管理者实际考察应聘者的预测工具得分，并利用这一分数决定录用还是拒绝应聘者。总的来说预测工具可以分为三大类。

1. 收集背景信息

在收集有关应聘者背景信息的时候，一般要用到申请表、材料核查、描述性或传记性的数据问卷等。申请表一般要求应聘者描述个人以前的工作经历，应聘者通常要回答有关其住址、教育经历、工作经历等相关问题。表2-5为某公司应聘申请表。

表2-5　某公司应聘申请表

申请职位			所属部门			
姓名		性别		民族		照片
出生年月		政治面貌		婚否		
籍贯		身高（cm）		学历		
毕业院校				专业（方向）		
计算机水平			外语语种及水平			
身份证号			工作地域选择			

续表

<table>
<tr><td>联系地址</td><td colspan="2"></td><td>邮编</td><td colspan="2"></td></tr>
<tr><td>手机号码</td><td colspan="2"></td><td>电子信箱</td><td colspan="2"></td></tr>
<tr><td rowspan="5">学习经历
（从高中起）</td><td>起止年月</td><td colspan="2">毕业院校和专业</td><td colspan="2">所获学历、学位</td></tr>
<tr><td></td><td colspan="2"></td><td colspan="2"></td></tr>
<tr><td></td><td colspan="2"></td><td colspan="2"></td></tr>
<tr><td></td><td colspan="2"></td><td colspan="2"></td></tr>
<tr><td></td><td colspan="2"></td><td colspan="2"></td></tr>
<tr><td rowspan="4">社会实践
经历/
工作经历</td><td>起止年月</td><td colspan="4">工作单位和具体工作内容</td></tr>
<tr><td></td><td colspan="4"></td></tr>
<tr><td></td><td colspan="4"></td></tr>
<tr><td></td><td colspan="4"></td></tr>
<tr><td rowspan="4">家庭成员</td><td>关系</td><td>姓名</td><td>出生日期</td><td>政治面貌</td><td>工作单位及职务</td></tr>
<tr><td></td><td></td><td></td><td></td><td></td></tr>
<tr><td></td><td></td><td></td><td></td><td></td></tr>
<tr><td></td><td></td><td></td><td></td><td></td></tr>
<tr><td>奖惩情况</td><td colspan="5"></td></tr>
<tr><td>专业证书</td><td colspan="5"></td></tr>
<tr><td colspan="6">本人身体健康，符合××公司要求的健康标准：是（　）否（　）</td></tr>
<tr><td colspan="6">本人保证上述表格中所填内容完全真实，如有虚假愿承担一切责任。
本人签名：　　　　　　　　日期：</td></tr>
</table>

材料核查，也称背景调查，应聘的单位联系可以正确评价应聘者特征和背景的人进行核查。这种核查既可以验证应聘者在申请表上描述的真实性，也可以获得更多的信息。描述性或传记性的数据问卷通常包括应聘者过去的生活经历，一般认为透过过去的生活经历可以预知将来的工作行为。

2. 面试

招聘甄选过程中的面试环节也是用来收集应聘者信息的。面试甄选一般通过面试官提问的形式进行，对这些问题的回答将用来评估应聘者是否适合某一职位。

3. 测验

用于甄选的测验的种类数以百计，测验的形式多种多样，有些要求书面作答，有些要求实际操作；有些有时间限制，有些没有时间限制；有些需要分组完成，有些独立完成即可。按照测试内容，可以分为能力倾向测验、成就测验和人格测验等。能力倾向测验，用来衡量一个人履行某一职位具体职责的能力，能够使用能力倾向测验考察的能力包括智力、机械能力、空间能力以及公职人员考试中的行政职业能力等；成就测验可以评估一个人的业务水平；甄选中使用的人格测验基于这样的假设，即知道一个人的动机或他对不同情景的反应有助于预测他在工作中能否成功。

（二）效标

效标是一种标准，用于检验预测工具是否真的测量了计划测量的变量的某些方面。效标测量的结果有助于评估预测工具的预测效果。效标的测量可以利用客观产量数据、人力资源数据、评判性数据（如绩效考核数据）、职位或者工作样本数据、培训成效数据等。

（三）测量在人力资源配置中的重要性

测量是组织人力资源配置的关键要素和工具之一，组织的人力资源配置在很大程度上依赖于测量的可取性与使用。事实上，在任何一种系统的招聘与配置的过程中，都必须使用测量以及相应的测量过程。

测量是描述和评估我们所关心的客体属性的方法和技术。例如，对应聘者 KSAO 的测验、对员工工作绩效的评价，以及应聘者对各类工作奖励的偏好评定。对这些属性的评估都是通过测量过程收集数据。测量过程由以下几个步骤构成：选择所关注的属性，形成该属性的操作定义，按照操作定义构建属性的测量以及使用测量对属性进行实际的标定。人力资源招聘与配置中测量对于帮助甄选人员做出精确的预测起决定性作用。决策者可以利用测量数据作为决策的依据，决定是否录用应聘者。

三、测量方案的制定

对于招聘与配置活动来说，使用现有的甄选方案的好处显而易见。当可以找到合适的测量方案时直接利用即可，但有时必须根据组织的特点针对某一职位或工作重新制定测量方案。通常，制定和设计测量方案需要以下八个步骤：

（1）挑选要使用的测量方案，选择方法时需要考虑影响测量方案的因素，如测量对象、测量成本、测量数量等。

（2）制定测量方案的说明书或计划。在有了测量的大致构想后，需要制定甄选测量方案的说明书来明确每一种方案的性质和细节。为每一种拟采用的方案制定的说明书应该包括以下几方面的内容：

1）该方案的使用目的；

2）要测量的每一个变量的操作性定义；

3）在测量方案中的每种类型的题目、问题等的数量和举例；

4）该方法测量人群的性质；

5）完成测量的时间限制。

（3）在挑选和编辑题目、问题和测量方法中的其他要素时要用到的统计程序。

（4）拟定测量草案，选择题目、问题。

（5）草案预测验。从测量的目标人群中抽取一个样本，进行预测量。

（6）对草案进行修订，纠正草案中明显的缺陷和不足。

（7）确定修订的方案对于目标职位的信度和效度。

（8）在人力资源体系内实施测量并进行监督。

在获得必要的信度和效度之后，就可以实施测量了。当然还需要划定录用分数线或者及格分数线。另外还要制定标准来阐释不同的人群（性别、年龄段、受教育程度等分类）的测量得分如何不同，这也有助于对测量结果的解释。测量完成后还要密切注意相关的情况，确保测量发挥了应有的功能。

第 2 节　测量的信度

测量的开发和使用都是为了测量对象的属性，测量结果用分数来表示，并且可以进行各种操作。由于一些原因，在人力资源的招聘与配置中，个体分数实际上被视为属性本身，而不仅仅是这些属性的指标。例如，一项心理能力测验的分数被看作个体的聪明程度，上级对个体工作绩效的评定被看作他们真正的绩效情况。测量得出的分数对于应聘者和决策者来说都是十分重要的，因此测量的质量十分重要，我们用测量的信度和效度来说明测量的质量。本节主要介绍测量的信度，后续章节将对测量的效度进行介绍。

一、信度概述

（一）测量误差

测量误差是指在测量过程中由那些与测量目的无关的变化因素导致的一种不准确或者不一致的测量效应。测量过程会受到多种因素的影响，而各种因素在不同时间和不同情境中都在发生变动，因而测量随时都有可能发生误差，直接影响测量的结果。误差有两种：一是系统误差，它是由与测量无关的变量引起的一种恒定而有规律的效应，通常是由测量工具不稳定引起的；二是随机误差，它是由与测量无关的偶然因素引起的不易控制的效应。系统误差只影响测量结果的准确性，不影响测量的稳定性；随机误差既影响准确性又影响稳定性。

（二）信度的概念和内涵

信度是指测量结果的准确性和一致性程度，也就是说测量工具能够稳定测量的程度。

例如，想知道某人的体重，可以叫两个人来估计，一个人给出的估计为 80 千克，另一个人给出的估计为 120 千克，那么可以认为，叫人来估计体重是非常不可信的方法。如果用秤来称，连续两次的测量结果都是相同的，因而作为测量体重的方法，用秤来称比叫人来估计更加可信。信度的高低是评价一个测量工具好坏的重要指标，即好的工具必须稳定可靠，多次测量的结果要保持一致。信度只受随机误差的影响，随机误差越大，信度越低。因此，信度也可以看作测评结果受到随机影响的程度。

二、信度的测量

通常我们通过考察两套测量同一事物的测量系统之间的关系来确定信度，如果两套系统得出相似的分数，信度就比较高；如果得出的分数不相似，信度就比较低。估计信度的方法有许多，主要有再测信度、复本信度、分半信度、内部一致性信度和评分者信度等。

信度系数就是一个关系指标，该指标的计算结果为 0～1。

（一）信度系数的解释

人力资源招聘与配置中，采用测量系统的主要目的是使我们能够对被测量者做出准确的判断。为了使这些判断有价值，判断必须建立在可靠的数据基础之上。当数据不可靠时，使用任何信息都是值得怀疑的。信度分析有助于解释测量决策采用的数据是否可靠。

（二）信度系数的意义

招聘与配置的测量并非简单的可靠或者不可靠。信度存在一个程度的问题，估计信度的计算产生了一个 0～1 的指标或者系数。信度系数等于某个测量系统的真实分数和实得分数之间的相关系数的平方，它可以解释测量得分差别中有多少是由个人在被测量属性上的真实差别导致的，有多少是由随机误差导致的，以百分比表示。例如，一项测量的信度系数为 0.9，说明参加测验的人的分数差别中有 90％来自真实的差别，只有 10％来源于误差。

信度系数概括了对一组对象进行测量的可靠性，它并没有说明该组中谁提供了或者没有提供可靠的数据。当考察一个信度系数时，应该理解这个值针对的是一个群体在某一具体测量上的得分，而不是个人的得分。因此，以下情况是可能发生的，即一个高信度的估计值表明某测量系统是可靠的，但是被测量者中有至少一个人对该测量的反应包含着许多误差。可以这样说，在一个可靠的测量系统中，被测量者做出不可靠的反应是可能的，但是在一个不可靠的测量系统中，被测量者做出可靠的反应是不可能的。

因此，在考察某一特定的信度系数时，要正确地理解信度系数的意义，即信度系数是基于一定的计算方法和被测量的个体或者群体的；信度是效度的必要而非充分条件；信度系数以一组人的反应为基础；信度用程度来表示。

（三）信度系数的标准

信度系数应该达到多少？信度好坏的判断标准是什么？至今没有一个清晰的被广泛接受的标准。显然，我们希望信度系数越高越好，然而一个信度系数能够被采用的底线依赖于使用该测量系统的目的。一般对信度系数的采用遵循以下原则：要做出的决策越重要，作为决策基础的测量系统就需要具有越高的精确性，即需要越高的信度系数。

在人力资源招聘与配置的实务中，录用决策是以测量工具的分数为依据的。从应聘者的角度来看，高信度的测量工具是必需的，因为在目前的就业形势下，职位的数目远远不能满足应聘者的需求，竞争异常激烈，往往测量得分的微弱差别就会影响该应聘者能否被录用。但是也必须知道，没有完美的测量系统，任何测量工具的误差都会对应聘者的录用与否产生正面或负面的影响。

三、影响信度的因素

信度系数是一个估计值，测量的过程经常会受到许多因素的影响。考虑不周、防范不够，就会使一个测量的信度由于某一因素而产生假相关，要采用其他方法重新评估测量结果的相关性，或者采用、转换成其他的测量。影响测量信度的因素大致有以下几个方面。

（一）估计信度的方法

不同的信度系数的估计方法处理测量误差的方式也不同，因而仅仅由于计算信度系数的方法不同，就会产生不同的信度估计值。有些方法倾向于对一个测量系统的真实信度做出较为大胆的估计（估计值偏高），有些方法则倾向于做出保守的估计。一般来说复本信度（不管是立即实施的复本信度还是有时间间隔的复本信度）通常比其他方法得到的信度系数更保守一些；立即实施的再测信度会过高地估计信度系数；居于二者中间的分别是分半信度、有时间间隔的再测信度以及内部一致性信度。

（二）被测量者个体以及群体的差别

影响信度估计的另外一个因素是被测量者在测量属性上的个人差别或者方差的大小。一种测量工具对某种属性的测量得分的差别幅度越大，该工具就越能可靠地将测量对象区分开来，一般而言，该测量工具的信度就会越高。个人的差别来自两个方面，一是个人自身的改变或者变化；另一个是个人之间的差别，也被认为是真实的差别。另外，不同的群体，比如基于教育水平或者年龄所划分的群体之间也会存在个人的差别，因此在测量时不仅要注意个体之间的差别，还要考虑所选群体之间的差别。

（三）测量系统的长度

测量系统的长度是指测量的题目的数量。一般而言，测量系统的长度越长，其信度就越高。一方面，较多的试题数量能够使试题或内容的取样更加恰当；另一方面，较长的测验不容易猜测，测验结果因而能更可靠地反映被测者的真实水平。简单地说，同质的测试题目数量越多，每个题目上的随机误差越会相互抵消，从而反映出一个人比较稳定的水平。最好不要采用短测验，应实行分测量策略，多次实施测量，以增加结果的可靠性。

当然，测量题目增加的效果符合边际效益递减的规律，因此，测量过长是得不偿失的。通常编制过多的测量题目非常困难，耗费时间和精力，而且容易引起被测量者的疲劳和反感，反而降低了可靠性。有时候为了节省时间和精力，有必要在对测量信度影响不大的前提下适当减少测题。

（四）测量试题的难度

测量的难度与信度并不是严格对应的，但是彼此关系十分紧密。当测量的分数分布范围缩小时，测量的信度就必然降低。当测量容易时，分数将会集中在高分段，出现天花板效应；当测量太难时，得分会集中出现在低分段，出现地板效应；如果难度适中，那么对于水平较高和较低的被测量者来说会显得较简单或较难。这三种情况，都会使测量的分数范围缩小，影响信度水平。当测量的难度水平可以使测量分数分布的范围最大时，测量的信度最高。

（五）答题样式

任何系统地导致测量得分出现差别的因素都会提高测量的信度。导致这些差别的因素之一就是记录被测量者对一个测量系统的回答的答题样式。随着测量系统的答案选项或者类别的增加，信度将会随之提高。

（六）测量的实施

正如本节前面提到的，各种因素导致的测量误差会影响一个系统的信度，比如，在测量实施过程中，被测量者的精神状况与身体状况、与测量者的关系、测量环境，以及对答题的经验等都会导致测量误差。当出现这些测量误差时，信度就会降低。

第3节　测量的效度

测量的质量好坏可以通过测量的信度和测量的效度来进行评价，前面我们对测量的信度进行了介绍，本节主要介绍的是测量质量另一个方面的体现：测量的效度。

一、效度概述

测量的效度指的是测量目标属性的程度，也就是测量的有效性，是现有证据支持对测量得分做出推论的程度，效度并非测量系统本身的属性。

（1）效度具有相对性。任何一个测量方案都是为了特定的目的设计的，不存在一种对任何目的都有相同测量效果的测量方案。效度是针对某种特定用途的技术指标，通常在专指的情况下才有意义。例如，用于选拔销售人员的有效测量方案，对选拔高级技术人员或者研发人员往往效度并不高。

（2）与信度一样，效度也是一个表达程度的概念。没有一种测量是完全有效或者完全无效的，只是有效程度上有差别。因此，我们在评价某个测量结果的时候，“有效”或者“无效”都是不恰当的，“效度较高”“效度中等”“效度较低”才是适当的。比如，用测量教师的测量系统来测量行政秘书人员，其效度虽然较低，但不至于完全没有效度，只是能测出的效度比较低而已。

（3）效度是测量的随机误差和系统误差的综合反映。根据前文对测量误差的介绍可以知道，测量的信度仅受测量的随机误差影响，而测量的系统误差与随机误差均会对测量的效度产生影响。也就是说，在测量的过程中，只要存在误差无论是哪种都将影响效度。

二、信度与效度的关系

信度和效度的关系体现在以下两个方面：

（1）信度是效度的必要条件而不是充分条件。效度与信度所涉及的误差是不同的，信度涉及随机误差，而效度不仅涉及随机误差，还涉及系统误差。误差方差低，即信度系数高，并不一定意味着效度系数也高；而效度系数高，则意味着信度系数也必然高。例如，某人射击 20 发子弹，如果 20 发全部集中在 9 环和 10 环，就说明准确性和稳定性都很高；如果 20 发几乎全是 3～4 环，说明稳定性仍然很高，但是准确性很低。可以这样认为，准确性高，稳定性高；稳定性高，准确性未必高。信度和效度的关系也是如此。

（2）信度和效度很难同时提高。对于同一个测量系统来说，同时有高信度和高效度是比较困难的。如果测量是同质性的，测量的各个部分都以同一因素测量同一属性，那么将会有高度的内部一致性信度。但是，如果用同质性测量对某种效标进行预测时，可能因为测量分数中构成这部分方差的单一因素与效标分数中构成这部分方差的几个因素之间缺乏共性，缺少建立联系的机会，而致使效度下降。如果测量是异质性的，测量的分数中构成这部分方差的几种因素与效标分数中构成这部分方差的几种因素建立联系的机会较多，因而效度较高，但其内部一致性信度可能较低。解决这一问题的最好办法就是避免采用单一的测量，尽量采用成套的测量。

三、效度的测量方法

效度的测量方法有很多种，如效标关联效度、内容效度和构想效度三大类。

（一）效标关联效度

所谓效标，即效度标准，就是能显示或反映想要测量的属性的变量，是考察鉴定测量属性的一个参照标准。效标关联效度又称统计效度，就是以某一种测量分数与其效标分数之间的相关程度来表示的效度。效标的测量材料既可以在实施测量的时候获得，又可以在间隔一段时间后获得，因此效标关联效度可以分为同时效度和预测效度两类。

这两种方法都要收集预测信息和效标信息，都要采用统计方法来检验这两类数据之间的相关性。

同时效度既要收集一组现有预测信息，还要收集效标信息。在收集到两组数据之后，就要对它们进行统计相关分析。判断预测和效标之间是否存在显著关系，进而判断根据测量做出的推断的有效性。

预测效度即根据预测效标材料确定的有效性，反映的是从测验分数预测任何效标情景或者一段时间间隔之后被测量者行为表现的程度。预测效度要在不同的时间收集数据，而不是在一个时间点上收集预测数据和效标数据。一般来说，预测效度的信息大多用于人员的选拔、分类和安置工作。

不同的测量目的，对于效度的要求也不同。通过测量来评定员工绩效或者晋升技术职称时，希望测量有较高的同时效度；通过测量来进行人事选拔或者人事调动的时候，希望有较高的预测效度；通过测量来开发培训人才的时候，则希望测量的同时效度和预测效度都呈现较高的水平。

对于效标关联效度来说，效标的选择是一件非常重要的事情。一方面，效标需要一定的可靠程度，不能仅凭主观选择；另一方面，选择什么变量作为效标与测量的种类有关。效标可以分为概念效标和行为效标。概念效标必须是可操作化、具体化的，且最终转化为行为效标，否则这个概念效标就是无用的；行为效标的选择以客观实用为准，常见的行为效标有工作业绩、特殊培训成绩、学术成就，还有如团体特征、综合性指标、评定评比结果等效标可以使用。

（二）内容效度

1. 内容效度的概念

内容效度是指测量的题目代表所要测量的内容的程度，反映的是测量题目所要测量的内容范围取样是否充分和确切。当一个职位要使用的甄选测量工具的内容被证明是该职位内容的代表性抽样时，就认为这个测量工具具有内容效度。实际测量到的内容与事先想测量的内容越一致，就说明测量结果的内容效度越高，测量结果越有效。这里需要注意的是，并不是每个测量都有内容效度，一个测量要有内容效度必须注意以下两个条件：

第一，内容范围定义明确。内容范围可以是由编制者界定的一些范围较广的材料与技能，也可以是一个有效而有限的题目总体。

第二，测量题目是所界定的内容范围的代表性取样。代表性取样就意味着取样的方式不能以随机或者方便取样为原则，而应根据材料或者技能的重要性来选取题目，一方面使选出的题目能包含所测量内容范围的主要方面；另一方面使各方面题目比例适当。因此，必须对内容范围进行系统分析，将该范围细分为许多细目，并对每个细目作适当的加权，然后再根据权重从每个细目中抽取题目，直到得出所需要数量的题目。

内容效度主要应用于成就测验，因为成就测验主要是测量被测量者掌握某种技能或学习某一门课程所到达的程度。某些用于选拔和分类的职业能力测验也经常使用内容效度，因为这种测验要测量的内容就是实际工作所需要的知识和技能。编制这类测验需要对每一项工作进行全面的分析，以使测量成为该项工作所需要的知识和技能的代表性样本。内容效度一般不适合描述能力倾向测量和人格测量。

内容效度与效标关联效度是不同的。首先，内容效度重点强调新测量工具的构建的效度，而不是已有测量工具的效度，设计并采用该方法的目的是帮助确定测量工具的构建，而不是需测量的内容。其次，这种方法主要强调专家判断在确定一个测量工具的效度方面的作用，而不是依靠相关系数，因此内容效度也称为描述性效度、专家效度，与效标关联效度形成对比，后者是一种统计性预测。

2. 内容效度的分析

内容效度的分析主要是对包括在测量范围内的测量项目是否具有代表性、代表性的程度如何进行分析，可以从两个方面入手，一是是否包括了要测量素质中的各种成分；二是测量范围内的样本的比例是否与工作分析的结果一致。关于内容效度的鉴定，定性分析的方法有蓝图对照分析法和专家比较判断法，此外还可以采用比较法进行定量分析。

（1）蓝图对照分析法。蓝图对照分析法是将测量的内容与设计蓝图对照，将内容范围的内涵和结构与蓝图逐一对比检查，再做出分析判断。比如对知识测量的效度鉴定，是把试题涵盖的知识内容、各部分内容在试卷中的比例以及测量目标层次的结构与蓝图或者双向细目表逐一对照，从而鉴定测量的内容效度。

（2）专家比较判断法。专家比较判断法是由一组独立的专家组成专家评定组，对测量量表内容取样的充分性、必要性、适当性进行评定；对实际测量到的内容与所要测量的素质特征的符合程度做出判断。内容效度实际上是一种内在的经验效度，但是由于受到主观影响，专家比较判断法也不尽完美。不同的专家由于背景、经验、社会角色以及对测量题目的理解不同，对同一套测量内容与欲测量属性之间的符合程度的判断也会有差别。因此，也要考虑专家意见是否相对一致。

（3）比较法。比较法是对同一组被测量者用同一个测量要素试题的两个副本在培训前后实施测量，该测量内容的有效性可以由两次测量成绩差异的显著性来加以判断。如果两次测量分数的平均数有显著差异，并且培训后优于培训前，则表明测量项目所测量的内容正是培训的内容，可以认为测量的内容具有有效性；如果两次测量分数的平均数没有显著差异，则表明测量项目所测量的内容与培训内容不相符，可以认为该测量的内容效度较低。

（三）构想效度

心理学上的构想通常是指一个测量工具能够评价的假设性概念、品质、特性或者素质。在人力资源招聘与配置中，之所以使用某种测量的工具，是因为相信它可以评价我们想要评价的属性。在测量的事件中，对于有些难以测量的素质，比如正直、品德以及态度等，需要构建一些具体的行为测量来推断实际的素质水平。把抽象的素质构建成具体的行为特征时，是否抓住了该素质的基本特征进行构建是最关键的，也就是说所测量的结果能否代表想要测量的属性或者素质，观察到的行为是否就是被测量者真实的素质体系。

一个有效的测量不仅要与其他测量同一构想的测量相关，而且必须与测量不同构想的测量无关，这样确定的效度叫作区分效度。一个新的测量与其他测量的低相关可以证明新测量相对独立于某些无关因素，但并不一定有效，然而高相关则表明这个新测量的效度值得怀疑。

四、效度系数的解释

一般来说，当对一个测量工具进行了内容效度的研究之后，我们仍然会有这样的疑问：测量的预测与效标之间是否存在相关性？这种相关性是否强到足以证明这种测量应用于就业的决策是合理的？此时，可以通过效度系数判断这种相关性。

一个效度系数有两个重要的要素，一个是符号，一个是大小。效度系数的符号（＋或－）表明相关的方向；效度系数的大小表明相关的强弱。效度系数取值为－1～1。当效度系数接近 1 的时候，表明被测量者在甄选测量工具上的表现与效标之间存在着正相关关系。也就是说，在预测变量上的高分对应着效标高分，而在预测变量上的低分对应着效标低分。然而当效度系数接近－1 的时候，则表明预测分数和效标分数之间出现了负相关关系。但是当效度系数接近 0 的时候，则表明两个分数之间的相关性都较弱。当效度系数不具有显著的统计相关性的时候，或者效度系数等于 0 的时候，则表明预测工具和效标之间不存在任何关系。可以通过图 2－2 来了解效度系数所描述的预测分数与效标分数之间可能存在的相关关系。

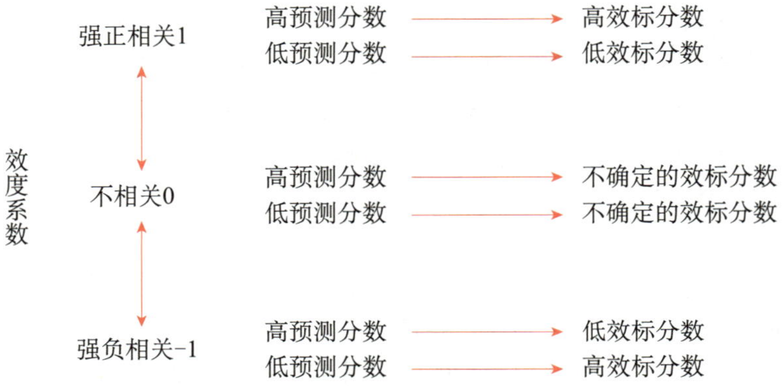

图 2－2　效度系数所描述的预测分数与效标分数之间可能存在的相关关系

资料来源：罗伯特·盖特伍德，休伯特·菲尔德．人力资源甄选：第 5 版．薛在兴，张林，崔季明，译．北京：清华大学出版社，2005.

五、影响效度的因素

一个效度系数的大小依赖于多种因素，主要有以下几个方面。

（一）效标和预测工具的信度

前文讨论了信度与效度的关系，最重要的地方在于，当一个预测因子或者效标存在误差时，它是不可靠的，误差越多，这些变量就会越不可靠，并且越不可预测。预测因子或者效标的任何一个不可靠都会降低二者之间的相关性、系数或者效度系数。因为信度的降低会对效度产生负面的影响。

（二）范围限定

范围限定被用来描述甄选测量分数的方差被降低的这样一种情况。在计算效度时有一个重要的假设，即个人的效标分数和预测分数存在方差。这里所说的方差是指个人的测量得分存在差别，即个人差别。如果个人在其中一个变量上的分数的方差很小，或者在两个变量上的分数的方差都很小，那么效度系数就会降低。在预测分数或者效标分数上较小的方差意味着工具难以识别出个人在效标上的差别，因此效度降低。另外，效标分数也会受到限定，这是因为在收集效标数据之前，雇员也许已经流失、转岗或者终止劳动关系。可以发现，预测分数和效标分数都有可能发生范围限定的情况，任何形式的限定都会降低效度的计算结果。

（三）测量的内容与长度

测量项目能否较好地代表所测量的素质的内容与结构，直接影响测量的内容效度与结构效度。测量的内容范围与测量指标的设计密切相关，测量指标的制定或测量工具的选择是否恰当，以及对抽象素质的测量能否抓住测量素质的本质特征来构建测量项目，都会影响效度。而对于测量的长度来说，长度越长，效度越高。

（四）效标污染

如果效标分数受到预测变量以外的变量的影响，那么，效标的分数就会被污染，污染的结果就是效度系数的大小会发生改变。例如，用销售总额作为对销售人员能力测验进行效度研究的效标。销售人员工作的地理区域类型存在差别，有些区域拥有一些长期客户，所以销售人员要做的所有工作就是接受订单，但是在其他不太成熟的市场上，完成销售量指标则要困难得多，此时销售人员只有真正具备推销能力才能达成一份订单。如果不对销售总额这一测量工具进行一些调整，就会出现效标污染。通过销售总额测量到的销售业绩方面的差别更多的是由地理区域的差别而不是销售能力的差别所导致的，这样的结果将是一个误导性的效度研究。

（五）测量过程中测量者以及被测量者的差异

测量过程中主要发生的是随机误差，比如实际测量时的环境因素的影响、测量没能按照指导原则严格操作，或者对测量指导的理解有误差等。测量效度是对随机误差和系统误差的综合反映，因此，这些不可预期的偶然因素引发的随机误差如果失控，对测量效度的影响也是极大的。另外对于被测量者来说，他们的心理、生理、动机、情绪以及态度等因素都会影响心理特质水平的稳定性，导致出现随机误差，影响测量的信度与效度。而样本的同质性或者异质性也是一个重要的影响因素。

第 4 节　员工配置的基础：人力资源规划

任何资源，尤其是稀缺资源，都需要系统的规划，使得资源的数量、质量符合组织要求，并及时满足组织需求，确保组织业务运转和战略目标的实现。人力资源作为一种组织关键的资源，更加需要系统的规划，确保在数量上、质量上、结构上、流动上都符合组织的需求，促进组织的发展。

一、人力资源规划概述

人力资源规划到底是什么？这是研究人力资源规划各个细节问题之前无法回避的问题。简单来说，人力资源规划是指在组织发展战略和经营规划的指导下进行人员的供需平衡，以满足组织在不同发展时期对人员的需求，为组织的发展提供符合质量和数量要求的人力资源保证。再通俗一些，就是对组织在某个时期内的人员供给和人员需求进行预测，并根据预测的结果采取相应的措施来平衡人力资源的供需。

通过人力资源规划，要能够回答或者说解决下面几个问题：

（1）组织在某一特定时期内对人力资源的需求是什么？即组织需要多少人员？这些人员的构成和要求是怎样的？

（2）组织在相应的时期能够得到多少人力资源的供给？这些供给必须与需求的层次和类别相对应。

（3）在这段时期内，组织人力资源供给和需求比较的结果是什么？组织应当通过什么方式来达到人力资源供需的平衡？

可以说，上述三个问题构成了人力资源规划的三个基本要素，涵盖了人力资源规划的主要方面，如果能够对这三个问题做出明确的回答，那么人力资源规划的主要任务也就完成了。

二、人力资源规划的作用

当组织需要某类人员，而在人力资源市场上又无法寻找到该类人员时，组织应该如何处理？如果组织付出了高昂的培训费用，但是由于大批老员工的离职，组织必须再次支付培训费用，组织应该怎样应对？当组织培养的核心员工成为竞争对手的骨干员工时，组织又该如何应对？组织为避免人力资源短缺储备了大量人才却造成人力资源浪费和人工成本上升，组织又该怎么办？这些都是组织在日常人力资源管理中司空见惯的问题。

组织要解决在人力资源日常工作中所发生问题的方法无非是：遇到这些问题就及时解决；或分析这些问题，找到产生问题的原因，避免再次出现类似情况；或预先估计出现各种问题的可能性，在管理中有意识地加以避免。在这三种方法中最为有效的就是第三种，即组织人力资源规划法。人力资源规划的实施，对于组织的良性发展以及人力资源管理系统的有效运转具有非常重要的作用。

（一）有利于组织战略、目标、远景的实现

首先，人力资源规划可以帮助组织识别战略目标。组织在不断变化的社会环境中生存，战略目标不可能一成不变。人力资源规划通过需求预测、供给预测，可以使组织辨识战略、目标、远景的现实性和科学性。

其次，人力资源规划有助于创造组织实现战略目标的内部环境。组织的内部环境是一个多种资源综合作用的复杂体系，人力资源是其中一个关键要素。通过人力资源规

划，进行合理的员工配置、安排、流动，可以实现多种资源的优化配置，促进资源使用效率的提高，为组织战略目标的实现提供良好的内部环境。

最后，人力资源规划能为战略目标提供人力资源保障。只有在人力资源数量、质量、结构都支持组织战略目标，且个体目标与组织目标一致的时候，才能确保组织战略的有效达成。人力资源规划工作能够保证组织的人力资源与战略的匹配。

（二）有利于人力资源管理工作的开展和提升

1. 确保企业生存发展过程中对人力资源的需求

不同的企业组织、不同的生产技术条件，对人力资源的数量、质量、结构等的要求是不一样的。在激烈的市场竞争中，组织需要不断地开发新产品、引进新技术，才能在竞争中立于不败之地。新产品的开发和新技术的引进带来组织机器设备和员工配置比例的变化，这需要组织对其拥有的人力资源进行不断的调整，以保证在新产品和新技术条件下工作对人的需要以及人对工作的适应性。在组织发展过程中，如果不能事先为组织发展提供各个阶段所需的人才，组织则不可避免地会出现人力资源短缺的现象，从而影响正常的生产活动。

通过人力资源规划，组织可以减少在发展过程中的人事安排的困难，在用人的时候能够事先考虑好员工将来在组织中的可能位置。不进行人力资源规划的组织，其发展将是随意的，用人缺乏计划性，潜伏着各种危机，制约组织发展。

2. 使人力资源管理活动有序化

在组织日常的人力资源管理活动中，无论是确定各种岗位上人员的需求量和供给量，还是职务的设计和人员的配置，不进行人力资源规划组织的目标都是很难实现的。例如，组织在什么时候需要补充人员、补充哪个层次的人员、采取哪些补充方式、根据岗位要求如何组织培训等，这些工作如果没有有效的人力资源规划，组织的人力资源管理将是一片混乱。所以，人力资源规划是组织人力资源管理具体活动的依据，它为组织的人员录用、晋升、培训、人员调整等提供了准确的信息和依据。

3. 有助于组织降低人工成本的开支

虽然人力资源对组织来说具有非常重要的意义，但是它在为组织创造价值的同时也给企业带来了一定的成本开支。理性的组织又是以利润最大化为目标的，追求以最小的投入实现最大的产出，因此组织不可能使所拥有的人力资源超出自己的需求，这样不仅造成了人力资源的浪费，还会增加人工成本的开支。通过人力资源规划，组织就可以将员工的数量和质量控制在合理的范围内，从而节省人工成本的开支。

4. 为其他人力资源活动提供重要依据

不管如何定位人力资源规划与人力资源管理之间的关系，人力资源规划都能为人力资源管理各个板块的工作提供背景和目标设置。需要什么样的人、需要多少人、什么时候需要人、什么岗位需要人，这些问题都可以通过人力资源规划解决，而对这些问题的回答，就是员工配置、培训开发、薪酬管理、绩效管理、职业生涯规划等各板块的工作目标。人力资源规划对于员工配置工作来说尤其重要，是员工配置工作的基础。因为组织根据工作分析的结果与对员工现有的工作能力的分析，决定员工配置的数量和质量，并对人力资源的需求做出必要的修正，然后组织根据人力资源的供需计划和员工配置的结果（短缺人员或剩余人员的数量）来决定招聘与解雇员工的数量，所以人力资源供需计划是员工配置的基础。

（三）有利于组织员工制订个人发展计划和实现其长期利益

人力资源规划在组织层面展开，也会对个体产生重大的影响。人力资源规划可以使个体看到未来组织在各个层面对人力资源的需求，也就是对个体发展的要求。这就为个体设定了一个目标，可以指导个体设计自己的职业生涯发展规划，这对提高个体综合素质、实现个体目标、提高个体工作质量和生活质量都是非常有益的。

三、人力资源规划的内容

人力资源规划的内容，也就是它的最终结果，主要包括两个方面。

（一）人力资源总体规划

人力资源总体规划是组织人力资源在规划期内开发利用的总目标、总任务、总政策、总预算和主要实施步骤的安排。简单来说，它是指对计划期内人力资源规划结果的总体描述，包括预测的需求和供给分别是多少、做出这些预测的依据是什么、供给和需求的比较结果是什么、组织平衡供需的指导原则和总体政策是什么等。总体规划主要在组织战略层次上，就组织人力资源供需的预测结果所反映出来的人力资源需求和供给的不平衡进行总体调节。可以说，在总体规划中，最主要的内容就是供给和需求的比较结果，也称净需求，进行人力资源规划的目的就是得出这一结果。

（二）人力资源业务规划

人力资源业务规划主要在组织业务经营层次上，确定为实现人力资源总体规划需要实施的各种业务规划，是总体规划的分解和具体实施。它包括人力资源晋升规划、人力资源补充规划、人力资源培训规划、人力资源流动规划、人力资源补偿规划、人力资源职业生涯规划、人力资源缩减规划。每一项业务实施规划可以由规划的目标、政策、步骤和预算等组成，只有具体实施这些业务规划才能实现组织人力资源总体规划的目标。

1. 人力资源晋升规划

人力资源晋升规划是根据组织需要和人员分布状况制定员工的晋升方案。人力资源晋升规划的目标在于通过尽量将员工放在能够使其发挥作用的工作岗位上，调动员工的劳动积极性并以最低成本使用人力资源。晋升不仅意味着员工通过发挥才能实现个人利益，也意味着员工所面对的责任、挑战和自尊的增加。工作中更大的责任和自我实现的结合，能使员工产生强烈的工作积极性，组织能以较小的人力资源投资获得较大的回报。

晋升计划一般用晋升条件、晋升比率、晋升时间等指标表示。例如某企业某一级别的晋升条件如表 2-6 所示。

表 2-6　某企业某一级别的晋升条件

某级别的年资（年）	1	2	3	4	5	6	7	8	9	10
晋升的百分比（%）	0	0	25	40	50	60	0	0	0	0

此计划表明，某级别向上一级别晋升的最低年资为 3 年，第 3 年的晋升率为 25%，第 4 年为 40%，第 5 年为 50%，第 6 年为 60%，其他年资很难有晋升的机会。

组织的人力资源晋升规划必须按照职务的不同类型分别拟定，而且每一类职务晋升的年资与相对应的最低条件必须以清晰具体的指标列出。组织中不同类别的晋升指标及指标调整变化，都会对员工心理产生较大影响，所以组织的人力资源晋升规划应全面衡量，慎重考虑，否则会引起员工的不满，对员工的平等竞争和组织经营管理造成不良影响。

依据人力资源的晋升政策和战略目标，可以制定出组织人力资源晋升规划。在晋升规划中，要指出晋升职务名称、晋升人员所在部门、晋升人数、晋升以后增加的成本、晋升条件和晋升时间，以及晋升后的预计效果（见表 2-7）。根据这些具体内容，组织的人力资源部门就可以对本规划期内的员工晋升活动进行有效的管理控制，使组织的员工晋升为组织的人力资源发展带来活力。

表 2-7　某企业员工晋升规划表

晋升人员部门	晋升职务	晋升人数	晋升后成本增加数	晋升条件	晋升时间
市场部	经理				
	主任				
	业务员				
	……				
	合计				
技术部	高级工程师				
	主任				
	工程师				
	……				
	合计				
生产部	管理员				
	技术员				
	技术工人				
	……				
	合计				
晋升预计效果					

资料来源：陈京民，韩松．人力资源规划．上海：上海交通大学出版社，2006.

2. 人力资源补充规划

人力资源补充规划是组织根据组织运行的实际情况，对组织中长期可能产生的空缺职位加以弥补的计划，旨在促进人力资源数量、质量和结构的改善，是组织吸收员工的依据。

一般来讲，人力资源补充规划是和人力资源晋升规划相联系的，因为晋升规划会造成组织内的职位空缺逐级向下移动，最后积累到最低层次的人员需求上。当然，较高的职位也有空缺，有时必须从外部劳动力市场以较大的代价获得。所以，在组织进行招聘录用活动时，必须考虑到若干年后员工的使用情况。只有在员工的安排和使用上用发展的观点看问题，才能制定出合理的人力资源补充规划，使组织每一发展阶段都能有恰当的人选胜任工作要求。

组织人力资源补充规划需要确定补充数量、制定补充政策、构建补充方案和预算。在制定补充规划时，必须注明补充部门、补充人员职务、补充人数、补充方式、增加费用、补充时间等（见表2-8）。

表2-8 某企业人力资源补充规划表

补充部门	补充人员职务	补充人数	补充方式	增加费用	补充时间
市场部	经理				
	主任				
	业务员				
	……				
	合计				
技术部	高级工程师				
	主任				
	工程师				
	……				
	合计				
生产部	管理员				
	技术员				
	技术工人				
	……				
	合计				
总计					

资料来源：陈京民，韩松．人力资源规划．上海：上海交通大学出版社，2006.

3. 人力资源培训规划

人力资源培训规划是为组织长期、中期、短期所需要弥补的空缺职位事先准备的人力资源培训计划安排。组织人力资源培训规划与组织人力资源晋升规划、补充规划、流动规划和员工职业生涯规划密切相关。如果在员工培训中，单纯地为培训而培训，目的性和针对性不强，往往会使员工缺乏培训积极性，组织进行培训投资后，得不到应有的回报。因此，培训规划的制定必须与组织的人力资源晋升规划、补充规划、流动规划和职业生涯规划相联系。

人力资源培训规划的编制可按照如下步骤进行：第一，根据组织人力资源发展的战略需要和组织的可能条件，制定组织人力资源培训的总体目标，然后将总体目标分解成若干子目标，并根据各个子目标的要求制定相应的培训项目规划，将培训总目标具体化。第二，根据组织人力资源发展总体规划要求和员工及部门的申请，按照各个培训项目的轻重缓急进行资源分配，优先满足重点培训项目对人力、物力和财力的需要。第三，对组织培训规划进行综合平衡，主要是考虑培训与组织生产经营活动正常运转的平衡，组织人力资源的需求与个人生涯发展目标的平衡。此外，在平衡过程中还需要考虑满足组织急需人力资源的培训和培训费用支出等。

4. 人力资源流动规划

人力资源流动规划是有计划地安排人员流动，以实现组织内部人员最佳配置。人员流动规划有多方面的作用，主要体现在以下几个方面：

第一，当组织要求某种职务的人员同时具备其他职务的经验和知识时，就应使之有计划地流动，以培养高素质的复合型人才。

第二，当上层职位较少而等待提升的人较多时，通过流动规划进行人员的水平流动，可以减少他们的不满，以平和的心态等待上层职位空缺的产生。

第三，当组织人员过剩时，通过配备计划可以改变工作分配方式，对组织中不同职位的工作量进行调整，解决工作分配不均的问题。

第四，定期安排员工在不同工作岗位上工作，能提高员工的工作效率。

5. 人力资源补偿规划

组织人力资源补偿规划应该根据员工的劳动付出给予相应的补偿，尤其是在知识经济时代，企业的发展在很大程度上取决于员工的创新精神能否充分发挥作用。而员工的创新精神能否充分发挥作用，很大程度上取决于员工能否从自己的创新中获得相应的回报。因此，组织的人力资源补偿规划要有利于激励组织人员的创新精神和潜力的发挥。

组织人力资源补偿规划主要包括现值补偿方案、福利保障补偿方案和期望补偿方案。

现值补偿的基本任务是在保证组织能够得到持续发展，提高组织劳动生产率的前提下，正确安排组织工资总额，逐步提高组织员工的平均工资，以调动组织员工的劳动积极性，促进组织经济发展。为此，需要根据组织的具体情况采用适宜的工资奖金分配政策。

福利保障补偿主要由保险性质、养老性质和抚恤性质的补偿以及员工的假日补偿等内容组成。员工的福利保障补偿通常与员工为组织工作时间的长短以及为组织所做的贡献有关。

期望补偿与现值补偿的根本不同之处是将员工的现在劳动与组织未来的发展紧密地联系在一起。该补偿方法主要用于组织经营者和对组织发展能够做出重大贡献的员工，例如为了防止在组织新产品开发中具有决定性作用的创新人员被竞争者挖走，可以采用期望补偿的方法，将员工和组织紧密地联系在一起。

6. 人力资源职业生涯规划

职业生涯规划是指组织对员工的职业发展做出系统的安置。员工职业生涯规划既是员工个人的发展规划，也是组织人力资源规划的有机组成部分。组织通过员工职业生涯规划，能够把员工个人的职业发展和组织需要结合起来，特别是对于有发展前途的员工，组织要设法将其保留下来，使其成为组织宝贵的资源。为了防止这部分人员流失，就必须有计划地使他们在工作中得到成长和发展。组织如果不能满足个人发展的需求，就会产生人员的流失。

组织在员工职业生涯中的任务包含对员工能力、兴趣及职业发展要求和目标的分析与评估，提供关于企业内部所需要的职业发展信息以及员工的职业发展咨询等。为了完成这些任务，组织在员工职业生涯规划中需要做到：建立新员工辅导制度、设立职业资料中心、举办职业生涯开发研讨会、开展职业之路活动、进行培训、评估教育成效、实施各类培训和教育活动。组织进行员工职业生涯规划的主要目的是通过帮助个人实现其职业生涯规划来发展组织人力资源，有利于组织对人力资源进行有效的管理和合理配置。表2-9是常用的职业生涯规划表。

表2-9 职业生涯规划表

职位名称	职位需求数	预计短缺数	员工职业目标数	促进职业发展方式					投资数	预计效益
				培训	讨论	咨询	辅导	提供信息		

资料来源：陈京民，韩松．人力资源规划．上海：上海交通大学出版社，2006.

7. 人力资源缩减规划

组织在发展前途不佳时，往往需要采取人力资源缩减战略，为实现组织人力资源的缩减战略需要制定组织人力资源缩减规划。通常情况下，人力资源缩减方案主要有提前退休、企业关闭、劳动力转移、缩短工作时间、分担工作和解聘等。

在制定组织人力资源缩减规划时，必须要确定被裁减人员的类型、裁减的形式和裁减的时间，也就是说这三部分内容构成了组织的人力资源缩减规划。必须按照组织人力资源发展战略规划来具体确定组织各个部门所需要缩减员工的专业、技能等级和人数。

在缩减规划中还需要对不同的缩减方案所产生的后果进行分析、评价，分析内容主要集中在人员缩减以后可能会产生的人员重置费用、因为人工成本的降低而提高的效益。根据分析结果再选择可执行的组织人员缩减规划。

表2-10以某电子企业为例，总结了各种类型的人力资源规划。

表2-10　某电子企业人力资源规划表

规划名称	规划目标	政策	实施步骤	预算
总体规划	完善人力资源总量、素质、绩效	分配政策、生活待遇、人事制度	主要步骤： 第一年：…… 第二年：……	总预算：××万元 第一年：××万元 第二年：××万元
人力资源晋升规划	完善人力资源结构，提高人力资源使用效益	人力资源选拔标准、资格、晋升比率、未晋升资深人员安排	确认晋升方案、考核晋升对象、晋升对象试用、晋升方案确认	晋升材料处理费用、晋升人员工资变化导致的人工成本增加数额
人力资源补充规划	满足企业对人力资源总量、素质、专业结构的需要	人员标准、来源、起点标准	实施步骤：每年×月拟定招聘标准，×月广告宣传，×月招聘，×月签约	招聘费用
人力资源培训规划	提高人力资源的素质、提供后备人力资源、转变员工工作态度	培训时间的保证、培训效果的保证（待遇、考核、使用）	拟订培训计划、安排培训场所和培训教师、确定接受培训员工条件、员工自我申请、部门批准、主管部门批准、高层领导批准	培训场所和教师费用、员工脱产培训对业务处理影响造成的损失
人力资源流动规划	优化企业组织结构、优化部门人力资源配置、提高业务处理效率、后备人力资源职务轮换	上岗条件、职务轮换规定、任职时间	各部门提交岗位需求计划，根据总体规划审核计划、选择合适人选，部门审核人选，与候选人交流意见，完成流动	人员岗位变动以后工资福利待遇的变化等
人力资源补偿规划	保持关键人力资源、提高员工士气、增加员工绩效	工资政策、奖励政策	核算补偿总额、评估补偿效果、拟订补偿方案、实施方案	工资和奖金增加额
人力资源职业生涯规划	开发人力资源、保留人力资源	员工晋升政策、员工培训政策	公布企业及部门人力资源需求目标、员工考核与潜能评估、员工职业生涯研讨、员工职位安排预测	研讨会费用、员工评估费用、辅导员补贴
人力资源缩减规划	降低人工成本、提高生产率	退休政策、解聘政策和程序、压缩工时规定	部门提交降低劳务成本解聘计划、审核解聘计划、确定解聘人员、与解聘人员交流意见	人员解聘安置费用

资料来源：陈京民，韩松．人力资源规划．上海：上海交通大学出版社，2006.

四、人力资源规划的基本过程

人力资源规划需要按照一定的程序进行，在诸多的人力资源规划过程模型中布兰汉姆的模型是最有影响力的模型之一，皮尔比姆和科布里奇（Pilbeam & Corbridge，2002）对这个框架模型进行了继承，如图 2-3 所示。戴维·莱恩（David Lane，2000）总结了人力资源规划的主要内容，形成了一个系统框架，如图 2-4 所示。该框架很好地将战略和人力资源规划结合起来，而且落实到了实施计划上，是一个比较全面和理想的人力资源规划框架。

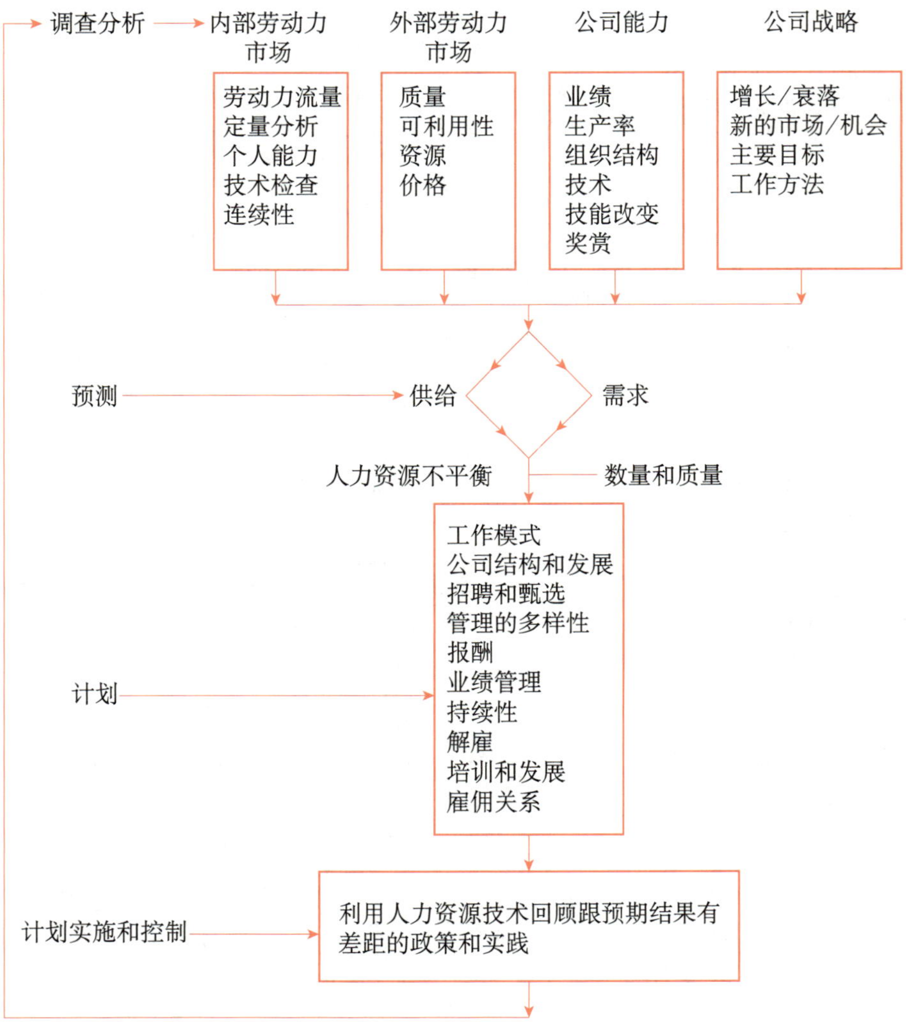

图 2-3　皮尔比姆和科布里奇的人力资源规划过程

资料来源：伊恩·贝尔德维尔，莱恩·霍尔登，蒂姆·克莱顿．人力资源管理：第 4 版．胡昱，等，译．北京：经济管理出版社，2008.

不论是哪种理论框架，也不管其倡导的人力资源规划内容和维度多么个性化或者复杂化，其基本步骤是一致的，只是在具体操作时可以选择规划重点，进行个性化设计。

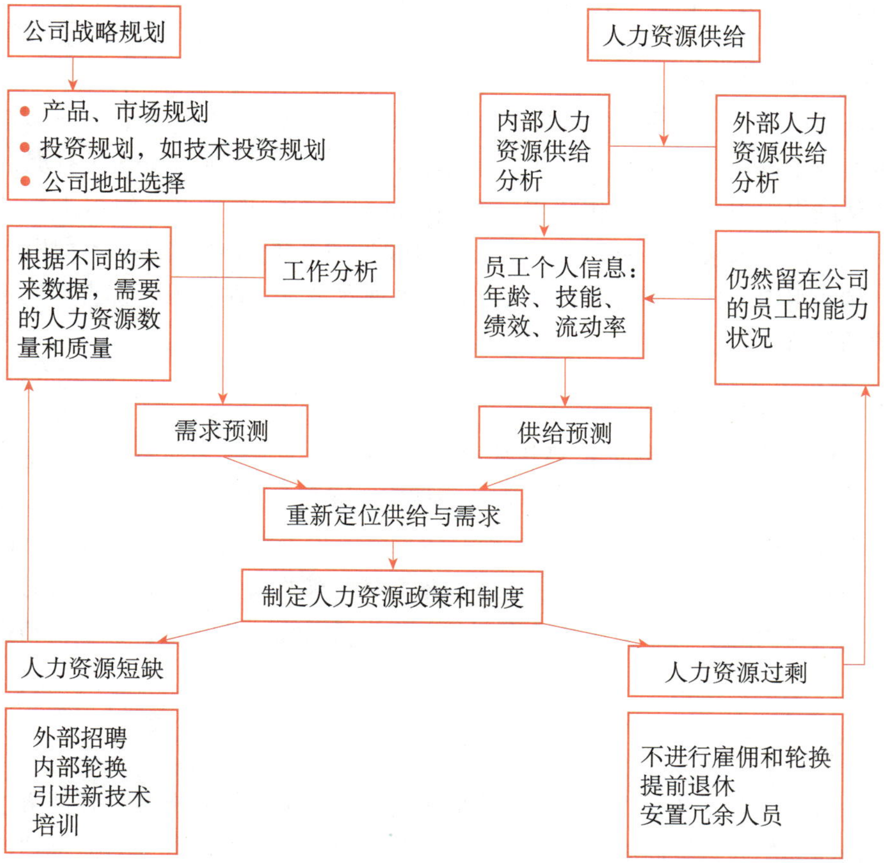

图 2-4　戴维·莱恩的人力资源规划框架

资料来源：LANE D. Study guide of human resources management. Adelaide：University of South Australia，2005.

总的来说，人力资源规划的步骤主要包括调查分析、预测、制订人力资源平衡计划、计划实施与评估阶段。

（一）调查分析阶段

本阶段主要是调查收集有关人力资源计划所需要的信息资料并进行分析研究，为后续的人力资源状况的预测分析做准备。调查不仅要了解现状，更要认清战略目标方向和内外环境的变化趋势，不仅要了解表象，更要认清潜在的问题。该阶段主要需要搜集的信息如下。

1. 外部环境的信息

外部环境的信息包括两类：一是经营环境的信息，如政治、经济、文化以及法律环境等，由于人力资源规划同组织的生产经营活动是紧密联系在一起的，所以这些影响组织生产经营的因素都会对人力资源的供给和需求产生作用；二是直接影响人力资源供给和需求的信息，如外部劳动力市场状况、竞争对手的人力资源管理政策等。伊恩·贝尔德维尔（2008）认为对外部劳动力市场进行调查和分析主要是在组织能够负担的价格内判断组织需要的劳动力种类的可获得性。人力资源规划的负责人可以从当地劳动力市场、国内和国际劳动力市场上收集这些数据。

2. 内部环境的信息

内部环境的信息也包括两个方面：一是组织环境的信息，如组织的发展战略、经营规划、生产技术以及产品结构等。生产技术、产品结构等是对组织现实状况的简单描述，能够帮助组织识别现实的优缺点。而组织战略等关注的焦点是组织未来的发展方向，它可能对组织未来需要的人力资源的数量和种类产生影响。二是管理环境的信息，如组织结构、组织文化、管理风格、人力资源管理政策等，这些因素都直接决定着组织人力资源的供给和需求。

3. 现有人力资源的信息

对组织内部的人力资源供需与利用情况的调查分析，通常是人力资源计划中最重要的部分。这部分一般包括：现有员工的一般情况（年龄、性别等）、知识与经验、能力与潜力、兴趣与爱好、目标与需求、绩效与成果，人力资源流动情况、人力资源结构与现行的人力资源政策等。只有及时准确地掌握组织现有的人力资源状况，人力资源规划工作才有意义。因此，需要借助完善的人力资源信息系统，及时更新、修正和提供相关的信息。

（二）预测阶段

这一阶段的主要任务是在充分掌握信息的基础上，选择使用有效的预测方法，对组织未来一段时期的人力资源供给和需求做出预测。通常情况下，劳动力需求预测都是围绕与组织当前及未来某种状态有关的具体工作类型和技能领域进行的。一旦确定了工作和技能的类型，规划者就需要搜集相关信息来预测：组织未来对具有某种特定技能的人或从事某种类型工作的人的需要是会上升还是会下降，当预测出劳动力需求之后，组织还需要得到劳动力供给的指标。内部劳动力供给的确定要求组织对当前分布在组织内部的各种不同工作类型的员工人数进行详细分析；然后还要根据组织在不久的将来可能会因员工退休、晋升、调动、自愿流动以及解雇等原因引起的变化来对上述分析加以调整。

（三）制订人力资源平衡计划阶段

在预测出来供给和需求以后，组织就要根据两者之间的比较结果，通过人力资源的总体规划和业务规划，制定并实施平衡供需的措施，使组织对人力资源的需求得到正常的满足。人力资源的供需达到平衡，是人力资源规划的最终目的，进行供给和需求的预测就是为了实现这一目的。在制定相关的措施时要注意，应当使人力资源的总体规划和业务规划与组织的其他计划相互协调，只有这样制定的措施才能够有效实施。

（四）计划实施与评估阶段

人力资源规划的最后一个阶段就是人力资源平衡计划的执行以及对平衡计划整体有效性的评估。如果计划不应用到实践过程中，那么制订的这些综合性的计划就没有意义。计划的执行涉及很多角色，比如直线经理、员工代表等，但是各个角色参与的程度有很大不同。人力资源平衡计划是一个长久持续的过程，组织内外诸多不确定因素造成组织战略目标的不断变化，也使得人力资源平衡计划不断变化、修正。

实践中，组织一般只注重人力资源平衡计划的制订与实施过程，而忽视了评估工作，从另一个角度来分析的话，就是评估人力资源规划的有效性。苏珊·杰克逊和兰德尔·舒勒（Susan E. Jackson & Randall S. Schuler，1990）提出，对于人力资源规划有效性的检验，应该根据规划类型而有所不同，也就是说，要有分别针对短期、中期、长期人力资源规划的评价技术。

（1）短期人力资源规划。其目标一般很容易量化，如吸引多少求职者、招聘多少员工、员工绩效水平如何等，因此比较容易评估其有效性。例如，美国某公司为了适应劳动立法，短期人力资源规划要与劳动立法匹配，因此，就可以检验在招聘过程中有没有出现违背劳动立法的情况。在短期人力资源规划有效评估中，也经常用到行为或者态度指标，如满意度、员工轮换等。

（2）中期人力资源规划。其范围更广，环境的不确定性更大，因此较多地用部门或者业务单元的生产率等经济指标进行评估，较少用行为或者态度指标。

（3）长期人力资源规划。长期人力资源规划有效性的评估方法比较匮乏，还在不断摸索中，缺乏系统研究。总的来说，长期人力资源规划的有效性可以体现在整个公司的经济效益和稳定性上，还可以体现在员工、管理者自身能力的提高和个人职业生涯目标实现上。

第 5 节　人力资源预测与平衡

人力资源预测是指在对组织的内外部环境进行调查分析的基础上，根据组织的战略目标和经营计划对未来一定时期内人力资源供需状况所做的预测。人力资源预测是人力资源规划中的重要环节，包含对组织人力资源环境的了解、组织未来人力资源需求预测、组织未来人力资源供给预测、组织人力资源供需平衡分析等内容。组织人力资源规划的依据就是人力资源需求预测、供给预测和供需平衡分析的结果，因此，组织人力资源预测是人力资源规划中必不可少的环节。

一、人力资源需求预测

人力资源需求预测是指以组织战略目标、发展规划和工作任务为出发点，综合考虑各种因素的影响，对组织未来人力资源的数量、质量等进行估计的活动，它是制定人力资源规划的起点。只有在科学的人力资源需求预测基础上进行的人力资源规划，才能使组织人力资源活动成为一种具有自我意识和目的性的活动，有计划、有目的地协调组织人力资源发展，使其与组织发展战略相适应。

（一）人力资源需求预测的步骤

人力资源需求预测分为现实人力资源需求预测、未来人力资源需求预测和未来流失人力资源需求预测三个部分。人力资源需求预测流程见图2－5。在实际的操作中，应分别对组织的短期、中期和长期人力资源需求进行预测。预测的准确性可以用预测结果与实际结果对照来衡量，对预测结果应不断加以调整，使其与实际结果接近。

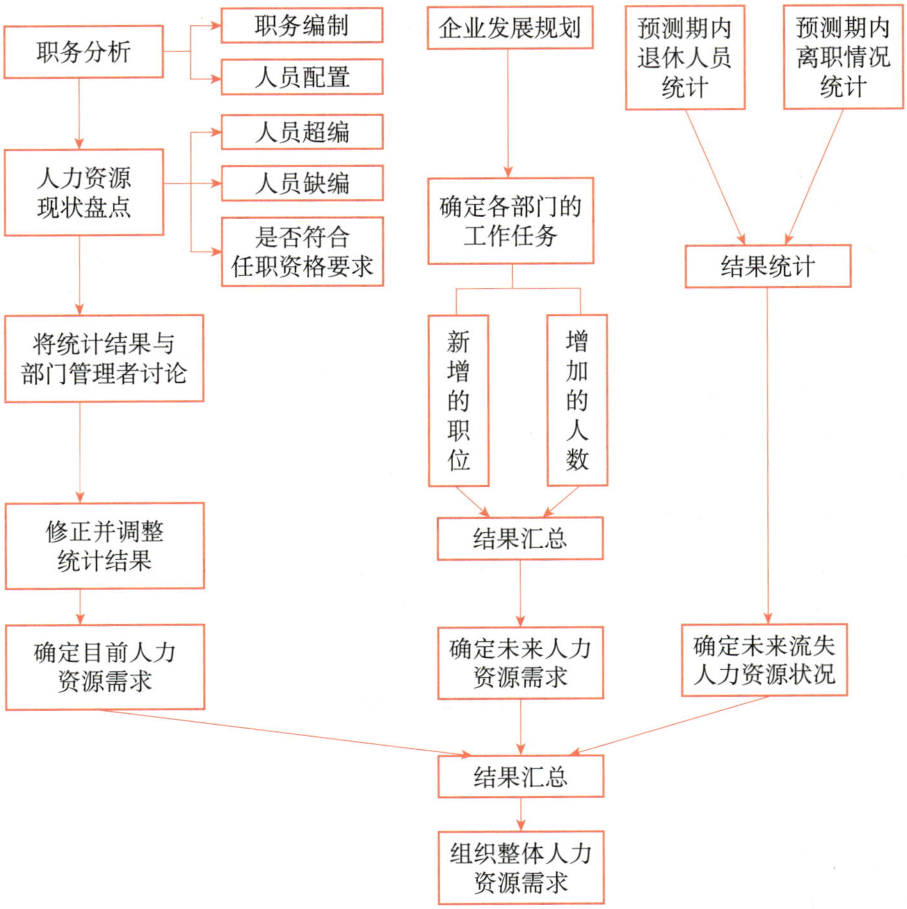

图2－5　人力资源需求预测流程图

资料来源：孙宗虎，李艳．招聘、面试与录用管理实务手册．北京：人民邮电出版社，2009．

（二）人力资源需求预测的定性方法

人力资源需求预测的方法包括定性方法和定量方法，下面首先介绍定性方法。

1. 现状规划法

人力资源现状规划法是最简单的一种预测方法，较易操作。它假定企业保持现有的生产规模和生产技术不变，企业的人力资源也处于相对稳定的状态，即企业目前各种人员的配备比例和人员的总数完全适应预测规划期内人力资源的需要。在此预测方法中，人力资源规划人员所要做的工作是测算出在规划期内有哪些岗位上的人员将得到晋升、降职、退休或调出本组织，再准备调动人员去弥补。一般组织内管理人员的连续性替补都采用这种方法。现状规划法假定组织各岗位上需要的人员数都为原来的人数，它要求组织较稳定，技术不变，规模也不变。这一前提条件很难长期成立，因此它适用于短期人力资源需求预测，长期的预测效果较差，但能为长期预测提供一条简单易行的思路。

2. 经验预测法

它是利用现有的情报和资料，根据有关人员的经验，再结合本组织的特点，对组织人力资源需求加以预测。经验预测法可以采用自下而上和自上而下两种方式。自下而上的预测方式就是由直线部门的经理向上级主管提出用人要求和建议，征得上级主管的同意；自上而下的预测方式就是由公司经理先拟定公司总体的用人目标和建议，然后由各级部门自行确定用人计划。如果能将两种方法结合使用效果更好：先由公司提出人力资源需求的指导性建议，再由各部门按公司指导性建议的要求，会同人力资源部门、生产部门等确定具体人力资源需求；由人力资源部门汇总确定全公司的人力资源需求，最后将形成的人力资源需求预测交由公司经理审批。

此方法是根据以往的经验，对人力资源进行的预测规划，预测的效果受经验影响较大，因此，保留组织的历史档案并采用多人集合的经验，可减小误差。这种方法比较简单，适用于技术较稳定的企业的中短期人力资源预测规划。

3. 德尔菲法

德尔菲法是 20 世纪 40 年代在兰德公司的“思想库”中发展起来的。这种方法的目标是通过综合专家的意见来预测某一领域的发展状况，适合对人力需求的长期趋势预测。德尔菲法分为背对背和面对面两种方式。背对背方式可以避免某一权威专家对其他专家的影响，使每位专家独立发表看法；面对面方式可以使专家之间相互启发。

德尔菲预测技术的操作方法如下：给有人力资源预测专长的专家提供充分且完备的信息，多次对专家进行人力资源预测解决方案的征询和反馈，直到专家的意见趋于一致。专家的数量以 10～15 人为宜。听取专家对未来发展的分析意见和应采取的措施，并通过多次反复的咨询达到在重大问题上较为一致的看法。通常经过四轮咨询，专家的意见可以达成一致（见图 2－6）。

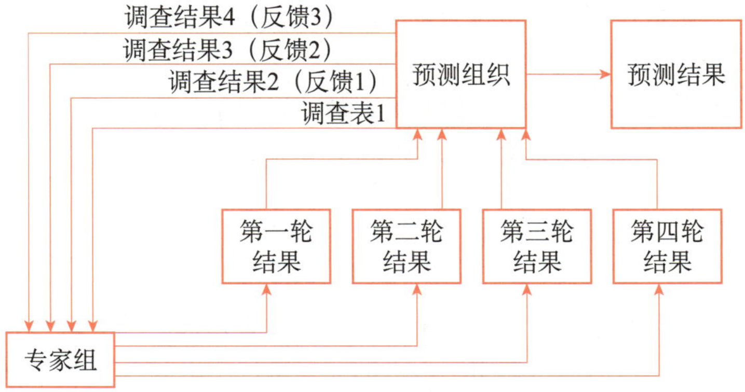

图 2－6　德尔菲法的基本过程

（三）人力资源需求预测的定量方法

除了定性方法，组织人力资源需求预测还可以采用数学模型进行定量分析预测，具体包括：

1. 趋势预测法

趋势预测法是一种基于统计资料的定量预测方法。一般是利用过去5年左右的员工雇佣数据，使用SPSS等数据处理工具，通过包含简单变量的一元线性回归的统计方法对未来的人员需求进行趋势预测。

2. 多元回归预测法

实际上，组织人力资源需求量是由多个因素决定的，多元回归分析方法就是通过将多个影响人力资源需求量的变量纳入回归模型的分析，达到比较准确的预测结果。多元回归分析方法在组织预测中比较常用。

多元回归分析方法的方程如下：

$$Y=\beta_0+\beta_1 X_1+\beta_2 X_2+\cdots+\beta_n X_n$$

式中，Y为人力资源需求量；β_0，β_1，…，β_n为回归方程系数；X_1，X_2，…，X_n为选取的相关变量。

3. 劳动定额法

劳动定额法是根据历史数据，先计算出某一工作单位时间（如每天）每人的劳动定额（如产量），再根据未来的生产量目标计算出要完成的总工作量，最后根据前一标准折算出所需要的人力资源数量的计算方法。其中，劳动定额可能受技术进步等因素影响，在实际操作中需要综合考虑。

4. 趋势外推法

趋势外推法又称时间序列预测法。它是按已知的时间序列，用一定方法向外延伸，以得出现象的未来发展趋势。

5. 生产函数模型法

最典型的生产函数模型是道格拉斯生产函数。

$$Y=A(t)L^{\alpha}K^{\beta}\mu$$

式中，Y为总产出水平；$A(t)$为总生产率系数（近似于常数）；L为劳动力投入量；K为资本投入量；α，β分别为劳动和资金产出弹性系数，且$|\alpha|+|\beta|\leqslant 1$；$\mu$为对数正态分布误差项。

6. 比率预测法

比率预测法是基于对员工个人生产率的分析的一种预测方法。进行预测时，首先要计算出人均生产效率，然后再根据组织未来的业务量预测出对人力资源的需求，即

$$\text{所需的人力资源}=\frac{\text{未来的业务量}}{\text{人均生产效率}}$$

如果考虑到生产率的变化，计算公式可以做如下修改：

$$\text{所需的人力资源}=\frac{\text{未来的业务量}}{\text{目前人均生产效率}\times(1+\text{生产效率变化率})}$$

7. 计算机模拟法

计算机模拟法是进行人力资源需求预测中最为复杂的一种方法，也是相对较准确的方法。这种方法是在计算机中运用各种复杂的数学模型对在各种情况下组织人员的数量和配置运转情况进行模拟测试，并从模拟测试中得出各种人力资源需求的方案。计算机模拟法综合运用了以上的一些预测方法，因此需要组织建立完善的人力资源信息系统，进行系统软件的开发。

组织应该根据自身的实际情况选择人力资源需求预测方法，因为组织的规模和其所处的环境各不相同，无法用同样的方法进行预测。一般来说，制定短期规划可以选择一些较简单的方法，制定中长期规划可以选择一些较复杂的方法。

二、人力资源供给预测

人力资源供给预测是指对在未来某一特定时期内能够供给组织的人力资源的数量、质量以及结构进行估计。一般来说，人力资源的供给包括内部供给和外部供给两个来源，内部供给是指由内部劳动力市场提供人力资源；外部供给是指由外部劳动力市场提供人力资源。

（一）人力资源供给分析

人力资源的供给来源于组织内部和外部，对供给的分析也要从这两方面入手。相比内部供给来说，组织对外部人力资源供给的可控性较差，因此，人力资源供给的预测大多数情况下侧重于内部供给。

1. 外部供给分析

外部供给在大多数情况下并不能被组织所直接掌握和控制，所以外部供给的分析主要是对影响供给的因素进行判断，从而对外部供给的有效性和变化趋势做出预测。影响外部供给的因素在前文已有详述。

2. 内部供给分析

组织在预测期内所拥有的人力资源形成了内部供给的全部来源，所以内部供给的分析主要是对现有人力资源的存量及其在未来的变化情况做出判断。

（1）现有人力资源的分析。由于人力资源自身的自然变化，比如退休、生育等会影响到未来的供给，在预测未来人力资源供给时，需要对现有的人力资源状况做出分析。一般来说，现有人力资源的分析主要是对年龄结构做出分析，因为人力资源自身的变化大多与年龄有关，此外还要对员工的性别、身体状况等进行分析。

（2）人员流动分析。人员的流动主要包括两种：一是人员流出。流出的人员数量就是内部人力资源供给减少的数量。造成人员流出的原因有很多，如辞职、辞退等。二是人员在组织内部流动。虽然这种流动对于组织整体来说并没有影响到人力资源的供给，但是却对内部的供给结构造成了影响。在分析组织内部的人员流动时，不仅要分析实际发生的流动，还要分析可能的流动，也就是说要分析现有人员在组织内部调换职位的可能性，这样可以预测出潜在的内部供给。例如，对于某一职位，在未来的第三年有15名员工可以从事该职位，那么对于这一职位来说就有15人的内部供给。

跟踪人员流动方向的一个简单方法就是识别员工晋升模型和/或员工各个职位之间的多向流动以及员工从公司的流入和流出或者职责的转换，如图2-7所示。

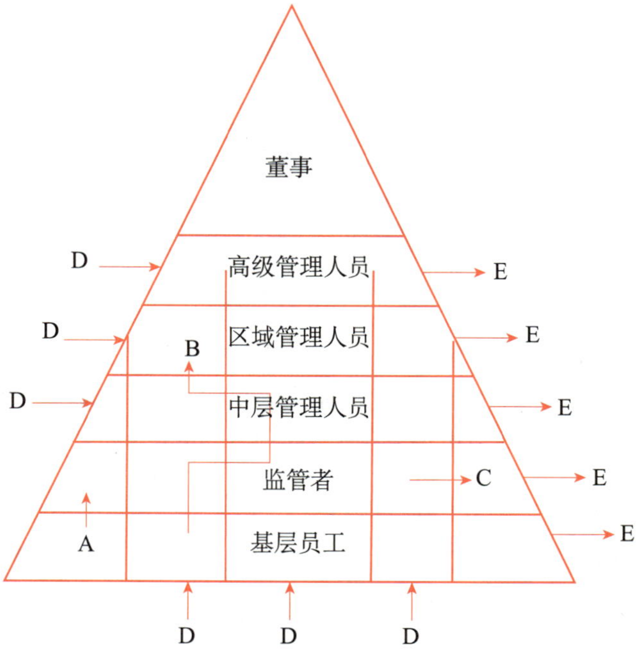

A：向上移动——晋升、成熟
B：发展并向上移动——多向发展、经验、弹性和多样化
C：多向移动——工作轮换、个人发展和多样化
D：招募新人——人才储备、发展、商业目标、多元化
E：人才浪费——年龄结构、集合、多元化、新技术

图2-7 公司内员工的流动

资料来源：伊恩·贝尔德维尔，莱恩·霍尔登，蒂姆·克莱顿．人力资源管理：第4版．胡昱，等，译．北京：经济管理出版社，2008.

（3）人员质量分析。人员质量的变化会影响到组织内部的供给，质量的变动主要表现为生产效率的变化。当其他条件不变时，生产效率提高，内部的人力资源供给相应就会增加；相反，内部的供给就会减少。影响人员质量的因素有很多，如工资的增加、技能的培训等。除了对显性的人员质量进行分析，还需要对隐性的人员质量进行分析，如加班加点，因为加班使得每个人完成的工作量增多了，这同样也增加了内部的供给。

（二）人力资源供给预测的步骤

组织人力资源供给预测是一个比较复杂的过程，它的步骤呈现出多样化的特征。一般情况下，组织的人力资源供给预测包括两个部分，一是内部人力资源现状盘点，二是影响外部供给的因素分析。将组织内部人力资源供给预测和组织外部人力资源供给预测汇总，得出组织人力资源供给预测。人力资源供给预测流程见图2-8。

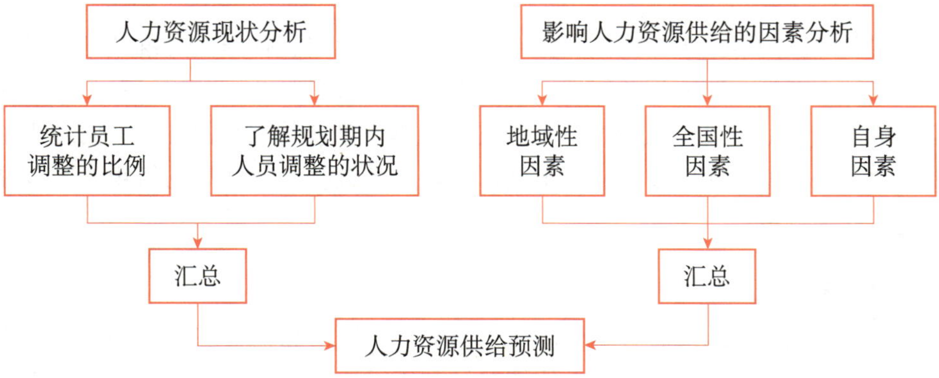

图 2-8　人力资源供给预测流程图

资料来源：孙宗虎，李艳．招聘、面试与录用管理实务手册．北京：人民邮电出版社，2009.

（三）人力资源供给预测方法

人力资源供给预测方法主要是针对内部供给预测而言的，预测的方法有很多，这里简单介绍几种。

1. 技能清单

如表 2-11 所示，技能清单是用来反映员工工作技能特征的一张清单，其内容包括教育背景、训练背景、所获证书等。技能清单是对员工综合素质的反映，有助于决策者和人力资源计划人员对组织现有人力资源状况进行总体把握，估计现有员工调换工作岗位可能性的大小，确定有哪些员工可以填补空缺，从而使组织的人力资源得到更为合理、有效的配置。从某种意义上讲，技能清单是员工的工作能力记录，其中包括基层操作员工的技能、研发人员的科研水平和中高层管理人员管理能力的种类及所达到的水平。

表 2-11　人员技能清单示例

姓名		职位			
出生年月		婚姻状况	到职日期		
教育背景	学历	学校	毕业日期	主修科目	
	本科				
	研究生				
技能	技能种类		所获证书		
训练背景	训练主题	训练机构	训练时间		
志向	是否愿意从事其他类型的工作？		是	否	
	是否愿意到其他部门工作？		是	否	
	是否愿意接受工作轮换以丰富工作经验？		是	否	
	你最喜欢从事哪种工作？				
你认为自己需要接受何种训练		□改善目前技能和绩效的训练			
		□提升所需的经验和技能的训练			
你认为自己可以接受何种工作					

技能清单可以为以下工作提供参考：晋升人选的确定、管理人员继续培养计划、特殊工作的安排、培训、职业生涯规划、工资奖励计划与组织结构分析。对于人员流动频繁或经常组建临时性项目小组的组织，其技能清单中要包括所有的员工；而对于那些组织人员流动不大，主要使用技能清单来制订管理人员继续培养计划的组织，其技能清单可以只包括管理人员。

2. 人员核查法

人员核查法是对组织现有人力资源质量、数量、结构和在各职位上的分布状态进行核查，以掌握企业拥有的人力资源具体情况及利用潜力，并在此基础上，评价当前不同种类员工的供应状况，确定晋升和岗位轮换的人选，确定员工关于特定培训或发展项目的需求，帮助员工确定职业开发计划与职业道路。

它的典型步骤如下：

（1）对组织的工作职位进行分类，划分其级别。

（2）确定每一职位每一级别的人数。

表 2－12 中，管理类中的 1 级管理类人员现有 12 人，需求为 11 人，差异数为 1 人，即该岗位在规划期内应该调剂出 1 人；而工程技术类的 1 级工程技术类人员要补充 4 人。

表 2－12 企业供需状况分析表

级别		管理类	经济类	工程技术类	一般执行类
1	现有数	12	8	8	3
	需要数	11	9	12	4
	差异数	1	−1	−4	−1
2	现有数	20	12	16	7
	需要数	20	14	16	6
	差异数	0	−2	0	1
3	现有数	32			11
	需要数	36			12
	差异数	−4			−1
4	现有数				13
	需要数				11
	差异数				2

人员核查法是一种静态的人力资源供给预测方法，不能反映组织中人力资源动态的、未来的变化，所以只适用于中小型组织短期内人力资源的供给预测，有很大的局限性。

3. 岗位接替模型

在组织人力资源管理中为了对一些岗位出现的空缺进行及时补充，或者有意识地为不同的岗位准备接替人员，常常需要对一些重要的岗位设计岗位接替模型。岗位接替模型表明了每个岗位的接替状况，它记录了每个接替人员的能力、工作经历、工作绩效和需要改进之处等内容。由此可以用来确定每个关键岗位的接替人选，评价接替人选目前的工作情况以及是否达到了提升的要求。示例见图 2－9。

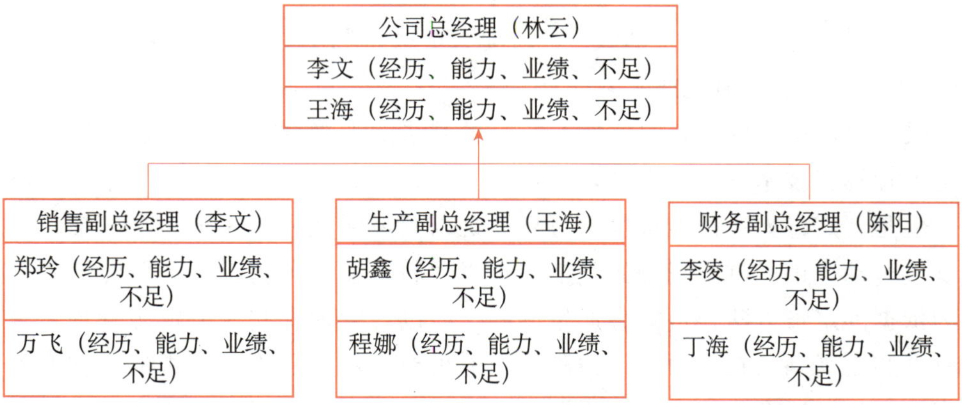

图 2－9　岗位接替模型

岗位接替模型主要用于确认特定职位的内部候选人。建立岗位接替模型的关键，首先是根据岗位分析的信息，明确不同岗位对员工的具体要求；然后确定一位或几位较易达到这一岗位要求的候选人，或者确定哪位员工具有潜力，经过培训后可以胜任这一工作；最后综合考虑各岗位的候补人员情况与员工的职业生涯发展计划，协调好员工职业生涯发展计划与不同岗位接替之间的关系。

4. 马尔可夫模型

马尔可夫模型可用来预测具有时间间隔（一般为一年）的时刻点上各类人员的分布状况。它根据企业以往各类人员之间流动比率的概率来推断未来各类人员数量的分布。该方法的前提是：企业内部人员的转移是有规律的，且其转移率也有一定的规律，如图 2－10 所示。

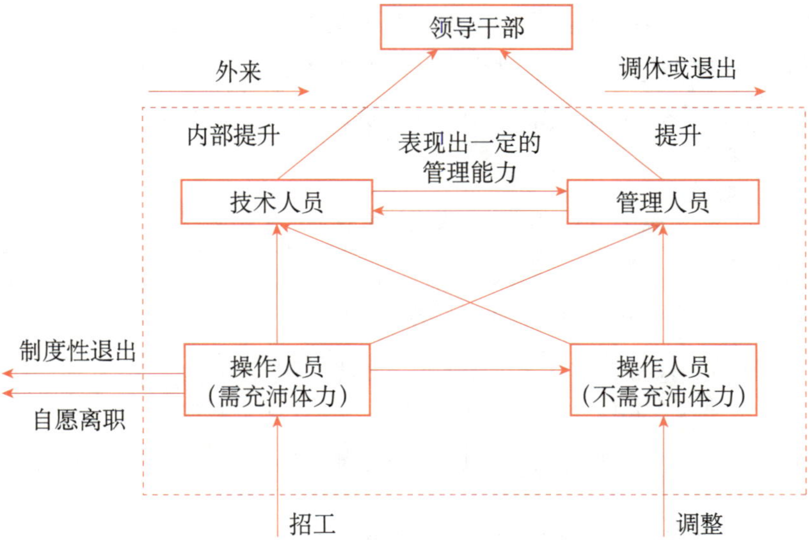

图 2－10　企业内部人员的转移

资料来源：彭剑锋．人力资源管理概论．上海：复旦大学出版社，2005.

马尔可夫模型的关键是确定转移率。

$$N_i(t)=\sum_{j=1}^{k}N_j(t-1)\times P_{ij}+V_i(t)$$

式中，$N_i(t)$为t时刻i类人员的数目；P_{ij}是人员从j类向i类转移的转移率；$V_i(t)$是时间（$t-1$，t）内i类所补充的人员数。

一般来说，在信息充分的条件下，定量方法的准确性和可靠性都比定性方法要高。随着计算机技术的飞速发展，定量方法正在受到管理层特别是专家越来越多的关注。但是，定量方法的准确性和可靠性是以其灵活性和对完全信息的依赖为代价的。现代劳动力市场越来越纷繁复杂和难以预料，在这种情况下，单纯使用以历史趋势为依据的定量方法很可能会产生偏差。所以，管理者和人力资源管理专家对形势的感觉和主观判断在人力资源预测方面的重要作用也是不容忽视的。在有些情况下，定性方法已经变成解决问题不可缺少的重要方法。由于定量方法、定性方法在优势方面具有互补性，所以，在实际的人力资源预测中，这些预测技术常常是配合使用的。

三、人力资源供需平衡分析

人力资源规划的最终目的是要实现组织人力资源供给和需求的平衡，因此，在预测出人力资源供给和需求之后，就要对这两者进行比较，并根据比较的结果采取相应的措施。

一般来说，人力资源需求与人力资源供给存在四种关系：

（1）供求平衡——人力资源需求和人力资源供给相等。

（2）供不应求——人力资源需求大于人力资源供给。

（3）供过于求——人力资源需求小于人力资源供给。

（4）结构失衡——某类人员供不应求，其他类人员又供过于求。

一般而言，在整个组织的发展过程中，组织的人力资源状况不可能始终自然地处于供需平衡的状态。实际上，组织常常处于人力资源的供需失衡状态，大体有以下几种情况，如表2-13所示。

表2-13 组织不同发展阶段的人力资源供需状态

组织发展状态	组织人力资源表现状态	组织人力资源供需状态
扩张时期	人力资源需求旺盛，供不应求	供不应求
稳定时期	人力资源数量稳定，有退休、离职、晋升、降职、职位调整、补充空缺等情况	结构失衡
衰退时期	人力资源需求量小，离职人员多于补充人员	供大于求

当企业面临人力资源富足或短缺时，一般可以采取如下措施解决，如表2-14所示。

表 2-14　需求和供给分解表

<table>
<tr><td rowspan="13">供不应求</td><td rowspan="3">增加外部供给</td><td>改变招聘和甄选的标准</td><td>● 不同的年龄、性别和种族
● 不同的技术、技能和经验</td></tr>
<tr><td>改变招聘和甄选活动</td><td>● 改变做广告的方式
● 把目标锁定在不同的劳动力市场上
● 引入新的甄选技术
● 提供职业再定位</td></tr>
<tr><td>改变条件和环境</td><td>● 更大弹性的工作
● 提高工资和福利</td></tr>
<tr><td rowspan="4">增加内部供给</td><td>培训和开发现有员工</td><td></td></tr>
<tr><td>改变内部流动模式</td><td>● 不同的晋升方式
● 鼓励多向流动</td></tr>
<tr><td>提高保持力</td><td>● 改变工作条件和环境
● 更具弹性的工作模式</td></tr>
<tr><td>减少旷工</td><td></td></tr>
<tr><td rowspan="5">减少需求</td><td>重新设计工作</td><td></td></tr>
<tr><td>用不同的方式利用现有工人</td><td>● 加班
● 利用多技术工人
● 高绩效工作团队</td></tr>
<tr><td>转包工作</td><td></td></tr>
<tr><td>对工作重新定位</td><td></td></tr>
<tr><td>自动化操作</td><td></td></tr>
<tr><td rowspan="8">供大于求</td><td rowspan="4">减少供给</td><td>提前退休</td><td></td></tr>
<tr><td>自愿冗员/岗位分享</td><td></td></tr>
<tr><td>季节性的雇佣/提供（其他岗位）培训</td><td></td></tr>
<tr><td>暂借、休假和职业暂停</td><td></td></tr>
<tr><td rowspan="2">不鼓励持续就业</td><td>短期合同</td><td></td></tr>
<tr><td>兼职合同</td><td></td></tr>
<tr><td rowspan="2">增加需求</td><td>扩大产品和服务的市场</td><td></td></tr>
<tr><td>多样化</td><td></td></tr>
</table>

资料来源：伊恩·贝尔德维尔，莱恩·霍尔登，蒂姆·克莱顿．人力资源管理：第 4 版．胡昱，等，译．北京：经济管理出版社，2008.

上述平衡供需的方法在实施过程中具有不同的效果，例如靠自然减员来减少供给，过程就比较长；而裁员的方法见效比较快。表 2－15 对这些方法的效果进行了比较。

表2-15 供需平衡的方法比较

方法		速度	员工受伤害的程度
供过于求	裁员	快	高
	减薪	快	高
	降级	快	高
	工作分享或工作轮换	快	中等
	退休	慢	低
	自然减员	慢	低
	再培训	慢	低
方法		速度	可以撤回的程度
供不应求	加班	快	高
	临时雇佣	快	高
	外包	快	高
	培训后换岗	慢	高
	减少流动数量	慢	中等
	外部雇佣新人	慢	低
	技术创新	慢	低

资料来源：雷蒙德·诺伊，约翰·霍伦贝克，巴里·特哈特，等．人力资源管理：第3版．刘昕，译．北京：中国人民大学出版社，2001.

本章小结

在人员招聘与配置的活动中，测量意味着使用数字的形式收集与表达关于个人与工作的信息。目前，在测量中常用的方法就是将某一测量的变量归入四种测量水平中：名义变量、顺序变量、等距变量和等比变量。在人力资源招聘与配置工作中决定录用还是拒绝应聘者的测量方法主要有收集背景信息、面试和测验三种。

测量的信度是指测量结果的准确性和一致性程度，也就是说测量工具能够稳定测量的程度。信度只受随机误差的影响，随机误差越大，信度越低。估计信度的方法有许多，主要有再测信度、复本信度、分半信度、内部一致性信度和评分者信度等。影响测量信度的因素大致有估计信度的方法、被测量者个体以及群体的差别、测量系统的长度、测量试题的难度、答题样式、测量的实施等几个方面。

测量的效度指的是测量目标的程度，也就是测量的有效性，是现有证据支持对测量得分做出推论的程度，效度并非测量系统本身的属性，而是测量的随机误差和系统误差的综合反映。信度是效度的必要条件而不是充分条件。目前主要的效度测量方法有效标关联效度、内容效度和构想效度三大类。测量过程中效标和预测工具的信度、范围限定、测量的内容与长度、效标污染、测量过程中测量者以及被测量者的差异等可能会影响测量的效度。

人力资源规划通过对组织在某个时期内的人员供给和人员需求进行预测，并根据预测的结果采取相应的措施来平衡人力资源的供需，包含人力资源总体规划和人力资源业务规划两个方面。

思考案例

A公司的人员测评和选拔实践

A公司是一家制造型企业。近年来，随着市场竞争的加剧，这家企业在客户满意度方面有一定幅度的下降。经过多方的研究和调查，该公司的管理层认识到，造成这种现象的主要原因是该公司以研发为导向，不注重关注客户，这使得在销售和服务客户过程中屡屡出现问题。

基于这种情况，该公司管理层决定改变公司现有的组织结构和流程设置，成立客户中心，针对每个重要客户成立专门的客户团队，以保证及时满足客户需求，为客户提供优质高效的服务。

在这个过程中，管理层面对的关键问题之一是如何在原有的员工队伍中选出合适的人员担任客户团队的领导。公司人力资源部门设计出了一整套选拔测试方案，用来对团队领导的候选人进行测量，根据测量结果选拔合适的团队领导者。但是有些候选人对这套方案的有效性提出了怀疑。

思考题：

1. 为什么可以通过测量的方法选拔团队领导？
2. 如果你是公司人力资源部门的负责人，你会怎么说明这个测量方案是有效的？

第 3 章 员工配置的基础（下）

「学习目标」

- 描述冰山模型和洋葱模型
- 了解岗位胜任力模型的设计方法
- 了解工作分析的内容和设计方法

「引入案例」

华为干部与普通员工的能力需求

企业在人才管理时，一个不能避免的议题是明确需要什么样的人。如果企业不能为岗位配置满足技能需求的员工，那么员工的技能差距很可能会反噬企业的绩效表现。同时，时代的变革也在助推着人才需求的动态变化。SHL 公司在《21 世纪：人才进化论》报告中，基于全方位胜任力模型提出，随着第四次工业革命带来的数字化与智能化发展，职场员工的以下四项技能在未来的重要性将与日俱增，具体包括：学习力、创造力和创新性；适应性和抗压性；通力合作和沟通；商业思维和商业敏锐度。对于企业来说，如何把握时代趋势、科学地确定自身员工所需要具备的关键技能既是一种挑战，也是实现未来超越的新机遇。

华为是创立于 1987 年的民营企业，也是全球领先的信息与通信基础设施和智能终端提供商，有 20 多万名员工。明确的人才标准成为华为公司搭建坚实人才队伍的基石。对于干部团队，华为主要从四个维度进行干部的岗位胜任力评价，分别是品德与作风、核心价值观与使命感、绩效，以及能力与经验。其中，品德与作风作为底线要求，是员工在商业行为中的道德操守标准；核心价值观与使命感是基础要求；绩效是不同员工的分水岭，通过绩效标准的划分使得员工队伍实现基于责任结果的持续高绩效；能力与经验作为关键成功要素，能力是持续支撑高绩效的关键行为，经验是对成功实践、能力的验证。对于普通员工，华为设置量化分级与作战记录的任职资格。干部标准与专业任职资格既是华为人才选拔的重要工具，也向员工传递了华为对人才的整体期望。

第 1 节　员工配置的基础：胜任力模型

一、胜任力概念

胜任力，英文为 competency，来自拉丁语 competere，意思是适当的、合适的；国内常见的翻译有素质、能力、才能、胜任能力、胜任特征等。在本节中，统一使用胜任力这一称谓。

对于胜任力的研究与应用最早可追溯到泰勒的“动作-时间研究”。美国学者约翰·弗莱纳根最早研究了 1941—1946 年美国空军飞行员的绩效问题，于 1954 年创造了关键事件技术，并就此成为胜任力研究领域核心方法的应用先导。被称为“胜任力研究之父”的美国著名心理学家戴维·麦克利兰（David C. McClelland）继承并发展了前人的研究成果，提出用胜任力模型设计取代智力测验并作为预测未来工作绩效的方法，这在当时的学术界掀起了关于胜任力研究的高潮。美国学者理查德·博亚特兹是第一个经过深入研究，出版胜任力模型开发相关书籍的学者，他使得胜任力被广泛理解为产生高绩效的一种潜在特质（Yeung，1996）。博亚特兹认为，不同的行为导致不同的结果，特性与能力使人做出恰当的行为（Boyatzis，1982），并最终影响绩效。美国学者莱尔·斯潘塞和塞尼·斯潘塞在其著作《工作胜任力：高绩效模型》一书中指出，胜任力是在工作或情境中，产生高效率或高绩效所必需的人的潜在特征，同时只有当这种特征能够在现实中带来可衡量的成果时，才能被称为胜任力（Spencer & Spencer，1993）。基于此，莱尔·斯潘塞和塞尼·斯潘塞提出了胜任力的冰山模型，即胜任力存在于五个领域：知识与技能、价值观、自我形象、个性以及社会动机。其中，在水面以上的知识与技能相对容易观察与评价，而在水面以下的其他特征是看不到的，必须通过具体的行动才能推测出来。理查德·马洛比利认为，胜任力是与工作的高绩效相联系的知识、技能、能力或特性，例如，解决问题能力、分析能力、领导能力等。

二、胜任力模型

胜任力模型是指担任某一特定的任务角色所需具备能力的集合，可以用公式表达为

$$CM=\{CI_i, i=1,2,3,\cdots,n\}$$

式中，CM 表示胜任力模型，CI 代表胜任力项目，CI_i 表示第 i 个胜任力项目，n 表示胜任力项目的数目（徐建平和张厚粲，2004）。赵永乐和王慧（2007）从广义和狭义两方面定义了胜任力模型。从广义上来说，胜任力模型是指从事某一岗位应具备的素质的集合，这些素质可以分为鉴别类素质和基准类素质；狭义的胜任能力模型仅包括鉴别类素质，即能够鉴别优秀员工与一般员工的素质的集合。胜任力模型的特点是能够鉴别优秀员工和一般员工的差异，但不能鉴别合格员工与不合格员工。

（一）冰山模型与洋葱模型

常见的胜任力模型有冰山模型（the iceberg model）、洋葱模型（the onion model）

和胜任力辞典等。冰山模型一般用来说明胜任力的特点，胜任力这座“冰山”由知识、技能等水面以上应知、应会部分和水面以下的价值观与态度、自我形象、个性与品质、内驱力与社会动机等情感智力部分构成，如图 3－1 所示。洋葱模型是由美国学者理查德·博亚特兹提出的，它展示了素质构成的核心要素，并说明了各构成要素可被观察和衡量的特点，如图 3－2 所示。胜任力辞典的基本内容是由麦克利兰从 200 多项工作所涉及的胜任力中提炼出的 21 项通用的胜任力，胜任力辞典包括六个基本的胜任力族，每个族中又包含具体的胜任力。除了这些通用模型外，根据行业、层级、职能的不同，胜任力模型在具体设计和应用上也会有所不同。

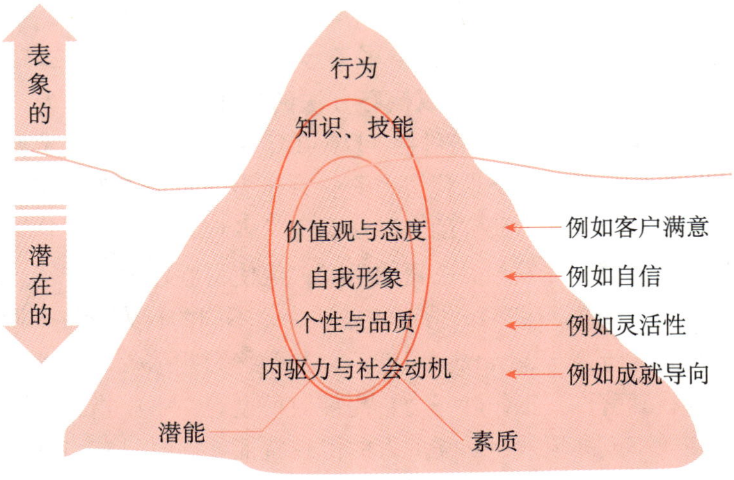

图 3－1　冰山模型

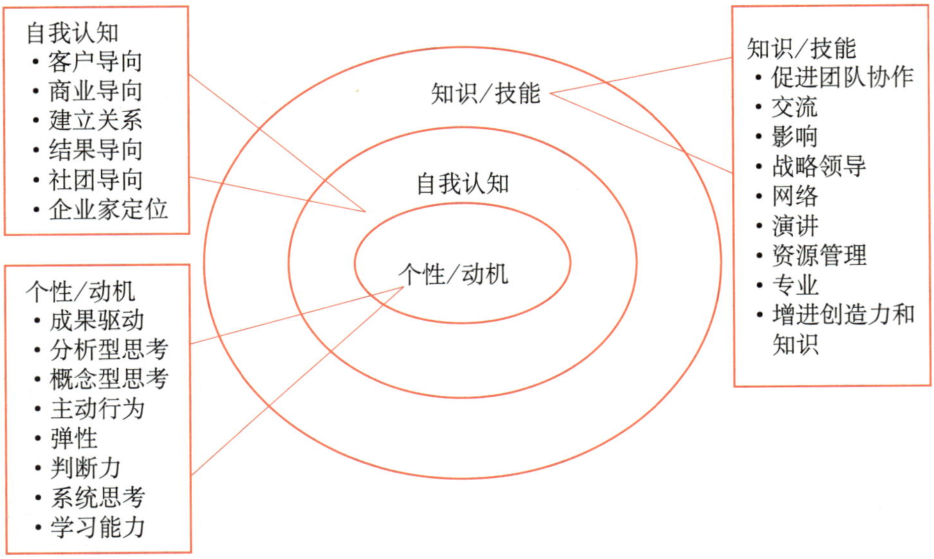

图 3－2　洋葱模型

（二）通用胜任力模型

通用胜任力是指能够使管理者完成杰出业绩的那些管理类行为。管理类通用胜任力模型涵盖了几种特征，如成就导向、影响力、团队合作、自信、演绎思维等。

（三）分层级胜任力模型

华夏基石咨询公司针对组织的运作流程，将胜任力模型中的各个要素进行了细化，即将胜任力分层细化成全员核心胜任力、专业胜任力、关键岗位胜任力和团队结构胜任力，如表 3－1 所示。

表 3－1　分层级胜任力模型

全员核心胜任力	专业胜任力			关键岗位胜任力		团队结构胜任力
敬业精神 团队合作 诚实守信 积极主动 沟通协调	销售人员专业胜任力： 服务意识 客户导向 市场洞察力 关系管理	财务人员专业胜任力： 数字敏感 诚实谨慎 分析决断力	人力资源人员专业胜任力： 人际洞察力 组织敏感度	高层管理人员胜任力：管理变革、创新精神、领导力、教人育人能力	中层/基层管理人员胜任力：计划能力、执行能力、培养下属能力	决策能力 计划能力 执行能力 冲突解决能力

（四）行业胜任力模型

针对行业属性的不同，胜任力模型的构建也会有所不同。最常见的行业胜任力模型是行业关键成功因素（key success factors，KSF）开发胜任特征模型。该方法是由汤普森和斯特里克兰率先提出的，他们指出这种方法的关键是识别并获取行业关键成功因素；其原理是“人、职、组织”匹配原理。在管理实践中，开发企业的核心胜任力时，通常采用 KSF 方法。目前，针对行业特点的胜任力模型设计的研究覆盖了制造行业、高科技行业、人力资源管理行业、物流行业等多个领域。

（五）岗位胜任力模型

行业属性、层级会对胜任力建模产生影响。同时需要指出的是，在同一个行业、同一个层级上，职位（岗位）不同也会导致胜任力模型的构建产生差异。全体员工都应该具备核心胜任力，这是公司战略和企业文化的基本要求；序列胜任力是每个序列中各职位所应共同具备的素质；而专业胜任素质是由各个岗位的具体职责要求决定的，每个岗位各有差异。图 3－3 是管理类岗位胜任力模型示例。

三、胜任力模型和员工招聘与配置

基于胜任力模型的员工招聘与配置是相对于传统的基于任职资格与要求的员工招聘与配置而言的。在传统的招聘与配置工作中，企业以任职资格与要求为评判标准进行员工的招聘和配置活动，这种模式逐渐无法满足企业对核心关键人才的动态需求。在新的员工招聘与配置模式中，围绕企业战略的胜任力模型贯穿了和招聘与配置相关的各个环节，如人力资源规划、招聘需求分析、招募与选拔、配置与再配置（见表 3－2）。

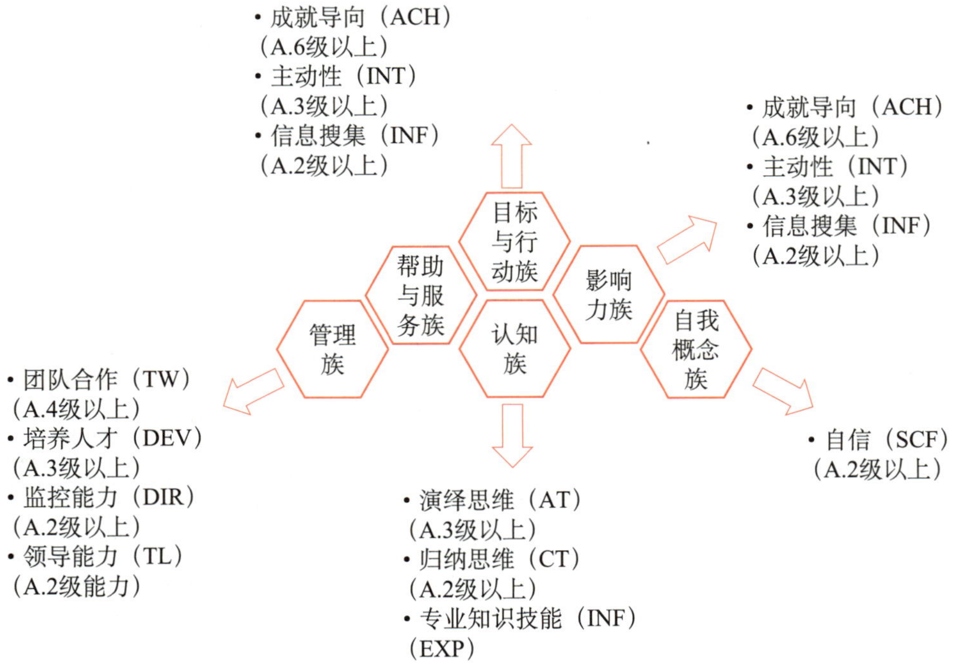

图 3-3　管理类岗位胜任力模型

资料来源：SPENCER L M，SPENCER S M. Competence at work. New York：John Wiely and Sons，1993.

表 3-2　两种招聘与配置理念的比较

	特点
传统的招聘与配置	基于短期的职位需要开展招聘与配置工作，仅仅以工作分析与候选人“过去做过什么”作为考察候选人是否具备所需要的知识、经验与技能的基础，缺乏对候选人未来绩效的预测与判断。
基于胜任力的招聘与配置	除了采用既定的工作标准与技能要求对候选人进行评价，还要依据候选人具备的胜任力对其未来绩效的指引作用来实施招聘与配置。这种基于胜任力的招聘与配置将企业的战略、经营目标、工作与个人联系起来，在遵循有效的招聘与配置决策程序的同时，提高了招聘与配置的质量。同时，整个招聘与配置以企业战略框架为基础，也使那些对企业持续成功来说最为重要的人员及其胜任力得到重视与强化。

资料来源：彭剑锋．人力资源管理概论．2 版．上海：复旦大学出版社，2011.

（一）胜任力模型的设计

胜任力模型的设计是指为了成功完成某项工作，通过建构胜任力模型来判断员工哪些个人特点是必需的，这个过程又称胜任力建模（competency modeling）。对胜任力建模方法的研究源于 20 世纪 80 年代戴维・麦克利兰的研究。此后，为了满足组织的特殊需求，胜任力建模方法得到了进一步发展，在人力资源管理领域成为一种主流的实践活动。从 20 世纪 90 年代以来，胜任力理念和方法在西方国家得到广泛应用，其他国家也开始对胜任力的研究和应用进行探索，许多世界著名公司如 AT&T、IBM 等都建立了自己的胜任特征模型体系。不少以胜任特征建模服务为主要业务的咨询公司创建和构造了各种胜任特征模型数据和通用胜任特征字典。胜任力模型的构建有多种方法，包括行为事件访谈法、问卷调查、专家小组评价法、职能分析法等。

1. 行为事件访谈法

行为事件访谈法是戴维·麦克利兰提出来的，也是目前公认最有效的方法之一。它是一种开放式的行为回顾式调查技术，类似于绩效考核中的关键事件法，主要是与高绩效者面谈（有时也会找一些普通绩效者作为对比），让他们讲述在实际工作中发生的关键事例，包括成功事件、不成功事件或负面事件，并且让被访谈者详尽地描述整个事件和当时的想法。

行为事件访谈法的要点是：研究对象集中在业绩出色者，主要应用行为事件访谈法、访谈资料的主题分析法，将分析结果提炼为用行为性的专门术语描述的一系列胜任力。该方法最主要的贡献者是美国学者博亚特兹、施罗德、莱尔·斯潘塞和塞尼·斯潘塞。较之其他方法，行为事件访谈法可以通过与被访谈者进行深度会谈，获得其对职业生涯中某些关键事件的详尽描述，从而揭示与挖掘导致当事人行为的动机、个性特征、自我认知、态度等隐藏的深层次潜质。麦克利兰（1998）曾运用行为事件访谈法帮助两家跨国公司建立了高层管理人员的胜任力模型。

2. 问卷调查

在胜任力建模过程中，通常使用问卷调查法来分析各个序列中通用胜任力的重要程度。在现实应用中，经常会以咨询公司的能力素质库为基础，分析具体机构的基本情况，进而初步建立该机构的能力素质库，作为问卷调查的依据。接着根据能力素质库设计能力素质问卷，并且对每个岗位进行问卷调查，此后根据各序列所包含的职位进行归类，统计出各个序列的通用胜任力，并以此确定出各个岗位胜任力的重要程度。

3. 专家小组评价法

专家小组评价法是在定量和定性分析的基础上，以打分等方式做出定量评价，其最大的优点在于能够在缺乏足够的统计数据和原始资料的情况下，做出定量估计。专家小组评价法的主要步骤是：首先根据评价对象的具体情况选定评价指标，对每个指标均定出评价等级，每个等级的标准用分值表示；然后以此为基准，由专家对评价对象进行分析和评价，确定各个指标的分值，采用加法评分法、乘法评分法或加乘评分法求出评价对象的总分值，从而得到评价结果。专家评价的准确程度，主要取决于专家的阅历、经验以及知识的广度和深度。

4. 职能分析法

职能分析法主要关注最低限度可以接受的绩效。它关注实际的工作产出，焦点在工作而不是工作中的个人，通过分析，识别出一个职能或工作所要求的产出能力。该方法首先调查职位的工作责任、任务、义务、角色和工作环境，同时抽取、分析出职位的工作职责与关键角色，然后对可接受的标准或绩效进行描述，根据角色和工作职责确定胜任力单元，最后确定胜任力。

5. 修正的任务分析法

修正的任务分析法（modified task analyses approach method）对通常使用的任务分

析法略加改变，在任务列举与任务分析技巧中，增加了一些精确的细节。这种方法最常应用于具体职务。

6. 才能评鉴法

才能评鉴法（competence assessment method）强调辨识成功的工作绩效所需要的基本个人特质与其他特征，以区别他们和一般水准者的绩效差异。麦克利兰和他的同事开发的工作胜任力评鉴法就属于这类方法。这也是最经典的胜任力建模方法，其具体步骤包括：确定绩效标准、选择效标样本、获取与效标样本有关的胜任特征的数据资料、分析数据资料并建立胜任特征模型、验证胜任特征模型。一个人的胜任力和他的职务任务与活动绩效是有关联的。这种方法既可以应用于类似生产线上的组装任务那样的具体职务，也可应用于类似管理工作这样的抽象职务，尤其适用于定义性质比较抽象、不太具体的专业、管理及主管角色的胜任力。

7. 情境法/处境方法

情境法又称处境方法，由麦克拉根公司首先提出，它要求把注意力放在影响职位、工作、团队、专业的未来趋势上，强调人们必须知道即将变化的环境是什么、需要哪些胜任能力。按照这种思路，汤普森在此基础上提出了胜任力建模框架，认为首先分离影响组织、工作、职位或专业的关键变化或趋势；然后针对工作中的关键变化或趋势，结合组织实际情况，确定适应环境变化的组织胜任力；最后根据组织胜任力，确定"胜任力域"（competence domains）、胜任力和胜任力要素。情境法具有一定的统一性和折中性，也具有一定的弹性。

汤普森、林赛和斯图尔特运用该方法开发了一个模型，用于测量中小企业高层管理者的胜任力。按照这种思路，摩根在变化的环境中开发新的胜任力。在摩根的方法中总共召集6～10位高层管理者进行结构化讨论，他们被问到未来组织所面临的挑战。在随后的分析中，摩根揭示了满足这些挑战所必须具备的能力。

8. 绩效分析

有学者在实证研究胜任力与绩效的关系时发现，胜任力的各个维度不总是与绩效呈正相关。事实上，在运营管理文献中，有一些实证研究表明，一些胜任力维度与绩效呈负相关。

应用绩效分析建立的胜任力模型包括：在组织胜任力模型研究中表述关于可能影响到工作、职位、团队或专业变化的外在因素；提出遵循工作输出的列表；发展与工作输出联系的工作品质需求的菜单；设计一系列工作胜任力或与每一个胜任力的指标联系；通过工作输出的分析确定一系列工作角色发展；发展胜任能力草图等步骤。

9. 多维度法

法国和德国主要采用多维度法。法国于20世纪80年代开始对胜任力进行研究，其中一个重要的标志就是1984年开始的以胜任力为基础的管理实践，并着力发展新的胜任力模型。这一时期的研究深受行为事件访谈法和情境法的影响，并运用于实践。另一个重要的标志就是法国国家职业介绍所在 1993 年改变了职业的框架，开始向以胜任力为基础的管理系统发展，引进了职能分析法来完善胜任力模型。在实践中，企业用个人胜任力评估代替了工作资格认证，增强了灵活性，但是这也会影响工作的稳定性，如图 3-4 所示。为了解胜任力的主要模块和指标体系，可以采用行为事件访谈法、情境法等来获取效标样本有关胜任力的数据。

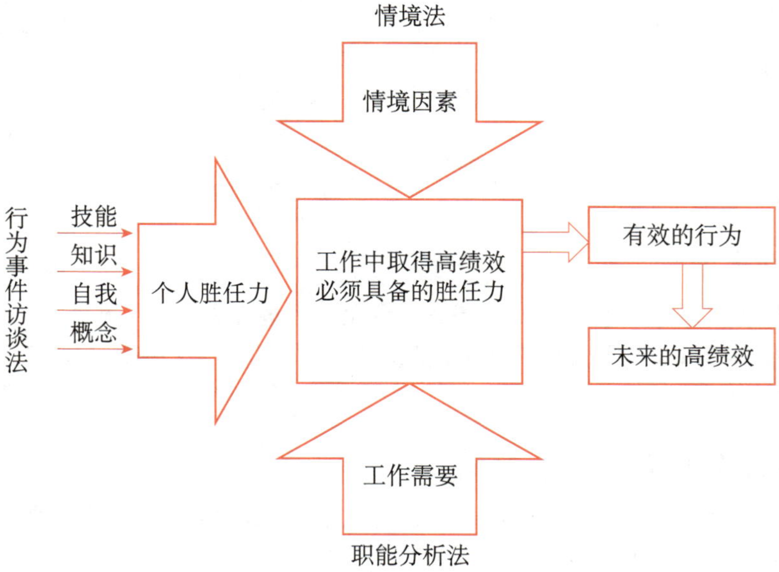

图 3-4　多维度法示意图

10. 其他手段

胜任力建模过程中还有一些其他收集数据的手段，如观察法、图片故事练习法（picture story exercise method）、焦点访谈法（focus interview method）、系统性多层次团体观察（SYM-LOG）。此外，还可从内部客户和外部客户中直接获取建模所需要的数据。

回顾这些方法可以发现，建立胜任力模型的基本原理就是通过各种技术性较强的手段辨别业绩优秀者和普通胜任者在知识技能、人格特点、态度、内驱力等方面的差异，并把发现的数据量化，从而形成可用来对照、判断胜任力及相应水平的可操作的模型体系。

胜任力模型的建立思路、方案及具体方法的选择，因组织的目的、规模、资源、内部条文等条件的区别而有所不同，一般在保留核心步骤的前提下，使用简化方法。如采用由熟悉组织情况、相关岗位具体工作及任职要求的专业人士组成的专家小组采集数据的方法，代替经典方法中的行为事件访谈法。但这种数据收集和处理方法比较单一，缺少不同样本的对比分析，主观性较强，削弱了胜任力模型的准确度和相关性，只适合规模较小的组织。

（二）胜任力模型设计的基本程序

胜任力模型的设计一般可分为准备阶段、研究与开发阶段、评估与确认阶段、模型应用阶段，如图 3-5 所示。

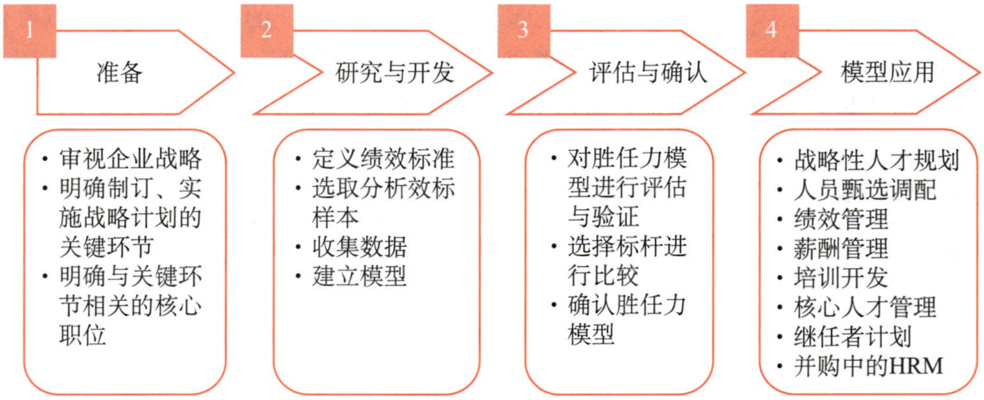

图3-5 胜任力模型设计的基本程序

1. 准备阶段

在设计胜任力模型的准备阶段，需要审视企业的战略是什么，制订、实施战略计划的关键环节有哪些以及与关键环节相关的核心职位有哪些。这三个基本问题是胜任力模型设计的基础。

2. 研究与开发阶段

在胜任力模型的研究与开发阶段需要经过以下步骤，其中应选择关键环节的核心职位作为胜任力分析的基本单位。

（1）定义绩效标准。绩效标准一般通过采用职能分析法和专家小组评价法相结合的办法来确定，即用工作分析的各种工具与方法明确工作的具体要求，提炼出鉴别绩效优秀者与绩效一般者的标准。专家小组就相关工作（岗位）的任务、责任和绩效标准以及期望优秀表现者的胜任能力表现和特点进行讨论，并得出最终的结论。

（2）选取分析效标样本。根据岗位要求，在从事该岗位工作的员工中，分别随机抽取一定数量的绩效优秀和绩效普通的员工进行调查。

（3）收集数据。选择合适的方法来收集模型构建中必要的数据信息，以此来了解胜任力的主要模块和指标体系。可以采用行为事件访谈法等方法来获取效标样本有关胜任力的数据。

（4）建立模型。对收集到的原始数据进行提炼，以得到相应的胜任力模块。在这一过程中首先要对承载已收集数据的报告进行内容分析，记录各种胜任力要素在报告中出现的频次；其次是对绩效优秀组和绩效普通组的胜任力要素指标发生频次和相关的程度统计指标进行比较，找出两组的共性与差异特征；最后根据不同的主题进行胜任力模块的归类，并根据频次集中程度估计各类胜任力的大致权重。

3. 评估与确认阶段

模型初具规模之后，需要通过绩效考评进行效度验证。只有在一定时间后，员工的绩效符合模型中的预测，才能证明此模型是有效的。验证可以根据回归法及其他相关验证方法，采用已有的绩效优秀与绩效普通的有关标准或数据进行检验，企业选取什么样的绩效标准来做验证十分关键。

4. 模型应用阶段

胜任力模型为构建系统化的人力资源管理系统提供了逻辑起点，保证了人力资源管理其他各环节能够有序展开。图 3－6 显示了胜任力模型在人力资源系统中的应用。

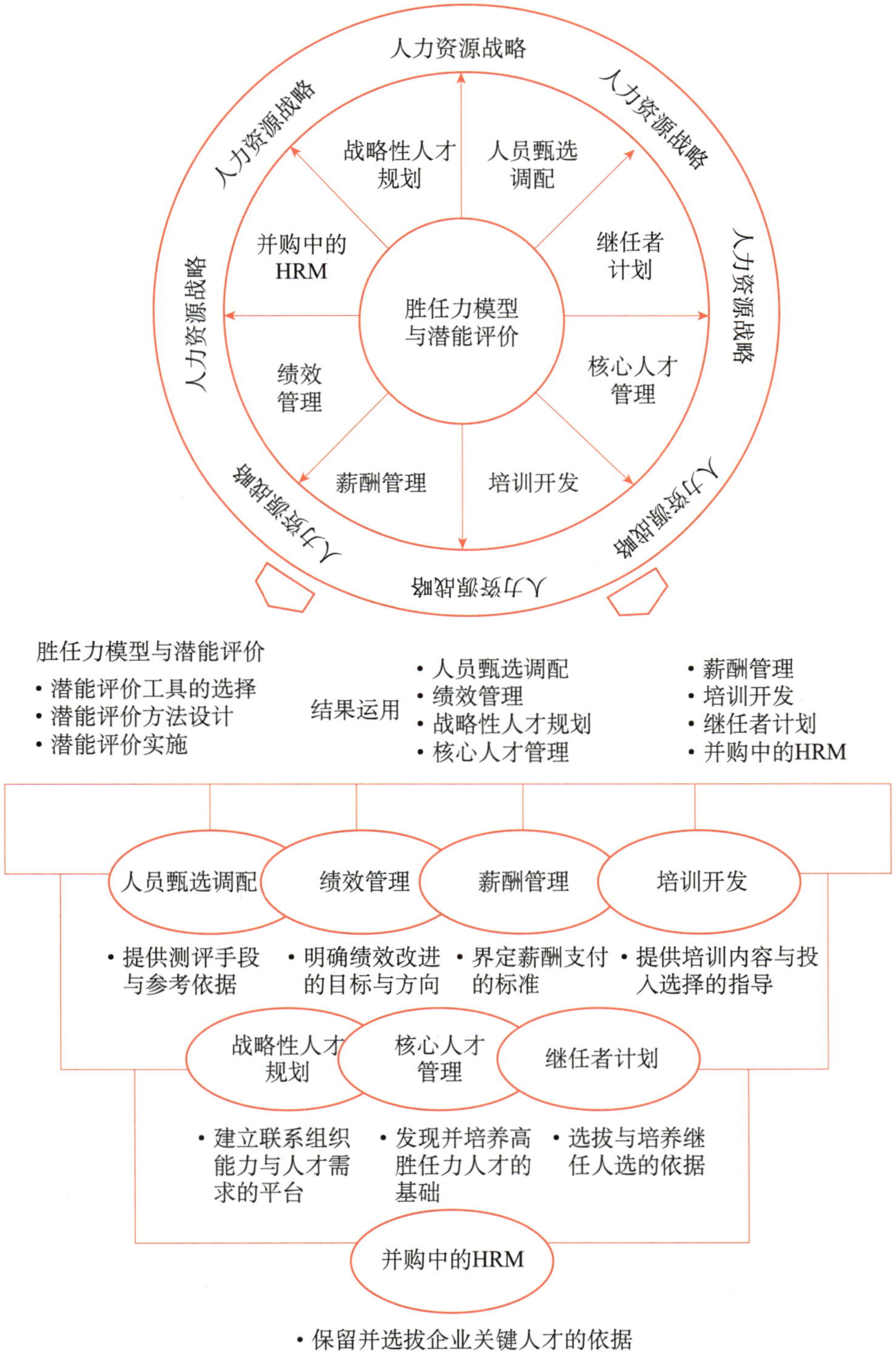

图 3－6　胜任力模型在人力资源系统中的应用

资料来源：彭剑锋．人力资源管理概论．2 版．上海：复旦大学出版社，2011.

第2节 员工配置的基础：工作分析

岗位是企业组织的基本元素，科学设计岗位和明确岗位职能，能够确保将整个组织企业目标转化为所有员工的个人目标，使企业的经营压力转化为每个员工的工作动力和责任约束，快速提高工作效率，进而提升企业竞争力。企业通过工作分析与职位研究，制定出人力资源管理的基础性文件——工作说明书，以此作为人力资源管理具体工作的依据，优化企业人力资源的配置。

工作分析是人力资源管理中的一项重要活动，是员工配置的一项重要的准备工作。通过工作分析，我们能够掌握工作任务的静态和动态特点，提出有关人员的心理、生理、技能、文化和思想等方面的要求，选择用人的具体程序和方法，从而选用符合工作需要和职务要求的合格人员。

一、工作分析概述

（一）工作分析的基本含义

工作分析也称职务分析、职位分析或岗位分析，它是全面了解组织中一项工作的特征的管理活动，即对该项工作的有关信息进行收集、整理、分析和综合的一个系统过程。工作分析的实质就是区别组织中一项工作与其他工作的差异，其目的是为组织内每项工作制定一份全面、正确并符合组织需要的工作说明书，同时为组织提供工作分析报告。

工作分析在企业管理和人力资源管理中占据重要的地位。它一直被誉为人力资源管理体系的基石，为人力资源管理的各项活动提供基础支持。伴随着知识经济的到来和经济全球化的发展，组织内外部环境的变化带来了工作性质、职责内容、工作方式、任职能力要求等一系列的变化，复合型工作纷纷涌现，操作性、知识技能单一性的工作逐渐减少，工作内涵不断变化，职责的不确定性大大增加，而这一切必然带来对工作分析的冲击，工作分析面临巨大的挑战。

（二）工作分析的定义

工作分析是用来了解工作信息与情况的一种科学手段；具体是指分析者采用科学的技术手段，直接收集、比较、综合有关工作的信息，就工作岗位的状况、基本职责、资格要求等做出规范性的描述与说明，为组织特定的发展战略、规划以及其他管理行为提供基本依据的一种管理活动。

工作分析的主体是工作分析者，客体是整个组织体系，对象是工作，包括战略目标、组织结构、职能部门、岗（职）位中的工作内容、工作责任、工作技能、工作强度、工作环境、工作心理以及工作方法、工作标准、工作时间及它们在组织中的运作关系。

（三）工作分析中的基本术语

工作分析与工作以及工作对应的工作活动是紧密联系在一起的，有必要澄清与之相关的一些概念。

1. 工作要素

工作要素（element）是指工作活动中不便再继续分解的最小单位。工作要素是形成职责的信息来源和分析基础，并不直接体现于工作说明书中。比如，秘书接听电话前拿起电话是一个要素，司机开车前插入钥匙也是一个要素。

2. 任务

任务（task）是一系列为达到特定目的的工作要素的集合，即完成一项具体的工作。例如，复印文件，为了达到最终的工作目的，复印人员必须采取以下具体行动：启动复印机；将复印纸放入复印机内；将要复印的文件放好；按下按钮进行复印。也就是说，复印文件这一项任务是上述四个工作要素组成的一个集合。

3. 职责

职责（duty）就是责任，是指一人担负的由一项或多项任务组成的活动，即个体操作的任务的总和。例如，人力资源经理的职责之一就是进行薪酬调查，这一职责是由以下任务组成的：设计调查问卷、把问卷分发给调查对象、统计分析并且解释调查结果、将调查结果反馈给调查对象。

4. 职权

职权（authority）是指为完成特定任务所需要赋予的权力。特定的职责要赋予特定的职权，特定的职责等同于特定的职权。它常常用“具有批准……事项的权限”来表达，例如，具有支配 50 万元资金和 20 辆车的权限。

5. 任职资格

任职资格（qualification）是指为了保证工作目标的实现，任职者必须具备的知识、技能与能力要求。它常常用胜任职位所需要的学历、专业、工作经验、工作技能、能力（素质）等表达。

6. 业绩标准

业绩标准（performance standard）是指与职位的工作职责相对应的对职责完成的质量和效果进行评价的客观标准。例如，人力资源经理的业绩标准包括员工满意度、空岗率、培训计划的完成率等。

7. 岗位

岗位（position）也叫职位，是在一定时间内，由一个特定的人及其所担负的一个或数个职责组成的。例如，人力资源部经理即是一个岗位。在企业中，有多少员工就有多少岗位。值得注意的是岗位是以“事”为中心确定的，强调的是人所担任的岗位，而不是担任这个岗位的人。

8. 工作

工作（work）是由一组主要职责相似的职位组成的。例如，开发工程师是一种工作，秘书也是一种工作。在企业中，一种工作可以有一个职位，也可以有多个职位。法律顾问的工作可能只有一个职位，但是开发工程师和秘书可能有多个职位。工作是人与岗位结合的一种方式，是人的工作，而非工作中的人。

9. 工作族

工作族（occupation）是指企业内部具有非常广泛的相似内容的相关工作群，又称职位族。比如，企业内所有从事技术工作的职位组成技术类工作族，所有从事销售工作的职位组成销售类工作族。

10. 职业

职业（profession）是指由不同组织中的相似工作组成的跨组织工作集合。比如，教师职业、秘书职业等。

11. 职业生涯

职业生涯（career）是指一个人在其工作生活中所经历的一系列职位、工作或职业。例如，某人刚参加工作时是学校的老师，后来去政府机关担任公务员，最后又到公司担任经理，那么老师、公务员、经理就构成了这个人的职业生涯。再比如，某人的职业和工作单位虽然没有发生过变化，但是他从办事员开始，经过主管、副经理、经理，一直干到副总经理，那么办事员、主管、副经理、经理、副总经理也形成了这个人的职业生涯。

二、工作分析在员工配置中的作用

工作分析作为人力资源管理中的一项基础性的工作，是进行人力资源管理活动的前提和保障，一切人力资源管理的活动都离不开工作分析，通过工作分析形成的文件对人力资源管理的各个模块都具有十分重要的作用，本节重点介绍工作分析在招聘与配置中的作用。

（一）工作分析与人力资源招聘

很多企业组织在进行招聘的过程中常常会有这样的疑问：如何找到一个合适的人来担任某一职位？应该如何进行人员的选择？各部门在工作中的关系是怎样的？如何协作？这些不是人力资源部门仅凭主观就能解决的问题，需要工作分析的帮助。

企业招聘的最终目标是要找到并且获取某一职位的合适人选，只有人力资源部门对该职位工作的岗位职责明确，资格要求清楚，招聘工作才能取得成功。因此要想取得招聘工作的成功，就要尽可能地了解该职位，对有关工作分析的文件进行全面的整理和分析。工作分析确定了不同组织不同工作需要的工作技能、知识、态度以及最适当的个人偏好、兴趣和个性特征，而招聘工作是要确定建立在企业需要的基础之上的从事相关工作的资格条件。只有事先制定好一个明确的工作说明，明确工作需要的基本条件、教育程度、报酬范围等，才有可能展开内部或者外部招聘。招聘与人力资源规划和工作分析之间的关系如图 3-7 所示。

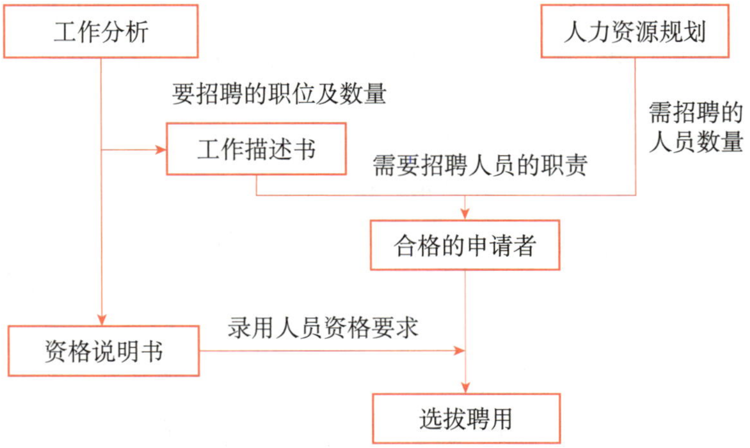

图 3-7　招聘与人力资源规划和工作分析的关系图

1. 工作分析与招聘准备

在组织聘用符合职务要求并且与岗位匹配的员工之前，企业人力资源部门的招聘人员要对这个职位有一定的了解。此时需要运用工作说明书和工作规范来了解该工作要求的具体的知识、技能和能力，以及了解该工作岗位的岗位名称、工作能力和工作报酬等。这些资料都应当在招聘工作开始前准备充分。

通过工作分析中对岗位关键职责的描述，可以了解到该岗位所需人员的基本素质要求。不同的工作内容需要不同能力和性格的人。例如，一个销售人员需要很强的沟通能力、人际交往能力、公关能力以及语言表达能力；而一个研究人员可能更需要的是钻研精神和做事稳重，这些在招聘时应该加以区分并且着重考察。

（1）提供招聘职位的岗位描述。工作分析形成的结果文件对岗位的基本情况和任职者的基本条件都做了详细的记录和说明。工作分析的目的就是确认该工作的职责、需要完成的任务、工作条件、工作关系以及任职资格等。这些恰恰是对一个岗位的全面描述。

（2）为沟通提供充分信息。当企业组织内部出现职位空缺时，人力资源部门需要将这些有效的信息提供给潜在的需求者，吸引人才应聘。提供职位空缺信息的同时需要人力资源部门将详细的信息也提供给应聘人员。另外，发布招聘需求时，通过工作分析的相关文件能够准确地制定出招聘信息，确保为部门和组织找到合适的人选。

2. 工作分析与招聘计划

招聘计划是招聘的主要依据，其制定除根据企业组织自身的发展要求和战略规划以外，还要依靠现有的内部工作分析的相关文件。企业在制订招聘计划时要注意以下两点：

（1）职位不同对应聘者的要求不同。不同的职位对于应聘者的工作能力和素质都有不同的要求，需要根据工作分析的文件制订适宜的招聘计划，在企业组织中，对行政人员、财务人员和销售人员的工作能力和素质就有不同的要求。

（2）工作分析结果与招聘标准。优秀的员工有较高的工作绩效，有利于企业的发展，企业如何招聘到这样的员工？企业的招聘标准如何制定？可以依据工作分析的结果，收集整理有用的信息，根据空缺岗位对工作分析文件进行认真分析，从而制定恰当的人才招聘标准。

进行工作分析可以避免招聘进入误区。目前社会上很多企业和组织存在的用人不当的现象之一就是人才高消费，本科生可以胜任的工作要招聘硕士生，硕士生可以胜任的工作要招聘博士生；还包括隐性或显性的性别歧视。曾湘泉教授曾说，企业在招聘的时候缺乏科学分析，用人情绪化、随意化，甚至认为学历越高越好，暴露出一些企业管理上的粗放、低层次等问题。

在招聘活动中，部分企业不去研究招聘岗位的职责、需要什么样的人员，过分追求高学历，将高学历与高工作能力等同起来，缺乏对空缺岗位的分析和了解，往往导致找到的高学历人才能力低下，发生人岗不匹配的现象。要避免这些招聘中的误区，最好依照工作分析的文件，根据任职资格招聘适合的员工，而不是盲目地追求高学历。只有这样，这些符合条件的人员进入公司后，通过适当的入职培训才能胜任所应聘的工作。同时，也降低了公司的运作成本，避免额外的培训成本，或者由于人岗不匹配造成的人员退出而产生的招聘成本。

（二）工作分析与人力资源配置

企业在进行人力资源的招聘过程中除了从组织外部吸纳新员工，还需要通过人员调整，对企业的人力资源进行重新配置。另外，对新员工也要进行岗位的配置工作，此时也需要工作分析作为人员调整和配置的参考，并利用好工作分析产生的结果文件。

1. 工作分析是员工配置的基础

企业进行人员配置之前，首先要进行人员配置的计划，它是企业进行调整和配置的基础，包括工作分析系统、人力资源计划等。

（1）工作分析系统。工作分析系统负责对企业内所有有关工作的信息进行收集和整理。通过工作分析，企业能够掌握已有各类人员的数量、所需各类人员的数量，这样有利于对人员进行合理的配置和调整。对工作分析的结果文件进行分析还可以获得企业内每个职位的具体描述、从事该职位的人员的素质技能等信息。

（2）人力资源计划。人力资源计划与人力资源的需求预测有一定的联系，应在对企业目前以及未来一定时期内所需要的人才数量、类型以及获得的可能性进行预测的基础上，制订企业所需要人才的计划；同时面对内部员工，结合人才计划可以开展人事调动，即人力资源部门可以依据工作说明书中有关职位的关系进行工作岗位的人事安排计划（见表3-3）。

表3-3　人事安排计划示例

本岗位名称：招聘助理	所属部门：人力资源部	岗位编号：ZN-HR-0221
职位关系	职位	相应条件
可晋升岗位	招聘专员	在具备了一定的招聘面试等专业技能之后，有一定的管理能力，并且能够对所支持的部门业务有全面了解
可由何岗位转至本岗位	各部门人事助理	通过对部门人力资源事务的处理，掌握相关技能，视工作需要而定
可转至何岗位	各部门人事助理	视工作需要而定，主要负责某一部门的人力资源的相关事务
降级		

2. 工作分析能够协助人员配置调整计划的贯彻执行

企业在进行人力资源调整和配置时，必然会涉及各个部门、各个岗位。需要岗位再调整的员工除了工作职责与原来的岗位有差别，还必须重新适应新的工作环境和工作关系。工作分析形成的文件对每个岗位都进行了详细的描述，包括工作环境、领导关系、协作关系等，这些能够帮助员工更快地进入新的工作角色，适应新的工作背景，减少由于适应期的存在而对组织的工作效率产生的影响。

工作分析是一个企业有效进行人力资源配置的重要前提。通过工作分析，组织能够在一定程度上确定企业所需的知识技能、工作经验、个性特点、身体素质等方面的要求，进一步确定选人用人的标准。通过工作分析，能够明确地规定工作职务的近期和长期目标，掌握工作任务的静态和动态特点，提出有关人员的生理、心理、技能、文化和思想等方面的要求，选择工作的具体程序和方法，并在此基础上确定选人用人的标准。有了明确有效的标准，就可以通过心理测评和工作考核，选拔和任用符合工作需要和职务要求的合格人员，将适当的人才安排在适当的职位上。同时对工作本身的分析，也能够给应聘者提供岗位的真实信息，让其了解工作岗位，实现双向选择，提高人与岗位的匹配度。

3. 工作分析有助于对人力资源招聘与配置的效果判断

在制订好招聘配置计划并且实施之后，还要进行后续的效果评估，而工作分析在人力资源招聘与配置的效果评估中也有重要作用。

（1）岗位匹配。不管是招聘还是配置调整，关键的问题是员工是否适合岗位的要求。企业中任何一个岗位都有其相应的任职资格要求，也都有具体的工作职责。在配置的过程中不能将与岗位不匹配的员工安排在该岗位上，这样对员工的发展和组织的发展都不利。因此，在最终衡量配置效果时，与岗位的匹配度以及所产生的工作绩效，是十分重要的标准，而这些标准都来自工作分析。

（2）招聘与配置的持续改进。企业的人力资源部门在完成人力资源的调整活动后，不能就此停滞，而是要持续跟踪相关的岗位和员工，不断反馈。通过比较任职者与岗位要求任职资格之间的差距和实际绩效，来不断修正人力资源的调整计划，同时总结不足，为下一阶段的人力资源招聘和配置调整总结经验。

三、工作分析的主要内容和主要程序

（一）工作分析的主要内容

工作分析的内容取决于工作分析的目的与用途。不同的组织需要进行的工作分析的内容和侧重点是不同的。另外，由于组织内的各项工作不同，各工作的工作要求与组织提供的工作条件也不同。一般来说，工作分析包括两个方面的内容：确定工作的具体特征；找出工作对任职人员的各种要求。前者称为工作描述，后者称为任职说明。

1. 工作描述

工作描述用来具体说明某项工作的物质特点和环境特点。工作描述主要解决工作内容与特征、工作责任与权力、工作目的与结果、工作标准与要求、工作时间与地点、工作岗位与条件、工作流程与规范等问题。工作描述无统一的标准格式，通常包括以下几个方面：

（1）工作岗位的名称。用简洁准确的文字对本工作岗位的工作任务进行概括，包括工种、职务、职称、等级等项目。

（2）工作活动和程序。不仅包括对本岗位工作任务范围的分析，还包括对岗位职责大小、重要程度的分析。

（3）岗位关系的分析。企业中各个岗位之间不可避免地存在一定的联系。一个岗位与另一个岗位之间具有何种协作关系？协作的内容是什么？该岗位的上下级是哪些岗位？该岗位的升降方向、平调路线是怎样的？这些都是岗位关系分析的重要内容。

（4）工作条件和物理环境。工作描述要完整地描写工作条件和物理环境，包括工作地点的温度、光线、湿度、噪声、安全条件等，还包括工作的地理位置、可能发生的意外事件的危险性等。

（5）聘用条件。此项主要描述工作人员在正式组织中有关工作安置方面的情况，包括工时数、薪酬结构及支付方法、福利待遇、该工作在组织中的正式位置、晋升的机会、工作的季节性和进修机会等。

（6）社会环境。社会环境包括工作群体中的员工及相互关系，完成工作所要求的人际交往的数量和程度，工作地点内外的文化设施、社会习俗等。

2. 任职说明

任职说明用来说明从事某项工作的人员必须具备的一般要求、生理要求和心理要求。

（1）一般要求，包括年龄、性别、学历、工作经验。

（2）生理要求，包括健康状况、力量与体力、运动的灵活性、感觉器官的灵敏度等。

（3）心理要求，包括观察能力、集中能力、记忆能力、理解能力、学习能力、解决问题的能力、创造性、语言表达能力、数学能力、决策能力等。

（二）工作分析的主要程序

工作分析是一项复杂又细致的工作，其工作程序主要包括以下几个阶段。

1. 准备阶段

这一阶段的具体任务是：

（1）明确岗位调查的目的。

（2）确定调查的对象和单位。

（3）确定调查项目。

（4）撰写调查方案，包括时间、地点和方法。

（5）确定材料准备。

（6）做好员工的思想工作。

（7）相关人员培训。

2. 调查阶段

这一阶段主要是根据调查方案，对岗位进行认真细致的调查研究。在调查中应灵活地运用访谈、问卷、观察、小组集体讨论等方法，广泛深入地搜集有关岗位工作的各种数据资料。

3. 分析、总结阶段

本阶段是工作分析（岗位分析）的关键环节，要对岗位调查的结果进行深入分析和全面总结。

工作分析并不是简单机械地收集和积累某些信息，而是要对岗位的特征和要求做出全面考察，创造性地揭示岗位的主要成分和关键因素，并在深入分析和认真总结的基础上，提出工作描述、任职说明的人事文件。如前所述，这份文件是开展其他人力资源管理活动（如招聘、激励、培训等）的基本依据。正因为这样，正确规范地编写工作描述和任职说明也就显得极为重要。

第 3 节　工作分析的主要方法

工作分析的内容取决于其目的与用途，不同组织进行的调查分析侧重点会有所不同。因此，在工作分析内容确定后，选择恰当的分析方法就十分重要。工作分析的方法根据不同的标准有不同的形式，依据基本方式划分，有访谈法、观察法和问卷调查法等；依据功用划分，有基本方法和非基本方法；依据分析内容和确定程度划分，有结构性分析方法和非结构性分析方法；依据分析对象划分，有任务分析法与人员分析法；依据结果可量化的程度划分，有定性分析法和定量分析法。当然各种方法都有各自的优缺点，在实践中，要做好工作分析，应根据不同的职位把不同的方法结合起来，以达到最佳的效果。本节对常用的工作分析方法进行介绍。

一、访谈法

访谈法又称面谈法，是应用最为广泛的工作分析方法之一，是指工作分析者就某一职位面对面地询问任职者、主管、专家等人对工作的意见和看法。此种方法可以对任职者的工作态度与工作动机等深层次的内容进行了解。面谈的程序可以是标准化的，也可以是非标准化的。一般情况下，应用访谈法时会以标准化的访谈格式记录，其目的是便于控制访谈内容以及将同一职位不同任职者的回答相互比较。

（一）访谈法的使用程序

（1）说明访谈的目的，使员工充分理解访谈的理由。

（2）为访谈内容设定结构。涉及以下的具体维度：

1）要求员工描述工作的主要职能，在将工作分割成多个职能之后，要求员工说明与每项职能相联系的任务和子任务。

2）如果工作是在不同的地点完成的，需要根据工作地点为访谈设定结构，例如可以要求工作人员描述他在不同的工作地点的任务等。

3）如果工作职能随季节变化，则应该根据季节为访谈设定结构。

4）如果工作是方案取向性的工作，那么可以通过开发一个方案的清单并且讨论包含在每项方案中的任务为该访谈设定结构（见表 3－4）。

表 3－4　工作分析访谈提纲

序号	问题
1	请用一句话概括您的职位在本公司中的价值是什么，它要完成的主要工作内容是什么，要达成的目标是什么。
2	与您进行工作联系的主要人员有哪些？联系的主要方式是什么？
3	您认为您的主要工作职责是什么？至少列出八项。
4	对于这些职责您是怎样完成的？在执行的过程中碰到的主要困难和问题是什么？
5	请您指出以上各项职责在工作总时间中所占的百分比，并指出最耗时的三项工作。
6	请您指出以上工作职责中最为重要的、对公司最有价值的工作是哪些。
	⋮
11	您认为要出色地完成以上各项职责需要具备哪些专业知识和技能？需要什么样的个性？
12	您工作中自主决策的机会有多少？是否经常加班？工作繁忙程度是否有很大的不均衡性？工作中是否要求精力高度集中？工作负荷有多大？

（3）控制访谈。要求工作人员用自己的话描述该工作，坚持彻底地描述每项活动。针对工作分析人员不理解的术语、不熟悉的表格或设备的问题，应遵守以下原则：

1）显示自己对目前正在谈的事情非常感兴趣，做目光接触。

2）重述和总结被访谈员工的重要观点。

3）不要对员工所做的陈述提出异议，不要苛求和试图提议在工作方法上作改变或改进。

4）在时间和主题方面控制访谈，如果被访谈人员偏离了题目，应该及时予以引导。

（4）记录访谈。在对任职者进行访谈时，要将收集到的有关工作信息的内容进行记录（见表 3-5），记录时应遵守以下原则：

1）在聆听对方谈论的同时记笔记。

2）速记为佳。

3）访谈结束后立即整理笔记。

表 3-5　工作分析访谈记录表示例

工作分析师： 时间： 访谈对象： 职位名称： 相关工作经验： 当前工作时间： 工作地点： 联系电话：		
工作条件： 1. 2. 3. 4. 5. 6. 7. 8. 9.	工作过程（职责）： 1. 2. 3. 4. 5. 6. 7. 8. 9.	工作结果： 1. 2. 3. 4. 5. 6. 7. 8. 9.

资料来源：高艳．工作分析与职位评价．西安：西安交通大学出版社，2006.

（二）访谈法的优缺点

1. 访谈法的优点

访谈法具有交流充分、信息全面准确、沟通及时、参与性强等特点。访谈双方通过面对面的交流能深入广泛地探讨与工作有关的信息，包括目标工作的特征，任职者的态度、价值观和信仰以及语言等技能水平。

工作分析人员能够及时对获得的信息与任职者进行沟通确认，避免因双方书面语言理解的差异导致信息的不准确，提高工作分析的效率，必要时可由双方签字确认。

2. 访谈法的缺点

工作分析人员在访谈过程中容易受任职者个人因素的影响，存在一定的主观性，使收集到的信息发生扭曲。

访谈法会影响任职者的日常工作甚至组织的日常运转，访谈双方需要充足的时间进行沟通，在大规模的访谈中，这一弊端尤为突出。

访谈双方的公开性，可能导致任职者产生不诚实行为或者利己行为，在劳动关系紧张、劳资双方缺乏必要的信任的公司或组织中尤为严重，这会极大地影响工作分析的可信度。

二、观察法

观察法是指工作分析人员通过感官或利用其他工具对员工正常的工作状态进行观察记录，获得有关工作内容、工作环境以及人与工作的关系等信息，并通过对信息进行分析、汇总等方式得出工作分析成果的一种方法。观察法是最早的工作分析方法之一，多用于了解工作活动所需的外在的行为表现、体力要求、工作条件、危险性或所使用的工具及设备等。

（一）观察法的使用程序

1. 明确工作分析观察的目的

针对不同的目的，将会有不同的观察客体，结构化程度和观察的关注点与之对应，因此必须首先明确观察的基本目的。

2. 观察的设计

这一步骤包括选择观察对象，选择适合的方法，确定观察时间、地点，确定所需设备工具等四个环节。

（1）选择观察对象。根据工作分析观察法的目的以及客体的定位，应从目标工作任职者中选择合适的观察对象，以及观察对象的数量，可以选择绩效水平较高的任职者作为观察的对象。

（2）选择适合的方法。可以选择详细规范、严密掌控观察分析的全过程的结构化观察法，也可以选择灵活的非结构化观察法。

（3）确定观察时间、地点。为了不影响组织的正常工作，观察的时间和地点应该事先确认。观察的时间和地点的选择应遵循经济性、典型性、全面性和民主性等原则。

（4）确定所需设备工具。在观察过程中，将有大量的信息需要观察人员进行快速整理记录，因此有必要使用一些辅助手段进行观察记录。常用的设备包括录音笔、摄像机等。如果要对任职者的工作活动进行录音，应事前告知，避免不必要的误会和麻烦。

3. 观察分析人员的选拔和培训

观察分析人员的选拔和培训是整个观察法操作过程中最重要的环节。培训质量将直接影响工作分析的成败。

4. 观察活动的实施

观察活动的实施包括两个环节，分别是进入观察现场和现场记录。进入观察现场要做好相关的承诺、简要介绍和设备安装等工作。要与任职者建立良好的相互信任的关系。现场记录环节要求观察分析员严格遵守观察记录的流程要求，本着严肃敬业的态度完成对目标工作每个环节的记录。

5. 数据整理、分析及运用

观察结束后应对收集的信息数据进行整理归类，形成观察记录报告（见表 3-6），对于结构化的观察结果应该按照计划的要求，对收集的数据进行编码、录入和分析，一般采用各种统计方法进行分析。对于非结构化的调查应该按照一定的逻辑顺序（如时间顺序）进行整理，形成描述性报告，一般参照工作日志法进行加工整理，获取标准化的信息。

表 3-6　某操作职位工作分析观察记录报告

一、岗位			
1. 岗位名称			
2. 产品名称			
3. 流水线类型			
4. 工序名称			
5. 工作类型：A. 部装；B. 主线；C. 其他			
6. 工作岗位在工序中的作用以及重要性 A. 一班岗 B. 关键岗 C. 质控岗 D. 关键质控			
7. 具体工作任务			
二、设备与产品			
1. 设备与工具			
	名称	型号	数量
设备			
模具			
量具			
辅具			
2. 加工或装配的零部件			
三、身心活动			
1. 工作姿势：A. 站；B. 坐；C. 蹲；D1. 空走；D2. 搬物直走；D3. 弯腰搬物走			

续表

2. 体力负荷							
			次数				
	1～3	3～5	5～10	10～25	25～30	30+	备注
拿							
搬							
拉							
3. 眼手灵活：高 1　2　3　4　5 低							
…………							
13. 计算程度：难 1　2　3　4　5 易							
四、任职资格							
1. 所需最低工作熟练程度等级：A. 初级工　a. 1 级；b. 2 级；c. 3 级　B. 中级工　a. 1 级；b. 2 级；c. 3 级　C. 高级工　a. 1 级；b. 2 级；c. 3 级							
2. 所需最低学历：A. 小学；B. 初中；C. 技校、高中；D. 大专；E. 大专以上							
…………							

资料来源：高艳．工作分析与职位评价．西安：西安交通大学出版社，2006.

（二）观察法的优缺点

1. 观察法的优点

（1）观察法能够提供关于工作外在特征方面最有深度的信息。对人们行为产生环境和情景的分析研究，对于正确把握人们的行为具有极其重要的影响，而观察任职者的工作过程，正是获得工作情景资料的最有效的途径之一。

（2）观察法在收集信息目的性方面有较大的灵活性，可以根据工作分析的实际需要有选择地收集各种不同的信息。

（3）通过观察法可以在工作中建立与任职者面对面的交流，在任职者对自我工作描述有障碍时，通过肢体语言提供正确的解答，从而避免二次加工带来的失真现象。

2. 观察法的缺点

（1）观察法存在耗时长、成本高的缺点。在全部成本中，观察分析人员的选聘和培训成本占最大比例，由外部人员担任会带来相对高的费用，由内部人员担任则需花费较长的培训时间。

（2）由于观察法耗时耗力，使用频率相对低，可以参照的案例、程序、经验较少，给观察法的操作带来极大的不便。

（3）在任职者和组织的其他成员看来，观察法必然带有分析人员的主观评价成分，因此在观察的压力下，他们往往会表现出超常的工作绩效，甚至是从事职责外的工作，展示出错误的信息，造成工作分析的失真。

三、问卷调查法

问卷调查法是采用调查问卷的方式，通过任职者和其他目标工作相关人员单方信息传递来获取工作信息，从而实现工作分析目的的一种方法。问卷调查法可以用于对组织内各层各类的工作进行工作分析，具有较为普遍的适用性，也是目前我国组织中运用最为广泛、效果最好的工作分析方法之一。由于问卷调查法收集的信息完整系统，操作简单经济，可在事先建立的分析模型的指导下展开，因此几乎所有的结构化的工作分析方法在信息的收集阶段都可采用问卷调查法。问卷调查法与访谈法具有极高的互补性，二者结合使用，是工作分析的主流方式。

在工作分析的实践中，根据不同的用途以及理论模型要求可设计大量的工作问卷，这些问卷按照结构化程度的标准可以分为定量结构化问卷和非结构化问卷。

（一）定量结构化问卷

定量结构化问卷是在相应的理论模型和假设的前提下，按照结构化的要求设计的相对稳定的工作分析问卷，一般采用封闭式问题，问卷遵循严格的逻辑体系，分析结果可以通过对信息的统计分析加以量化，进而形成对工作的量化描述或评价。定量结构化问卷一般包括职位分析问卷（position analysis questionnaire，PAQ）和管理人员职务描述问卷（management position description questionnaire，MPDQ）。

定量结构化问卷的最大优势在于问卷一般经过大量的实证检验，具有较高的信度与效度，便于工作之间的比较。

（二）非结构化问卷

非结构化问卷是目前国内使用较多的工作分析问卷形式，其特点在于能对工作信息进行全面完整的调查收集，适用范围广泛，能根据不同的组织特性、特质进行个性化的设计。与结构化问卷相比，非结构化问卷存在适应性强、灵活性高等优势，但是非结构化问卷也有精度不够、随意性强、与工作分析人员和主管等因素高度相关等缺陷。非结构化问卷不仅是一种信息收集工具，而且包含了任职者和工作分析人员的信息加工过程，因而其分析过程更具互动性、分析结果更具智能性。

设计非结构化问卷首先要考虑的就是问卷的用途，根据用途选择适当的信息收集内容。在一般的工作分析中，非结构化问卷主要包括以下内容：

（1）个人基本信息，主要描述任职者目前的基本信息，包括姓名、工作名称、所在部门、学历、工作经历、年龄、薪资水平等。

（2）工作职责，要求任职者在将工作目的分解的基础上，认真仔细梳理工作任务，按照一定的逻辑顺序和规范的行文格式列举本工作的主要职责。

（3）绩效标准，要求任职者填写各项工作职责所需达到的绩效标准，要求从工作结果的角度衡量，包括结果的数量、时限、质量以及对组织的影响等。

（4）工作联系，要求任职者填写与部门内部其他岗位、其他部门、上级组织以及组织外部的其他组织之间的联系内容、重要性等，工作联系的范畴界定为稳定的、长期的工作联系，而非突发的、偶尔的联系活动。

（5）组织架构，要求任职者填写直接上级、同级、直接下级职位的名称。

（6）工作特征，主要从工作时间、出差比重、工作负荷等角度描述工作特征，可采用开放式的提问，也可采用封闭式的提问。

（7）任职资格，包括工作所需的学历、工作经验、知识结构、工作技能、能力与素质等。

（8）所需培训，主要描述胜任本工作所需的培训和知识的结构，包括培训的内容、数量、目标等。

（9）职业生涯，主要刻画职位晋升通道，包括本职位经过何种培训后可以晋升到何种职位，以及哪些职位经过何种培训可以晋升到本职位。

四、工作日志法

工作日志法又称工作写实法，是指任职者按照时间顺序详细记录下自己的工作内容和工作过程，经过工作分析人员的归纳、提炼，获取所需工作信息的一种工作分析方法。工作日志法主要用于收集有关工作职责、工作内容、工作关系以及劳动强度等原始的工作信息，为其他工作分析方法提供信息支持，特别是在缺乏工作文献的时候，工作日志法的优势尤为突出。工作日志法适用于工作循环周期较短、工作状态稳定无太大起伏的工作。

工作日志法的优点是：信息可靠性很高，适于勾勒整个工作活动的结构与次序；相对于其他工作分析的方法来说，更容易操作、控制以及分析，是一种较为经济、有效的工作信息收集方法。

工作日志法的缺点是：工作分析人员无法对日志填写的过程进行有效监控，可能导致任职者填写的活动详细化程度与工作分析人员的预期有差异；任职者也可能不按照规定的填写时间及时填写工作日志，导致事后填写信息不完整，臆造出工作活动；工作日志法要求有足够的填写时间，若填写时间短则收集信息不全面，若填写时间过长则会影响任职者的正常工作；目标工作中部分任务发生频率低，但是影响重大，可能因其发生时间不在填写时间区间而导致缺失。

工作日志示例如表3－7所示。

表3－7　工作日志示例

封面内容
工作日志 姓名： 年龄： 岗位名称： 所属部门： 直接上级： 从事本业务工龄： 填写日期：自　　年　　月　　日至　　年　　月　　日

续表

封二					
工作日志填写说明： （1）请在每天工作开始前将工作日志放在手边，按工作活动发生的顺序及时填写，切忌在一天工作结束后一并填写； （2）严格按照表格要求填写，不要遗漏细小的工作细节，以保证信息的完整性； （3）请提供真实的信息，以免损害您的利益； （4）请注意保管，以防遗失。 感谢您的合作！					
正文					
工作开始时间： 工作结束时间：					
序号	工作活动名称	工作活动内容	工作活动结果	时间消耗	备注
1	复印	协议内容	4 页	6 分钟	存档
2	起草公文	贸易委托代理书	8 页	75 分钟	报上级审批
……					
19	指示	贷款数额	1 次	20 分钟	报批

五、文献分析法

文献分析法是通过对现存的与工作相关的文档资料进行系统性分析来获取工作信息的一种工作活动分析方法。文献分析法一般用于收集工作的原始信息、编制工作任务清单初稿。文献分析法的主要内容包括两部分：内部信息，即组织内部以不同形式记录下来的与工作有关的信息，如《员工手册》《工作环境描述》《组织管理制度》《员工生产记录》等；外部信息，是指要对外部类似组织的相关工作进行提炼，必须注意目标工作与标杆工作的相似性。

文献分析法能为其他工作分析方法提供一手资料，是一种经济有效的信息收集方法。但是由于文献分析法是对现有资料的分析和提炼、总结和加工，所以无法弥补原有资料的缺失，也无法验证原有描述的真伪。

六、关键事件法

关键事件法，又称关键事件技术（critical incidents technique，CIT），是指工作分析人员、目标工作的任职者或与目标工作有关的人员，将工作过程中的关键事件加以记录，在收集大量的工作信息之后，对工作的特征和要求进行分析的一种方法。其中关键事件是指在工作的过程中，给工作带来显著影响的、对工作的结果起决定作用的事件。关键事件法对完成工作的关键行为进行记录，以反映特别有效的或特别无效的工作行为。

（一）关键事件法的操作程序

通过关键事件法进行工作信息的收集，通常有以下步骤：

1. 获取关键事件

通过工作会议和非工作会议的形式，从领导、部门主管、目标工作的任职者和其他相关人员那里获取关键事件。

2. 描述关键事件

每个关键事件的描述都应该包括：该事件发生的背景状况；判断员工的行为哪些有效、哪些无效；关键行为带来的结果是什么；员工支配或控制上述行为后果的能力如何等。一个正确的关键事件的描述应该具备以下四个特征：

（1）描述的行为是特定而明确的。

（2）集中描述工作所展现出来的可观察到的行为。

（3）简单描述发生的背景。

（4）能够说明行为的结果。

另外，对关键事件的描述除了内容的完整性、规范性，还要求有统一的格式、长度适宜，并且考虑读者的感受，保留技术语言、职业行话、行业俗语等。

（二）关键事件法的优缺点

1. 关键事件法的优点

与其他工作分析方法相比，关键事件法最大的优点是简单快捷，能够获得真实可靠的材料，由于是在行为进行时的观察与测量，所以其描述的工作行为、建立的工作行为标准更加准确。另外关键事件法能够更好地确定每一行为的利益和作用。

2. 关键事件法的缺点

关键事件法对工作人员的要求比较高，即要求他们熟悉本行业并且具有丰富的专业知识和熟练的技术，如果不能满足这些要求，关键事件法运用起来会相当困难。关键事件法并不是对工作提供一种完整翔实的描述，而是针对关键事件进行把握。关键事件法很难涉及绩效中等的员工，无法反映平均绩效水平。

七、职能工作分析法

职能工作分析法（functional job analysis，FJA），又称功能性工作分析方法，其主要分析方向集中于工作本身，是一种以工作为导向的工作分析方法。它主要针对工作的每项任务要求，分析工作者在完成这一任务的过程中应当承担什么样的职责，以获取与通用技能、特定技能、适应性技能相关的信息。职能工作分析法要求对每一项任务进行详尽的分析，对工作内容的描述全面具体，一般能覆盖工作所包含的全部内容的95%以上。

（一）职能工作分析法的操作程序

1. 回顾现有的工作信息

工作人员要了解主题专家的工作语言。每份工作都有其特殊的行业语言，现有的工作信息包括工作描述、培训材料、组织目标陈述等，都能使工作分析人员深入了解目标工作的专用语言、工作层次和固定的操作模式。

2. 安排与主题专家的小组会谈

同主题专家小组进行会谈通常要进行 1～2 天，选择的主题专家要广泛代表目标工作的任职者，选择的会议室要配备相应的设备，把对工作的影响降到最低。

3. 分发欢迎信，确定 FJA 的任务描述方向

工作分析人员自我介绍之后要向与会的主题专家分发一封欢迎信，点明与会者是会议的主体，要完成大部分的工作，而工作分析人员则是扮演获取信息的导向或者辅助促进的角色。之后工作分析人员应向与会者演示提前准备好的至少三张演示图，一张是任务的结构，一张是打印出的任务，还有一张是任务例子的具体描述，最好是难度、复杂程度中等的任务例子，目的是向主题专家提供任务陈述的格式和标准。

4. 列出工作产出和任务

一般来说大概通过 5 分钟的时间，小组就能够以工作语言描述工作产出。产出的结果可能是物（各种实物）、数据（报告、建议书、信件、统计结果等）、服务（对人、物）。然后将这些工作结果整理好，列在挂图上。另外需要让主题专家分别描述产生这些结果需要执行哪些任务，这项工作需要持续直至小组达成一致意见，且列出的任务能够覆盖 95%以上的工作任务。

5. 推敲任务库，产生绩效标准

列出每个工作产出对应的任务之后，会发现有重复的活动，这需要工作分析人员根据主题专家的意见，将这些任务合并、分类。然后让主题专家列出为了达到满意的结果任职者所需具备的素质。

6. 编辑任务库

工作分析人员将会议信息收集起来，并在此基础上用已演示的打印格式进行任务库编辑，对这些信息进行整理、梳理语句、斟酌用词，特别注意对动词的使用，并抄录一份请主题专家进行修正。

（二）职能工作分析法的优缺点

运用职能工作分析法能为工作内容提供一种非常彻底的描述，对培训绩效评估非常有用。但是，职能工作分析法要求对每一项工作任务都作出详细的分析，撰写起来费时费力；同时职能工作分析法并不记录有关工作的背景信息。

本章小结

在新的员工招聘与配置模式中，围绕企业战略的胜任力模型贯穿了和招聘与配置相关的各个环节，如人力资源规划、招聘需求分析、招募与选拔、配置与再配置等。基于胜任力的招聘与配置将企业的战略、经营目标、工作与个人联系起来，在遵循有效的招聘与配置决策程序的同时，提高了招聘与配置的质量。同时整个招聘与配置以企业战略框架为基础，也使那些对企业持续成功来说最为重要的人员及其胜任力得到重视与强化。

胜任力是在工作或情境中，产生高效率或高绩效所必需的人的潜在特征，同时只有当这种特征能够在现实中带来可衡量的成果时，才能被称作胜任力。莱尔·斯潘塞和塞尼·斯潘塞提出了胜任力的冰山模型，即胜任力存在于五个领域：知识与技能、价值观、自我形象、个性以及社会动机。胜任力模型的构建有多种方法，包括行为事件访谈法、问卷调查、专家小组评价法、职能分析法等。

工作分析是人力资源管理中的一项重要活动，是员工配置的一项重要的准备工作。通过工作分析，我们能够掌握工作任务的静态和动态的特点，提出有关人员的心理、生理、技能、文化和思想等方面的要求，选择用人的具体程序和方法，从而选用符合工作需要和职务要求的合格人员。工作分析在企业管理和人力资源管理中占据着重要的地位，它一直被誉为人力资源管理体系的基石，为人力资源管理的各项活动提供基础支持。

思考案例

S公司的人才配置方案

S公司是国内一家以全场景融合发展为定位的金融科技公司，一直致力于充分为大众提供适当的、有效的金融服务。S公司的高管曾总结了实现高效能人才配置的经验，其中明确的岗位要求成为人才选拔的重要前提。S公司人才配置的具体实施路线如下：

业务盘点：基于组织战略对齐业务战略和技术战略，厘清战略实施的关键路径和关键绩效结果，确定人才需求和实施时间点。

人才画像：基于业务盘点和S公司的文化，制定岗位胜任力模型；参考行业标杆公司，修正胜任力模型；根据胜任力模型编写具体的岗位要求；量化评估人才价值。

人才地图：通过外部招聘网站、内部借调、员工推荐等方式快速找到所需人才。

人才策略：针对岗位要求设计面试流程与问题、安排面试官等。

以开发工程师的胜任力模型为例（见图3-8），S公司以纵坐标阐释不同岗位和行政级别的核心使命，如JAVA工程师可能会在具体情境中面临前所未有的性能瓶颈或没有行业案例借鉴的情况，所以被命名为“绝地勇士”。而横坐标描述了专业序列中的专业能力，每个分数区间所对应的能力要求不同。中部区域展示不同岗位、不同级别的员工所对应的能力要求，并包括通用能力与岗位能力两个部分。通用能力指的是每个层级的

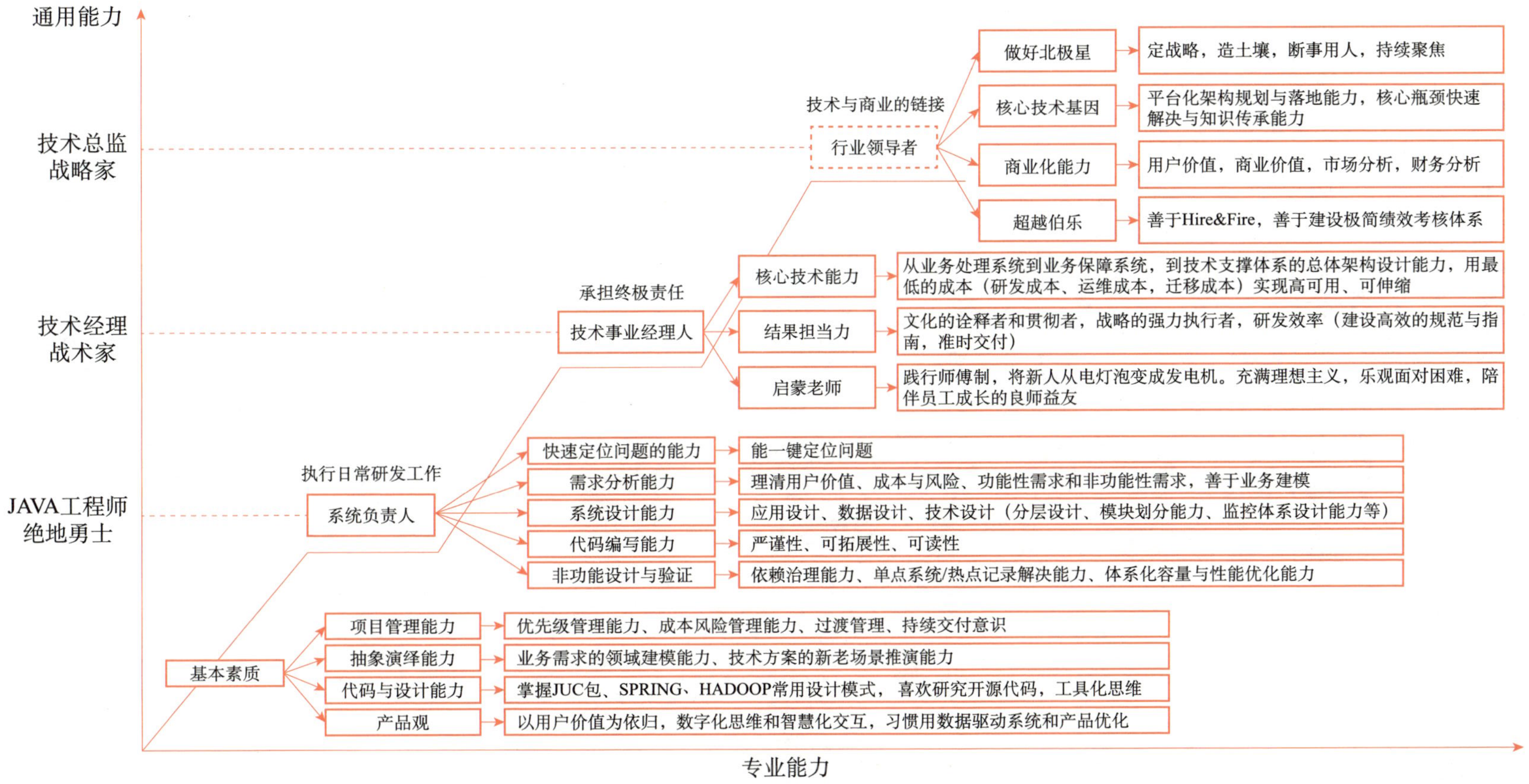

图3-8　S公司开发工程师的胜任力模型

员工都需要具备的能力，只存在不同阶段的权重差异；岗位能力则与岗位要求相匹配。该胜任力模型也直接成为 S 公司在新员工选拔时的考核打分维度，以实现人员与组织岗位之间的匹配。

思考题：

1. S 公司的做法体现了影响员工配置的哪些内部因素？
2. 相比于传统的招聘与配置方式，基于胜任力的招聘与配置具有怎样的优势？

第 4 章

招　聘

［学习目标］

- 了解招聘系统模型
- 了解制订招聘计划前的准备工作
- 选择合适的招聘策略

［引入案例］

Y 公司精益智能人才招聘

后疫情时代，招聘职能变得越来越具有战略意义。根据领英 2023 年发布的《未来招聘趋势报告》，87％的招聘专员表示人才招聘职能的战略意义在过去一年有所提升；70％的人才招聘专员表示，招聘团队现已在公司“决策桌”上占有一席之地。

Y 公司是中国 500 强企业的一员，以绿色、创新、数字化及可持续为发展方向，积极布局钢铁冶炼、地产置业等多个产业。2015 年起，公司分别推出了“精益运营”和“精益智能”两大战略。为了支撑公司的精益智能发展战略，Y 公司人力资源部门近年来采取多种吸引精益智能人才的策略。然而，Y 公司在人才招聘过程中也遇到许多挑战：一是高精尖人才是市场紧缺资源，这两年引入的人才数量依然偏少，且专业覆盖面不够；二是近几年信息化、智能化人才供不应求，Y 公司难以保证自身精益智能队伍的稳定性；三是经验需要积累，知识需要沉淀，公司新成员成长速度偏慢，难以紧跟企业发展的步伐。

针对上述痛点，Y 公司推出了“事业平台成就人、待遇薪酬吸引人、情谊情感留住人”的人才战略，旨在吸引更多志同道合的人才。在 Y 公司官网的招聘栏目中，不仅描述了薪资与福利构成，而且重点阐释了 Y 公司“技能、管理与技术三位一体”的员工发展通道、丰富多样的员工内部培训机会等。在招聘渠道方面，Y 公司通过社会招聘、校园招聘等多种方式，不仅向行业高级别人才抛出橄榄枝，还着力对有潜力的行业新人进行早期培养。

第1节　招聘概述

前面讨论了招聘前的基础工作：人力资源规划和工作分析、胜任力模型，以及招聘的技术准备——测量。从本章开始，具体讨论招聘工作的主要内容。员工招聘，是招募与聘用的总称，是指组织通过劳动力市场或人才市场获取人力资源的活动，它是组织根据自身发展的需要，依照市场规则以及组织人力资源规划的要求，通过各种可行的手段和媒介，向目标公众发布招聘信息，并按照一定的标准挑选、招募和聘用与组织要求相符合并且适合组织的人员。

作为人力资源管理中的重要环节，它是组织人力资源管理后续工作能够有效展开的重要前提，是组织获取人力资源的第一环节，也是人员甄选的基础。组织通过招聘来吸引关键人才，而关键人才是组织获得成功的保证。所以，重视招聘并且成功实施招聘有助于组织在竞争中获得关键人才，抢占先机。在组织中，人力资源的数量和质量处于经常变动之中，例如人员的调动、离职与退休等，这些人员变动就会造成相应岗位人员的不足，所以需要组织进行招聘活动。招聘工作涉及招聘的规划、招聘的策略等许多方面，我们从本章开始一一阐述。

一、招聘的概念

招聘是指企业为了实现战略目标与业务发展的需要，通过一些流程与方法，寻找、吸引那些有能力又有兴趣到本组织任职的人员，并从中选出合适的人员予以录用的过程。一般来说，招聘有招募、甄选、聘用等相关概念，这三者实际上是完全不同的活动。

（一）招募

招募是指组织通过发布各种信息，吸引具有应聘资质（即具有所需技巧、能力和其他特征）的候选人（内部员工或外部人员）来填补空缺岗位的过程。招募的目的是形成一个候选人蓄水池，从中以最低成本选择最合适的员工。招募的重点在于集中注意力只吸引有应聘资质的候选人。

（二）甄选

所谓甄选，就是采用适当的甄选方法和程序，从应征的候选人中挑选出符合组织需要的人，实现人岗匹配的过程。甄选是人力资源获取工作中最关键的一步，也是技术性最强的一步。在选拔中，要避免仅凭简单面试、个人主观感觉就草率决定聘用与否的情况发生，要把选拔时的成本支出看作投资，根据组织需要，在招聘预算的范围内选取合适的测评方法和手段。选择科学有效的测评方法（比如结构化面试、心理测验、评价中心等）、聘请相关专家进行指导都可以提高选拔的成功率，大大降低人员进入组织后的培训费用，提高人员在组织中的稳定性。

（三）聘用

所谓聘用，简单地说就是将应聘候选人转化为员工的过程。经过评估和体检，用人单位做出录用决策，被录用者也愿意加入单位，在这种双方意愿一致的情况下，单位与被录用者签订劳动合同，确定单位与个人的劳动关系以及关系持续时间（即合同期限），明确双方与工作有关的责任、权利和义务。

二、招聘的意义

成功的人力资源获取活动对于构建和维持一个成功的组织体系是至关重要的。人是所有组织的、技术的、财务的或者管理过程和系统的核心，如果没有合适的人管理这些系统，即使有好的技术和系统，组织绩效依然会很低。组织的成功和组织中的人的胜任力密切相关，一项研究表明，高胜任力雇员的绩效达到了平均水平的129%（Boyatzis，1999），因此甄选合适的人以及最大限度地激励和留住合适的人是人力资源管理过程中最核心、最重要的环节。今天，组织的成功越来越多地取决于其服务质量指标的高低以及开发新产品和服务的能力的大小。区别于传统的产业经济，在这一竞争环境中，如何获取适合组织发展的人力资源变得越来越重要。

国际知名的民意测验和商业调查/咨询公司的一项全球范围内的调查结果显示：对于大多数企业来说选人比育人更为重要。索尼公司认为“一流是与生俱来的”，因此索尼公司特别强调把好人才进出的第一关——运用科学的人员甄选录用手段，获取最有发展潜质的人才。在微软看来，雇佣最有才华的人比培训、管理那些平庸的人要重要得多。马库斯·白金汉和柯特·科夫曼合著的《首先，打破一切常规》里提出了这样一个激进的观点——人是不会改变的，选人不是选学历，不是选经验，更不是选态度、爱好和意志，而是选才干，有合适的才干，知识、技能、经验可以学习，态度、爱好也不是问题，如果选错了才干，无论他过去有如何优秀的记录，也将是噩耗的开始。吉姆·柯林斯在《从优秀到卓越》一书中提到，卓越的公司在开始时多半不知道自己将来要干什么，或者说它们不关心这个问题，它们关心的是找到一群“合适的人”，这群合适的人自然会把公司带向辉煌的未来。

不论是从组织实践角度还是理论研究角度，这些鲜活而生动的案例都说明了一个简单而深刻的道理：人力不是公司的财富，合适的雇员才是。合适的人不是培养出来的，而是选出来的。当然，这并不是故意淡化培训开发的重要性，而是说组织应在人力资源获取阶段仔细地鉴别适合组织、有培养潜质的人才。

有效的招聘对组织具有至关重要的意义，体现在以下几个方面：

（1）保证组织对人力资源数量和质量的需求得到满足，提高组织核心竞争力。组织的竞争归根到底是人力资源的竞争。人员招聘作为人力资源管理的基础，直接影响组织人力资源的形成和其他人力资源管理活动的开展。高素质的人员才能带来组织的不断成长与进步。

（2）有利于人力资源的合理流动，提高人力资源潜能发挥的水平。有效的招聘能促使员工通过合理流动找到合适的岗位，调动其积极性、主动性和创造性，从而使员工潜能得到发挥，人力资源得以优化配置，并最终有利于组织的生存和发展。新员工的加入为组织注入新的活力，增强组织创新能力。从外部吸收的新员工进入组织后，会在工作中注入新的管理思想、新的工作模式，为组织带来制度创新、管理创新和技术创新。

(3) 扩大组织知名度，树立组织良好的形象。招聘工作涉及面广、渠道多，组织在利用各种形式发布信息、招聘人才的同时，也可以展示自己的实力，这是为自己打广告、树品牌的好机会。

第2节　招聘系统模型

一、人力资源获取模型

人员招聘、配置与再配置构成了人力资源获取系统。人力资源获取除了作为整个人力资源管理体系的重要组成部分，还有其独立运行的系统过程，与企业组织战略与人力资源管理其他板块互为支持、相辅相成。人力资源获取模型参见图4-1。

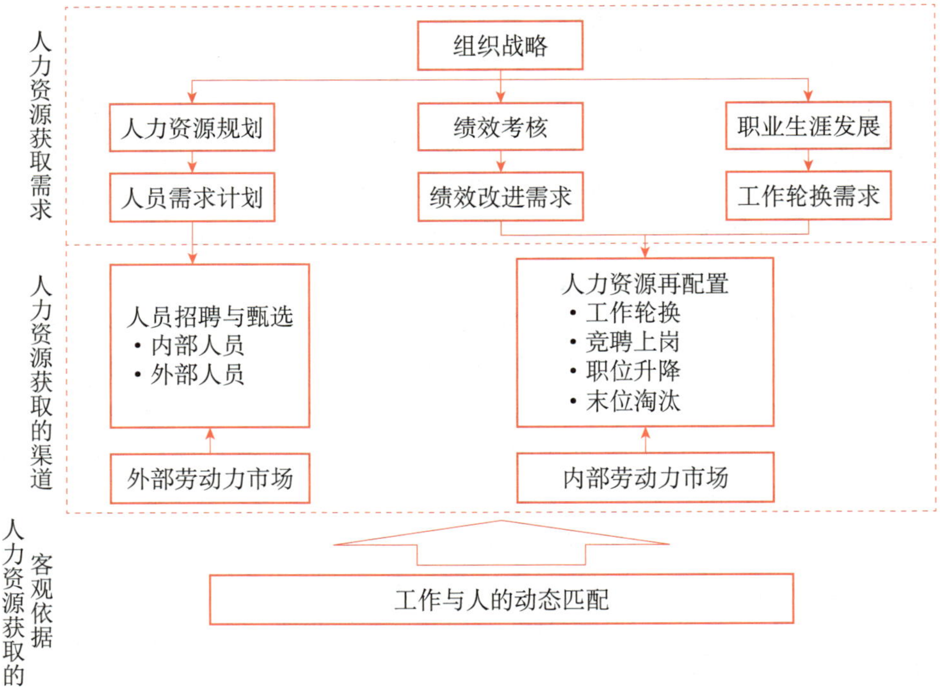

图4-1　人力资源获取模型

资料来源：彭剑锋．人力资源管理概论．2版．上海：复旦大学出版社，2011.

(一) 人力资源获取需求

当组织出现职位空缺或是人职不相匹配时，就出现了获取人力资源的需求。一般说来，组织的人力资源需求主要有以下三种来源。

(1) 人力资源规划。人力资源规划是组织根据其战略发展需要制定的人力资源长期的获取规划，其对人员供求缺口的分析，是组织获取新的人力资源的主要需求来源。

(2) 绩效考核。通过绩效考核，组织内部的人事不匹配现象在一定程度上会浮出水面，个体胜任力水平和职位要求存在较大差距的员工以及现有职位，都存在再配置的需求，组织可以根据绩效考核的结果，在有利于改进绩效的前提下，重新配置人力资源。

(3) 职业生涯发展。企业的目标除了追求经济以及社会效益最大化，还有满足其成员个性化需求和职业生涯发展，这一目标在知识经济时代尤显重要。另外，组织在用人的同时，也关注育人，为组织发展培育全方位人才也是组织获取未来竞争优势的重要途径。从这个角度出发，组织应通过有计划的工作轮换以及其他形式实现人力资源的再配置与再开发。

（二）人力资源获取的渠道

从上述系统模型可以看出，组织获取人力资源主要有外部与内部两条途径。

(1) 外部劳动力市场，主要指通过人员招聘从外部获取组织所需要的人力资源。

(2) 内部劳动力市场，除了组织内部的公开招聘，还包括通过工作轮换、职位升降以及竞聘上岗等形式获取人力资源新的利用形式。

（三）人力资源获取的客观依据

人力资源获取与配置的最终目的和客观依据就是实现组织内部的工作与人的匹配。在人力资源管理体系中，对于工作特征及其内在要求的描述与衡量是通过职位分析、任职资格体系以及胜任力模型的构建来表达的；而对于人的衡量则通过人员胜任力测评来实现，因此由这些人力资源管理的基础活动提供的信息就构成了人力资源获取与配置的客观依据和参照系。

二、招聘的操作流程

招聘工作是一个复杂的、系统的、连续的程序化操作过程，组织将适合的人员引进组织的同时，外部的人才也在对组织进行选择和比较，也就是说招聘本身也是外部人员了解组织的过程，一个科学严密的招聘流程能给应聘者留下较好的印象。

招聘流程是指从组织内部出现职位空缺人员需求一直到候选人正式进入组织的过程。一般来说，操作流程主要包括四个环节：定义需求、选择招募渠道、实施甄选、录用，如图 4－2 所示。

（一）定义需求

1. 需求申请

当出现新的职位或职位空缺后，用人部门应当向人力资源部门提出人员需求，提交正式的用人需求表。人力资源部门在得到用人需求信息后，评估是否需要招聘新员工还是通过内部的人员替换来补充人员缺口，及时反馈给用人部门，并着手进行人员招聘的准备工作。

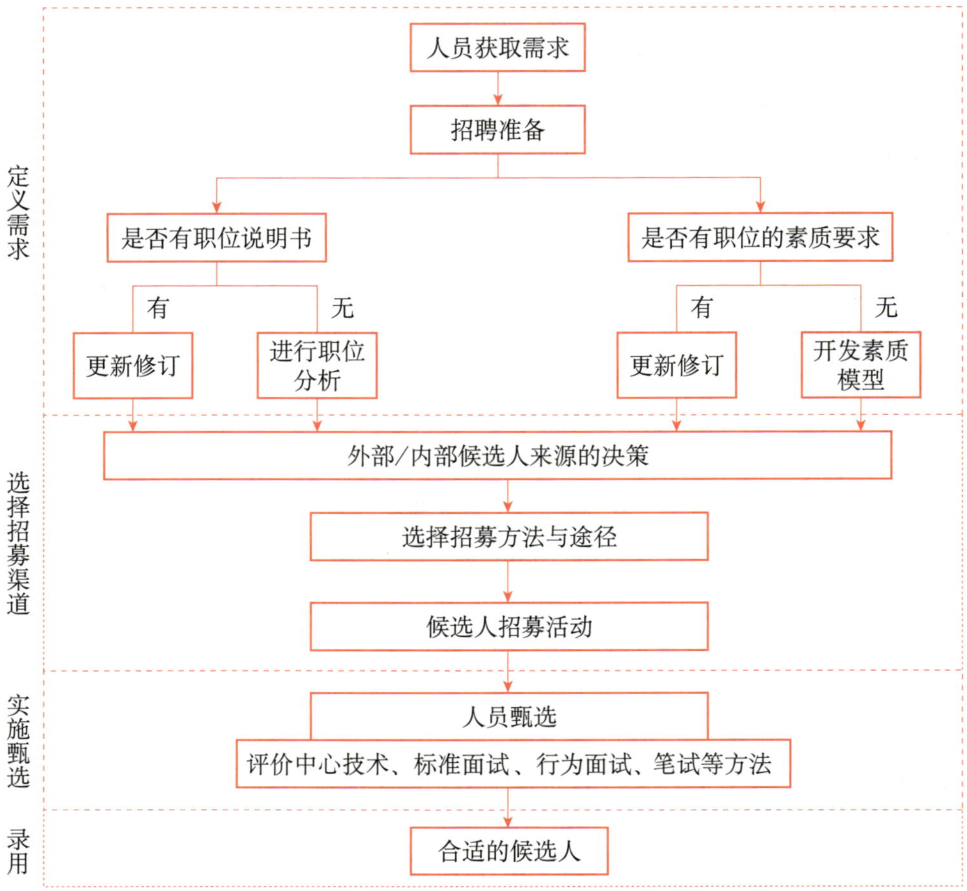

图 4-2 招聘的操作流程

资料来源：彭剑锋．人力资源管理概论．2 版．上海：复旦大学出版社，2011.

用人需求表由用人部门相关人员在人力资源部门专业人员指导下完成，主要有以下功能：传递人员需求信息，评价职位内容，为招聘活动留下依据、提供信息支持。人员需求表示例如表 4-1 所示。

表 4-1 人员需求表示例

招聘部门及岗位： 到岗时间：	需求人数： 工作地点：
申请原因：○岗位空缺 ○新增岗位 ○其他：______	
招聘渠道：○内部招聘 ○社会招聘 ○校园招聘 ○其他：______	
直接上级： 直接下级人数： 主要工作职责：	
任职资格要求：	
需求说明：	
用人部门负责人签字：	
人力资源负责人签字：	
总经理签字：	

2. 需求分析

人力资源部门在得到人员需求信息后，应着手进行人员招聘的准备工作，其核心工作就是定义人员需求的特征。在以职位为基础的人力资源管理体系中，专业人员可以从组织内部已有的工作说明书中获取目标职位的相关信息，当然这些信息需要在人员需求部门的配合下进行修订或再开发，确保需求信息的准确性。在以人为基础的人力资源管理体系中，应对职位的胜任力模型进行修订，并作为人员甄选的指导标准。工作分析、胜任力模型具体内容见第 3 章，在此不再赘述。

（二）选择招募渠道

在明确招聘需求以后，就进入了选择招募渠道阶段，在这一阶段要结合组织优劣势选择合适的招募渠道。

1. 组织优劣势分析

组织进行人员招募的第一步应是分析组织在劳动力需求市场上的优势与劣势以及目标职位的竞争性。这一分析包括组织的声誉、组织文化、职位的吸引力、角色的自主性、报酬水平、职业生涯发展、培训开发的机会与工作场所的吸引力，以及在这些方面相比其他竞争对手来说其优势与劣势。通过这一分析过程，组织可以明确自己在劳动力需求市场上的相对位置，为招募策略、手段、广告的选择与设计提供支持。

2. 招募渠道选择

在人员招募实践中，是选择内部招募、一般的外部招募还是校园招募，抑或是几种招募渠道结合使用，招聘人员需要结合企业、职位及渠道特点来确定。三种招募渠道的优缺点如表 4-2 所示。

表 4-2 三种招募渠道的优缺点

	内部招募	外部招募	校园招募
优点	• 组织对候选人的能力有清晰认识 • 候选人了解工作要求 • 鼓励高绩效，有利于鼓舞员工 • 雇佣成本低	• 有更大的候选人选择空间 • 会把新的技能和想法带入组织 • 比培训内部员工成本低 • 降低徇私的可能性 • 激励内部员工保持竞争力，发展技能	• 人才集中度高 • 可塑性好，容易接受企业文化 • 获得的能力信息全面
缺点	• 可能导致“近亲繁殖” • 可能导致“政治性行为” • 需要有效的培训和评估系统 • 可能会因操作不公或心理因素导致内部矛盾	• 招聘的难度和风险加大 • 需要更长的培训与适应阶段 • 内部员工可能感到自己被忽略 • 新的候选人可能并不适应企业文化 • 增加搜寻成本	• 培训成本高 • 培养周期长 • 稳定性差

（三）实施甄选

采取适当的甄选方法和程序，迅速准确地从众多候选人中挑选出企业需要的人员，具体的甄选操作流程与各种甄选技术将在后文中介绍。

（四）录用

对拟录用人员进行试用期追踪与考核，人力资源部门根据其试用期绩效表现决定是否最终录用。

第3节　招聘计划

一、招聘人数

（一）何时产生人员需求

招聘人数的规划一般按照人力资源招聘申请的审批程序确定。各用人部门按照自己部门产生的职位空缺向人力资源部门申报招聘申请，在整个组织的人力资源规划的限制和约束下，经上级领导的审批，决定最终需要招聘的员工数量。人员需求的产生一般发生在以下几种情况下：

（1）新的组织或组织业务成立。

（2）组织发展导致规模扩大。

（3）现有的岗位空缺，或现有岗位上的人员不称职。

（4）突发的雇员离职造成的缺员。

（5）岗位原有人员晋升，形成空缺。

（6）机构调整发生人员流动。

（7）为使组织的管理风格、经营理念更具活力，必须从外面招聘新的人员。

（8）为组织未来的发展而进行的人力资源储备。

（二）注意事项

确定招聘人数时要考虑两个重要的问题：

（1）在实际工作当中，会出现某些用人部门为了本部门的利益，有意虚报或者企图隐瞒真实的用人需求数量，从而不利于招聘人数的最终确定。为此，人力资源部门要根据工作分析和对历史数据的分析及组织本身的运营现状、发展规划进行有关数据的整合和综合平衡，这项工作的最终结果要由组织最高决策层批准。

（2）由于在整个招聘过程中的每一个筛选阶段都要拒绝一些应聘人员，所以组织最终需要录用的人数应该位于招聘筛选金字塔最顶端。为此，在组织吸引人才的时候，要根据本招聘职位的历史筛选数据预测最初需要的应聘人数，这在一定程度上还决定着招聘的渠道、方式的选择。

二、招聘标准

招聘标准有基本标准和关键标准两大类。基本标准是确定人员能不能干这项工作，关键标准是确定人员能不能干好这项工作。两者相互补充，层层递进。制定好这两个标准，组织才能按锁配钥匙，找到符合要求的人员，招聘才会成功。

（一）人员的基本标准：人员三个匹配度

人员的基本标准是指人员能胜任应聘职位的最基本要求，主要从三个方面来定义，即人员技能与岗位职责相匹配；人员个性与团队特点相匹配；人员价值观与组织价值观相匹配。只有三个匹配度都符合组织的要求，才有可能适应组织的工作。

1. 人员技能与岗位职责相匹配

人员技能与岗位职责相匹配，主要是指胜任岗位的要求，人才需要具备哪些基本技能（学历、专业、经验等），而具备这些技能是做好一项工作的前提。要了解这些，对组织来说，就需要进行工作分析，明确岗位职责，把招聘职位的工作内容、特点和对人员的技能要求等编制成工作说明书，让应聘者知道岗位的任职条件，了解入职后要干什么。这样做也能让组织的招聘者做到心中有数。

一些组织在招聘时，由于没有明确的岗位职责和任职要求，往往会被应聘者优秀的个人条件所吸引，在引进人员时存在盲目“高消费”现象，甚至内勤、前台人员都非本科不要，尤其是随着就业压力趋紧，许多组织对人才更是挑肥拣瘦，大材小用的现象非常普遍，部分高学历人才甚至还被当成装门面的“花瓶”，派不上用场。这样不仅造成人员的浪费，还为以后的人员流失埋下了隐患。

2. 人员个性与团队特点相匹配

人员个性也是招聘中要考虑的重要因素。随着专业化分工越来越细，团队合作越来越重要，如果应聘者以自我为中心、合作能力不强，就不适合在团队中工作。另外，人员与团队也需要有互补性，团队成员个性都很强就需要善于协调的员工发挥作用；死气沉沉的团队则需要性格开朗的人员活跃气氛。因此，分析团队的特点，招聘合作性和互补性强的新员工，才能产生“1＋1＞2”的效果。

当然，团队精神在绝大多数场合应该提倡，个性独立的人也不能随意淘汰，对组织的企管、质检等岗位来说，坚持原则的人员更有用武之地；而在设计、策划部门，特立独行的人有可能随时冒出创造的火花。因此，招聘前一定要清楚把新人放在哪个位置，该岗位对人员个性等有哪些要求，还要考虑新人的职业取向以及可能的升迁位置等，这样招来的员工才能对号入座，发挥自身的价值。

3. 人员价值观与组织价值观相匹配

许多组织在招聘人员时，往往强调工作经验和技能，而忽略了对职业道德的考察。组织很容易让员工掌握工作经验和技能，但却很难教他如何具有正直的品行。品德不佳的人员，能力越强，带给组织的危害可能越大，如携款潜逃、泄露组织机密、挖组织墙角等。

另外，了解应聘者的价值观也是一个重要内容。价值观支配个体行为，员工对组织忠诚度的高低与其对组织价值观的认同度有密切关系。认同组织价值观的员工能够与组织文化更好地融合，提高组织绩效。所以，应向应聘者开诚布公地讲明本组织的优劣势，提倡什么、反对什么，以及组织文化的特点，让应聘者权衡选择。这样组织虽然有可能失去一些优秀人员，但更能增强员工的稳定性。

（二）人员的关键标准：岗位胜任力

按照同样标准选来的人员，他们的实际绩效可能相差甚远。经验表明，会干与干好并不一定画等号。导致人员绩效差异的还有很多非技能方面的因素，如系统思考能力、决策能力、激励能力、人际交往能力、自我控制能力等。这些因素就是岗位关键胜任力，它决定了人员能不能出色地完成某项工作。

1. 关键胜任力：发掘人员的潜能

关键胜任力也就是工作所需的核心素质。素质是很难判断的，原因如下：第一，素质比工作业绩抽象，更不容易把握；第二，素质是人所共知但又难以说清楚的，因此对其判断主观性很大；第三，个人在自我讲述中容易夸大自己的优点，有选择地报告，或者将自己的理想和希望与实际工作混淆；第四，人际交往状况和利益的冲突等增加了素质评价的难度。

通过与任职者及其关联职位的访谈，对该职位典型的成功和失败事例进行分析，再加上经验积累和同行参考等，就能了解该岗位的关键胜任特性。同时，要对职位胜任特性进行定义分级、明确界定。依据胜任特性选人员，可以有效避免人员学历、资历、名气对甄选者的影响，更容易发现人员的潜能。如办公室主任需要经常接待客人、协调各类关系、处理突发事件等，所以沟通能力、组织协调能力是关键胜任力；对设计人员来说，技术水平、逻辑思维能力、创新能力是关键胜任力。

2. 权重设计：突出最重要的胜任力

对一个职位来说，各项胜任力的重要性往往不同，因此对各项胜任力设定一定的权重会使甄选结果更为合理。例如，对办公室主任来说，沟通能力、组织协调能力是最重要的，因此它们的权重可以加大，而冲突管理、团队合作相对不那么重要，权重可适当减少。对各项胜任力设定不同的权重，有助于保证选出在最重要的胜任力上表现最优秀的人。

（三）确定人员招聘条件的步骤

（1）如果职位空缺是因有人辞职产生的，那么招聘工作的起始点就应该是马上与将要离职的人进行面谈。那么谁是合适的面谈人选呢？如果员工的直接上级与将要辞职的员工保持着良好的关系，那么这位上级就是进行离职面谈的最佳人选；否则应由组织人力资源部门或其他部门的管理人员去做。面谈的目的是搞清楚员工离职的内在原因，请他对该职位的任职资格和招聘甄选的标准进行阐述。

（2）与同离职者做同样或类似工作的人及其他相关人员交谈。要想对该职位有全面认识，需要同部门经理进行交谈，目的是拿出一个工作说明书。

（3）审查任职资格。根据工作说明书对在招聘工作前几个阶段中了解到的情况进行审查，看有没有重要的地方需要更新或修改，要求是否需要提高或者降低。工作说明书中的要素包含：工作名称、工作概况、主要绩效领域、主要责任、向谁汇报、权限、必要的质量条件、工作部门、等级、签署日期。

（4）确定人员招聘条件。在先前工作的基础上，考虑到该项工作已经发生的和将来可能发生的变化，正式起草人员招聘条件。

一般来说，好的任职资格应能正确反映所要招聘的员工的具体情况。在现代组织管理当中，好的任职资格已经从过去的强调身体、经验等要素转变成对人的才能的关注，但这不等于说其他的任职资格要素不重要。对才能的确切理解也不相同，总体上是知识、技能、能力、动力的组合，也包括成功完成工作所必需的其他要求。

（四）人员招聘条件清单举例

表 4－3 是一个具体的人员招聘条件的清单。可以从身体状况、训练/教育、知识/经验、特长、性格、交际技能和特殊环境适应能力等方面来界定招聘条件，针对每一方面用三个维度加以描述，分别为必备、希望和禁忌，这样便可以有效筛选求职者了。

表 4－3 人员招聘条件的清单

	必备	希望	禁忌
身体状况 工作对健康状况、体质条件和长相有何要求？			
训练/教育 工作对文化程度和接受教育与训练的情况有何要求？			
知识/经验 工作需要哪些相关知识、技能、经验的深度和类型？			
特长 哪些特长对工作有用，比如创造力、写作能力、口头表达能力和计算能力等？			
性格 工作是否需要创新精神和工作热情？			
交际技能 工作是否需要交际技能？			
特殊环境适应能力 工作是否需要出差或加夜班？			

填写表 4－3 时应该注意以下几点事项：

（1）要做到具体明确，不能含糊其词；

（2）确定真正必需的条件；

（3）尽量考虑到未来工作的变化；

（4）确定所列各项条件的先后顺序和重要程度。

三、招募费用

组织每年的招募费用预算应该是全年人力资源开发与管理的总预算的一部分。每个组织可以根据自己的实际情况，按照招募方式、招募对象、招募人数等因素具体决定招募费用预算。

由于招募对象和招募工具的多样性，单位招募成本也呈现出多元化特征，所以很难归纳出一个具体统一的单位招募成本计算公式，但可以从招募对象和招募渠道两方面面透视单位招募成本。

（一）招募对象多元化对单位招募成本的影响

组织对人才的需求是多种多样的，根据职务类别、职位级别、地理分布、填补空缺的紧迫性不同，单位招募成本也是不同的。

1. 招募宣传成本

这是最直观、可以看得见的成本。比如沟通了几个网络招聘渠道、每周参加几次现场招聘会。假设一下：每个网络招聘渠道的价格平均为 8 000 元，开通 4 个渠道共计 32 000 元；现场招聘会每次 400 元，一个月按 8 场计算，共计 3 200 元。综上所述，招募宣传的费用总计为 35 200 元。如果招到了 100 人，那就意味着每个人花费了 352 元的招募宣传费用。

2. 机会成本

当一个候选人招聘的周期过长时，机会成本会随之增加。比如公司新设立了一个项目，需要招聘一名项目总监。如果人员到位，可以快速推进项目上线，如果没有合适的人选，项目必定延迟上线。假设项目每个月可以为企业创造 100 万元的收入，那么项目总监每晚到 1 个月，公司就会损失 100 万元的收入。

3. 职位空缺成本

当职位空缺时，影响工作产出而需要支出的成本即职位空缺成本。比如公司的业务部门人员流失，一直招不到人，没有人员做市场，必然影响公司整体绩效目标的达成。

（二）招募渠道多元化对单位招募成本的影响

目前组织的招募渠道主要包括：网络招募、校园招募、猎头组织、招募会、报刊广告、人才机构、员工推荐、内部招募/岗位轮换等。而候选人资格要求不同、招募时限不同，所采用的招募渠道也应不同。随着互联网的不断发展，网络招聘的比重越来越大。成本除需投入的人、财、物以外，还包括时间成本，如发布招募信息、开发与管理招聘网站、广告宣传所需要的时间，以及与应聘者联系的时间、后续跟踪联系潜在候选人的时间、候选人来到现场的时间。由于招募成本高昂，对人力资源部门来说，同时关注招募实践中的投资和回报显得尤为重要。

招募实施后，企业应该采用后续步骤，评估招募的有效性，每种招募来源中成功雇佣了多少人，以确认哪些招募来源有助于吸引求职者。例如，企业可确认分别有多少求职者通过招聘广告、企业网站、校园招募、招聘会、员工推荐或其他招募方式获得企业招募信息，从而追踪通过各招募渠道分别雇佣到多少雇员。

第 4 节　招聘策略

一、人员策略

研究结果显示，组织招聘过程质量的高低会很明显地影响应聘者对组织的看法。比如，研究人员问大学毕业生，在经过了第一轮面谈之后，你们为什么会认为某个组织是一家不错的就业之选？所有的 41 个应聘的大学毕业生都提到了工作的性质；此外，有 12 人提到了招聘人员给他们留下的印象。反过来情况也是如此，当被问及为什么有些组织会被认为不好时，39 人提到了工作的性质，有 23 人说他们是因对低素质招聘人员的失望才转向别处。比如，有些招聘人员衣着不整齐，有些人“根本就没文化”，有些人十分粗鲁，有些人则带有令人不快的性别歧视言行。不用说，所有这些招聘人员都暗示他们所代表的组织是糟糕的。

由此可见招聘人员对于招聘的重要性。为此，在细致地做了招聘工作的各项策划工作之外，一定要组建一支好的招聘队伍。因为招聘人员在对外进行招聘工作时，代表的是整个工作组织，当大多数应聘者对组织进行第一次直接接触时，他们往往通过招聘人员素质的高低来判断组织有无发展前途。

（一）招聘人员的素质要求

（1）良好的个人品质与修养，如热情、积极、公正、认真、诚实、有耐心、品德高尚、举止文雅、办事高效。

（2）具备多方面的能力，如表达能力、观察能力、协调和交流能力、自我认知能力。

（3）专业领域知识技能，因专业而定，例如 IC 设计、遥感技术等。

（4）广阔的知识面，包括心理学、社会学、法学、管理学等。

（5）掌握一定的技术，包括人员测评技术、策略性谈话、观察的技术、设计招聘环境的技术等。

（二）招聘人员的误区

招聘人员在招聘时总会不自觉地陷入一些心理误区，这将导致无法招到合适的员工，即使前期工作做得再好也是徒劳。招聘人员在招聘的全过程中都应该避免陷入以下误区。

1. 优势心理

优势心理指招聘人员因处于主导地位而产生的居高临下的心理倾向，表现为面试谈话中的随意性、分析判断上的主观性和对面试结果评定上的个性倾向性。

2. 首因效应

首因效应也叫首次效应、优先效应。人们在对陌生人的了解中，最先出现的关于这个人的信息总是占优势的。对一个人的第一印象在日后形成总的印象中具有很大的影响甚至起决定作用，成为日后交往的依据。首因效应有积极作用，也有缺陷，如带有明显的主观推断和先入为主色彩，干扰人际关系的正常发展。

3. 近因效应

近因效应是指在知觉过程中，最后给人留下的印象最为深刻，对以后关于该对象的印象有强烈影响。一般来说，在知觉熟悉的人时，近因效应起较大的作用；在知觉陌生人时，首因效应起较大的作用。在面试中，招聘人员在连续面试多名候选人时，做出的面试评估会受面试的前一个候选人的影响，并会无意识地对前后候选人进行比较。

4. 晕轮效应

晕轮效应又称光环效应，它是指人们在了解某人时，对他的某种特征和品质有清晰明显的印象，这个印象非常突出，掩盖了对这个人其他特征和品质的了解。这是一种以点概面、以偏概全的反应，或者说这种突出的特征或品质像光环一样把人笼罩起来，使观察者无法注意到他的其他特征和品质，仅以一个人的一种特征或品质做出整个特征的判断。所谓“一白遮百丑”就是晕轮效应的反应。

5. 投射效应

投射效应就是人们在信息不足的情况下了解一个人时，总愿意把自己的某些特性归到认识对象身上的现象。特别是在被了解对象和自己年龄、职业相同的时候更是如此。这种效应使人们在信息不足的情况下评价一个人时往往会得出比实际情况更像评价者自己的结论，这样就歪曲了评价对象的某些特性。

6. 选择性知觉

选择性知觉是指人的兴趣和偏好对知觉产生强烈影响的知觉过程。人们往往对自己感兴趣的东西给予极大的注意，倾向于认同自己的“同类”（例如同爱好、同气质、同校、同籍贯等），而使更适合招聘职位的“异己”被拒之门外。

7. 趋中效应

趋中效应是指招聘人员对应聘者的评价多数都集中在中间段，这种现象常常出现在对应聘者的评估感觉没有把握时。这种效应会导致对应聘者的评价失真。

（三）招聘队伍组建的原则

组织负责招聘的往往是一支强有力的招聘队伍。招聘队伍并不是随意组建的，而是要遵循相应原则的。以下几个原则值得关注。

1. 知识互补

招聘队伍中既要有熟悉人力资源招聘知识的人员，如人力资源部门的负责招聘的员工，又应该有熟悉招聘职位的相关业务的人员，如软件工程师，这样才能在招聘中从多角度审视应聘者。

2. 能力互补

招聘队伍从整体上应该具备良好的组织能力、领导能力、控制能力、沟通能力、甄别能力、协调能力以及影响力等。

3. 气质互补

招聘队伍中应该具备谨慎认真的招聘者，他们可以让整个招聘过程不出差错或少出差错；也应该有富有亲和力的招聘者，他们可以坦诚地和应聘者沟通；有些时候“盛气凌人”的招聘者也是需要的，例如进行压力面试时。

4. 性别互补

在招聘的队伍中应该协调好男性和女性的比例，因为在招聘的过程中可能会出现性别的偏见，也就是说，男性招聘者可能会更倾向选择女性应聘者，相反女性招聘者可能会更倾向选择男性应聘者。所以性别互补也是不可忽视的。

5. 年龄互补

在招聘的队伍中应该考虑不同年龄的招聘者。不同年龄段的确存在代沟，所以应该安排有与应聘者年龄相仿的招聘者，这样利于沟通。

此外，部门经理也最好参与到招聘工作中。部门经理是未来员工的直接上级，应该由他决定人员最终能否被录用。部门经理更加了解该岗位的技能要求，在技能考核中，部门经理能够发挥不可替代的作用。

招聘工作要想真正有效，还有一个重要的原则，那就是组织的最高领导者要对招聘工作给予充分的支持和关心，最好是直接加入招聘团队。

二、时间策略

（一）遵循劳动力市场上的人才规律

在人才供应高峰期到劳动力市场上招聘，可节约成本，提高招聘效率。一般来说，每年的大学毕业生就业阶段是人才寻找就业机会的高峰，这段时间一般从每年的九月份开始，直到第二年的五六月份结束，在这个时期进行人员招聘，劳动力供给充分，雇佣到素质较高的员工的可能性较大，同时也有利于节约招聘成本。

（二）制订招聘时间计划

根据工作经验，计划好招聘各阶段的时间，可以节约成本，尽快网罗人才，并有助于树立高效的组织形象。按照一般招聘过程中每一阶段所需的时间可以估算出一个有效的招聘可能需要接近两个月的时间，其间要征集个人简历、发布面试通知、面试、决定是否录用、开展录用工作等。所以招聘广告一般要在职位空缺前两个月就发放出去，这样才能按照既定的招聘工作流程进行完整的招聘工作。

三、地点策略

招聘地点应该是经过精心策划的，既要考虑招聘效果，也要考虑招聘成本。一般招聘地点选择的规则是：

（1）在全国乃至世界范围内招聘高级管理人员或专家教授；在跨地区的市场上招聘中级管理人员和专业技术人才；在招聘单位所在地区招聘一般工作人员和技术人员；到农村寻找对技术水平要求不高的劳动力。

（2）就近原则。就近原则可以节省大笔的招聘费用，试想在深圳的组织到上海招聘的成本无论如何都会比到北京招聘低一些，因为两地之间的交通费用就差了不少。还有一个原因是临近组织所在地区的人对本地文化有较为深刻的理解，在管理上有一定的优势。

（3）尽量在同一地区进行招聘，这有利于形成固定的员工供应渠道，同时也是节约招聘成本的一个有效途径。但因为组织每年的招聘类型、数量都有所不同，所以要因事、因地制宜，灵活地在更好的劳动力市场上开展招聘工作。

四、招聘的备选方案

前文已经提到过招聘成本往往是不可估量的，当组织招聘失败时，损失将是巨大的。即使是辞退一名绩效一般的员工，所造成的连带效应还是要组织付出巨大的成本，所以做出不明智的、轻率的招聘决策是不合适的。同时值得注意的是，并不是组织一出现人力资源空缺就需要进行招聘工作，有时候可以通过组织内部的人力资源重新调配和整合来弥补空缺职位。这决定了在从事招聘工作的同时要认真考虑备选方案。备选方案有以下几种形式。

（一）加班

员工离去导致职位空缺，可以由从事同样工作的员工来共同分担他的工作，也就是三个人的活两个人干。而这就需要延长工作时间，即所谓的加班。加班避免了组织招聘的种种费用支出，同时还增加了加班员工的收入，可以说一举两得。但加班不是长久之计，随着工作时间的延长，加班人员的劳动效率会降低。

（二）雇佣临时工

在衡量了雇佣固定员工和临时工的成本之后，很多组织发现使用临时工或者兼职人员往往比雇佣一名专职员工在经济成本上要划算得多。但使用临时工有其特定的限制，一般在季节性员工需求比较强烈、临时增加组织项目、固定员工临时不在岗、需要特殊技艺但对组织来说又不经常使用等情况下，使用临时工比较合适。

（三）雇员租赁

在人力资源管理实践中，组织使用雇员租赁的形式获取人力资源，不仅可以节约招聘成本，而且可以省去管理费用。对于出租雇员的组织来说，在人力过剩的情况下出租雇员，人力不足的时候召回雇员，可以灵活地处理组织人事工作。对于被租赁的员工来说也可在本组织人力过剩时避免下岗，同时获得工资收入。由此可见，这种形式对三方都有好处。但缺陷也同样存在，由于员工的报酬福利均来自另外一个组织，所以员工的忠诚度是个问题。

（四）外包

当转包商在生产某些特定的商品或服务方面具有专长时，这种形式具有吸引力。同时，由于组织自身的条件限制，不能独自完成工作任务时，也会将部分工作转包给另外的组织来完成。现代人力资源管理工作中已经出现了外包的具体形式，财务管理等方面的许多工作经常由外来的专业人员提供。对于某些工作来说，外包给他人，能够以更合理的价格得到更好的质量保证。

本章小结

员工招聘，是招募与聘用的总称，是指组织通过劳动力市场或人才市场获取人力资源的活动。作为人力资源管理中的重要环节，它是组织人力资源管理后续工作能够有效展开的重要前提，也是人员甄选的基础。招聘工作涉及招聘的规划、招聘的策略和聘用等许多方面。

招聘计划的主要内容包括：招聘人数、招聘标准和招聘费用。

招聘策略主要分为三大部分，即人员策略、时间策略和地点策略。

有时候可以通过组织内部的人力资源重新调配和整合来弥补空缺职位的工作，因此在从事招聘工作的同时也要认真考虑备选方案，备选方案一般包括加班、雇佣临时工、雇员租赁和外包。

思考案例

海尔集团整合招聘系统，构建数字化招聘平台

海尔集团创立于 1984 年，是全球领先的美好生活和数字化转型解决方案服务商。在 40 年的发展历程中，海尔集团始终以用户为中心，并连续 4 年作为全球唯一物联网生态品牌蝉联“BrandZ”最具价值全球品牌 100 强。

为了应对业务发展所带来的人才质量与数量需求，海尔集团搭建了自主研发的招聘

管理系统（见图4-3），整合了招聘全流程。

图4-3　海尔集团招聘管理系统

具体功能模块包括：

组织内部人员规划：在组织人才规划形成之后通过招聘系统对外发布岗位机会。

测评系统：候选人在线上完成测评，测评系统与海尔集团的内部系统并联，测评结果会回传到海尔的系统平台上。

候选人信息：直线经理与人力资源部门负责人可以在系统上按照规定权限查阅候选人的信息，包括投递海尔集团的简历历史记录、线上测评结果、简历具体信息、面试评价和简历投递状态等内容。

背景调查：候选人通过面试之后，能够实现直接在线上进行背景调查。系统与外部背景调查公司直接对接，由海尔将线上背景调查需求发送至外部背景调查公司，背景调查公司再将相应的信息传回海尔的系统平台上；招聘系统也连接了学信网，能够随时查询学历的真实性。

薪酬系统与offer发布：通过招聘系统与薪酬系统的连接，实现薪酬数据的在线公议。在薪酬与岗位确定之后，信息直接传到offer系统中，人力资源负责人可以直接发放offer。

入职系统：通过线上采集信息，候选人到场只需要签字确认。只需要SAP生成员工编号，门禁、办公权限与考勤卡等相应权限会同时自动开通。

招聘效果分析：基于平台数据自动生成招聘效果分析报表，具体包括招聘漏斗、渠道有效性和人才吸引结构等。

通过招聘各功能模块的打通，海尔集团实现了招聘全流程的可视化，并且能够基于数据更好地提升候选人、用人部门和人力资源部门的流程体验与效率，在缩短招聘周期的同时提升招聘的效果与质量。

思考题：

1. 相比于传统的招聘方式，海尔集团的数字化招聘管理系统具有怎样的优势？
2. 海尔集团的招聘管理系统还可以具备哪些功能模块？

第 5 章

内部招聘和外部招聘

「学习目标」

- 了解内部招聘与外部招聘的区别与各自的优缺点
- 了解内部招聘的途径
- 描述外部招聘的途径与适用范围
- 了解网络招聘的方式

「引入案例」

美的集团关键岗位继任者的甄选

对于企业来说，中高级岗位由谁来继任是一个关键议题。根据北森管理研究院调研，2022 年，49.6%的企业人力资源管理者面临着关键岗位人才供给不足，缺乏继任者的问题，这是人力资源部门在人才管理中的最大挑战。

美的集团创立于 1968 年，是国内领先的家电企业。美的集团在人才建设中践行“我们，走远路”的思维，集团的人力资源部门表示在疫情之后要主动进行深刻的市场洞察，针对未来产业发展方向和人才需求趋势，在业务方向和人才布局上往前多走 3 至 5 步。在人才梯队建设方面，美的集团制定了《美的集团人才培养与人才梯队建设管理办法》，包含关键岗位继任者和后备人才甄选计划、岗位轮换计划、内部兼职计划、在职辅导、在职培训等人才培养与开发计划。

其中，在关键岗位继任者和后备人才的甄选方面，美的集团重点考察员工的知识经验和工作业绩、关键资质（共包含 12 项）和综合素质与潜质三个方面。通过履历材料分析、访谈、专业机构测评软件等方式对候选人进行甄选。同时，美的集团在选拔中引入差额竞争机制，对每一个关键岗位的继任者要选定 1～3 名候选人，如果事业部内部没有合适人选，将会采用外部招聘的形式进行人才储备。这种市场化运作方式盘活了美的集团内部员工的积极性，也传递了美的注重人才实绩、发展潜力及综合素质的人才理念。

第1节　内部招聘

内部招聘是指当企业出现职位空缺的时候，优先考虑将企业内部员工调整到该岗位的方法。这样做首先可以提升员工的工作兴趣和积极性，其次也节省了外部招聘成本。如果选择内部招聘的方式，人力资源部门需要首先在企业内部公布用人信息，其余的甄选程序和外部招聘是一样的。

一、内部招聘的优点

当出现职位空缺时，管理人员往往首先考虑从组织内部现有人员中进行招聘。现在的雇员通常是组织最大的招募来源。有关资料显示，79%的美国公司采用以内部招聘为主的政策，而组织中90%以上的管理职位都是由组织内部提拔起来的人担任的。内部招聘被如此广泛和经常地采用，必定有其优点，对此可作如下归纳。

（一）准确性高

由于招募的对象来自企业内部，用人部门和人力资源部门对其有充分的了解。对于招募对象在工作中表现出来的工作动机、工作态度、工作业绩、知识水平与技能、个性特征和发展潜力，招募人员是比较清楚或者说是容易获悉的，这种建立在对内部应聘者信息可靠了解基础上的招募，能够提高招聘的成功率。

（二）可信度高

从选拔的有效性和可信度来看，管理者和员工之间的信息是对等的，不存在逆向选择和道德风险问题。员工的历史资料有案可查，管理者对内部员工的性格特征、工作态度、沟通能力、工作能力、工作动机、业绩评价以及发展潜能等方面都有比较客观准确的认识，对内部员工的了解更加全面可靠，提高了决策的成功率。

（三）忠诚度高

从企业文化的角度来分析，员工与企业在同一个目标基础上形成的共有价值观、信任度和创造力，体现了企业员工和企业的集体责任以及整体的关系。企业不仅仅是他们的事业共同体，更是他们的命运共同体。员工在组织中工作较长一段时间，已经融入企业的文化，认同组织的价值观念和行为规范，对组织的忠诚度较高。

（四）适应能力强

从运作模式来看，现有的员工更加了解组织的运作模式，与从外部招聘的新员工相比，他们能够更好地适应新的工作，尤其在招聘关键管理人员时，选拔内部成员能够降低由于应聘者对组织缺乏了解而导致的风险。

（五）组织效率高

从组织的运行效率来看，现有的员工更容易接受指挥和领导，易于沟通和协调，易于发挥组织效能。内部招聘的人员对原有职位和现有职位都比较熟悉，尤其是参加过多次招聘的人员对企业内部的组织结构、生产过程、人员配置等都有较好的了解。因此内部招聘能够有效地提高组织整体的劳动生产率，增加对现有员工的投资回报。

（六）激励性更佳

从激励的方面来看，内部选拔能够给员工提供一系列交替上升的晋升机会，使组织的成长与员工的成长同步，创造美好的愿景，鼓舞员工士气，形成积极进取、追求成功的气氛。通过内部招聘来选拔人才，员工能够更加强烈地意识到工作绩效与提拔、晋升、加薪之间的关系，从而起到强有力的鼓励先进、鞭策后进的作用，激励员工奋发向上。同时，内部招聘给组织员工提供了一个对自己职业开发更负责任的机会。内部招聘的对象是组织内部的员工，他们基于对组织的了解，认识到在组织中能够获得广阔的发展前景和更多的发展机会。内部招聘为员工提供了更多提拔、晋升、培训、加薪的机会，因此能够使员工在组织中得到高度的认同感和归属感，同时也使他们在不断开拓自己职业生涯的过程中获得自我实现的满足，让广大员工感到组织是自身发展的良好空间，愿意为组织贡献自己的全部才智和能力。

（七）费用率低

内部招聘可以节约高昂的费用，如广告费、招聘人员和应聘人员的差旅费等，同时还可以省去一些不必要的培训，减少间接损失。人力资源部门对组织内部员工有一定的了解，可通过多种渠道获取该员工是否适合招聘职位要求的相关信息，而且在内部发布招聘信息可以利用各种内部媒体，节省人力、物力、财力。另外，一般来说内部员工已经认可企业现有的薪酬体系，其工资待遇要求会更符合企业的现状。从组织文化的角度来考虑，员工在组织中工作了较长的一段时间，已经融入了组织的文化，对组织的价值观有了一定的认同，因而对组织的忠诚度较高、离职率较低，避免了招聘不当造成的间接损失。由于内部招聘的人才来源于组织内部，他们对组织特别是组织文化比较熟悉，已经具备了一定的工作能力和经验，对空缺职位的职责、要求等也比较了解，因此在对他们进行上岗前的培训时，可以简化培训程序，减少培训费用。

此外，内部招聘还是一个有效的内部沟通手段，它向员工传递了有关企业的发展目标、前景等信息，使员工对组织有更加深入的了解。内部招聘有助于组织文化的形成。一种组织文化的形成依赖于诸多因素，其中人的因素是最为重要的。一个善于从内部发现人才、知人善任的组织必定能在其员工中形成良好的竞争氛围、学习风气与和谐的人际关系，并且在组织内部形成强大的凝聚力，形成完善、独特的组织文化。

调查显示，很多企业最喜欢的招聘方式是聘用内部员工。很多企业如果某个管理岗位有空缺，会首先考虑从内部员工中提拔。例如，一位西门子上海分公司的行政总经理，工作几十年，从没离开过西门子，他的职业生涯发展也相当顺畅，因为他在公司内部的“跳槽”同样让他在事业上获得成功，从初进西门子担任集团下属某厂会计，到东南亚某国分公司的行政副总经理，再到上海分公司行政总经理。许多公司都十分注重从内部选拔人才，尤其是中高层管理者。例如，通用电气公司数十年来一直从内部选拔 CEO，著名的通用电气董事长——对通用电气和全世界的企业管理都做出巨大贡献的韦尔奇，就是从内部选拔出来的；日本许多企业的管理特殊之处就是内部晋升。

二、内部招聘的缺点

尽管内部招聘有很多优势，但其本身也存在明显的不足。通过对内部招聘的缺点的了解，在实际工作中能够使内部招聘更为有效和可靠。

（一）可能造成内部矛盾

内部招聘需要竞争，而竞争的结果必然有成功有失败，并且成功的人只占少数，竞争失败的员工可能会心灰意冷、士气低下，不利于组织内部的团结。内部招聘还可能导致部门之间挖人才的现象，不利于部门之间的合作。同时，内部招聘有可能引发企业高层领导之间的不团结。在用人方面的分歧常常是高层领导之间产生矛盾的焦点，这不仅涉及领导的权力分配，而且与领导的威信息息相关。这也是人事改革的一个侧面，即会在企业政治方面引起异常激烈的明争暗斗，并对员工的士气和没有被晋升的员工的工作表现产生消极的影响，当几名员工申请同一个职位时更是如此。这样就可能形成不健康的冲突，导致组织内人际关系紧张。

（二）容易造成“近亲繁殖”

同一组织内的员工有相同的文化背景，可能会产生“近亲繁殖”“团队思维”“长官意志”现象，抑制个体创新，有可能会给组织带来灾难性的后果。当组织内重要的职位由基层员工提拔时，可能僵化思维意识，不利于组织的长期发展。20 世纪 90 年代通用电气公司所面临的困境被认为与其长期实施的内部招聘策略有关。

（三）滋生“裙带关系”

内部招聘有可能是按资历、人际关系或领导喜好而非按业绩、能力完成的。这样会形成不正之风，诱发员工不求有功但求无过的心理，给有能力的员工的职业生涯发展带来障碍，导致优秀人才外流或被埋没，削弱企业的竞争力。

内部招聘有可能助长“裙带关系”等不良现象，在组织中滋生“小帮派”“小团体”，引发组织内“政治集团”的斗争，削弱组织效能。通常内部招聘的员工在企业中有一定的工作背景和人际关系网络，在得到晋升或得到关键职位后，不免会形成自己的小的关系网络，在某些情况下，这种正式的或者非正式的团体会影响组织工作的正常展开，是组织发展的障碍之一。

（四）失去选取外部优秀人才的机会

一般情况下，公司外部优秀人才是十分丰富的，内部招聘一味寻求“本部制造”，将工作岗位给了内部人员的同时也减少了外部新鲜血液进入组织的机会。这种情况表面上看节约了成本，实际上是对机会成本的巨大浪费，因为注重对内部员工的选拔，丧失了从外部获取更优秀人才的机会。

除非有很好的发展/培训计划，内部晋升者不会在短期内达到组织对他们的预期，内部发展计划的成本比直接雇佣外部适合的人才要高，而且一些被晋升的员工可能无法很好地适应工作，影响组织整体的运作效率和绩效。此外，如果组织的高层管理者多数是从基层逐步晋升的，大多数年龄会偏高，不利于冒险和创新精神的发扬，而冒险和创新精神是新经济环境下企业发展至关重要的因素。要弥补或消除内部招聘的不足，需要人力资源部门做大量细致的工作。

（五）过多的内部招聘可能导致效率低下

如果一位高级经理人员离开组织，职位由一名直接下属接任，这位下属的职位就需要找人来承担，这种晋升可能会一直延伸到组织结构末端，几乎所有的人员都需要一段时间去熟悉新工作，甚至员工在组织中工作了很多年，新职位也要求其调整思路以适应新的职责，并重新界定与同事的人际关系，这些人必须在他们过去的同事面前扮演一个新的角色，并且在过去的同事成为下级后，面临的管理困难会不断涌现。

三、内部招聘的途径

（一）提拔晋升

给员工升职、发展的机会，对于激励员工非常有利。此外，内部招聘的人员对本单位的业务工作比较熟悉，能够较快适应新的工作。然而，内部招聘也有一定的不利之处，如内部招聘的不一定是最优秀的；还有可能使少部分员工在心理上产生“他还不如我”的思想。一个人在一个单位待的时间越长，别人看到的他的优点越少、缺点越多，尤其是在他被提拔的时候。因此，许多单位在出现职位空缺后，往往同时采用两种方式，即从内部和外部同时寻找合适的人选。

（二）工作调换

工作调换也叫平调，是在内部寻找合适人选的一种基本方法。这样做的目的是要填补空缺，但实际上它还有许多其他作用，如可以使内部员工了解单位内其他部门的工作，与本单位更多的人员有更深的接触、了解。这样一方面有利于员工今后的提拔，另一方面可以使上级对下级的能力有更进一步的了解，也为今后的工作安排做好准备。

（三）工作轮换

工作轮换和工作调换相似，但又有不同。工作调换从时间上来讲往往较长，而工作轮换通常是短期的、有时间界限的。另外，工作调换往往是单独的、临时的，而工作轮换往往是两个以上的、有计划进行的。工作轮换可以使单位内部的管理人员或普通人员有计划地了解单位内部的不同工作，给那些有潜力的人员提供以后晋升的条件，同时也可以减少部分人员由于长期从事某项工作而产生的烦躁感和厌倦感。

（四）人员重聘

有些单位会有一些下岗人员、长期休假人员（如因病长期休假，现已康复但由于无位置还在休假的人员）、已在其他地方工作但关系还在本单位的人员（如停薪留职）等。在这些人员中，有的恰好是内部空缺需要的。他们中有的人素质较高，对这些人员的重聘会使他们有再为单位尽力的机会。另外，这些人员尽快上岗可以减少单位在培训等方面的费用。

四、内部招聘的操作方法

（一）工作公告法

工作公告是通过向全体员工通报现有的工作空缺，吸引相关人员来申请这些空缺的方法。工作公告法是最常用的吸引内部人员的方法，特别适用于非主管级别的岗位。

使用工作公告法应该注意以下问题。第一，至少在内部招聘前一周，在显眼的位置发布所有的职位空缺信息，确保组织内的所有人员都能够看到，并且要保留一段时间，或者使用企业内网对每个员工进行邮件告知。第二，应该清楚地列出工作描述和职位规范。工作公告的内容与招聘公告的内容相似，主要包括工作的性质、任职资格、主管的情况、工作时间和薪酬待遇等相关信息。通过公布相关信息，让企业现有的员工对自己的资格条件进行审查，做出是否申请此职位的决定。第三，使所有申请人都能够收到申请书的反馈信息。通过及时给予申请人反馈信息，让他们了解自己的差距，确定今后努力的方向，同时对招聘结果表示理解。

工作公告法是最常使用的吸引内部人员的方法，特别适用于非主管级别的岗位。它比其他的内部招聘法更有利于发挥组织中现有人员的工作积极性、激励士气，是有利于员工职业发展的一种有效方法。当然，工作公告法也有一定的缺点：花费时间较长，可能导致岗位长时间空缺，影响企业的正常运转；员工也可能由于盲目地变换工作而丧失原有的专长和优势。

（二）档案记录法

档案记录法是指利用现有人员的档案记录，从中了解员工在教育、培训、经历、技能和绩效等方面的信息，然后根据这些信息确定符合空缺职位要求的人员。成功使用这种方法的前提是档案资料的信息必须诚实可靠、全面详细，而且是及时更新的，只有这样才能保证根据档案信息筛选出的人员符合岗位要求。这种方法可以和工作公告法结合使用。在招聘信息发布后，负责招聘的管理人员可以根据档案资料搜索合格的候选人员，了解他们什么时候提出申请，以确保岗位空缺引起所有有资格的候选人的注意。档案记录法的优点是可以在整个组织内发掘合格的候选人，同时技术记录档案可以作为人力资源部信息系统的一部分。如果企业具有规范健全的管理资料，并且技术档案信息比较全面，采用这种方法进行招聘较为经济便捷。

（三）主管推荐法

主管推荐法在内部招聘中是一种重要的手段，一般的操作程序如下：当企业出现职位空缺时，由本单位的主管人员根据员工的工作表现及能力素质，推荐填充新职位的人选；然后由上级部门和人力资源部门对被推荐员工进行考察，选择可以胜任这项工作的优秀人员。这种方式一般用于员工晋升，给员工升职的机会，有利于对员工的激励。另外，被推荐人员对本单位的工作比较熟悉，能够较快适应工作。但是主管推荐法也有一定的弊端，比如主管与员工的关系对员工能否得到推荐有一定的影响，有时甚至是十分重要的影响，这就使得人员选拔容易丧失客观性、缺乏公正性，挫伤其他员工的积极性。

五、内部招聘的流程

现在很多组织出于保持组织稳定性和员工职业生涯规划的考虑，对于特定岗位倾向于使用内部招聘的形式。许多集团性的组织更是把内部招聘作为一种员工激励措施。一般情况下，内部招聘的操作流程如下：

（1）定义岗位需求。这个环节主要是依据工作说明书或人力资源规划的内容，确定具体岗位的胜任力，明确甄选标准。

（2）发布岗位招聘信息。由人力资源部门向目标子公司发布招聘信息，子公司有岗位需求时，在征得相关领导同意内部招聘后，可以由集团人力资源部门向子公司发布招聘信息，这样便于集团统一管理。

（3）资格审查。按照甄选标准，由招聘小组成员对报名人员进行资格审查。

（4）甄选。采用适合的甄选方法对候选人进行甄选。

（5）结果发布。公示符合标准的拟录用的候选人名单，通知未录用人员，表示感谢与鼓励。

（6）办理调动手续。与原用人单位进行协商，办理相应的调动手续。

（7）评估。评估包括两部分，一是对所录用人员试用期绩效的评估，二是对此次招聘各个环节的评估与改善。

六、内部招聘的注意事项

（一）内部招聘操作过程中的注意事项

为保证内部招聘顺利实施，操作过程中要注意以下事项：

（1）内部招聘要顺利实施，前提是集团内部形成流动的氛围与相应的机制保证。如果没有统一的机制，则会形成有些子公司只愿意进人、不愿意出人的现象。

（2）内部招聘操作的各个环节一定要公开、公正、公平，甄选标准、甄选方法以及最后结果都应及时向全体人员公示。

（3）录用人员的调动要与原用人单位进行协调，给原单位充足的时间进行工作交接，既不能妨碍原单位工作的顺利进行，也不能挫伤人员的积极性。

（4）对于未录用人员，要及时反馈未录用的具体原因以及需要改进的方面，这样既可以保持大家参与的积极性，又可以促进人员的胜任力提升。

（二）内部招聘应注意的问题

内部招聘是企业获得人才的主要招募方式之一，有优点也有缺点，企业应当注意规避内部招聘方式的不足之处，有效地发挥内部招聘的优势，高效率地找到合适的人才。

1. 减少主观影响

从组织内部选拔人才，绝不是要领导者把目光仅仅盯在整天在自己身边转的几个人身上，而是要在整个组织范围内科学地考察和鉴别人才，通过全面地了解应聘该职位员工的工作情况、道德情况以及在公司的人际关系处理情况等来考虑应聘者是否适合该职位。有些管理者受到了近因效应、类我效应或者刻板印象的影响，不能客观地看待所有的应聘员工，夹杂个人主观感情，这将影响内部招聘的公平性。

2. 不要求全责备

从组织内部选拔人才时，绝不要因为对员工过于了解而对他们求全责备。不要因为员工是组织内部人员就理所当然地认为他们在新的岗位上能够立刻满足组织的要求。要知道组织是复杂的机器，人也是变化的，因此员工与组织之间的磨合是一个持续的过程。在内部招聘中要避免认为内部选拔的员工就应该事事都能够满足组织要求的想法，内部员工良好的适应性只是相对于外部人员来说的。

3. 不要将人才固定化

不能用一个固定不变的模式来套用人才，要唯才是举、唯才是用，只要能够为组织的发展出谋划策、积极贡献力量的人，都应该在选择之列。要促成人才的合理流动，一个员工在一个岗位上表现得并不是十分出色，但是很有可能在另一个岗位上能够起到十分关键的作用。对一个岗位的人才选拔不能固定地只从某一类员工中挑选，要用全方位的视角看待人才。

4. 全方位地发现人才

管理者可以从员工的工作实践、部门推荐、员工档案、绩效考核成绩等多种途径全方位地发现人才。通过多种途径，考察和了解人才的方方面面，最终选择合适的人才。

5. 使工作合理化

管理工作要步入正轨，需要弄清楚该部门该工作为什么需要人才，以及需要什么样的人才，这样才能进一步在每天的工作中，从员工的工作表现、工作效率和品质中，通过深入了解发现合适的人才，并且给予适当配置和任用。

6. 人员录用是招聘的重要环节

人员录用主要涉及选择之后的一系列的具体录用事宜，包括决定录用人员，通知录用人员，签订试用合同，员工的初始确认、使用，考察、正式录用等内容。不要认为内部招聘可以将很多类似的环节省掉，一个规范化的组织的内部招聘同样要遵循一定的流程，执行一定的程序。

第 2 节　外部招聘

外部招聘是根据一定的标准和程序，从企业外部的众多候选人中选拔符合空缺职位要求的人员。作为常用的补充企业人力资源短缺的方法，当人力资源总量缺乏时，采用此种方法比较有效。

一、外部招聘的优点

（一）外部人员有其外部优势

从外部招聘的员工对现有组织文化有一种崭新的、大胆的视角，而少有主观的偏见。外部招聘来的人员真有能力的话，可以放开手脚大胆工作，迅速打开局面。典型的内部员工已彻底被组织文化同化，他们既看不出组织的改进之处，也无进行改革和自我提高的意识和冲动，整个组织缺乏竞争意识和氛围，从而无法大胆工作。

（二）新员工会带来不同的价值观和新观点、新思路、新方法

从外部招聘的技术人才、营销专家和管理专家，其技术知识、客户群体和管理技能并不是从书本上直接学到的，须言传身教才能获得，这种与人同在的特有人力资本对企业来说是一笔巨大的财富。新进入员工与组织之间是新的关系，在工作中就不受内部员工的人情网络等因素的影响，这对工作的开展是很有利的。

（三）有利于企业树立形象

外部招聘也是一种十分有效的交流方式。外部招聘能够起到广告的作用，在外部招聘过程中，企业可以借此在潜在的员工、客户和其他外界人士中树立积极进取、锐意改革的良好企业形象，形成良好的口碑。

（四）有利于企业内部形成良性竞争

从外部招聘的技术和管理专家，可以在无形中给组织原有员工施加压力，形成危机意识，激发他们的斗志和潜力，从而产生鲶鱼效应，形成标杆学习氛围，共同进步，即“引进一匹狼，激活一群羊，带出一群狼”。

（五）有利于招到优秀人才

外部招聘的人才来源广泛，选择余地充分，能引进许多杰出人才，特别是某些稀缺的复合型人才，这样可以节省大量内部培养和培训的费用。

（六）有利于平息缓和内部竞争者之间的紧张关系

内部竞争者机会均等，同事之间互相竞争、同事的晋升可能导致不满情绪、消极懈怠、不服管理，不利于企业的运作和管理，而外部员工的引入对于此种情况有平衡作用，避免了组织成员间的不团结。

（七）带来外部经济性

从宏观意义上说，外部招聘可以在全社会范围内优化人力资源配置，促进人才合理流动，加速全国性的人才市场和职业经理人市场的形成，节约整个社会的教育和培训成本，具有明显的外部经济性以及巨大的社会效益。

二、外部招聘的缺点

（一）筛选时间长、难度大

组织希望能够比较准确地测量应聘者的能力、性格、态度、兴趣等素质，从而预测他们在未来的工作岗位上能否达到组织所期望的要求。研究表明，这些测量结果只有中等程度的预测效果，仅仅依靠这些测量结果来进行录用决策是比较困难的。为此，一些组织还采取诸如推荐信、个人资料、自我评定、工作模拟等方法。这些方法各有优势，也都存在不同程度的缺陷，这就使得录用决策耗费的时间较长。

（二）进入角色慢

外部招聘的员工需要花费较长的时间来进行培训和定位，才能了解组织的岗位职责、工作流程和运作方式。外部招聘的员工有可能出现“水土不服”的现象，其个人特质很难融入企业文化，导致人际关系复杂，工作不顺，影响积极性和创造力的发挥。

（三）引进成本高

外部招聘在媒体发布信息或者通过中介机构招募时，一般需要支付一笔不菲的费用，而且由于外部应聘人员相对较多，后续的挑选过程也非常烦琐复杂，不仅要耗费较多的人力和财力，还会占用大量的时间。

（四）决策风险大

外部招聘通过几次短时间的接触，就必须判断候选人是否符合本组织空缺岗位的要求，不像内部招聘那样经过长期的接触和考察，很可能由于一些外部原因（如信息的不对称等）而做出不准确的判断，增加决策风险。

（五）影响内部员工的积极性

外部招聘容易挫伤有上进心、有事业心的内部员工的积极性和自信心。如果组织中有胜任的人未被选用或提拔，即内部员工得不到相应的晋升和发展机会，内部员工的积极性可能会受到影响。

（六）“中转站”的风险

外部招聘还存在外聘人才的潜力、个人能否与企业发展同步的问题。能够与企业同步发展的人才长期留下来为我所用的可能性较大，个人超前于企业太多或个人滞后于企业都会带来人才难以长期留下来的隐患。

（七）往往存在复杂的矛盾

外部招聘人才之间、外部招聘人才和内部招聘人才之间往往存在复杂的矛盾，主要是相互不服气以及盲目排外情结。这些矛盾会引发部门之间的矛盾，个人行为上升为组织行为，导致部门之间协调配合不够、相互拆台，战略措施、方针政策不能很好地贯彻执行。

三、内外部招聘优劣势比较

内外部招聘的优劣势比较如表 5－1 所示。

表 5－1　内外部招聘的优劣势比较

	内部招聘	外部招聘
优势	• 组织对候选人的能力有清晰的认识 • 候选人了解工作要求和组织情况 • 奖励高绩效，有利于鼓舞员工士气 • 成本更低	• 形成更大的候选人蓄水池 • 会把新的技能和想法带入组织 • 降低徇私的可能性 • 激励内部员工保持竞争力，发展技能
劣势	• 会导致“近亲繁殖” • 会导致政治性行为 • 可能会因操作不公或心理因素导致内部矛盾	• 增加与招募和甄选相关的难度与风险 • 需要更长的培训和适应阶段 • 内部员工可能感到自己被忽视 • 新的候选人可能并不适应企业文化 • 增加搜寻成本

第 3 节　外部招聘的途径

一、网络招聘

根据中国互联网络信息中心（CNNIC）发布的第 55 次《中国互联网络发展状况统计报告》，截至 2024 年 12 月，我国网民规模突破 11 亿人，达 11.08 亿人，互联网普及率达 78.6%。

随着互联网的普遍应用，网络招聘蓬勃发展。网络招聘也称为电子招聘，是指运用网络技术手段，帮助企业完成招聘的过程。也就是说，企业通过公司网站、第三方招聘网站等，使用简历数据库或搜索引擎等工具来完成招聘过程。除传统的招聘单位官网和求职招聘网站外，还有很多新兴的网络招聘模式：

（1）综合招聘模式，发展较早，这类企业目前是网络招聘的领军企业，市场份额超过 60%，代表性企业有前程无忧、智联招聘等。

（2）社交招聘模式，是基于社交圈子和职业人脉的招聘方式，代表性企业有大街网、领英等。

（3）垂直招聘模式，是指专注于某个行业、特定人群或某个特定区域的招聘模式，代表性企业有拉勾网、猎聘网、南方人才网等。

（4）分类信息网站模式，这类网站主要发布蓝领人群的招聘信息，招聘业务只是这类网站的部分业务，代表性企业有 58 同城、赶集网等。

（5）新型招聘模式，是指近些年兴起的新的招聘模式，如以 Boss 直聘为代表的直聊模式，以 100offer 为代表的拍卖模式，以内推网为代表的内推模式，以兼职猫为代表的兼职招聘模式等。

（一）网络招聘的优点

网络招聘的优势主要有以下几个方面：

1. 信息覆盖广

互联网的覆盖是以往任何媒介都无法比拟的，它的触角可以轻易地延伸到世界每个角落。网络招聘依托互联网，达到了传统招聘方式无法获得的效果。

2. 方便、快捷、时效性强

网络招聘的双方通过交互式的网上登录和查询完成信息的交流。这种方式与传统招聘方式不同，它不强求时间和空间上的绝对一致，方便双方进行时间的选择。许多在职找工作的求职者倾向于网络招聘最重要的一点就是该方式不受时间、地域限制，也不受服务周期和发行渠道限制，它可以迅速、快捷地交流信息。这种基于招聘双方主动性的网上交流，能够及时迅捷地完成互动。

3. 成本低

无论是对于求职者还是用人单位而言，网络招聘相对于其他的招聘方式具有成本低的优势。对于求职者来说，轻点鼠标便可完成个人简历的传递，原本几天才能完成的信息整理、发布工作，现在只要几十分钟就能够完成。这既节约了复印、打印费用，还省却了一番鞍马劳顿。对于用人单位来讲，网络招聘的快捷性在节省时间成本的同时还节省了差旅费等支出。

4. 针对性强

网络招聘是一个跨时空的互动过程，对供求双方而言都是主动行为，无论是用人单位还是个人都能根据自己的条件在网上进行选择。这种积极的互动，有助于双方在掌握大量信息的前提下作出决策，因此减少了招聘和应聘过程中的盲目行为。目前，各类人才招聘网站都具备了快捷搜索、条件搜索功能，进一步加强了网络招聘的针对性。

5. 具有快速筛选功能

目前，各类人才招聘网站都对求职者的专业、受教育程度以及从事的行业等个人信息进行了细化，因此用人单位可以针对自己的用人标准进行简历的快速筛选，这是传统招聘方式所不能比拟的。

（二）网络招聘的缺点

任何方式都是有局限性的，网络招聘也不例外，其局限性主要有以下几点：

1. 信息真实性难以保证

网络招聘中的不真实信息来源于招聘环节所涉及的三大主体，即用人单位、求职者和招聘网站。有些用人单位为达到吸引众多求职者关注的目的，夸大企业优势，对劣势避而不提，从而误导求职者。同样，求职者本人为了得到用人单位的青睐，也有夸大个人信息的情况。招聘网站由于没有充足的信息源，就采取盗用知名招聘网站信息的做法。这样，明明一个公司的招聘已经结束，过期的招聘信息和作废的 E-mail 邮箱依然挂在公司根本没有正式委托过的网站上，成为无效的信息垃圾，误导应聘者。

2. 网络招聘的成功率较低

信息的丰富也意味着信息的泛滥。先进的网络技术极大地提高了信息传递的速度，一个职位会同时吸引许多求职者。在用人单位收到极为丰富的简历的同时，也会出现简历数量过于庞大，人力资源部门不得不花费大量时间进行筛选，疲于应付的现象。此外，大量无效的信息还会增加真正合格的候选人落选的可能性。

3. 网络招聘应用范围狭窄

网络招聘并不适合所有人，网络招聘专注于中层人才这种有一定文化和网络知识的群体，尤其是 IT 专业人员、文职人员、财务人员和公共管理人员等，有技术但不了解网络的求职者就被忽视了，如生产线工人和短期人员就很难通过网络招聘的方式来招募。另外，对于不上网或使用网络较少的人，网络招聘的作用不明显。

总之，用人单位在确定招聘方式时，可以考虑将网络招聘方式与其他招聘方式配合使用，从而有效地发挥网络招聘的优势，最大可能地消除网络招聘的不足。

（三）网络招聘的方式

网络招聘的方式主要有两大类：通过第三方招聘网站；通过公司招聘网站。

1. 第三方招聘网站

目前我国有提供各种形式的人员招聘服务的网站，网络招聘打破了原有的地域限制，具有便捷及时的特点。那么如何判断一家招聘网站的好坏呢？

好的招聘网站通常有如下评判标准：

（1）信誉良好。这里的信誉是指网站的可信赖程度。某些招聘网站发布招聘信息时不对信息进行审批，随便编造一家公司和一些职位，都可以马上发布在网站上。而这些信息对于求职者来说，是不负责任的。

（2）功能强大。招聘网站的功能目前都大同小异，但某些网站一些个性化设置显得很有活力，如优秀的招聘网站提供多种可选的搜索功能，可以迅速搜索出所需资料。

（3）客户化设计。一些招聘网站在设计上充分站在客户方考虑，在收到应聘资料后，可以在网上直接将核实的人才资料推荐给某个部门负责人审阅。

（4）服务细致，反应快速。招聘网站的后续服务很重要，刊登的职位如果长期没有招聘到合适人选，招聘网站应该定期给公司提供反馈与跟踪服务，网站上的建议应尽快处理等。

（5）除招聘之外，网站还应提供其他服务。例如，人才测评、在线薪酬顾问、在线评估、在线培训等。

2. 公司招聘网站

公司可以在自己的官网设置包含公司简介及招聘信息的模块，简介应该言简意赅、通俗易懂，包含所有求职者希望了解的情况，比如公司所在地、曾经取得的成绩和未来发展的潜力、营业额、利润、公司的技术能力等，招聘信息应该包括工作环境、职位描述、工作前景以及相对同行业其他公司的薪酬标准等。

越来越多的公司利用自己的网站来进行外部人员招聘，尤其是那些实力雄厚的公司。这种方法对人才的甄选往往更有针对性，因为这些应聘者对企业有一定了解，而且他们往往认同企业文化，这样可以在无形中提高招聘的效率。如何利用公司招聘网页吸引求职者呢？以下有几点建议：

（1）了解所面向的群体。优秀的招聘就像优秀的营销一样，需要了解不同群体的需求和兴趣。如大学生求职者更想要了解不同的信息，因此，公司网页招聘的最成功经验之一是开辟一个专栏以满足大学生所特有的信息需求，可以利用该栏目刊登公司校园招聘日程表、公司概述、公司实习期和培训计划，以及公司内部职业发展及晋升的可能性等。

（2）语言要确切，不要笼统。如介绍公司福利计划的情况时，不要简单地说，“我们具有很有竞争力的福利方案，包括健康福利、分红及股票认购计划等”，而应说得更确切详细，从而充分利用公司网页为招聘栏目的访问者提供综合性信息。惠普公司就是一个优秀的例子，惠普公司提供了详细的福利计划，包括开始实施日期、扣除条款以及有关的费用比。

（3）文化熏陶。合格的求职者面临很多不同企业的机会，正如企业有很多选人的机会一样。如何吸引并留住求职者呢？企业文化是极为重要的。企业的招聘栏目可以提高企业的名望，企业可以通过对核心管理职位的介绍和典型员工的宣传，向求职者传达工作氛围和公司文化。

（四）社交媒体招聘

近年来各类网络社交平台功能日趋完善，发展势头强劲，社交媒体已成为互联网媒体中最为流行的媒体类型之一，其影响力显著提升，同时短视频社交软件用户规模也保持了高速增长。企业招聘工作人员可以利用社交媒体用户基数大、信息传播快、互动功能强等特点，帮助企业招聘到真正需要的优秀员工。常见的社交平台和适用人群如表 5-2 所示。

表 5-2　常见的社交平台和适用人群

网络社交平台	适用人群	平台优势
微信群、朋友圈	中基层员工	可传播范围广
QQ 群、空间	中基层员工、大学生群体	可传播范围广
微博	互联网人才、80 后、90 后	可进行企业账户运营、娱乐性强
行业论坛	各类技术人才	有很强的开放性
领英等社交 App	专业技术类人才	专业性和技术性强、人脉圈广
直播平台	校招、实习招聘	内容活跃、传播速度快

在“互联网＋”背景下的招聘工作中，企业要通过灵活运用手机、电脑和平板电脑等不同设备，形成公司专有的自媒体信息传播体系，并充分结合微信群和朋友圈、QQ 群和空间、微博等社交媒体，立体化传播企业招聘信息，缩短招聘周期。面对市场上各种热门的社交媒体，不能盲目跟风，无论招聘方式如何改变，招聘工具怎样更新迭代，始终要把握招聘工作的核心原则。

1. 把握需求，拟好候选人画像

用户画像是指在产品运营过程中标签化产品用户，构建出清晰的适用对象，有助于深入分析市场需求，使产品的服务对象更加聚焦和专注。招聘过程和产品运营的过程十分相似，企业可以将招聘的用户画像称为候选人画像，从招聘对象的具体需求中挖掘出他们相应的个性标签，使企业在招聘时能够在大量的数据信息中快速筛选出适合某种岗位要求的求职者。这将进一步提升招聘精准度，提高信息获取的效率。

2. 结合经验，判断候选人痛点

面对复杂的市场环境和待遇不同的企业条件，求职者在做选择的过程中有其特殊的关注点和自身最迫切的需要，这称为候选人痛点。可以根据企业类型，进一步观察求职者浏览信息的平台和重点关注点，从而优先考虑在这些平台上发布招聘信息。通过现有的工作经验，可以判断求职者的事业阶段。对于正处于事业上升期注重学习进步和上升的求职者而言，其痛点在于有成长和发展机会来充实自己的工作经验和更广阔的晋升空间，不喜欢加班时间长和强度高、节奏快的工作。对于应届毕业生而言，他们的痛点在于公司的企业文化是否符合自己的意向，以及企业的培训机制是否能让初入职场的自己真正得到学习机会和能力锻炼。准确挖到最主要的需求，有助于在筛选简历时迅速抓到重点，戳中痛点，提高成功率。

3. 根据人群，选择契合平台

越来越多的企业在认识到社交媒体的优势后选择通过该类平台进行招聘，市场上现有的各类网络社交平台有特定的市场定位，并且其优势都十分明显。企业招聘人员要在精准的需求分析上选择适合该类候选人的社交媒体发布招聘信息，这样才能真正做到需求和平台的有效对接，大大增强网络招聘的时效性。

二、校园招聘

校园招聘是指企业直接从应届本科生、硕士研究生、博士研究生（也包括少数专科生）中招聘企业所需要的人才的过程。校园招聘是一种两点式招聘，即在企业和高校两点之间进行。校园招聘的基本形式有定期宣传、召开宣讲会、招聘会、网络招聘等，有些企业还通过赞助校园文艺活动、体育活动、学术会议等来扩大企业知名度，有些企业与高校合作建立实习基地，通过实习计划选拔应届毕业生等。

大学生作为一个高素质群体，是未来企业发展的核心动力。应届毕业生在知识结构、心理特征、技能水平等方面与具备工作经验的社会人才有较大差异，企业通过校园招聘获取人才主要基于以下两个原因：

（1）大学应届毕业生具有文化易塑性。在校学生较少接触社会和企业，因此在职业化行为、核心职业观念、价值观等方面尚未成形，相对容易接受组织文化，在与组织文化相融合的过程中，阻力相对小。

（2）在目前来看，大学应届毕业生是最具发展潜质的群体，对组织来说校园招聘用于评价其潜质的信息相对完整、可信度较高。

（一）校园招聘的流程

校园招聘工作绝大部分由企业的人力资源部门负责，人力资源部门在接收到其他部门所需人才及相关信息之后，组建校园招聘工作组，随后进行校园招聘工作。校园招聘流程主要包括宣传、笔试、简历筛选、面试、实习和录用等环节。

1. 宣传

近些年来，随着互联网技术的快速发展，企业主要通过网络进行宣传工作，例如通过企业官方网站、招聘网站（智联招聘、58 同城、前程无忧等），以及当下比较常见的微信公众号、微博平台等进行企业品牌宣传。除此之外，各企业参加招聘会或高校双选会时都会进行现场宣传。

2. 笔试

企业会通过笔试以及测评手段对候选人进行初步筛选，降低筛选简历及后续面试的成本，通过考试来判断具体人员的专业或其他方面的能力，检查候选人的判断力和思维能力；运用测评手段如性格测试等，考察候选人的素质，判断候选人素质与职位以及公司文化的匹配性，进而考量候选人是否适合企业需要。

3. 简历筛选

简历筛选就是学生将自己的主要信息，包括毕业院校、所学专业、校园经历和实习等相关信息一并呈给招聘企业，在候选人通过笔试的基础上，企业可根据自身的实际需求结合简历信息，决定面试人选。

4. 面试

在面试环节，企业通过多轮面试考察候选人，双方通过交谈增进彼此了解，进行双向判断，判断对方是否适合自身需求。此外，无领导小组讨论面试可以高效地考察候选人的语言表达能力、应变能力以及综合素质，是目前校园招聘中应用最广泛的面试方法。

5. 实习和录用

通过以上各个环节的筛选，企业最终会公布录取名单，通知学生应聘结果，与学生进行交流沟通，将工作安排、企业部门分类、人员结构、薪酬等情况详细地介绍给录取人员。录取人员在企业实习 1～3 个月，企业根据其工作态度、工作能力，最终判断双方是否签订劳务合同。

（二）校园招聘的优势

1. 企业通过校园招聘可以为自身注入新鲜血液

刚刚走出校门的大学生最大的特点就是年轻，这有利于企业调整年龄结构，使企业保持生命力。年轻人做事有活力、富有激情，将他们引进企业会很好地改善内部固有的氛围。年轻人会用语言和行动感染其他同事，使得企业更加积极向上，而不是死气沉沉、一成不变。

2. 企业通过校园招聘可以完善人才储备

每一个企业都要面临人才流动与流失的问题，人才匮乏往往会影响企业正常的发展，不利于企业实力的提升。此外，企业一些关键岗位需要梯队建设，不仅要随时保证有人可用，还要确保工作可以高质量地完成，通过校园招聘的方式可以很好地补充企业内部人才流失造成的职位空缺，为企业的发展打下坚实的基础。

3. 企业通过校园招聘可以提高知名度

校园招聘不仅可以为企业寻找到所需的各类人才，还可以扩大企业的知名度，通过学生的口口相传，让更多的人知道企业品牌。校园招聘不仅是一个招聘方式，也从侧面宣传了企业，对企业文化、企业实力的传播意义巨大。

4. 企业通过校园招聘可以减少运营成本

应届毕业生由于缺少工作经验，入职后无法立刻为企业创造价值，因此起始薪金较低，这对于企业来说无疑是节约了成本，雇佣应届毕业生的性价比较高。

（三）校园招聘存在的问题

校园招聘作为企业员工招聘的一种重要方式得到越来越多的企业的关注。校园招聘具有高应聘率，能够降低宣传成本、控制薪酬总量、降低运营成本、推广企业品牌、增强社会效应、扩大人才储备、树立雇主形象和供需直接见面等优势。同时，在校园招聘中也存在一些问题。

1. 宣传工作不到位

部分企业为了扩大知名度，在校园招聘中更加引人注目，抢占先机大力进行宣传，无论是在企业官网，还是在各大招聘网站，以及其他线上线下渠道都如火如荼地开展宣传工作，然而最终效果并不好。究其原因，主要是宣传工作未落到实处。例如，企业宣传册最终并未发送到学生手中，或未引起学生以及校方的重视，企业宣传所花费的人力、物力、财力常常付诸东流。此外，个别企业存在虚假宣传的现象，为了招聘到更多的人才，故意将企业规模、薪金待遇等过分夸大，宣传效果虽然明显，但是在吸引了大量学生应聘之后，大部分学生经过咨询、调查或实习发现企业实际情况与宣传内容存在明显的差异，因此最终没有留在这些企业，久而久之这些企业的伎俩被拆穿，产生了极其不好的负面影响。

2. 笔试内容不合理

在校园招聘的过程中，企业为了解学生掌握专业知识的实际情况往往会采用笔试的方式，加深对学生能力的了解，通过设置不同的问题，判断学生专业能力、应变能力、学习能力、反应能力、创新能力以及性格特点等。然而，部分企业存在过分依赖笔试的情况，笔试内容过于专业、难度过大，导致一些优秀的学生与企业擦肩而过。例如，部分销售公司更需要能与客户进行交流的员工，沟通能力较强的学生往往更胜任销售工作，而这些是无法通过笔试筛选出来的，笔试难度过高，会使一些原本很适合此类工作的学生因为专业知识相对薄弱而被淘汰，这对于企业来说无疑是巨大的损失。

3. 面试反馈速度缓慢

校园招聘企业众多，学生可选择的企业不止一个，因此各企业的信息反馈速度往往会成为关键性因素。部分企业在面试打分方面行动迟缓，选择在校园招聘会结束之后再进行全面的考核，许多学生等待了一个多月依然收不到企业的通知，认为自己面试没有过关，或者在等待的过程中收到了其他企业的录取通知，因此选择了其他企业。

4. 招聘人员素质不高

校园招聘会是企业和毕业生双向选择的过程，招聘团队的专业水平和综合素质将影响校园招聘工作各个环节的进展及工作质量。企业安排到校园招聘会的招聘人员素质参差不齐，有些招聘人员对于所招聘岗位的需求并不是非常了解，对于本公司文化、商业理念的宣讲不够详细，加上校园招聘会中人才众多、时间紧张、任务重，招聘人员在招聘过程中容易产生疲惫心理，对学生的提问回答模棱两可；有些招聘人员对待学生态度傲慢，言谈举止居高临下，仅仅让应聘的学生把简历留下，对学生提出的问题表现得不耐烦。这样的招聘人员将影响校园招聘工作的质量，同时也会损害招聘企业的形象。

5. 招聘效率较低

校园招聘的时间特殊性，对招聘的效率有很高要求。许多优秀的学生会面临很多选择，可能会同时获得好几份录取通知，而他们最终只会选择其中一份工作机会。有些毕业生先后获得几个公司的录用通知后，自然会进行比较，迟迟不愿与企业签订协议。有的学生即使在签订协议后也会发生违约的现象。这些情况都给企业带来很大的人力、物力损耗，招聘效率也会因此降低。如某公司的人力资源部门经理说："我们就遇到过这种情况，有时去学校招聘，收的简历不少，面试情况也不错，但最终的录用方案是回公司后定的，不少学生被录取后却没有回音了，打电话也联系不上。所以我们只能选择一些没有去过的院校，再进行一次招聘，费时又费力。"

（四）校园招聘的策略

为了提高企业在校园招聘中的效率，成功录取符合自身需求的应届生，企业实施校园招聘时应采取必要的招聘策略。

1. 建立清晰准确的定位

在校园招聘会中，企业应该建立清晰准确的定位意识，才能让校园招聘会发挥出最好的效果。企业应根据自身特点及情况，在进行岗位设置的时候，提出合理的任职资格要求。企业应选择合适的高校，并在招聘会召开前同高校就业指导中心进行沟通，充分了解该校相关专业的毕业生情况，如高校所开设的专业情况、学生课外实习情况，可以请高校老师推荐学生，做到有的放矢。

2. 组建高素质的招聘小组

招聘人员是应聘者接触企业的第一接触点，如果招聘人员素质不高、形象不佳，应聘者对企业的印象就会大打折扣。招聘人员对企业价值观和企业文化的理解和认可度、对企业的责任心和归属度，将决定他们是否能选择那些真正符合企业文化及发展需要的员工。也就是说，企业在安排招聘人员时，应派能力比较强的人员，因为大学生更看中企业的形象。应尽量避免安排新入职或入职不久的员工担当招聘人员，其对企业的背景、文化均了解不深，很难能明确回答应聘者的提问。此外，在挑选招聘人员时，除了安排人力资源部门的人员参与招聘，还应该挑选用人部门的经理或资深员工共同参与，这样在面对应聘者的时候，用人部门的人员可以更准确地回答应聘者关于未来所从事相关工作的问题。企业在严格挑选招聘人员之后还应加强培训，使其树立服务意识、形象意识、竞争意识，具备良好的人际交往、招聘的知识和技能。

3. 选择合适的面试方法

校园招聘工作量相对大，应聘者人数多，招聘人员难以在简短时间内采取一对一的面试方法，建议采用无领导小组讨论的方法进行初次筛选，该方法能较快较准确地筛选出适合公司的应聘者。

在一对一的面试过程中，招聘人员的时间十分有限，每种面试方法都有侧重点，因此，建议采取组合的面试方法筛选应聘者。比如，首先，在面试初期，提背景性的问题以了解应聘大学生的生活、学习经历是比较合理的，这样可以缓和面试中的紧张气氛，让应聘者在较为轻松的环境下进行交谈，以更好地发挥正常水平。接着，招聘人员可提问部分行为型题目以了解应聘者做事的方法、态度以及对结果追求的态度，从而体现出其内心真实的想法。最后，采用情景式的提问方式以及适当的压力测试了解应聘者随机应变的水平。采用这样的组合面试方法，循序渐进，能让招聘人员了解到应聘者的真实水平。在面试过程中，可以安排自由提问环节，从自由提问中可以发现应聘者的个人素质、自我客观认知、对应聘单位岗位的了解和自身的职业规划等，可以对应聘者有更深的了解。

4. 提高招聘效率与质量

企业在进行校园招聘时应充分考虑公司所招聘岗位所处的地域、行业知名度及薪酬竞争力，尽量将招聘目标安排在公司周边省市的院校。另外，在招聘面试中，企业还应加强对应聘者的求职动机和入职可能性的测试。在录用程序上，要给予应聘者一定的思考时间和空间，提醒他们在选择公司时的注意事项，还应该对其提出的疑问一一进行详细而真实的解答。同时，也要提醒应聘者恪守求职的诚信道德，不能随便毁约，并在录取通知书上注明签订协议及入职报到的截止时间。在与应聘者签订协议之前，企业还应客观地再次告知应聘者公司的详细情况，并核实公司在宣传过程中是否存在虚假夸大的情况，核实应聘者入职后的薪酬及发展情况等，以免应聘者在入职后因发现公司的承诺不能实现而迅速离职，给双方都造成损失。

三、人才洽谈会

人才交流中心或者其他人才机构每年都要举办多场人才洽谈会。在洽谈会中，用人企业和应聘者可以直接进行接洽和交流，节省了企业和应聘者的时间。随着人才交流市场的日益完善，人才洽谈会呈现出向专业方向发展的趋势，比如中高级人才洽谈会、应届生双向选择会、信息技术人才交流会等。在人才洽谈会上，应聘者集中，企业的选择余地较大，但招聘高级人才较为困难。

通过参加人才洽谈会，企业招聘人员不仅可以了解当地人力资源素质和走向，还可以了解同行业其他企业的人事政策和人力需求情况。

那么如何通过人才洽谈会进行现场招聘呢？有以下注意事项。

（一）现场安排到位

要吸引人才应聘，企业应在现场布置大幅彩色企业介绍展板，除展示企业实力外，也展示企业的信心。把企业性质、规模、地理位置展示清楚，可以避免不接受这些条件的求职者做无效的应聘，留较多时间接待与企业理念一致的求职者。对招聘职位的要求应详细、具体、一目了然，减少不符合条件的求职者来应聘浪费双方时间。另外，也能显示企业招聘的认真程度，能够吸引符合要求的求职者来应聘。人员安排上应尽量避免仅有文员在现场收资料。现场招聘人员在企业的职位、地位越高，显示企业对此次招聘越重视，越能吸引求职者。招聘者的言行举止对吸引精英人才也相当重要。

（二）重点考核安排在下午

部分招聘人员为了更详细地了解求职者，在现场进行针对求职者的素质考核，当场面试或辅以试题测验。现场能做重点考核当然好，但切忌安排在上午高峰期进行，最好安排在下午人数较少的时候进行。经常看到有的招聘摊位前人满为患、拥挤不堪，而招聘人员却在和一个求职者气定神闲、旁若无人地侃侃而谈，有时甚至超过半小时，一些素质较高、时间观念强的求职者自然弃之而去。建议高峰期招聘人员接待一个求职者的时间不要超过 10 分钟，对意向较强、想做重点考核的求职者另约下午时间详谈，这样的安排使每个求职者都有机会，企业也不至于错过最合适的人选。招聘人员在筛选时一定要果断，对明显不符合企业要求、录用概率在 50%以下的求职者及时退回资料，既节省时间，确保有足够的时间筛选到合适人选，也节省了不合适求职者的费用和时间。

（三）满勤招聘才能达到最佳效果

一些招聘企业交了钱，人才洽谈会现场却看不到招聘人员的影子，原因是部分企业招聘人员将迟到、早退、中途离场当成家常便饭，这其实是对企业资源的严重浪费。一些招聘人员认为求职者多得是，少待一会儿无所谓；一些招聘人员认为已招到合适的求职者，无须再接待他人。这些其实都是认识误区。对于第一种情况来说，优秀、合适的求职者何时出现招聘人员无法预见，应全天候接待；对于第二种情况来说，企业满意的求职者最终不一定入职，所以多接待几位求职者、多一些后备人选理所当然。

四、广告招聘

通过媒体广告形式向社会公开招募人才是运用最广泛的人员招聘方式。组织通过广告形式进行人员招聘主要有以下两个关键思考点：

（一）选择何种媒体

广告的分类方法是多种多样的。按照广告使用的媒体可以分为广播电视广告、报纸广告、杂志广告和互联网广告。企业在选择刊登广告的媒体时，首先考虑的是媒体本身传播信息的能力，表 5-3 就不同类型媒体招聘广告的优缺点进行了比较。

表 5-3　四种媒体招聘广告的优缺点

媒体招聘种类	优点	缺点
广播电视	1. 信息让人难以忽略 2. 可传达到一些并不是很想找工作的人 3. 创造的余地大，有利于增强吸引力 4. 自我形象宣传	1. 昂贵 2. 只能传送简短的信息 3. 缺乏永久性 4. 为无用的传播付钱
报纸	1. 版面大小弹性可变 2. 传播周期短 3. 可以限定招聘区域 4. 分类广告为求职者与供职者提供方便 5. 有专门的人才市场报	1. 竞争较激烈 2. 容易被人忽略 3. 没有特定的读者群 4. 印刷质量不理想

续表

媒体招聘种类	优点	缺点
杂志	1. 印刷质量好 2. 保存期长 3. 版面大小弹性可变 4. 专业性杂志可将信息传递到特定的职业领域	1. 传播周期较长 2. 难以在短时间里达到招聘效果
互联网	1. 广告制作效果好 2. 信息容量大，传递速度快 3. 可统计浏览人数 4. 可单独发布招聘信息，也可以集中发布	1. 信息过多容易被忽略 2. 有一些人不具备上网条件，或没有计算机使用能力

企业应该考虑广告覆盖的范围，是选择全国性广告还是区域性广告。全国性广告，是指选用全国性传播媒体，如全国性报纸、杂志、电台、电视台进行的广告宣传，其覆盖范围与影响都比较大；区域性广告，是指选用区域性传播媒体，如地方报纸、杂志、电台、电视台开展的广告宣传，这种广告的传播范围仅限于一定的区域。

企业还应该考虑媒体的定位。各种具体的媒体都有其特定的消费群定位，企业应该根据招聘人员的媒体消费特征选择其最可能接触的媒体。例如，招聘计算机专业技术人员最好选择计算机专业杂志、报纸等，如《计算机世界》《电脑报》等；招聘职业经理人则可以选择如《企业家》《中外管理》等适合经理人员的媒体。

企业还要考虑媒体的相关集中度。求职者在搜寻职位时，往往集中关注招聘信息量较大的媒体，便于选择比较。因此，企业在选择招聘媒体时，应该选择招聘信息相对集中的媒体。

综上所述，企业应该根据所要招聘的职位类型确定何种媒体是最好的选择，是地方性报纸还是全国发行的报纸，是大众读物还是技术性杂志等。确定在什么媒体上登广告之后，就要选择具体在哪一家媒体刊登广告，这需要对不同的报纸、杂志的发行量以及电视台的收视率有所了解。进行广告招聘时，广告费用也是一个不可忽略的问题。组织在进行大规模的人员招聘时或是人员招聘难度大时，可以采取多种媒体招聘广告，力求覆盖目标人群的接触范围。由于互联网的兴起以及新知识人才的大量涌现，网络成了招聘的一条重要渠道。据了解，在重点大学的 BBS 论坛中的工作相关版块每天都有几十家企业发布招聘广告。互联网不仅是招聘广告的一种载体，也成为外部招聘的一种途径，关于网络招聘已在前面详细介绍。

（二）如何构思广告

1. 招聘广告的设计原则

招聘广告应该根据 AIDA 的原则设计广告，即注意（attention）、兴趣（interest）、愿望（desire）和行动（action）。具体解释如下：

（1）广告要能引起求职者的注意。在报纸分类广告中，那些字间距较大、有较多空间的广告容易引起人们的注意。另外，可以为重要的职位进行单独广告。

（2）广告要能引起求职者对工作的兴趣。工作本身的性质可以引起兴趣，工作的其他方面如工作活动所在的地理位置、收入等也是引起求职者兴趣的原因。

（3）广告要能引起求职者申请工作的愿望。在求职者对工作感兴趣的基础上，广告还要加上职位的优点，如工作所包含的成就感、职业发展前途、旅行机会或其他的一些类似的长处，这需要揣摩广告的目标读者会对职位的哪些特殊因素感兴趣。同时，广告必须真实，不能为了招揽求职者而夸夸其谈。

（4）广告要能鼓励求职者积极采取行动。“今天就打电话来吧”“今天就写信索取更详细的信息资料”“请马上联系我们”等，这些话都有让人马上采取行动的力量，也是招聘广告中不可忽略的一部分。

2. 招聘广告的内容

招聘广告的内容一般包括以下七个方面。

（1）广告题目。一般是“××公司招聘”“高薪诚聘”等。

（2）公司简介。公司的全称、性质、主营业务等，要简明扼要。

（3）审批机关。发布招聘广告一般要经过人事主管机关审批，多是当地的人才交流中心。

（4）招聘岗位。岗位名称、任职资格、工作职责、工作地点等。

（5）人事政策。公司的薪酬政策、社会保障政策、福利政策、培训政策等。

（6）联系方式。公司的地址、联系电话、传真、网址、电子邮箱地址、联系人。

（7）其他注意事项。

3. 应聘者一般关注什么

了解应聘者关注什么是制作一则招聘广告必不可少的工作，以下几方面的内容是应聘者关注最多的。

（1）工作是否具有挑战性。

（2）待遇与福利。

（3）工作地点。

（4）工作环境。

（5）工作时间。

（6）公司声望。

（7）行业的发展前景。

（8）是否有良好的人际关系和雇佣关系。

（9）是否存在快捷的晋升机会。

（10）是否有继续深造、进修的机会，如在职培训、海外培训机会或学费报销。

（11）奖励政策。

4. 公司内部人员监督广告的制作

招聘广告最主要的是要不断翻新、力求变化，同时要避免僵化。还有一点需要特别注意，尽可能不要将广告委托他人制作。因为广告公司的工作人员每个人都承担着几十家公司的委托，分配给每家公司的时间和精力都有限。而且了解公司优点及需求的人就存在于公司内部，只要一方面由公司教导监督，另一方面训练优秀的广告人才，相信广告出奇制胜并非难事。

五、猎头公司

猎头公司是为企业寻找高层管理人员和高级技术人员的服务机构。它们一般从事两类业务：一是为企业搜寻特定的人才；二是为各类高级人才寻找工作。这些猎头公司作为企业和人才的中间桥梁，掌握着大量人才供求信息。它们通晓各种企业、组织对特殊人才的需求，同时根据市场变动及时收集大量的人才信息，建设自己的人才数据库，因此通过猎头公司招聘的人才一般成功率较高，胜任力也相对较高。

（一）猎头公司的价值和缺陷

猎头公司在搜寻高层管理人员和专门技术人员方面具有很大的价值，它们同许多已经被雇佣并且没有太大积极性变换工作的高级人才保持着联系；它们能够对企业保守秘密，一直到职位候选人搜寻过程的最后阶段；它们可以承担初期的广告工作，并对数百人进行预先筛选，替企业的高层管理人员节约时间；猎头公司可以一开始就接触到高素质的应聘者。

猎头公司的缺陷在于，它更愿意说服企业雇佣某个候选人，而不是去寻找一个真正适合职位要求的，因为它是一个营利机构。另外，猎头公司的收费往往是很昂贵的，这就大大增加了招聘成本。

（二）选择猎头公司的原则

（1）确信这家机构能够自始至终完成整个招聘过程。

（2）了解该机构中直接负责企业业务的人。

（3）了解该机构的收费情况。

（4）选择可靠的猎头公司。

（5）对招聘进程进行监督。

（三）猎头公司的工作流程和收费标准

一般来说，猎头公司的工作流程如下。首先是客户提出要求，要求有两种：一种是指出要聘请的人员未来的职位、责任、待遇，要求猎头公司推荐；另一种是在提出职务要求的同时，直接指出希望何人担任该职务，此种情况较少。

以第一种情况来说，猎头公司决定接受委托，签订合约后，就可以开始寻找合适的人选。而何谓合适的人选，也要看各猎头公司对于人才的认识和对客户提供职位的了解。所以，好的猎头公司往往拥有自己的评价体系，而不仅仅看人员的学历和履历。

猎头公司在海量信息中不断缩小搜寻范围，当最合适的只有十余人时，就可以进入下一阶段的面谈。猎头公司的工作人员必须对目标对象的性格、能力、发展潜力以及缺陷有正确而深刻的认识，这样才可以写出深刻的报告，而这一报告的价值远远超过了简单的履历表。

猎头公司拿着这些报告再一次核对客户的职位要求，选出最合适的四五个人，将报告交给客户，这时就是客户取舍的时候了。当然，猎头公司还会提供参考意见。此外，猎头公司还要在候选人和客户间就工资待遇等进行斡旋，当候选人与原公司发生合同纠纷等问题时，猎头公司也要设法解决。

候选人在新公司上班以后，猎头公司的工作告一段落。但是，好的猎头公司一般都有一个“保换期”，在候选人上岗以后的 3～6 个月，无论是新公司和候选人两者谁炒谁的“鱿鱼”，猎头公司都要免费提供新的人选。

在费用上，国内猎头公司一般也依照国际惯例，即完成任务后，按该职位第一年年薪的 30%收取佣金，具备一定影响力的猎头公司往往要求在签约时预付相当于佣金总额 1/3 的定金。

六、就业服务机构

在全国的各大城市，一般都有就业服务机构，这些机构常年为企事业用人单位服务。

（一）就业服务机构的优势和劣势

1. 优势

作为一种专业的中介机构，就业服务机构拥有比单个企业更多的人力资源资料，一般建有人才库，用人单位可以很方便地在人才库中查询条件基本相符的人员资料；通过就业服务机构选择人员，针对性强、费用低廉；招聘的方法比较科学，效率较高，可以为企业节省时间；就业服务机构作为第三方，能够公事公办，公开考核，择优录用，公正地为企业选择人才。

2. 劣势

就业服务机构不是企业本身，质量较差的求职者可能通过简单的初选直接送到企业主管那里，如果主管不作过多的甄别就相信就业服务机构的挑选，最终就会雇佣不合格的人员。而且，企业必须支付中介费，招聘费用会有所增加。

（二）借助就业服务机构完成招聘工作的四种情况

（1）企业内没有自己的人力资源部门。

（2）企业内虽然有人力资源部门或专职人员，但由于种种原因不能从事招聘和录用工作。

（3）企业的人力资源部门过去的招聘经验显示，它通常很难招聘到足够而且合格的工作申请人。

（4）职位空缺需要马上填补，企业自身来不及准备。

（三）企业需要做什么

（1）向就业服务机构提供精确而完整的工作描述。

（2）限定就业服务机构在筛选过程中使用的程序或工具。

（3）对就业机构的招聘和筛选工作进行监督。

（4）同一到两家就业服务机构建立长期关系。

七、推荐

由企业的员工、客户以及合作伙伴等推荐人选，是组织招聘的重要形式。这种方式的优点是对候选人的了解比较准确，招募成本比较低廉。采用这种方式的典型是思科公司，该公司大约10%的应聘者是通过员工相互介绍而来的。组织可以建立一些特别的奖励机制，鼓励员工向企业推荐人选。

八、海外招聘

海外招聘主要用于招聘高级管理人才或一些尖端技术的专门人才。好处不言而喻，候选人的数量及质量都与局限于国内的招聘不可同日而语。但海外招聘也存在诸多困难：核查外国应聘者的各种证书及背景调查都很困难；招聘录用手续十分烦琐；应聘者能否融入国内企业文化也是个问题。

九、根据不同人才选择招聘来源

对于外部招聘来说，不同的渠道能招到不同的人才。常用的渠道有：

（1）对于基层员工的招聘，一般可以选择当地的电视和报纸招聘。这些员工需求人数较多，素质要求也不高。这些渠道影响面广，效果会更好。

（2）对于知识型员工和中层管理人员，可以选择人才市场和网络招聘。现在各地人才市场都会定期举办招聘会，尤其专场招聘会，效果很好。网络招聘现在已经成为很多企业的主要招聘渠道，影响面广，人才储备量非常大。

（3）对于公司需要的高级管理人员和专业技术人才，可以选择一些资质和信誉较好的猎头公司。猎头公司往往收费较高，但它们针对性强、有保障，每个职位都会提供四五个候选人，不仅会提供候选人的详细简历，而且可以协助企业对候选人进行素质测评和背景调查等。

（4）员工、客户及合作伙伴介绍和推荐也是一个很好的途径，往往更为可靠。

本章小结

内部招聘是指当企业出现职位空缺的时候，优先考虑将企业内部员工调整到该岗位的方法。内部招聘具有准确性高、可信度高、忠诚度高、适应能力强、组织效率高、激励性更佳、费用率低等优点，但同时也可能造成内部矛盾、“近亲繁殖”及“裙带关系”等不良影响。内部招聘主要有提拔晋升、工作调换、工作轮换、人员重聘等途径，一般通过工作公告法、档案记录法、主管推荐法等方法实施。

外部招聘包括网络招聘、校园招聘、人才洽谈会、广告招聘、猎头公司、就业服务机构、推荐、海外招聘等途径，公司应该根据自己的实际情况进行选择。

思考案例

北电网络公司多元化的招聘方式

内部招聘一直是北电网络公司重要的人事政策，公司提倡从内部选拔高级经理。北电网络公司在全球的各分支机构都建立内部人才库，内部招聘为员工提供了职业发展的机会，这也成为公司吸引人才的重要因素。

北电网络公司招聘员工的途径和方式是多样的：报纸广告、员工推荐、猎头、校园招聘等。公司会根据招聘需求和招聘人才的特点，选择最有效的招聘方式。高级管理人才一般通过猎头公司招聘，普通员工通过广告招聘和员工内部推荐。公司经常到大学进行招聘讲座，在毕业生中选择优秀学生，但是北电网络公司招聘应届大学生并不多，更多招聘的是有经验的专业人员。

在北电网络公司的所有招聘方式中，员工推荐是最有效的方式之一，公司建立了一种内部推荐奖励制度，员工推荐来的人如果被录用，公司将会给推荐者一定的奖励。

员工内部推荐的流程是：先由需要用人的经理提出用人需求，人力资源部门将此信息进行内部招贴，企业内部的员工知道用人名额，就可以将自己认为合适的人选推荐到公司，由用人经理和人力资源部门面试，合格就可以录用。

这种招聘速度非常快，在用人紧急的情况下，通过内部推荐，甚至 2～3 天就可以将人招进来。一般员工如果确定被录用，通常 1 周左右就可以到岗，快速招聘保证了组织对人才的需求。推荐进来的员工要经过 3 个月的试用期。如果符合公司的要求，推荐人就可以拿到奖金。员工推荐最大的一个好处是免去一些背景考察，这种方法很有效。

北电网络公司有一个丰富的人才库。凡是到公司求职但没有被录用的人，公司都会给他们建立档案，一些优秀的面试者因为没有相应的位置未被录用，人力资源部门会跟他们保持联络，一旦有合适的空缺职位立刻与他们联系。公司还专门有一个“回归”政策，对于那些因各种原因离开公司的优秀人才，公司随时欢迎他们回来，公司会将他们原来在公司的工龄续起来，所有与原来工作有关的福利也都会接上。

北电网络公司的招聘政策保证了公司拥有足够多的符合公司发展的员工后备力量，这成为公司持久发展的基础。

思考题：

北电网络公司多元化的招聘方式对企业选择招聘渠道有什么启示？

第 6 章

甄选

［学习目标］

- 定义甄选并描述甄选方法所需达到的标准
- 简述筛选个人简历要点
- 描述笔试可能会遇到的问题和面试的操作注意事项
- 了解常见的测试类型

［引入案例］

亚马逊的人才甄选

亚马逊作为美国最大的电子商务公司，在全球雇佣了超过 150 万员工，被领英评为美国最佳雇主。其人才甄选工作开展迅速而高效，招聘流程会灵活调整以适应每一项独特的工作。招聘流程如下：

一、在线评估

简历筛选通过后，通常会先以笔试的形式对候选人进行测试。一般面对应届生的招聘计划中，由于缺少过往工作经验作为参考，会更着重于增加笔试轮数进行评估；社招中笔试的占比会低一些。比较常见的评估类型是工作方式评估和工作样本模拟。

工作方式评估以亚马逊独特的文化和领导原则为中心，通常需要 10～20 分钟才能完成。在这种评估中，亚马逊要求候选人选择对应陈述，这会在很大程度上展现候选人的工作风格。

工作样本模拟要求候选人完成与特定职位相关的虚拟任务，通常需要 20 分钟到 1 小时才能完成。候选人需要根据亚马逊的领导原则做出决策，完成对亚马逊成功至关重要的活动，并展示自己解决问题的能力和人际交往能力。根据申请的职位，评估可能会要求候选人解释图表中的数据、回答客户问题、选择如何解决问题、多任务处理或从多个来源中查找正确信息。

二、行为面试

亚马逊认为评估候选人是否会长期成功的最有效方法是行为面试法。基于能力的面试的一般前提（和承诺）是过去的行为能预测未来的表现。基于能力的面试使亚马逊能够确定候选人过去是否表现出所需的行为。

亚马逊的面试以亚马逊的领导力原则为对话基础，聚焦于候选人的行为，询问候选人过去遇到的情况或挑战，以及候选人如何处理它们。每轮面试都必须包含行为面试，一般情况下每一轮面试共60分钟，由30分钟行为面试和30分钟专业考察组成，每一轮行为面试的面试官会根据16条领导力原则中的2～3条进行考察，每条10～15分钟。

三、录用决策

面试结束后，面试官必须写出书面叙述式的反馈意见，且必须在知道其他面试官对该候选人的投票情况之前投出自己的一票。在之后的汇报会上阅读每个面试官的反馈以及投票，与大家进行讨论。在汇报会上，要决定是否对候选人继续接下来的流程，同时面试官可以看到其他面试官是如何观察到相应信息的，他们有哪些地方值得学习，或者面试官可以教其他人如何成为一个更好的面试官，以帮助他们完成面试观察。

可以看得出，亚马逊的面试流程非常繁复，成本相当高。但是在亚马逊看来，“人才招聘”是一个“单向门”的决策，招聘错的人造成的隐性损失和伤害比想象中大得多，所以对于人才的评估必须坚持高标准，以保证团队的人才质量和长期成长潜力。

资料来源：亚马逊招聘法（3）：如何在招聘中践行“选贤育能”？.（2022-12-08）. https://devon.zhubai.love/posts/2212652116001759232.

第1节　甄选概述

甄选是指组织通过一定的手段，对应聘者进行区分、评估，并最终选择哪些人将加入组织，哪些将被淘汰的一个过程。

对于任何组织，尤其是以人才为核心竞争力的知识型组织来说，选择合适的组织成员对于组织的生存能力、适应能力和发展能力都会产生至关重要的影响。因此，组织有必要在招募到大量候选人的前提下，采用审慎而适当的甄选办法，挑选合适的组织成员。

一、甄选的客观标准和依据

职位的内在要求是人员甄选录用的客观标准和依据，而对职位内在要求的描述主要体现在职位分析和胜任力模型的构建之中。

一般说来，人员甄选主要考虑应聘者以下几方面的特征：

（1）基本生理/社会特征，如性别、年龄、户籍等。

（2）知识/技能特征，如学历、专业、专业工作经历、其他工作经历、培训数量、专业资格证书等。

（3）心理特征，如各种胜任力、人格特征、兴趣爱好等。

职位分析的最终结果包括两个部分：职位描述和职位规范（任职资格）。其中，职位规范部分比较具体，涵盖了职位要求的基本生理/社会特征、知识/技能特征。表6-1的工作说明书列举了职位分析中与人员甄选要求相对应的部分。

表 6-1 工作说明书

公司名称	欧曼配件公司	部门名称	××大区	日期	填写：×年×月×日 修改：×年×月×日
职位名称	配件市场销售经理	直管领导职位	分管副经理	直管领导确认	
		主管领导职位	配件公司经理	主管领导确认	

1. 职位目的

根据公司发展的战略目标和经营目标，组织实施所辖区域内网络开发、产品销售、配件供应与支持等工作，督促区域内销售网络按计划完成年度销售目标

2. 职位工作关系（不包括日常的交流、简单的文件传递关系，也不仅仅指流程中的上下游）

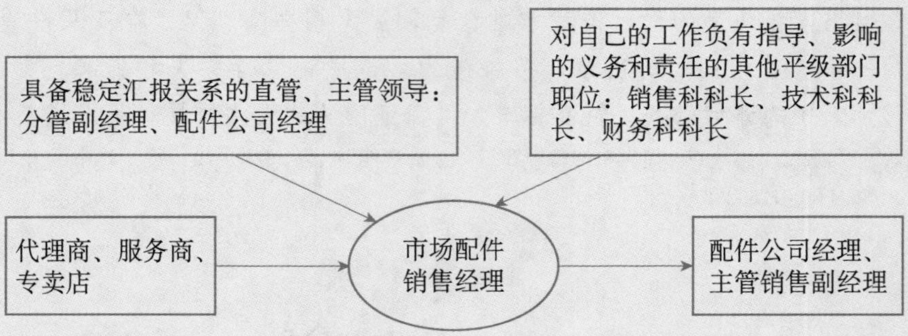

3. 最低任职资格等级要求

4. 其他任职要求（最低任职等级要求未包含的要求）

最低学历	大专
专业要求	汽车服务工程、检测与维修等相关专业
外语要求	无
必备经历要求	汽车行业工作不低于 5 年

5. 工作职责

工作职责（责任范围）		职位活动					
		具体项目					权重（工作时间比重）
		辅助决策	决策	亲自执行	参与执行	监控	
管理	欧曼产品网络开发、培育、评价、调整；市场纪律维护；形象店建设；销售计划、订单、配件库存管理			√			30%
控制	区域销售计划进度控制；授信及回款监控；配件订单提报及发运过程监控；代理商信息传达情况监控			√			20%

续表

工作职责（责任范围）		职位活动					
		具体项目					权重（工作时间比重）
		辅助决策	决策	亲自执行	参与执行	监控	
作业	代理商能力提升与销售计划、月度需求预测计划作业；业务培训			√			20%
报告	目标市场分析；新产品开发与渠道信息收集			√			10%
监督	代理商库存相符率监控；新产品促销效果及产品质量监控；市场动态信息反馈			√			10%
评价	根据公司要求，完成对代理商运营情况的评价			√			10%

在胜任力模型界定的基础上，根据胜任力维度的具体要求选择适当的人员甄选方法，以获取组织需要的人员。

二、甄选方法所需达到的标准

（一）信度

人员甄选需要对人的性格特征进行衡量，进而决定谁来填补职位空缺。对于任一衡量手段而言，信度都是需要满足的一个非常关键的标准。信度是一种测试手段，不受随机误差干扰的程度。例如，对智力这种相对较为稳定的特征进行测试，如果手段是可信的，一个人在不同的时间和环境中通过这种测试手段得到的分数应该具有一致性。

（二）效度

效度是指测试绩效与实际工作绩效之间的相关程度，也就是预测的有效性的问题。测量工具的有效性，在很大程度上将影响人员甄选的最终结果。组织总是通过尽可能准确的测量工具区分高绩效员工与低绩效员工，因此测试工具的效度是进行人员甄选最为关注的方面。

（三）普遍适用性

普遍适用性是指在某一背景下建立的甄选方法的效度同样适用于其他情况的程度。通常情况下可以概括出三种不同的背景：不同的处境，不同的人员样本以及不同的时间段。

（四）效用

效用是指甄选方法所提供的信息对于组织的基本有效性进行强化的程度，即甄选方式的成本与组织收益的相对大小。

（五）合法性

甄选方式必须满足合法性的要求，不应涉及候选人的隐私问题，组织应避免因甄选工具的使用引起不必要的法律纠纷。

第2节 初步筛选

一、筛选求职申请表

申请表的最大优点是结构完整且直截了当，它要求应聘者提供公司所需的全部信息，而对公司不必要知道的信息则不要求填写，这样一来，就免去被迫对无用信息进行筛选，大大提高了预选速度，也有助于为面试设计具体的或有针对性的问题。由招聘者设计工作申请表，主动权把握在公司手中，公司可以根据自己对待聘员工的要求设计一些有针对性的或非常具体的问题，便于应聘者了解公司招聘的基本要求，根据要求对自我条件进行评估，确定自己是否符合申请表中所要求的条件，之后再填写申请表。

（一）工作申请表的内容

工作申请表中所包含的信息是公司希望得到的关键信息，它一般包括求职者的基本个人信息、教育培训信息、工作经历信息、与所申请岗位相关的背景信息、工作特殊要求信息及其他相关信息，具体内容如表6-2所示。

表6-2 工作申请表的内容

个人信息
姓名、性别、通信地址、电话等 身高、体重、健康状况等 婚姻状况、家庭情况等
背景信息
申请岗位 期望工资 什么时候或多久能到岗？ 如何知道这个岗位？ 为什么愿意为我们工作？
教育培训
教育机构的名称和地址 是否毕业？得到什么学位？专业证明/学历证明 受过何种特殊培训或锻炼？何时？何地？有谁可以证明？

续表

工作经历
岗位和职责、就职时间 是否可以和你的原雇主联系? 工资等级(从开始到现在) 离开原工作单位的理由
工作特殊要求
技术上的技能和工作经历一览表 我们应该知道的其他技能和能力(如能操作哪些设备) 对上班时间是否有要求?能否加班? 能否出差? 是否持有有效期内的驾驶执照?
其他
申明所提供的信息是正确的,并同意将医疗检查的结果作为应聘的条件

(二)工作申请表的筛选

1. ABCD 分级法

查看申请表之前,必须清楚了解工作岗位的要求,然后制定出筛选申请表的调查表。调查表应和申请表中的项目一致,每一项都是重要的筛选标准。全面的调查表有助于根据应聘者符合工作岗位剖析的程度来决定优先考虑哪些申请表,可以用 ABCD 分级法来区分。A 级表示应聘者最符合工作岗位剖析,B 级次之,C 级再次,D 级则不符合。表 6-3 描述了维修技师岗位工作申请表的筛选调查表实例。

表 6-3 维修技师岗位工作申请表的筛选调查表实例

条件	A	B	C	D
18 岁或 18 岁以上				
能轮班工作				
持有有效的驾驶证				
有文凭或相等的证件				
有 2 年技术方面的技能等级或相等的证件				
有 5 年或 5 年以上相关工作的经验				
有 2~4 年相关工作经验				
有编程逻辑控制方面的经验(只限于维修电器技师)				
有机械安装或制造方面的经验(只限于维修机械师)				
有稳定的工作史(不常跳槽)				
在工作史中没有不能解释的间断				
离开工作是有一些冒险的因素				
离开工作是有些实质性的冒险因素				
报酬和工资方面有不切实际的想法				
申请表没有签名				

根据左边的条件筛查申请表，与哪级要求最为接近即属于哪个级别。作为控制质量的措施，应重点检查B级和C级的应聘者，以免漏掉某些合适的应聘者。也可以让负责面试或招聘以外的人做初步筛选工作，这可增加招聘工作的公正性和准确程度。

2. 比较模型法

认真审阅申请表，将明显不适合招聘岗位的人挑出来。根据工作说明和人员招聘条件给剩下的应聘者排队，参照下列标准对每一位应聘者进行评估：(1) 低于标准；(2) 符合标准；(3) 超出标准。

对所有的应聘者进行了认真甄别和排队之后，就可以将结果引入下面的比较模型进行比较了（见表6-4）。

表6-4 比较模型

	身体情况			教育训练			知识经验			特长才能			性格特征			专业特长		
应聘者	(1)	(2)	(3)	(1)	(2)	(3)	(1)	(2)	(3)	(1)	(2)	(3)	(1)	(2)	(3)	(1)	(2)	(3)
1. 张三			√		√		√				√			√				√
2.																		
3.																		
4.																		
5.																		
6.																		
7.																		
8.																		
9.																		
10.																		
11.																		

利用比较模型进行比较之后，就可以相对容易地进入应聘者分类阶段：一部分选定为继续测验对象，一部分列入后备名单，还有一部分发拒绝信。

二、筛选个人简历

个人简历能够给应聘者较大的自由，能够表现出应聘者的创造性和书面表达能力。在个人简历中，应聘者会强调自己认为重要的部分，在其他一些有用的信息中，招聘者可以获取自己想要的信息，进行相应的筛选。

但同时需要注意的是，部分应聘者会在简历上隐瞒不好的方面，夸大自己的成绩。据美国专家估计，30%的应聘者简历注水，例如编造以往的薪资、职位头衔、技能水平和工作业绩，虚构教育背景，隐瞒处分甚至是犯罪记录。另外企业对个人简历的内容和风格缺少控制，预选起来要花费很多的时间和精力。

（一）筛选个人简历的要点

1. 注意与工作有关的内容

要注意和工作有关的内容，如工作的要求是什么，工作成功的必要条件是什么等关键信息。此外，也要考虑应聘者过去的工作经历离现在多久以及和这次申请的岗位的相似程度。例如，要招聘管理人员，那么求职者最好近期干过管理方面的工作或具备管理学学位，有此方面的知识储备。如果求职者是多年前做过管理工作或者没有相关的知识储备，那么他的竞争力会降低。

2. 设想与岗位的适合度

应聘者的个性和动机适合这个岗位吗？应聘者将具体做什么工作？和谁共事？想象一下工作环境和企业文化。一个曾经在微软工作了 8 年的 IT 精英一定能适合 IBM 的人才要求吗？能适应 IBM 的企业文化吗？那些曾经在相似背景和文化的企业中工作过的应聘者显然更适合。

3. 不要想当然地或匆忙地做出结论

不能以点概面，以偏概全，主观臆断。应聘者为了得到求职单位的面试机会，窜改简历、编造信息屡见不鲜。简历中提到曾就读于某名牌大学，还列出了几门课程，你是否就会想当然地认为应聘者从大学毕业并已经取得了学位？当一个销售经理岗位的应聘者告诉你，他曾经带领团队把销售收入提高了 100 万元，或者把销售成本节约了 50 万元，你该如何辨别这些话是真是假呢？

4. 注意应警惕的内容

要警惕一些可能产生误导的信息，例如，如果没有写明日期或公司等细节，这或许说明应聘者企图以此来弥补工作经验的不足；如果强调一些肤浅的事情（如业余爱好和兴趣），这也许正反映了他缺乏工作经验或技能。

5. 避免个人情绪

不能依据自己的喜好选择应聘者，不能仅仅因为不喜欢求职者使用的纸张颜色或所写的字体就把条件很好的应聘者淘汰掉，还是要注意和工作有关的内容。

（二）筛选个人简历的秘诀

1. 分析简历结构

简历结构在很大程度上反映了应聘者的组织和沟通能力。结构合理的简历往往比较简练，一般不会超过两页。通常应聘者为了强调自己近期的工作，陈述教育背景和工作经历时，会采用从现在到过去的时间排列方式。

2. 阅读信息

对简历的结构分析完毕后，下一步就要看应聘者的专业资格和经历是否与空缺职位相关并符合要求、应聘者是否掌握其他相关技能、简历中是否有关于应聘者性格的信息，并判断应聘者职业发展的速度和方向。

3. 留心简历中的空白时间和前后矛盾之处

简历中出现空白时间和经历之间的前后矛盾可能是应聘者的笔误，也可能是应聘者在掩盖某些事实。如果出现不妥之处，不要对应聘者妄下结论，可以准备一些问题在面试时问应聘者。

4. 对简历的整体印象

通过阅读简历可以明确你是否对该应聘者留下好的印象。另外，还应假定简历中的有些信息是不可信的，进行求证。同时标出简历中你感兴趣的地方，面试时询问应聘者。

（三）电话筛选

由于个人简历不如申请表那么严谨，因此有必要打个电话去收集一些附加的信息。电话筛选有四个目的：

1. 预先介绍工作实际情况

可以在电话里更详细地介绍公司和工作岗位的情况，了解求职者对这个岗位是否仍有兴趣。但在介绍时，不可说明希望应聘者具备什么特点和才能。

2. 补充空缺信息

打电话可以收集到关于应聘者过去的职责和成绩的信息，这些信息对公司而言十分有价值。例如，问应聘者如何降低顾客投诉率，是通过精心的服务，还是通过减少营业额而减少顾客投诉？应聘者有一年的工作间断，这一年他干了什么，是养育子女还是上学？

3. 审定资格

可以通过标准化试题了解应聘者的动机和其他一些重要的才能。利用才能分析的结果，判断应聘者是否符合要求。

4. 回答问题

电话沟通也给应聘者一个提问的机会，他们可以提有关公司以及工作岗位的问题，动机强烈的和有才能的应聘者总能提出许多好的问题。对晋升机会、工作绩效要求和工资方面的问题，应聘者应有所准备。

第 3 节　笔　试

笔试是让应聘者在试卷上笔答事先拟好的试题，然后由主考官根据解答的正确程度评定成绩的一种测试方法。通过笔试，可以测量出应聘者的基本知识、专业知识、管理知识、相关知识以及综合分析能力、文字表达能力等素质能力的差异。

一、笔试的优缺点

(一)笔试的优点

一次考试能包含十几道乃至上百道试题，试题的取样较多，对知识、技能和能力的考察信度和效度较高，可以大规模地进行评价。因此，花的时间少、效率高，比较经济；笔试中应聘者的心理压力小，容易发挥出正常水平；笔试的成绩评定比较客观，可以保存应聘者回答问题的真实材料。

(二)笔试的缺点

笔试的局限性主要是不能直接与应聘者见面，不直观，不能全面考察应聘者的工作态度、品行修养及组织管理能力、口头表达能力和操作技能等，而且不能排除作弊和偶然性。因此，需要采用其他测试方法进行补充。

二、笔试的操作过程

(一)试卷的设计

试卷的设计直接影响到笔试的质量，因此要充分重视试卷设计。在设计试卷时，要注意以下一些原则：

（1）符合目标。试卷从头到尾都要符合目标，不要远离目标，这样才能收到应有的效果。

（2）各种类型的题目可以结合起来使用。比如，在一张试卷上既可以有百科知识的内容，又可以有专业知识的内容，也可以有相关知识的内容。这样可以在较短时间内全面了解应聘者各方面的水平。

（3）充分重视知识的实际运用能力。企业员工招聘中的笔试和学校中的考试有所不同。笔试中，不应过分强调背诵记忆，应主要考察知识的运用能力。因此在设计试卷时，要尽量多用案例以及讨论等形式。

(二)笔试的安排

（1）事先确定好考试的地点。

（2）在每一张桌子上贴上准考证号码。

（3）每位应聘者一张桌子，或者间隔一个人以上的空位。

(三)监考人员的安排

（1）根据考试地点的大小、应聘人员的多少安排监考人员，每个考场至少配置两名以上的监考人员。

（2）监考人员应当有相当的监考经验，遇到特殊情况，能够做出恰当的处理。

（3）监考人员应该严格执行考场纪律。如果有违反纪律者，应该严肃处理，这样才能使考试顺利进行，并体现公平原则。

（四）阅卷的要求

（1）要有标准答案。

（2）防止先松后紧或者先紧后松的情况。

（3）先试阅几张卷子，初步了解应聘者的水平。

（4）如果有数位阅卷人员，可以由每位只阅其中的一题或者几题，这样掌握标准比较准确。

三、笔试实施过程中应注意的问题

命题是笔试的首要问题，命题恰当与否决定着考核的效度。无论是以招聘管理人员和科技人员为目的的论文式笔试，还是以招收工人和职员为目的的测验式笔试，其命题必须既能考核应聘者的文化程度，又能体现出空缺职位的工作特点和特殊要求。命题过难过易均不利于择优。有条件的企业应该建立自己的题库，这样在每次考试时，抽出有关的试题进行组合，保证试题的科学性，但是入库的试题一定要经过科学的测定。另外，请专家出题也是一个不错的选择。在请有关专家出题时，一定要向他们详细讲述招聘的目的，使专家了解测试的目的，根据要求出题。

拟定标准答案，确定评分细则。各个试题的分值应与其考核内容的重要性及考题难度成正比，若分值分配不合理，则总分数不能有效地反映应聘者的真实水平。

阅卷及成绩复核的关键是要客观公正，不徇私情。为此应防止阅卷人员看到答卷人的姓名，阅卷人员应共同讨论打分的宽严尺度，并建立严格的成绩复核制度以及处罚徇私舞弊者的纪律等。

第 4 节　面　试

面试是应用最广泛的人才甄选方法，现在几乎所有的机构和组织都要经过面试才能对人员进行录用。作为一项甄选工具，面试主要有两大功能：第一，可以弥补其他甄选技术的信息缺陷；第二，可以用于评价只有通过面对面互动才能测量到的个人特征，包括外表、声音、仪表及人际交往能力。和所有的其他甄选方法一样，面试有其独特的优点，但也不可避免地存在一些缺点和不足之处。下面简单介绍面试的优缺点以及面试过程中常见的误区，具体的面试操作过程将在下一章介绍。

一、面试的优点

（一）适应性强

面试可以在许多方面收集有用的信息，面试官可以根据不同的要求，对应聘者提各种各样的问题，有时在某一方面可以连续提多种问题，全面深入地了解应聘者。

（二）可以进行双向沟通

在面试时，面试官可以向应聘者提问，应聘者也可以向面试官提问。面试官在了解应聘者的同时，应聘者也在通过面试官了解公司。

（三）有人情味

面试往往是面对面地进行沟通，比较容易形成良好的气氛，使应聘者感到面试官对他的种种关心、理解等。

（四）可以从多渠道获得应聘者的有关信息

面试不但可以通过提问来了解有效的信息，还可以通过观察，包括看、听、问等各方面的渠道来获得有关应聘者的信息，便于全面地了解应聘者。

二、面试的缺点

（一）时间较长

一次面试短则几分钟，长则半天，如果在大规模的人员招聘中运用面试，花费的时间就会过长。如果面试时间太短，不容易了解到足够的信息，面试也就失去了意义。

（二）费用较高

面试需要聘请专家，花费时间长，费用较高。

（三）可能存在偏见

不管面试的专家如何专业，偏见都是面试中难以完全消除的障碍。

（四）不容易量化

面试数据往往可以定性，但不容易定量，因此在统计的时候比较困难。

三、面试中常见的误区

除在第 4 章中介绍的首因效应、近因效应和晕轮效应，面试中常见的误区还包括以下方面。

（一）对比效应

面试过程中，面试官难免会对各应聘者的表现进行对比和评价，而这种对比下的评价会影响面试的效度和公平性。举例来说，如果连续出现表现优秀的应聘者，接着出现一个表现较为普通的应聘者，则面试官可能会给这个应聘者打一个相对低的分数，但继他之后连续出现的几个表现普通的应聘者的分数可能会比他高。事实上得低分的这个应聘者并没有那么差，只是因为其与前面几个对比后而显得有落差。毫无疑问，这样的评分是不公平的。

（二）刻板印象

刻板印象是指根据一个人属于哪一类社会团体或阶层，以这一社会团体或阶层的典型行为方式来判断这个人。刻板印象有利于面试官在众多的应聘者中快速理清头绪，但是刻板印象会给面试带来很大的片面性，因为每个人都有自己的特性，刻板印象会使面试官判断失误，埋没真正优秀的人才。

（三）类我效应

在面试过程中，面试官可能会因为应聘者与自己有相似的经历或者性格、爱好，选择性地忽略应聘者的其他缺点，给其打高分，这样的做法就是受类我效应的影响。

（四）负面效应

负面效应是指面试官对应聘者的印象容易从好变坏，而不易从坏变好，如果应聘者在面试的前期阶段表现不好，但后来表现较好，面试官也会因为负面效应的影响而难以给应聘者高分。

（五）不熟悉工作

面试官未能准确地了解工作包含的内容，以及什么类型的应聘者最适合工作，通常会形成关于什么是好的应聘者的错误的框框，他们就往往会根据这一框框判断选择候选人，而不是基于职位要求进行选择。

（六）非语言行为

面试官应尽量避免应聘者的非语言行为对判断造成的影响。例如，有研究表明，表现出大量眼神接触、头移动、微笑以及其他非语言行为的应聘者得到的评价更高，但没有证据表明非语言行为和能力、胜任力有任何程度的相关性。因此，面试官应在面试中尽量避免非语言行为对判断造成的影响。

第 5 节　测　试[1]

一、身体能力测试

尽管自动化与科技进步已经削弱或调整了许多职业活动中的体力要求，但有些工作仍需要特定的身体能力。在这些情况下，身体能力测试不仅有利于预测未来的工作绩

① 本节中，测试又称为测验。

效，还有利于预测可能会出现的工伤与残疾等情况。

身体能力可以分为 7 种类型的测试：（1）肌肉力量；（2）肌肉张力；（3）肌肉耐力；（4）心肌耐力；（5）灵活性；（6）平衡能力；（7）协调能力。一般说来，涉及特种体力劳动的职业需要对应聘者的身体能力进行测试，以确定应聘者是否能达到基本的身体要求。

二、人格测试

人格测试是用一些量表或者其他方式对人格特性进行的测试，进而推断一个人在不同情境下可能产生的行为。下面我们介绍几个常用的人格测试工具。①

（一）卡特尔 16 种人格因素问卷

卡特尔 16 种人格因素问卷简称 16PF，是由美国伊利诺伊州立大学人格及能力研究所的卡特尔教授编制的。这种人格测试是他通过搜集大量数据文献，并且观察各种现实场景中的行为，采用因素分析的方法编制的。他将人格特质用 16 个词进行描述，构成了人格的 16 种基本因素。这 16 种因素各自独立，相关性很小。测试的时间大约为 45 分钟，适用于 16 岁以上的人群。这 16 种人格特质分别是：乐群性、聪颖性、稳定性、恃强性、兴奋性、有恒性、敢为性、敏感性、怀疑性、幻想性、世故性、忧虑性、实验性、独立性、自律性和紧张性。

测试中每个因素有 10～13 道题目，共 187 道题，题目的排序遵循轮流的原则，从而有效地降低了被测者猜题造成的误差。卡特尔 16 种人格因素问卷因其信度和效度都比较高，目前被广泛使用。但是这套问卷有长度较长、题目过多、施测时间较长等缺点。

（二）艾森克人格问卷

艾森克人格问卷是由英国著名心理学家艾森克于 1975 年编制的，简称 EPQ。这套人格测试基于艾森克的人格整合理论，他将人格分为三个维度——内外倾、神经质和精神质。他通过搜集大量的人格因素方面的特征，运用数据统计分析，得出了这三个维度。他认为每个人都具有这三个维度上的特征，只不过表现的程度有所差异，因此个体在人格上有所差别。

艾森克人格问卷属于自陈式人格测试的范畴，即被测者本人回答问题，通过一些多选或必答的问题，展现个人的人格特征。该问卷分为四个分量表：

（1）E 量表测量个体内外倾向性，分数越高代表人格的外向程度越高。该量表得分高的群体人格表现为热爱交际、喜欢冒险和变化、情绪稳定性低等特征；得分低的群体人格表现为喜欢安静、不善交际、生活规律有计划、情绪稳定等特征。

（2）N 量表测量个体神经质，其分数的两极分别是情绪稳定和神经敏感。该量表得分高的群体人格表现为容易焦躁、情绪起伏大且反应激烈等特征；得分低的群体人格表现为反应较慢、情绪平和、控制力强、不容易冲动行事等特征。

---

① 徐世勇，刘亚军．人才素质测评．北京：中国人民大学出版社，2014．

（3）P量表测量个体精神质，高分人群表现出来的人格特质为攻击性强、冷淡，这并非指神经病，艾森克认为这一维度的高分与人的创造力有联系；低分没有明确的现实意义，但是通过大量的实证观察，一些低分人群往往表现出抑郁、孤独等特征。

（4）L量表即测谎量表，是为了考察被测者的回答是否出于内心真实的想法，通过测试被测者的掩饰、自身掩蔽或测定社会性朴实幼稚的水平，也能在一定程度上反映个体的心理状态。测谎量表得分较高的人群可能会更多地修饰自己，得分较低的人群比较能直面内心的状态，心态比较单纯。测谎量表不仅可以判断其他部分量表的测量结果是否真实，也可以反映个体的社会心态。

（三）MBTI 测试

迈尔斯-布里格斯类型指标（Myers-Briggs type indicator，MBTI）是由美国心理学家凯瑟琳·布里格斯（Katharine Briggs）和其女儿伊莎贝尔·迈尔斯（Isabel Myers）编制的，她们根据荣格的外向-内向、思维-情感与感觉-直觉的维度理论，辅以长期对人类行为的观察和记录，增加了判断-知觉两种类型，于1942年编制了MBTI测试量表。该量表也是一种自陈式的评估，其中包含个性的四个基本特征，要求被测者选择符合自身的类型。

（1）外向型（E)-内向型（I)。该维度用来衡量一个人心理与外界的相互作用程度。外向型的人倾向于与外界沟通交流，喜欢与外界互动，更多地注意外部环境的变化；内向型的人则倾向于自省，喜欢独处，更多地注意自身内部的思想和构建。

（2）感觉型（S)-直觉型（N)。该维度测量的是个体收集信息时注意的指向。感觉型的个体更关注具体的事物或者事实，他们相信自己真实的感受，倾向于通过记录、测量等手段获取信息；而直觉型的个体则更关注未来的发展和变化，关注自身的直觉，期望预示事件的发生，改变事物的状态。

（3）思维型（T)-情感型（F)。该维度测量的是人们的思考和决策的方式。思维型的人更倾向于逻辑决策，喜欢客观分析和推理；情感型的人则更喜欢追随自己主观的情感，根据自己的喜好和价值观进行决策。

（4）判断型（J)-知觉型（P)。该维度测量的是一个人选择的生活方式，体现了一个人对生活的态度。判断型的人更倾向于安排有序、井井有条的生活方式，对自己的生活方式有很强的控制欲；而知觉型的人则更喜欢轻松随意、看起来很散漫的生活方式，希望去构建一个灵活性和机动性强的生活环境。

以上四个维度分别有自身的两极，这样的排列组合形成了16种性格类型，每一种用4个字母表示。如ISTJ是内向、感觉、思维、判断型，这种人认真细致，而且开明豁达，他们注重实务，追求效率和准确性，做事非常有条理，并且可以专注且有计划地完成工作任务。对这类人而言，适合的工作是技术性的工作或者程序性很强的工作。他们追求独立自主的工作氛围，倾向于自己安排时间和计划，按照自己的步调来完成工作任务。16种性格类型可以分为4个大类：SJ型（传统型）、SP型（艺术型）、NT型（理性型）、NF型（理想型）。

通过MBTI测试的结果，人们可以从多个角度对自己的个性有深入的了解，并且依据这些描述选择适合自己的职业。许多的实证研究都证明了 MBTI 测试结果在职业选择中的重要参考作用。

(四)大五人格测验

大五人格是目前人格领域中广为人知的一个分类，大五人格测验也是运用较为广泛的一种测验。大五人格的概念最早源自学者高尔顿（Galton），他在 1884 年提出用人格特征的词语来描述人的个性，之后受其影响的心理学家阿尔伯特（Albert）等人通过查阅词典，挑选出 10 000 多个描述个性的词语，经过卡特尔（Cattell）的浓缩，最终确定为 170 个。

真正的大五人格调查表是由美国心理学家科斯塔（Costa）和麦克雷（McCrae）在 1992 年编制的，两位学者运用因素分析的方法将人格特质分为五大类，分别是外倾性、责任感、开放性、亲和性和神经质或情绪稳定性，这就是我们现在常用的大五人格分类。

（1）外倾性（extraversion）是指一个人对于与他人关系满意的程度，一个人对自己和他人间的关系越舒适，则表示其外倾性越高。外倾性高的人主要表现出合群、热情、主动、乐观等特征；外倾性低的人主要表现出沉默、寡言、谨慎、退让等特征。

（2）责任感（conscientiousness）是指一个人对待事物的专心、集中程度，一个人目标越少、越专心致力于其上，则其责任感越高。责任感高的人表现出胜任工作、公正、自律、克制、有成就感等特征；责任感低的人表现出懒惰、粗心、享乐主义、没有目标等特征。

（3）开放性（openness to experience）是指一个人兴趣的多少以及其对兴趣的投入。开放性高的人表现出兴趣广泛、好奇心重、富有创造力和想象力等特征；开放性低的人则表现出比较实际、兴趣较少、推崇传统等。

（4）亲和性（agreeableness）是指一个人对他人的态度。亲和性较高的人表现出容易相信他人，愿意奉献自己的精力和时间，比较谦虚和顺从，人际关系和谐等；亲和性较低的人则表现出多疑、不愿与他人合作、嫉妒心强、报复心重等特征。

（5）神经质或情绪稳定性（neuroticism）是指一个人在不同的刺激下情绪的平稳程度。情绪稳定性高的人表现为少情绪化、高安全感、镇定等特征；情绪稳定性低的人则表现出容易紧张、容易焦虑、脆弱，会过分担心，情绪容易失控等特征。

三、笔迹分析

笔迹分析作为笔迹学的重要组成部分，是应用心理学的分支学科，其在西方心理学中已经有百余年历史。虽然这项技术在中国还没有形成一个独立学科，但是对汉字笔迹与书写者心理的相关性的认识与研究迄今已有两千年的历史。目前此项技术已在人才招聘、选拔与考核等人才测评中受到了广泛的关注。

笔迹分析也称笔迹测验，其理论基础是笔迹学。笔迹学（graphology）这一词语首先由 19 世纪后期法国的麦肯（Michon）提出来。在《现代汉语词典》中将笔迹定义为“每个人写的字所特有的形象”。笔迹是人工书写字迹时动作习惯的反映，是一种习惯的风格。换言之，笔迹是人们书写行为留下的具有个人书写动作特点并能反映书写者内在素质的字迹和线条。

目前笔迹分析有很多种名称，如笔迹心理学、笔迹人格学、书法心理学、字法心理学、字相心理学、笔迹鉴定、测字、拆字、测字术、笔相学、笔体学和字相学等。一般认为笔迹分析就是专家根据人们书写后所留下的字迹，通过对其形状、力度、速度、结构等诸多因素的分析和研究，推断出书写者的年龄、性别、健康状况、性格、品质、能力、智力、思维方式、文化水平等，为个人指导或组织决策提供鉴定意见。

四、智力测验

（一）智力的概念

传统的智力理论和皮亚杰的认知发展理论都认为，智力是以语言能力和数理-逻辑能力为核心、以整合方式存在的一种能力。特曼（Terman）等人认为智力主要指抽象的思维能力，迪尔伯恩（Dearborm）等人认为智力是学习的潜能，平特纳（Pintner）等人认为智力是适应新情景的能力。中国学者王垒认为凡是个体为了应付环境、解决问题和适应性地生存所应具有的基本的、关键的东西都应包含在智力的概念中。在此基础上，他提出了一种全新的智力概念——综合智力，它包含个性因素、动机因素以及情绪性因素。

我们对大群体进行心理测验主要测量的是能力中的一般能力，即智力。智力测验是心理测验中最早产生的一种测验，也称为普通能力测试，它通过比奈-西蒙的智力量表广为人知。

（二）智力测验介绍

1. 比奈系列量表

（1）比奈-西蒙智力量表。比奈-西蒙智力量表是世界上第一个智力量表，是法国学者比奈（Binet）及其助手西蒙（Simon）于1905年开发出来的。这个智力量表的编制目的起初是为了测量儿童的记忆力、语言能力、理解能力等，从而将普通儿童和超常儿童区分出来。这个智力量表的开发开创了智力测验的先河，后期比奈等人对这个量表进行了数次修订，将原来的30个项目增加到了58个，并且调整了一些题目的顺序，从而使量表更有代表性。1911年，比奈等人又针对成人改变了一些项目内容，使其能够推广到成人群体。虽然比奈-西蒙智力量表现在看来有很多缺点和局限，但它作为智力测验的起始，具有划时代的意义，对后世的智力量表的开发做出了巨大贡献。

（2）斯坦福-比奈量表。斯坦福-比奈量表是由美国斯坦福大学教授特曼推出的，他于1916年对比奈-西蒙智力量表进行了修订，保留了原来量表中的51道题目，又自编了39道题目，最终确定的量表一共有90道题目，适用对象按年龄分为儿童组（3～14岁）、普通成人组和优秀成人组。

在1937年的第二次修订中，特曼采用副本形式，使每个量表都有129个测验题目，这些题目可以替换使用，具有同样的效度。经过这次修订，该智力量表可以测量 2 岁儿童至成人的智力水平。1960 年，特曼的助手梅里尔（Merrill）对量表进行了第三次修订。在这次修订中，梅里尔对量表进行了重新选择和删减，并调整了题目顺序和题目的难度，使量表更加适应当时的社会需求。这个版本的量表可以测量儿童到成人的 20 个年龄组的智力水平，使用方便且应用广泛，题目主要涉及记忆、算数、常识、图画、空间、理解等，可以在多方面把握一个人的智力水平。1972 年，该量表的常模再次被修订，此次常模是基于不同的环境和文化，根据 20 万名儿童的测量结果确定的，更加具有科学性和代表性。

（3）中国比奈测验。比奈-西蒙智力量表起源于西方，也主要应用于西方，因其常模设置和题目的选择都更符合西方社会的需求，所以中国的研究者在不断地考虑如何将其引入中国，为中国的人才素质测评贡献力量。1924 年，我国心理学家陆志韦在 1916 年斯坦福-比奈量表的基础上修订出中国比奈-西蒙智力量表。1936 年，他和吴天敏合作修订了该智力量表。1978 年，吴天敏主持第三次修订，并于 1982 年完成，称为中国比奈测验。中国比奈测验共有 51 道题目，适用范围是 2～18 岁的未成年人，每个年龄有 3 道题目，从易到难排列，每道题目代表 4 个月智龄，用离差智商评定智商的高低。此外，吴天敏根据实际的需求又从这套量表中选出了 8 道题目，组成中国比奈测验简编，它一般只需 20 分钟即可测完，用来快速考察儿童的智力水平。

2. 韦氏成人智力量表

比奈系列智力量表虽然在修订中增加了成人的部分，但是其起源于对儿童的施测，后来的修订多用于儿童群体。学者韦克斯勒（Wechsler）则针对儿童和成人开发了两套量表，更具有针对性。

韦氏成人智力量表包括言语量表和操作量表两个部分，每个部分都包括 7 个相应的分测验。言语量表包括常识、数字广度、词汇、算术、理解、类同和字母-数字排序 7 个分测验；操作量表包括填图、图片排列、积木、物体拼凑、数字符号、矩阵推理和符号搜索 7 个分测验。在实际的操作中，两个量表是交替进行的，每个分测验的原始分都不同，从 18 分到 90 分不等，最终的结果需要转化为标准分数进行比较。每个分测验的平均分是 10 分，标准差为 3 分，最终通过分数的合并得到三个总分数，包括言语总分、操作总分和量表总分。最后使用常模表，可查到三个结果，包括言语智商、操作智商和全量表智商，它们都是以 100 为平均数、15 为标准差的离差智商。

韦氏成人智力量表是智力测验中的重要方式，经过多年的修订，其信度和效度不断提高，广泛应用于成人和儿童的智力测验实践中。但是韦氏成人智力量表因其测试过程烦琐、结果分析复杂、只能单个测试等特点，在应用上有较高的要求。

3. 瑞文标准推理测验

瑞文标准推理测验是英国心理学家瑞文（Raven）于 1938 年设计的一套非文字型智力测验，原名为渐进矩阵。它主要测试被测者的观察能力和思维能力，适用范围为 5～75 岁，跨越儿童和成人两个群体。这套测验的最大特点是非文字性，可以避免一些特殊文化产生的干扰，不受语言制约。

瑞文标准推理测验由60道题目组成，每一道题目都由缺少一块图案的图片和若干张备选小图构成，要求被测者根据图片的规律选出合适的图案填充进去。测验的60道题目按照难度分为A、B、C、D、E五组，每组12道题，按照难易程度排列，每组考察被测者的一种智力因素。A组测个体的知觉判断力、图形比较能力和图形想象力等；B组测类同比较能力、图形组合能力等；C组测比较能力、推理能力和图形组合能力等；D组测系列关系、图形套合能力等；E组测套合、互换、交错等抽象推理能力。

瑞文标准推理测验使用范围很广，既可以用于儿童群体，也可以用于成人群体，同时该测验不受文化、语言和种族的限制，可以进行跨文化施测，既可以个别进行也可以团体测试，大大提高了使用的可行性。瑞文标准推理测验的示例如图6-1所示。

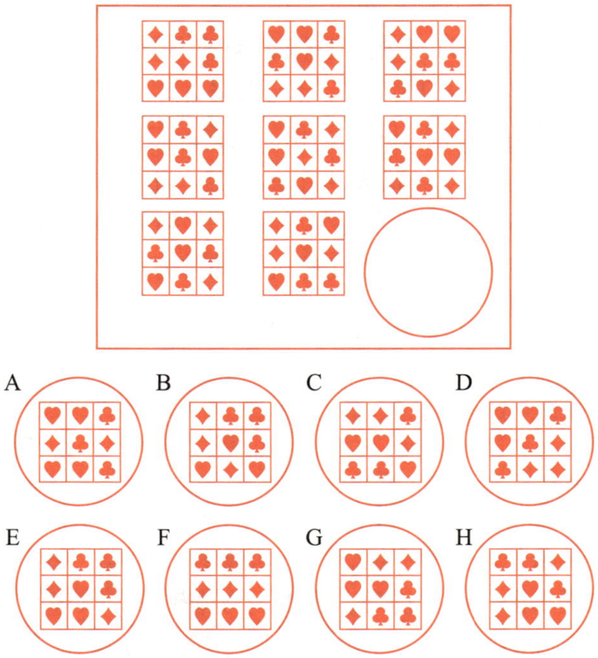

图6-1　瑞文标准推理测验的示例

资料来源：徐世勇，刘亚军．人才素质测评．北京：中国人民大学出版社，2014.

五、职业性向测验

（一）职业性向的概念及理论

职业性向是指人们对具有不同特点的各类职业的偏好和从事这一职业的意愿。职业性向测验就是揭示应聘者对工作特点的偏好，即应聘者喜欢从事什么样的职业，应聘者的这一态度在很大程度上影响员工在职位上的绩效和离职率。

关于职业兴趣与职业选择的理论，心理学家进行了许多研究，也形成了一些对求职者有指导意义的理论。

1. 人职匹配理论

人职匹配理论是职业选择研究中较早的成果，它是由帕森斯（Parsons）在《选择职业》一书中提出的。帕森斯认为每个人不同的人格特点都会对应适合的职业类型，职业选择的过程则是将二者匹配的过程。在这一理论中，我们可以发现选择职业的三个重要因素：认识自我、认识职业、合理匹配。认识自我是指个体需要对自身的能力倾向和兴趣进行充分分析和认识，从而根据自身特点锁定适合的职业；认识职业是指个体需要充分搜集关于职业的信息，深入了解职业的工作内容、薪酬水平、未来发展等情况；合理匹配则是指个体通过对自身和职业进行了解，平衡双方因素，选择适合自己的职业。

2. 择业动机理论

择业动机理论是由美国心理学家弗鲁姆（Vroom）在1964年提出的，他在《工作与激励》一书中提出个体行为动机的强度取决于效价的大小和期望值的高低，用公式来表示则为“动机＝期望×效价”。根据这一观点，我们可以看到个体行为动机的强度取决于效价和期望两个因素，效价越高、期望值越高，个体行为动机越强。

将这一期望理论应用到择业动机理论中，可以解释为“择业动机＝职业效价×职业概率”，择业动机是指择业者能够获得这项职业的可能性大小。进一步细化这一理论，职业效价可以表达为“职业效价＝职业价值观×职业要素评估”；职业概率可以表达为“职业概率＝竞争系数×竞争能力×随机性”。这些公式表明，影响择业者对某一项职业选择的因素主要有他对这项职业价值的评估和他获得这项职业的可能性大小，择业动机的大小不仅受到个体主观因素的影响，也受到社会大环境的影响。

3. 霍兰德职业兴趣理论

霍兰德职业兴趣理论是由美国著名心理学家约翰·霍兰德（John Holland）于1959年提出的，他将个体的职业兴趣分为现实型、研究型、艺术型、社会型、企业型和传统型6种。

4. 职业锚理论

职业锚理论是由美国职业指导专家埃德加·施恩（Edgar Schein）提出的，他通过对44名商学院MBA毕业生长达12年的追踪研究，提出了人们职业选择的核心点。职业锚是指人们在选择职业时最看重的部分，也是驱动人们选择的最本质的东西。职业锚的形成需要后天工作经验的积累和自我认识的不断发展，二者的相互作用会帮助人们逐渐认清自己最重视的东西，即选择职业的核心所在。

施恩通过实际的调查研究，将职业锚分为5种基本类型：

（1）技术或功能型职业锚，即职业选择时注重工作的实际内容，关注自身特长的发挥。

（2）管理型职业锚，即职业选择时注重通向管理层的通道，关注自身能否成功跻身管理层。

（3）创造型职业锚，即选择职业时注重成就感和自我扩充，关注自身能否建立或者创造一些杰作。

（4）自主与独立型职业锚，即选择时注重自由和独立的程度，关注自身能否不受组织约束。

（5）安全型职业锚，即选择职业时注重职业的安稳性和收入情况，关注自身能否拥有安稳的工作和生活。

（二）职业性向测验介绍

了解职业性向的概念和主要理论后，接下来将介绍比较常用的几种职业性向测验。

1. 斯特朗-坎贝尔兴趣问卷

斯特朗-坎贝尔兴趣问卷（Strong-Campbell interest inventory，SCII）由美国心理学家斯特朗（Strong）于1927年出版的斯特朗职业兴趣调查表（Strong vocational interest blank，SVIB）发展而来，SVIB是世界上第一个正式的职业兴趣量表。斯特朗首先编制了一系列的问卷，涉及各种职业和学科，之后他选取两组不同的被测者进行比较研究。一组被测者是对自身工作感到很满意的群体，另一组是并没有特殊偏好的群体，根据两组结果的差异区别出独特的项目420个，并针对10种职业进行评价，由此编制了兴趣问卷。但是这个问卷有自身的缺陷：一方面这个问卷并没有经过严谨的数理统计，仅凭借经验，其信度和效度有一定的问题；另一方面这个问卷仅适用于男性，无法推广到更广泛的群体。针对后者，1933年，斯特朗又编制了第一个女性问卷。1938年和1946年，斯特朗分别对男性和女性问卷进行了第二次修订，修订工作最终由坎贝尔（Campbell）分别于1966年和1969年完成。坎贝尔在修订过程中，顺应社会趋势，将男性和女性问卷合二为一，最终于1974年公开了斯特朗-坎贝尔兴趣问卷，这个兴趣问卷后来也数次修订，目前常用的是1985年的版本。

2. 库德职业兴趣调查表

库德（Kuder）的兴趣调查表产生的时间稍晚于斯特朗-坎贝尔兴趣问卷，它的第一个测验版本发表于1939年。1944年，他又发表了库德职业偏好记录表。这个记录表使用配对比较的项目形式来评估7个兴趣领域的偏好，试图从被测者的兴趣范围来推断被测者感兴趣的职业。记录表将所有职业分为10种类型，包括户外活动、机械、科学、运算、劝说/宣传、艺术、文学、音乐、社会服务和文书，每个类型对应一个量表，被测者的测量结果从高分到低分代表对此领域感兴趣的程度。题目的形式是迫选式的，被测者需要在三个选项中选出最喜欢的和最不喜欢的，库德职业偏好记录表主要适用于对高中学生和成人的就业咨询和安置。之后库德对职业偏好记录表进行了修订和补充，编制了适合初高中学生选课和就职的库德一般兴趣量表（Kuder general interest survey，KGIS），这个量表仍包含168个三选一式的问题，涉及504种活动。

1966年，库德发表了库德职业兴趣调查表（Kuder occupational interest survey，KOIS），该调查表采用比较的方法，测量被测者的兴趣和从事各种职业的人们的兴趣之间的相似度。KOIS共有100个项目，分为5个量表，分别是验证量表、职业兴趣评估、职业量表、大学主修专业量表和实验量表。

库德职业兴趣调查表与斯特朗-坎贝尔兴趣问卷的设计有共同之处，也有创新之处。库德职业兴趣调查表项目组合以兴趣范围为单位，并将适用者的年龄层延伸到了初中阶段，另外还加入了大学主修专业量表，这些都是其创新之处。

3. 霍兰德职业兴趣量表

之前我们简单介绍了霍兰德职业兴趣理论，该理论将个体的职业兴趣分为六种，分别是现实型、研究型、艺术型、社会型、企业型和传统型。霍兰德认为职业兴趣与职业环境模式的匹配是决定成功与否的重要因素之一。依据这一理论，霍兰德开发出了相应的职业兴趣量表，这一量表在目前的职业兴趣测评中使用得最为广泛。

霍兰德职业兴趣量表的具体操作如下：

量表的第一部分要求被测者写出心目中理想的职业或专业。被测者需要按照喜好的顺序列举出 3 个最想从事的工作或者最喜欢的专业。第二部分会为被测者列举一些具体的活动，要求被测者在这些活动中判断自己的喜好。第三部分同样会为被测者列举一些具体的活动。要求被测者在这些活动中选出自己擅长的活动。第四部分为被测者列举了一些具体的职业，要求被测者选出自己喜好的职业。第五部分是一个能力类型简评，这一部分要求被测者自评，通过与同龄者比较自身各方面能力，对自己的能力进行评估，分数越高代表能力越高。第六部分是统计表格的部分，要求被测者统计第二部分到第五部分的得分，第二部分到第四部分是统计每个类型上得到“是”的数量，第五部分则是直接统计自评得分，统计完成之后将每部分的分数对应填写在表格里，并进行纵向累加，根据累加的分数高低即可判断出个体的职业倾向。第七部分要求被测者列举出自身的职业价值观，即在求职的时候比较看重什么，此处为被测者列举了 9 种人们在选择工作时通常会考虑的因素，要求被测者按照重要性排序填写。

霍兰德职业兴趣量表可以清楚地量化每个个体的兴趣和能力，结果直观简洁。但是它也有一些缺点，比如题目设置比较多，被测者填写起来需要一定的时间；同时该量表大部分需要被测者进行自我评估，被测者对自身的了解程度会对量表的有效性产生很大的影响。

第 6 节　背景调查与体检

一、背景调查

背景调查是指从应聘者提供的外部证明人或者之前工作的单位那里获取资料，来核实应聘者个人情况的一种方法。通过背景调查能够核实应聘者教育背景、工作经历、工作能力、个人品质等方面的信息，为组织的人事决策提供更丰富的依据。

关于何时进行背景调查，在实际操作中有两种常用的方法。第一种是入职前背景调查，此时用人单位有录用意向，但应聘者尚未正式确定入职。在这个时间段进行背景调查，可以减少招聘成本，因为用人单位只需要对几个在考虑范围内的应聘者进行背景调查，一旦在背景调查中发现应聘者有造假的情况，也可以比较容易地结束招聘进程，法律风险较小。但是通常这段时间非常短，不一定能及时地完成背景调查，应聘者也有可能在这段时间内转向别的企业，造成人才流失。第二种是在入职之后的试用期内开展背景调查，称为入职后背景调查。在这段时间内，公司有充足的时间开展背景调查，并且调查成本非常低（只需要调查少数人）。但是也会面临更大的风险，比如应聘者确实有重大的道德问题，就可能会给公司带来重大损失；另外由于已经与应聘者签订了正式的劳动合同，一旦通过背景调查发现其有造假行为，辞退应聘者会让公司承担比较大的法律风险。

背景调查的实施者通常是企业的人力资源部门、专业的第三方调查公司或者猎头公司。具体选择哪一种，需要综合考虑招聘的职位级别、公司规模、招聘成本等因素。

（一）背景调查的类型

背景调查有以下三种类型。

1. 向证明人核实

与熟悉应聘者工作历史的人交谈，并询问一些与工作有关的问题，所得信息有助于衡量应聘者是否适合工作。

2. 核实凭证

核实学位、证书、执照之类的凭证。如果有可能，还要对是否有前科、信用历史等方面进行调查。

3. 核实是否需要培训

雇佣应聘者之前了解他们的优点和缺点将有助于确定是否需要培训，可以节省时间和精力从而提高生产率。最好的做法是询问过去管理他们的人。

（二）背景调查的内容

关于背景调查的内容，并没有统一的标准，往往根据企业自身的需求展开。表 6-5 给出了背景调查常常涉及的几个项目，以供参考。

表 6-5　背景调查的内容

项目	具体内容
个人基本信息	姓名、出生日期、籍贯等
教育和培训经历	正规教育的水平、培训的经历以及其他资格证书和奖励情况
个人工作经历	证明人与应聘者的关系、应聘者的工作起始时间、工作职责、薪酬水平、离职原因等
个人特质	应聘者的工作技能、性格、爱好、特长、能力水平等
个人品德	个人的忠诚度、信用、责任心、人际关系等
其他信息	其他与工作岗位相关的信息

资料来源：徐世勇，刘亚军．人员素质测评．北京：中国人民大学出版社，2014.

调查的内容可以分为两类：一类是通用项目，如毕业学位的真实性、任职资格证书的有效性；另一类是与工作说明书要求相关的工作经验、技能和业绩，不必面面俱到。无须调查核实简历或申请表上的所有内容，这样既费时又费钱，如果调查的事情与工作无关，还有可能惹上麻烦。

背景调查可以达到两个目的：一方面，核实申请表或个人简历上的以及面试时得到的信息；另一方面，搜集到应聘者可能不愿意告诉的其他信息（见表6-6）。

表6-6 建议核实的背景条目

典型的	较需要的
● 文凭、普通同等教育的文凭或其他学位 ● 执照、证明或其他证书 ● 聘用时间 ● 所任职务 ● 基本职责 ● 主管的姓名与职务 ● 离职后的补偿	● 离职的原因 ● 是否有资格再次被录用 ● 工作表现的描述（与其他工作人员相比） ● 可靠或尽责的程度 ● 说明其出色表现的实例 ● 强项及其发展要求 ● 证明简历或申请表的准确性

（三）背景调查的具体方式

背景调查可以通过电话调查、档案查询、专人查询等多种方式进行。

背景调查的信息量较少时，可以由企业的人力资源部门进行，派人力资源部门的员工去应聘者原来的工作单位、曾经就读过的学校进行调查，由人力资源部门员工进行背景调查，获得的信息可信度较高，但是耗时费力。

当调查信息量较大时，可以委托有此业务的中介机构，让其去应聘者就读过的学校进行调查，这样可以立刻分辨出学历和学校活动的真伪。去应聘者原来的工作单位进行调查，原则上可以了解应聘者以往的工作绩效和个人能力，但应聘者原来雇主的评价是否客观需要加以辨认，为了防止优秀人才被挖走，原雇主可能会降低对自己员工的评价。也可以去档案管理部门进行背景调查。目前个人档案由国有单位的人事部门和人才交流中心保管，它们对档案的传递有着严格的保密规定，因此利用档案进行背景调查的可信度也比较高。委托调查的优点是快速、专业，缺点是费用较高。

（四）文凭和求职材料的识别

1. 文凭的识别

（1）观察法。可以通过肉眼观察、与真文凭对比来识别假文凭。有些假文凭做工低劣，如纸质硬度不够、没有水印、学校公章模糊、钢印不清等，都可以凭肉眼识别。当然，也有一些假文凭制作得比较逼真，水印、公章、钢印等一应俱全，通过肉眼很难识别。如果周围有真文凭，可以将它们进行对比，这时往往可以很快辨别文凭的真伪。如果假文凭做工精细，并且没有真文凭进行参照，可以使用提问法或核实法进行识别。

（2）提问法。通过对应聘者的学识、常识和能力的提问来鉴别文凭的真假是最有效的方法。根据文凭中的专业，面试人员可以提一些专业性的问题，这些问题有的可能非常肤浅，甚至是不合逻辑的，通过应聘者对问题的反应就可以初步判断文凭的真伪性。

通过观察法和提问法都没有办法确定文凭的真伪时，面试人员可以与文凭所在学校的学籍管理部门取得联系，让其协助核实该文凭的真伪，一般而言，学校都能积极协助，虽然过程复杂，但准确率可以达到百分之百。

2. 求职材料的识别

应聘者求职材料中的内容可分为两类：一类是客观内容，如学习经历、工作经历、专业知识、技术经验等；另一类是主观内容，如个人兴趣、爱好、性格等。无法证实的主观内容可忽略掉，认真分析客观内容。客观内容分为两类：常规客观内容和关键客观内容。常规客观内容是指普通的客观内容，如学习经历、计算机的普通操作技能、普通的工作技能等；关键客观内容是指与应聘岗位直接相关的客观内容，如与岗位相关的知识、技术、工作经验等。应聘者能否通过面试，主要取决于关键客观内容的真实性，所以它也是求职材料识别的重点内容。识别的步骤如下：

（1）对关键客观内容进行认真分析，估计材料的可信度。

（2）从可信度最差的内容开始对应聘者提问。

（3）提问采用“步步紧逼”法，尽可能对细节问题连续提问。

（4）面试人员不一定需要了解相关的技术知识，仅根据应聘者的反应就可以判断他是否撒谎。

（5）一旦发现应聘者有撒谎行为，立即停止面试，按未通过处理。

（6）如果通过提问还是很难估计材料的真伪，人力资源部门可以与应聘者原单位、学校联系，调查应聘者的实际工作表现。

（五）背景调查在实施中应注意的问题

背景调查作为规避用人风险的有效手段之一，已经被越来越多的组织采用，在实际使用过程中，需要注意以下几点：

（1）背景调查需要征得被调查者也就是应聘者的同意。背景调查开始之前需要应聘者以书面形式签署同意组织进行背景调查的知情书，并且提供2～3位知情人的联系方式。

（2）背景调查的内容要与工作岗位相关。背景调查所涉及的项目应该是与应聘者未来所要从事的岗位工作相关的内容，调查者不得获取与工作无关的应聘者的其他隐私信息。

（3）背景调查的结果要保密。背景调查的结果不宜向其他人尤其是应聘者本人透露，除非调查结果显示应聘者有严重的造假问题。

（4）要慎重使用背景调查的结果。背景调查作为一种测评手段，其结果只能作为一个参考，最终的人事决策还需综合考虑其他测评工具的测评结果。

二、体检

体检通常是甄选过程后紧接着的一个步骤。在某些情况下，体检在雇员开始工作后进行。

进行雇佣前体检有三个主要原因：

（1）体检可以用来确定应聘者是否符合职位的身体要求，发现在对应聘者安排工作时应当考虑的身体局限因素。

（2）通过体检可以建立应聘者健康记录和基线，以服务于未来保险或雇员赔偿要求。

（3）通过确定健康状况，体检还可以降低缺勤率和事故，发现应聘者可能不知道的传染病。

体检这一环节的执行相对简单，一般企业会指定一个有信誉的或长期合作的医疗机构，要求应聘者在一定时间内进行体检。在大型企业组织中，体检通常在企业自己的医疗部门进行。体检的费用由招聘者支付，体检的结果也交给招聘者。

体检是录用时不可忽视的一个环节。不同的职位对健康的要求有所不同，一些对健康状况有特殊要求的职位在招聘时尤其要对应聘者进行严格的体检，否则有可能给企业带来许多麻烦。

本章小结

人员甄选是指组织通过一定的手段，对应聘者进行区分、评估，并最终选择哪些人将加入组织、哪些将被淘汰的一个过程。

筛选简历时，应该分析简历结构，留心简历中的空白时间和前后矛盾之处。另外，还应假定简历中的有些信息是不可信的，同时标出简历中感兴趣的地方，面试时询问应聘者。对简历进行筛选后，应该打电话去收集一些附加的信息，通过电话可预先介绍工作实际情况、补充空缺信息、审定资格、回答问题，这种做法可以得到特别有用的信息。

笔试是让应聘者在试卷上笔答事先拟好的试题，然后由主考官根据解答的正确程度评定成绩的一种测试方法。通过笔试，可以测量出应聘者的基本知识、专业知识、管理知识、相关知识以及综合分析能力、文字表达能力等素质能力的差异。

面试是应用最广泛的人才甄选方法，面试主要有两大功能：第一，可以弥补其他甄选技术的信息缺陷；第二，可以用于评价只有通过面对面互动才能测量到的个人特征，包括外表、声音、仪表及人际交往能力。

背景调查是指从应聘者提供的外部证明人或者之前工作的单位那里获取资料，来核实应聘者个人情况的一种方法。通过背景调查能够核实应聘者教育背景、工作经历、工作能力、个人品质等方面的信息，为组织的人事决策提供更丰富的依据。

思考案例

阿里巴巴的校园招聘

阿里巴巴自2012年起开展集团统一的校园招聘，每年招聘上千名应届毕业生以储备新鲜血液。阿里巴巴非常重视校园招聘，在雇主品牌、筛选机制的建立、面试官的培训，以及在校招系统平台建设和运营上都投入了相当多的精力，以期打造一个能够与社会招聘、人才盘点、绩效管理相连、相通的校招运营平台，从更体系化、更动态化的角度去看校园招聘对整个组织能够创造的价值。

一、建立校招网络平台

2013年阿里巴巴建立了校园招聘电子化平台，以业务需求为首要前提，以电子化校园招聘系统为技术支持平台，站在人才运营的角度进行校园招聘，使校园招聘成为更加高效的招贤纳士的途径，同时也为阿里巴巴人才管理提供依据。阿里巴巴要求申请职位的学生首先登入这个校招网络平台完成简历等个人信息的注册，以及职位和工作地、面试城市的选择。后续的在线笔试、面试预约、面试结果查询、职位邀请函查询确认等也都是在平台中完成。这个电子化平台的应用能让阿里巴巴的校园招聘更加高效精准、管理便捷。

二、在线笔试

阿里巴巴是国内第一家进行大规模在线笔试的公司，每年都有10万以上人次参加阿里巴巴的在线笔试。阿里巴巴于2014年开始使用在线笔试，旨在避免申请人因为时间和空间的限制而失去与他人公平竞争的机会。公司凭借自己在技术上实力，开发了可数万人同时在线进行笔试的系统。只要你有电脑能上网，就能参加阿里巴巴的校网招聘笔试。有人不禁会问，这种在线笔试中如果有人作弊怎么办？比如有人会拿着手机上网找答案，或者找枪手，这样的话笔试就完全失去了意义。

为防止作弊，出题项目组每年会精心筹划如何设计出既能考察基础知识又描述严谨的新题，主要是考察申请人的解题能力。同时还会利用各种技术手段防止作弊，比如通过答题行为数据分析来筛查作弊者。另外，阿里巴巴的笔试采用过关制，而不是排名制。

三、面试

想获得阿里巴巴的聘用意向书，最少要通过三轮面试。面试的形式多种多样，可以是线下面试，也可以是电话面试、视频面试。通过了简历评估或者在线笔试的申请人会收到阿里巴巴的线下面试通知。同时，为了方便面试官和申请人不受空间的限制，阿里巴巴校招团队联合开发团队打造了远程视频专场面试系统，免去面试官和申请人的奔波之苦。

四、人才库

阿里巴巴认为校园招聘是获取优秀人才的重要途径。前来阿里巴巴参加面试的申请人无论通过面试与否，都是人才。这些人才的简历、笔试成绩和面试报告都会保存下来。

那些未通过面试的申请人信息会被记录下来并做上标签，比如未通过面试的哪个环节。那些通过面试却拒绝职位的申请人，其拒绝的原因也会被记录下来。通过这些简单的记录，将为以后的社会招聘提供更好的数据支持。

思考题：

1. 在阿里巴巴的校园招聘中，笔试和面试在筛选人才时各自起的作用是什么？
2. 人才库在人才筛选中的价值有哪些？

拓展阅读

面试与背景调查表示例

面试与背景调查表示例如表 6-7 至表 6-9 所示。

表 6-7 面试评价记录表

<table>
<tr><td>姓名</td><td></td><td>性别</td><td></td><td>应聘岗位</td><td></td><td>日期</td><td></td></tr>
<tr><td>用表提要</td><td colspan="7">请主持面试人员在适当的格内画√</td></tr>
<tr><td>评价指标</td><td colspan="2">面试内容</td><td colspan="2">佳</td><td colspan="2">一般</td><td>差</td></tr>
<tr><td rowspan="3">综合印象</td><td colspan="2">仪容、精神面貌、态度</td><td colspan="2"></td><td colspan="2"></td><td></td></tr>
<tr><td colspan="2">表达与沟通能力</td><td colspan="2"></td><td colspan="2"></td><td></td></tr>
<tr><td colspan="2">求职者的潜能、上进心</td><td colspan="2"></td><td colspan="2"></td><td></td></tr>
<tr><td rowspan="2">岗位胜任能力</td><td colspan="2">专业知识了解程度</td><td colspan="2"></td><td colspan="2"></td><td></td></tr>
<tr><td colspan="2">相关工作经验及业绩</td><td colspan="2"></td><td colspan="2"></td><td></td></tr>
<tr><td>管理能力、领导力、影响力</td><td colspan="2">管理能力、领导力、影响力</td><td colspan="2"></td><td colspan="2"></td><td></td></tr>
<tr><td>工作稳定性及适应性</td><td colspan="2">来公司服务的动机及稳定性、与公司文化适应性</td><td colspan="2"></td><td colspan="2"></td><td></td></tr>
<tr><td rowspan="2">初试结果</td><td colspan="2">建议录取【 】</td><td colspan="3">有条件录取【 】</td><td colspan="2">不录取【 】</td></tr>
<tr><td colspan="7">初试评价（备注）：

面试人签名：
日期： 月 日</td></tr>
<tr><td rowspan="2">复试结果</td><td colspan="7">复试评价（备注）：

面试人签名：
日期： 月 日</td></tr>
<tr><td colspan="2">录取【 】</td><td colspan="3">有条件录取【 】</td><td colspan="2">不录取【 】</td></tr>
</table>

表6-8 背景调查模板

拟聘人姓名： 拟聘任职位：

调查人			调查时间		调查方式	
Ⅰ.身份核实						
身份证信息：□真实 □虚假						
身份证验证网址：						
Ⅱ.犯罪记录核实						
犯罪记录情况	□有 □无		查询地			
受访人姓名			受访人职务			
受访人联系方式						
Ⅲ.学历背景验证						
教育培训与职称资格	最高学历：□真实 □虚假		最高学位：□真实 □虚假			
	技术职称：□真实 □虚假 □无		职业资格：□真实 □虚假 □无			
	培训经历：□完全真实 □部分真实 □完全虚假 □无					
Ⅳ.工作情况验证						
最近工作单位①	公司名称		联系电话			
	受访人姓名		职位		与拟聘人关系	
	调查项目	与简历描述是否一致	调查项目	与简历描述是否一致		
	单位情况	□是 □否 □部分一致	任职时间	□是 □否 □部分一致		
	担任职务	□是 □否 □部分一致	离职原因			
	奖励记录	□是 □否 □部分一致	奖励原因			
	惩处记录	□是 □否 □部分一致	惩处原因			
	是否曾晋升	□是 □否	最终薪资	（元/月）		
	是否愿意重新雇佣该员工（如果有机会）		□是 □否 □不清楚			
	其他补充：					
最近工作单位②	公司名称		联系电话			
	受访人姓名		职位		与拟聘人关系	
	调查项目	与简历描述是否一致	调查项目	与简历描述是否一致		
	单位情况	□是 □否 □部分一致	任职时间	□是 □否 □部分一致		
	担任职务	□是 □否 □部分一致	离职原因			
	奖励记录	□是 □否 □部分一致	奖励原因			
	惩处记录	□是 □否 □部分一致	惩处原因			
	是否曾晋升	□是 □否	最终薪资	（元/月）		
	是否愿意重新雇佣该员工（如果有机会）		□是 □否 □不清楚			
	其他补充：					

续表

V. 其他情况验证	
家庭背景调查	□完全真实 □部分真实 □完全虚假 补充说明：
任职回避	是否有亲友在本公司任职？□无 □有 补充说明：
特殊背景调查	是否曾受到过原单位的通报批评或处罚？□否 □是 补充说明：
	是否曾因行为或业绩不佳而被解聘？□否 □是 补充说明：
	是否曾因触犯法律而被判刑？□否 □是 补充说明：
	是否有酗酒、赌博、吸毒等行为？□否 □是 补充说明：
其他事项说明	
调查结论	

表6-9 员工背景调查表

被调查人		应聘职位		调查时间	
工作经历调查					
调查公司		联系人		联系方式	
1. 我想证实××提供的信息，他正在申请到我公司工作，他曾经在贵公司任职过吗？职位是什么？					
2. 他离职的主要原因是什么？					
3. 他在工作期间内表现如何？					
4. 在工作期间内与同事和上司关系如何？受过相关奖惩吗？					
5. 工作期间薪水？					
原工作单位背景调查（从最近查起）					
任职单位1					
提供信息人姓名		职位		联系方式	
任职时间		任职岗位			
工作表现		有无不良记录或纠纷			
离职原因					
任职单位2					
提供信息人姓名		职位		联系方式	
任职时间		任职岗位			

续表

工作表现		有无不良记录或纠纷			
离职原因					
任职单位3					
提供信息人姓名		职位		联系方式	
任职时间		任职岗位			
工作表现		有无不良记录或纠纷			
离职原因					
学习经历调查					
调查学校		联系人		联系方式	
1. 我想证实××提供的信息，他正在申请到我公司工作，他曾经在贵校就读过吗？学习什么专业？					
2. 他在学校期间表现如何？					
3. 是否参加过学校的社团？					
4. 在学校期间是否受到过奖惩？					
毕业证及身份证核实					
毕业证		□属实 □不属实	身份证		□属实 □不属实
调查人员：					

第7章 面试

「学习目标」

- 描述面试的类型
- 了解无领导小组讨论的实施流程
- 了解面试的实施流程及具体的操作方法
- 掌握面试的实施技巧

「引入案例」

阿里巴巴面试销售人员时如何考察候选人的“要性”

动力足是销售人员成功非常关键的一个因素，这就是阿里巴巴一直强调的“要性”。那么阿里巴巴在销售面试过程中如何去评估候选人的“要性”?

阿里巴巴在面试中有一些方法和技巧去考核候选人对目标的忠诚和对成功的渴望。比如面试的时候，面试官会随手拿起桌边的一个东西，请候选人把自己视作目标客户，给他们一分钟的考虑时间，把这个产品卖给自己。事实上在一分钟的考虑时间内，销售候选人多半不会想到很好的方法，但这种情况下恰恰正好能考核出候选人的“要性”。有的人就会特别坚持，虽然他没有很好的办法，但是不愿意放弃，愿意坚持、坚持、再坚持，要把这个东西卖给“客户”。

另一个常用的方法是请候选人拿着一摞名片去对面的写字楼，在半小时内拿四张名片回来。这种情况下，通常十个面试者里面会有接近一半出去以后就再也没有回来，也会有三四个回来的时候手里拿着四五张名片。其实去写字楼里要名片是一件很困难的事情，能坚持出去扫楼的人，还能在不了解公司不了解产品的情况下要回名片的人，就会被阿里巴巴视为“要性”比较强。

在企业里，执行力就是在很多的规则都不清晰的情况下，还能以结果为导向，想尽办法做好这件事，拿出结果。阿里巴巴就是通过这样的面试方式来选择具有动力、执行力的销售人员。

第1节　面试概述

面试是应用最广泛的人才甄选方法（Moscoso，2000），现在几乎所有的机构和组织都要经过面试才能对人员进行录用。Casio et al.（2005，2006）认为，作为一项人事甄选技术，面试主要有两大功能：第一，可以弥补其他甄选技术的信息缺陷；第二，可以用于评价只有通过面对面互动才能测量到的个人特征，包括外表、声音、仪表及人际交往能力。

一、面试的定义

面试是一种通过面谈的方式获取候选人与工作有关信息的程序，是一种用于根据应聘者的口头回答或口头询问来预测其未来工作绩效的甄选程序。

面试是最古老、最重要的一种人才评价选拔方法，在现代企业的人员招聘选拔中，几乎所有的企业都使用面试方法，有的兼用笔试，有的只使用面试一种方法来决定取舍。例如，一项针对852名雇主的研究发现，99%的雇主都用面试来进行员工甄选。在另外一项调查中，56%的被调查者认为在人才的选拔过程中面试是最重要的，90%的组织在人员选拔中使用了面试的方法。因此，面试是一种必不可少的甄选手段。

面试与笔试是互补的，面试能够对笔试不能有效测评的一些要素进行有效的测评。面试主要用于测评应聘者的素质与特点，包括仪表举止、动机与态度、口头语言表达能力、综合分析能力、应变能力、综合分析能力、人际交往的意识与技巧、自我控制能力，如果面谈沟通得比较深入，对测评对象的性格、兴趣和价值观也能有较准确的把握。

为什么面试如此流行？主要有以下原因：

（1）面试能评价一个人的个性品质（包括人际关系能力等），而其他方法（如笔试、简历筛选等）不能很快地决定。与应聘者面对面地交流被认为是测出这些品质的必不可少的程序。

（2）面试官常常认为他们有能力评估个体的技能和品质，能够从与应聘者的交流中做出准确的判断。

（3）面试是一种双向交流。不仅招聘者有机会观察应聘者，也为应聘者提供获得企业和未来雇主信息的机会。

二、面试的目的

（一）了解应聘者的求职动机

面试中需要了解的最基本信息就是应聘者的求职动机。面试官在听应聘者回答提问的过程中，要了解应聘者的语言动机，这样更有利于判断其语言的真实性。同时，面试官对动机的判断不能仅仅停留在应聘者的语言上，而需要通过追问、情境设置等面谈技巧了解其真实动机。例如，应聘者往往会说应聘这个职位是为了更好的发展，这是一个很抽象的回答，面试官需要通过对应聘者所处情况做出的分析、判断，或进行追问以了解真实原因。面试官还可以根据应聘者所讲述的以往行为来更加全面地判断其工作期望。

（二）获取在笔试中难以获得的信息，评估应聘者的综合能力

面试的最终目的是招聘者从空缺职位的需要出发，实现对应聘者素质的有效测评，选拔出与企业发展相匹配的高素质人才。笔试阶段能考察到的主要是应聘者的书面表达能力、认知能力、专业知识的掌握程度等有限信息，应聘者的性格、仪表、经验和综合能力是否与招聘岗位所需要的相符合，应聘者的价值观是否与企业相匹配，则需要招聘者在与应聘者面对面的交流与沟通中，通过交谈与观察才能够掌握。例如，某企业根据工作说明书对人力资源总监这一岗位所需能力提炼出的素质指标为计划、组织、协调能力，人际沟通能力，解决复杂问题能力，团队领导能力，激励能力等，这些素质情况在笔试中很难获取，但在面试中可以利用情境模拟或者行为描述的方法进行逐一考察或综合考察。

三、面试的特点

（一）面试是一个双向交流的过程

面试是面试官和应聘者之间的一种双向沟通过程，包含言语、表情、举止等多方面的信息交流。在面试过程中，双方的接触、交谈、观察都是相互的，面试官可以通过观察和谈话来评价应聘者；应聘者也可以通过面试官的行为来判断其价值判断标准、态度偏好、对自己面试表现的满意度等，调节自己在面试中的行为表现。同时，应聘者也可借此机会了解自己应聘的单位及职位情况，从而决定自己是否接受这一工作。所以，面试不仅是面试官对应聘者的一种考察，也是主客体之间的沟通、情感交流及能力的较量。面试官应通过面试从应聘者身上获取尽可能多的有价值信息，应聘者也应抓住面试机会，获取应聘单位及职位等自己关心的信息。面试的这种直接性提高了面试官与应聘者之间相互沟通的效果与面试的真实性。

（二）面试的内容灵活、针对性强

面试内容对于不同的应聘者来说是相对变化的、灵活的，具体表现在以下几个方面。

（1）面试内容因应聘者的个人经历、背景等情况的不同而无法固定。例如，两位应聘者同时应聘档案管理岗位，一位有多年从事档案工作的经历，另一位是档案管理专业的大学应届毕业生。在面试中，对前者应侧重询问其多年来从事档案管理方面的实践经验，对后者则应侧重了解其对该专业基础知识掌握的情况以及在校期间的学习情况。

（2）面试内容因工作岗位不同而不同。不同工作岗位，其工作内容、职责范围、任职资格要求等都有所不同，例如，国家市场监督管理总局的有关技术监督岗位与人力资源社会保障部的考录岗位，无论其工作性质、工作对象还是任职资格要求，都有很大差

别，因此，其面试的内容和形式都有所不同，面试题目及考察角度也各有侧重。

（3）面试内容可以因应聘者在面试过程中的表现不同而适当调整。面试的题目一般应事先拟定，以供提问时参照。但这并不意味着必须按事先拟定好的题目逐一提问，毫无变化，而应根据应聘者回答问题的情况，来决定下一个问题问什么、怎么问。如果应聘者回答问题时引发出与拟定题目不同的问题，面试官还可顺势追问，而不必拘泥于预定的题目。

总之，面试内容既应事先拟定，以便提问时有的放矢，又要因人因岗而异，灵活掌握。这既能让应聘者充分展示才华，又不能完全让应聘者天马行空自由发挥，最好是在半控制半开放的情况下灵活把握。

（三）面试是强调过程的素质测评

笔试完全以答案为依据来评判应聘者的成绩，只要应聘者的答案与标准答案一致，不论是真的解答对了还是猜对了，也不论解答方法是否巧妙、花费的时间是多是少，都要给分。面试则是依据应聘者在面试过程中的表现对其素质作出评定。它不仅分析应聘者的回答是否正确，更重要的是看应聘者在回答问题的过程中所反映出的思维的灵活性、逻辑性和应变能力等。因此，对应聘者面试结果的评判不把观点正确与否作为第一位的指标，而是看应聘者回答问题的过程，考察其整体素质。

（四）判断的直觉性过于依赖面试官

与笔试具有明确的客观标准不同，面试的评价标准带有较强的主观性。面试官的评价往往受个人主观印象、情感、知识和经验等许多因素的影响。不同的面试官对同一位应聘者的评价往往会有差异，而且各有各的评价依据。所以，评价的主观性是面试的一大弱点。但评价人的素质是一项十分复杂的工作，面试官可以把自己长期积累的经验运用到面试评价中，在这个意义上，面试的这种主观性又有其独特价值。

四、面试的类型

面试的类型有多种，划分的依据不同，分类也不尽相同。

（一）按面试标准化程度分

根据其标准化程度，面试可分为结构化面试、非结构化面试和半结构化面试。

1. 结构化面试

结构化面试又称标准化面试，是指依照所需岗位胜任素质确定面试的维度，在每个测评维度上预先编制好面试题目并给出相应的权重和评分标准，严格遵循特定程序，对应聘者进行客观评价的方法。招聘者在对员工进行面试的时候，一方面努力保证基于应聘者所申请岗位胜任素质水平进行评估，另一方面力求采用系统化、结构化的方法来评价应聘者在这些胜任素质上的行为表现水平，以确保选拔的公平性和科学性。结构化面试可以较好地兼顾这两方面，因此成为当今最受青睐的面试方法。具体分析，结构化面试的特征如下：

（1）根据职位分析的素质要求设计面试问题。在结构化面试实施的前期需要进行深入的职位分析，以明确在特定岗位工作中哪些事例或者事件可以用来区分良好绩效和较差的绩效，由执行人员对这些具体事例进行评价，并建立题库。结构化面试测评的要素涉及知识、能力、品质、动机和个人特质因素等，尤其是有关职责和技能方面的具体问题，更能保证甄选的成功率。

（2）结构化面试问题的内容及其提问顺序都是事先确定的。结构化面试的题目对同一职位的所有应聘者是一致的，面试的指导语、面试时间、面试提问顺序、面试的实施条件务必一致，以确保所有的应聘者在几乎同等的条件下接受面试，保证面试过程的公平、公正以及结果的可比性。

（3）采用标准化的评分程序。从素质模型中提炼出一套系统化的具体标尺，每个问题都有确定的评分标准，针对每一个问题的评分标准建立系统化的评分程序，能够保证评分的一致性。

总之，结构化面试更加注重根据职位分析得出的与工作相关的素质，面试官知道应该提出哪些问题和为什么要提出这些问题，避免了主观上的归因错误，每个应聘者都得到更客观的评价，降低了出现偏见和不公平的可能性，能够可靠、有效地在最短的时间内选聘到真正能够满足工作要求的应聘者。

2. 非结构化面试

非结构化面试是指在面试中没有事先规定框架结构，也不使用有确定答案的固定问题，而是让面试官通过与应聘者进行开放式、任意式的谈话，深入地了解应聘者某些特征的面试。非结构化面试的随意性较大，不像结构化面试那样对测评目标做专业的分析后准确地确定测评要素，在每个测评维度上预先编制好测评题目并制定相应的评分标准，然后通过客观的评价程序，对应聘者进行定量分析。因此，非结构化面试不具备统一的评价标准，面试官完全凭借经验和主观判断来主导面试过程，没有标准化的面试问题，没有标准化的面试流程，也没有标准化的候选人比较与评估体系。在这种情况下，面试官很容易受到首因效应、近因效应、晕轮效应和类我效应等心理学效应的影响，而且不同的面试官使用不同的评价标准，其数量化的测评结论也不具有在同一平台上的可比性。这影响了非结构化面试的效度，也很难把应聘者的评价结果进行横向比较。

3. 半结构化面试

半结构化面试是介于非结构化面试和结构化面试之间的一种形式。在结构化面试的基础上，面试官就应聘者答题中涉及的有关问题或有疑问的地方做进一步追问，问题的数量由面试总时间决定，形式更加灵活，这有利于应聘者充分展示真实才能，也有利于比较全面深入地考察应聘者的素质状况。在试题的设计上，半结构化面试对构成要素中部分内容做了统一的要求，另一部分内容则不做统一的规定。也就是说在预先设计好的试题（结构化面试）的基础上，由面试官针对应聘者所应聘的岗位提出一些随机性的问题，在规定的时间内进行追问。

半结构化面试与结构化面试的区别在于：半结构化面试中面试官的数量比较多，一般有 5～8 人，构成也比较多元化，提问随意性较大，涉及面更宽，提问时间也比较长（一般为 30～40 分钟），所以该方法对面试官的选择与面试官本身的素质提出了更高的要求，如主持的准则、如何发现应聘者的破绽进行发问与追问、如何控制面试进程、如何结束面试以及面试官本人的知识素质等。不过，它结合了结构化和非结构化的特点，对应聘者的评价更加全面准确。

（二）按面试实施方式分

根据其实施方式，面试可分为单独面试与小组面试。

1. 单独面试

在这种形式下，由人力资源部门工作人员与其他专业部门人员组成面试组对各个应聘者逐一进行面试。面试组一般由 3～5 名面试官组成，其中设定一名主面试官，其他面试官协助主面试官进行问题的展开提问。单独面试是一种一对多的面试形式，面试官可以从多个角度对应聘者进行考察，提高判断的准确性。

2. 小组面试

小组面试是指同时对多名应聘者进行集体面试的形式。小组面试一般采用情境模拟和角色扮演的方式，让应聘者在特定时间内就情境中的某个问题进行陈述和讨论，多名面试官在一旁进行一对一或者多对一的观察。小组面试便于面试官全面考察应聘者的领导能力、语言表达能力、逻辑思维能力、辩论能力、说服能力、组织协调能力、倾听能力和合作能力。此外，小组面试涉及应聘者相互之间的交流和沟通，便于面试官对应聘者进行横向比较，挑选出佼佼者。

但是，小组面试在实际实施过程中存在很大困难，如题目难设计、情境中角色划分随意、成本高、评价要素难以设定、对评价者要求高等，小组内部比较容易选拔出优秀者，但是不同小组的应聘者之间难以进行比较。

（三）按面试题目内容分

根据题目的内容，面试可分为情境面试和行为面试。

1. 情境面试

在情境面试中，面试题目主要是特定的情境性问题，即设置一系列工作中可能遇到的场景，要求应聘者回答“这种情况下你会怎么做”，看应聘者在特定情境中的反应，以此来鉴别应聘者与工作相关的行为意向。情境面试是测评应聘者如何在未来假设情境中行为的能力，它的理论来源于动机理论中的目标设置理论。这一理论认为，一个人的未来行为会在很大程度上受到他的目标或行为意向的影响，个体为自己设置的目标或意图是未来行为很好的预测指标。情境面试的理论假设认为，应聘者对他们将来会怎么做的回答与将来真实的行为之间有非常大的相关性。

情境面试具有三个显著的特点：第一，面试问题是在职位分析基础上构建的，都是与工作相关的行为性问题。第二，对每一位应聘者都询问同样的问题。第三，对照评价标准对应聘者的回答做出评价。面试前就已确定职位的胜任素质权重和评价量表，面试后对每一问题的回答进行量化评定。情境面试的环节依次是职位分析、开发问题、确定预期得分点、检查问题、面试实施、评分决策。情境面试在操作上可以减少由面试官获得和解释应聘者相关信息能力的不同而导致的误差，还可以提高面试官在做最终录用决策时的一致性水平。

2. 行为面试

行为面试的基本假设源于行为一致性原则，即“过去的行为是对未来行为的最好预测”。招聘情境的设置是为了了解应聘者过去的工作表现，以此作为预测未来工作绩效的指标。行为面试的问题同样是基于关键胜任素质的行为性问题，因此，流程上首先是通过职位分析或者通过构建胜任特征模型来决定所需的胜任素质并确定权重，然后开发面试试题，实施面试，最后评分决策。在行为面试中，面试官的主要任务是收集应聘者过去的“STAR”，即情形（situation）、目标（target）、行为（action）和结果（results），也就是说，应聘者在讲述事例时面试官应关注这四方面的问题。

（1）情形：事例发生时的背景情况，应聘者遇到的问题有哪些。这一部分的讲述不需要太详细，但一定要凸显出问题，为后面采取的行为做铺垫。

（2）目标：在做这件事情时预想的目标和结果是什么。这部分可以让面试官对应聘者所做的事情有一个总体印象和定位。

（3）行为：这部分是核心，主要内容是应聘者在做这件事情时采取了哪些行为。在讲述时，最好按照一定的逻辑顺序，如按时间顺序来讲解方法、步骤、对突发情况的应对策略等，使面试官有一个详细、清晰的了解。

（4）结果：这件事情的结果如何，包括是否达到了预想的目标，有哪些收获等。从应聘者的回答中，面试官可以看出应聘者是不是一个善于总结经验的人。

对应聘者在某个胜任素质上评分的依据是：行为描述的情境与工作所面临的情境的相关程度、应聘者的行为目标、应聘者的行为有效性、对一个具体的胜任素质的行为描述结果如何。其中，应聘者的行为有效性尤为重要。在对应聘者的成绩进行讨论之前，每一个面试官都应该对各应聘者在每个胜任素质上的得分做出自己的评价，然后将所有面试官的评分加总，这样就可得到每个应聘者在每个胜任素质上的得分。一旦对每个应聘者的每个胜任素质都形成了一致意见或平均等级，最后的甄选决策就水到渠成了。

行为面试和情境面试的不同点表现在以下三个方面：

（1）从定义上看，行为面试假设过去的行为是未来行为的最好预测指标，主要通过应聘者对过去某种行为的表述，来捕捉其某些能力或其他个性特征。情境面试的基本原理是目标设置理论，假设对未来的意图和设想是未来行为的有效预测指标，主要通过应聘者对某种假设情境的设想、联想、假设和分析，来捕捉其某些能力或其他个性特征。

（2）从适用条件来看，行为面试适合末尾打分，情境面试适合逐题打分。

（3）从面试的时间来看，行为面试时间较长，情境面试时间较短。

（四）其他面试类型

1. 压力面试

由于竞争日趋激烈，企业越来越倾向于寻找能接受挑战、承担责任、抵抗压力的人才，于是压力面试便成为很多企业青睐的一种面试形式。所谓压力面试，是指面试官有意制造紧张氛围，以了解应聘者将如何面对工作压力。面试官通过提出生硬的、不礼貌的问题故意使候选人感到不舒服，针对某一事项或问题做一连串的发问，打破砂锅问到底，直至无法回答。该面试的目的在于确定应聘者对压力的承受能力、在压力面前的应变能力和人际关系能力。

（1）压力面试的优势。从压力面试的含义可以看出，压力面试是面试官有意制造紧张的面试考场氛围，通过面试官生硬的、不礼貌的甚至冒犯性的问题，故意让应聘者感到很突然并承受很大的心理压力，从而测试应聘者的心理承受能力、临场应变能力和应对突发状况的能力。从心理学的角度我们知道，当一个人面对突发事件或者高压力、束手无策、惊慌失措的情况时，会表现出比较本能、潜在的反应。因此，压力面试相对于非压力面试，能更好地测量出应聘者本能的深层特质，包括分析能力、人际交往能力、情绪控制能力、思维能力在内的多种能力水平，使组织能够更有针对性地挑选出具有特殊心理素质和能力的人才来满足招聘岗位的特殊要求。

（2）压力面试的劣势。压力面试因为其特殊的面试环境、试题以及面试技巧的专业性，容易造成面试官对应聘者的能力把握不够全面、准确，面试局面不易掌控等问题。由于压力面试的特殊性，面试试题难以设计，对面试官控场能力的要求也比较高，如果企业过度使用压力面试或者压力面试试题的设计不合理，往往无法合理有效地衡量应聘者的相关素质。如果面试官控制不当，很容易造成场面无法掌控的情形，产生应聘者反应过激的尴尬场面。有时，压力面试也会因为氛围过于紧张，合适的人才没有反应过来而被淘汰，使企业错失人才。

值得注意的是，压力面试并不是一种单独存在的面试类型。现今，几乎每一个工作岗位，如销售、人事、财务、管理层等，都不同程度地承受各种压力，企业可以把压力面试作为面试的一部分。但是，面试的目的是招聘到符合岗位要求的人员，也就是说，招聘方式必须能够考评应聘者与岗位需求相关的所有素质，而仅仅使用压力面试往往很难达到考察应聘者全面素质的要求，因此，压力面试往往是穿插在行为面试和情境面试当中的。

2. 远程面试

远程面试是指招聘者在进行简历筛选后，借助现代通信工具，如电话、网络视频等设施或软件，与符合企业招聘岗位要求的应聘者进行交谈，初步了解应聘者的过程。远程面试一般可以用于初步面试筛选，为真正面对面的考察做精减工作，以提高招聘效率。

（1）电话面试。电话面试的作用和问题类似于谈话之前的交流，可采用中文或英文，不同企业会采用不同的方式。一般面试官通过电话与应聘者直接交流，时间为 10～

30 分钟，包括自我介绍和常规问题询问，根据简历对应聘者的基本能力和经历进行了解，以判断其是否具备招聘职位所需要的相关能力，并以此判断是否给予下一轮面试的机会。

（2）视频面试。视频面试是指面试官与应聘者在约定的时间，利用互联网，通过视频摄像头和耳麦进行语音、视频、文字方式的即时沟通交流的招聘面试。在网络招聘竞争日益普及和人才大批量随时流动、追求效率的现代社会，视频面试已经成为企业招聘的一种重要方式。

3. 系列式面试

系列式面试是指企业在做出录用决定前，由多位面试官对应聘者进行面试，每一位面试官从自己的角度观察应聘者，提出不同的问题，并形成对应聘者的独立评价意见。在系列式面试中，每位面试官依据标准评价表对应聘者进行评定，每位面试官的评定结果将用于综合比较分析，以便做出最后的录用决策。

五、无领导小组讨论

无领导小组讨论是一种无角色群体自由讨论的测评形式，它是将应聘者按一定的人数（一般为 5～10 人）编为一组，不确定会议主持人，不指定重点发言，不安排会议议程，不提出具体要求，根据面试官提供的真实或者假设的材料（如业务问题、财务问题、社会热点问题等）进行自由讨论。这一讨论可以形成较一致的意见，也可以形成不一致的意见。在这种情况下，对应聘者在讨论中所展现的语言表达能力、独立分析问题的能力、概括能力、应变能力、团队合作能力、感染力、建议的价值性、措施的可行性、方案的创意性等划分等级，进行评价，其目的是考察应聘者的现场表现，看谁会从中脱颖而出，成为自发的领导者。

无领导小组源自评价中心技术（一种素质测评方法），目前流行的素质测评理论有冰山模型和洋葱模型。无领导小组面试过程中会重点使用这两种理论。

（一）分类

（1）根据是否给应聘者分配角色，无领导小组讨论可以分为不定角色讨论和指定角色讨论。所谓不定角色讨论是指小组中的应聘者在讨论过程中不扮演任何角色，可以自由地就所讨论的问题发表自己的见解；所谓指定角色讨论是指面试官宣布完规则后在小组内讨论决定由谁承担哪一角色，这时实际上面试已经开始了。在指定角色的小组讨论中，应聘者分别被赋予一个固定的角色，例如财务经理、销售经理、人事经理、生产经理等，以各自不同的身份参与讨论，在各角色的基本利益不完全一致，甚至有矛盾的前提下，通过讨论达成小组的一致意见。

（2）根据小组成员在讨论过程中的相互关系，可以将无领导小组讨论分为竞争性的、合作性的和竞争与合作相结合的形式。

（3）根据无领导小组讨论的情境与拟任工作的相关性，可以将其分为工作相关情境的无领导小组讨论和工作无关情境的无领导小组讨论。

（二）测评维度

在应聘者能力测评中，主要从以下角度对其素质和能力进行判断。

1. 组织行为

该维度主要考察应聘者在小组讨论中是否主动发言、阐述自己的观点，以及能否顾全大局，积极主动地请他人发言，并向他人提出疑问，及时纠正问题使讨论继续进行下去，针对大家的观点适时概括、总结，并拿出意见。

2. 洞察力

洞察力又称智慧能力，主要考察应聘者在讨论中是否针对题目，提出新颖、独到的观点和见解，在阐述自己观点时是否能旁征博引、引经据典，对题目分析透彻，并搜集证据来支持自己的观点。洞察力还包括及时洞察他人谈话的漏洞，并加以补充和解释。

3. 倾听

该维度主要考察应聘者是否专心聆听他人的见解，并及时与他人沟通，如面部表情、点头或摇头的动作等。倾听是小组讨论中一个很重要的测评维度，好的领导者（管理者）能很好地倾听下属和他人的谈话。

4. 说服力

该维度主要考察应聘者表达论点的口才和逻辑性。口才指的是发言的流畅性，语调、语速、婉转性及抑扬顿挫感等；逻辑性是发言不跑题，有针对性，论点与论据间推理严密。小组讨论不但要求应聘者发言，提出自己的观点，还要在最后得出结论，这说明了说服力的重要性。

5. 感染力

该维度主要考察应聘者通过语言或行为引起他人相同的思想感情的能力。在小组讨论中这个维度会淋漓尽致地表现出来，包括很多方面，如语调、体态、手势等。

6. 团队意识

该维度主要考察应聘者与其他人合作的能力及集体荣誉感。小组讨论要求应聘者密切合作，拿出意见，因此，应聘者要注意角色定位，不能在讨论中以自我为中心，忽视整个团队。

7. 应变能力

该维度主要考察应聘者在面对不同的情况时是否可以及时应对。当讨论出现激烈争吵和矛盾时，稳重自信，抓住产生冲突的原因，说服对方，缓和气氛；当发言被打断或者听到他人反驳自己的意见时，能稳定情绪，面露笑容，静候他人讲完意见，然后及时调整自己的态度和讨论问题的方式，缓和会议氛围，都是应变能力的表现。

8. 沟通能力

沟通能力主要指能否倾听他人的意见，特别是与自己不同的意见能否完整地耐心听完，能否在他人与自己意见完全不同并严厉反驳自己的意见时态度温和、不急不躁，准确地表达意见分歧所在，能否分析产生不同意见的原因和背景，或者分析这两种意见在深层次及本质上有无共同点，并由此引导大家继续讨论。

（三）实施流程

1. 前期准备

虽然无领导小组讨论面试问题的设定开放程度较大，但是必须明确考核的要点。例如，招聘市场营销人员时，可以设计一个产品推广计划，让他们设计方案。这跟应聘者之后将从事的实际工作十分接近，更适于面试官寻找适合的人选。接下来就是制作评价表。一般所要评价的项目包括领导力、创新性、执行力、细心周到、责任感等。对面试官的培训也非常重要。一般需要在面试开始之前召开一个小型会议，主要负责人向面试官介绍面试流程、注意事项，详细解释评分标准。由于领导力、执行力这些名词非常抽象，因此必须对每一项进行具体化。可以选择社会上或组织里被大家熟知的人员，对他们的某些性格特点做简单描述，与测评项目对应（例如，某人能很快根据策划实施具体筹备事项，即体现了他的执行力），让面试官对所有选项有宏观把握和实际理解，便于为应聘者评分。

2. 面试过程

尽管面试官在整个过程中不进行任何解释或评论，但他们的工作量仍旧很大。面试官的重点要放在整体把握上，观察每一个人的表现，倾听他们的发言。值得注意的是，面试官不是单单打分就可以了，必须尽量多记录，把观察到的所有情况记录下来。因为短时间内难以对所有人进行比较判断，之后还要与其他人做出商讨，详细记录能够避免忘记面试过程，也为打分提供依据。例如，在领导力这栏中，可以记录下某人“平息组内个别成员的争论”“提议做出总体规划”等。另外，面试官不应该仅仅关注最爱表现或是最活跃的人。因为每个小组中不是人人都能做领导，将来进入组织亦是如此，组织还需要很多其他角色。面试官应该同时关注细节，例如观察谁经常注意控制时间，谁在别人发言的时候认真倾听，谁能动手做出对理论的证明而不只是口若悬河，这些品质都是很受企业青睐的。团队中不能全是针锋相对的人，要能互相合作、取长补短。

3. 后期测评

后期工作往往容易被忽视，但这也是很重要的环节。如果时间允许，面试官可以在最后对问题和成员进行点评。所谓的点评并不是公布正确答案或对个人进行褒贬，而是给一些启发和建议，帮助应聘者对题目做出更多的思考，并对自己的表现进行总结，以便得到更多收获。另外，可以做一份反馈表格，每次面试完毕都应该进行反馈，应聘者不仅仅是被面试的人，也是面试的评价者，企业招聘人员可以通过应聘者的反馈了解各个环节设计的合理程度，这有利于双方的共同进步。

第 2 节　面试准备

面试是最常用的甄选方式，同样也是操作难度较高的测评方式。在组织评价应聘者的同时，也是应聘者进一步综合了解组织的机会。整个面试准备工作做得如何、面试官和面试流程如何等，都将直接影响应聘者对组织的印象，甚至影响其获取职位的愿望。选择有效的面试方法，遵循规范的面试实施标准，可以大大提高面试的有效性。

一、面试准备阶段

（一）确定面试方式

面试方法的选择是基于不同的招聘需求确定的，从结构化程度、组织形式、目的、经济、效率等因素出发，确定具体的面试方式。

1. 普通职位招聘

普通职位招聘的特点是职位相对较低，对应聘者要求不高。这类招聘可以采用两轮面试即初试和复试，是一种非压力面试，有些甚至是一对一的面试即只有一名面试官。初试可由人力资源部负责，复试则由用人部门的直线经理负责。整个过程相对简单，时间较短。这种方式可以降低成本，提高效率。

2. 管理职位或关键职位招聘

管理职位或关键职位的特点在于职位在组织中的级别或重要程度较高，对组织起关键的作用，对组织发展影响大。这类职位的招聘需要更高的精确性，因此要进行多轮面试，诸如市场总监等职位还要选用压力面试，并采用团体面试的形式。整个过程相对复杂，时间较长，有时还要结合其他甄选方式。

针对招聘职位的不同，应由不同职务的人主持面试（见表 7-1）。

表 7-1　面试责权划分表

招聘职位	第一轮面试	第二轮面试
普通职员	人力资源部和用人主管	人力资源部经理和用人主管
初级主管	人力资源部经理和用人主管	人力资源部经理和副总经理
中层经理以上	人力资源部经理和用人主管	人力资源部经理和总经理

（二）组建面试官团队

面试一般需要多名面试官参与，其中一名为主面试官。面试官团队可以根据不同的面试方法来确定，完整的面试官团队可由 5～7 人组成，包括组织高层领导、人力资源经理、直线经理、外部专家等，可在不同面试阶段进行不同组合。

面试官的选择是面试成败的关键，面试官的工作能力、个性特征及各方面的素质将直接影响面试的质量。面试过程中，面试官对应聘者的评价是录用与否的重要参考指标。当面试官以个人的好恶或不公正的标准去评判应聘者时，给招聘与录用工作带来的损失是不可估量的。

（三）设计面试提纲与试题

面试的主要目的是根据应聘岗位的要求对应聘者进行评价，以确定哪些人选可以胜任。面试评价指标的确定通常基于工作分析或胜任力模型分析，考察招聘职位所需要的KSAO。面试提纲一般包括评价指标和面试试题，其中试题可分为通用试题和重点试题。

通用试题适用于所有应聘者，主要是为了从广泛的问题中了解应聘者的情况，从中获取评价信息。通用提纲涉及的问题很多，不可能在短时间内全部提出，这就要求面试官根据应聘者的具体情况，选择性地提问。重点试题是针对具体应聘者提出的。面试前，每位应聘者都必须填写应聘人员登记表，同时，每位面试者都有相关的应聘材料。因此，每位面试官都必须汇总这些材料，从中发现问题，以便在面试中进行提问，深入了解应聘者。重点试题的多少，视具体情况而定。

（四）拟订面试评价表

面试评价表由若干评价指标组成，设计时还应注意到评价等级的确定，一般可采用五级或七级。面试评价表有两种形式，一种是等级式，另一种是行为描述式，分别如表7-2和表7-3所示。

表7-2 面试评价表——等级式

姓名		性别		编号	
年龄		应聘职位		所属部门	
评价指标	评价等级				
	5优秀	4良好	3中等	2较差	1很差
仪表气质					
求职动机					
语言表达能力					
人际沟通能力					
应变能力					
进取心					
专业知识					
总体评价					
考官：			日期：		

表7-3　面试评价表——行为描述式

评价指标	观察要点	权重	评价等级					评分
			优秀	良好	中等	较差	很差	
举止仪表	衣着打扮得体，言行举止随和，有一般的礼节，无多余的动作	5	5	4	3	2	1	
言语理解和表达能力	理解他人意思，口齿清楚，语言流畅，内容有条理，富有逻辑性；他人能理解并具有一定说服力，用词准确、恰当、有分寸	15	5	4	3	2	1	
综合分析能力	对事物既能从宏观总体考察，又能从微观方面考虑其各个组成部分；能注意整体和部分之间的关系和各个部分间的有机协调组合	15	5	4	3	2	1	
动机匹配度	兴趣与岗位情况匹配；成就动机（认知需要、自我提高、自我实现、服务他人的需要等）与岗位情况匹配，认同组织文化	10	5	4	3	2	1	
人际协调能力	人际合作主动；理解组织中的权属关系（包括权限、服从纪律等意识）；能与他人进行有效沟通（传递信息）；处理人际关系时原则性与灵活性相结合	15	5	4	3	2	1	
计划、组织、协调能力	依据部门目标预见未来的要求、机会和不利因素并做出计划；看清冲突各方关系；根据现实需要和长远效果做适当选择，及时做决策、调配、安置	15	5	4	3	2	1	
应变能力	压力状况下思维反应敏捷，情绪稳定；考虑问题周到	10	5	4	3	2	1	
情绪稳定性	在较强刺激情境中表情和言语自然；在受到有意挑战甚至侮辱的场合，能保持冷静，为长远或更高目标抑制情绪	5	5	4	3	2	1	
专业知识和技能	针对不同职务的知识；一般性技能，包括计算机水平、英语水平	10	5	4	3	2	1	
个人考察要点	离开原来公司的原因；个人目标；本公司职位的吸引力；具体谈谈对销售、市场工作的想法，有何业绩，是否适应经常出差	记录						
总分								
面试官评语		面试官签字 年　月　日						

设计面试评价表时，要明确评分的计分幅度和评价标准，明确评价指标的权重，把每个测评要素根据应聘者的表现分成若干等级，或者用不同的分值表现出来，最终产生一个总分。

（五）安排面试场所

面试场所的选取和环境控制需要注意以下几个方面：

（1）确保面试场所的独立性。面试要有单独的场所，如会议室等，并在面试期间在门上标识"请勿打扰"，以免受到干扰。面试场所不宜选在办公室，以免受到电话和工作的影响。

（2）确保面试场所的合适性。面试场所的大小应根据面试的方式确定，如个人面试可以选取较小的空间，小组面试则要求较大的空间。

（3）确保面试场所的宽松性。面试场所的基本要求是安静、舒适，拥有良好的采光和封闭的环境，以保证面试过程在宽松的环境中进行。

（六）准备面试资料与道具

具体面试的资料和道具准备包括以下内容：

（1）应聘者的简历或申请表。用以了解应聘者的基本信息，并作为面试过程中审核其真实性的基础。

（2）心理测验报告。如果做过心理测验，其报告可作为面试官的参考，可结合甄选内容，对关键特征进行追问以确认评价结果的有效性。

（3）其他诸如笔试等的结果资料。

（4）面试题本、面试记录表和评价表。有时也可以将以上资料整合成一份面试官手册，供面试官在面试过程中使用。

（5）面试结果汇总表。用以收集和汇总面试官的评分结果。

（6）其他面试所需道具。例如，录音设备、录像设备、面试官台卡、计时器等。

（七）培训面试官

培训面试官是为了改变传统面试中凭经验和直觉评价的问题，提高面试的准确性。面试官培训一般包括理论知识和实践技巧两大部分。

理论方面的培训主要是使面试官掌握与面试有关的人力资源知识，诸如面试的概念、特点、类型等。实践技巧的培训则主要通过模拟的方式练习面试过程中经常用到的各种技巧，如改善提问技巧、了解面试的组织、提供支持、建立和谐的相互关系、倾听技巧、记录技巧、掌握采集相关资料的技巧、评分技巧等。就特定的招聘面试而言，培训还要达到以下几个目的：

（1）使面试官熟悉招聘职位的性质和要求。通过回顾工作说明书以及面试评价内容，侧重了解招聘职位的主要职责，对任职者的知识、能力、经验、个性特点、职业兴趣等方面的要求和工作中的汇报关系、环境因素、晋升和发展机会等了然于胸。

（2）使面试官熟悉应聘者的情况。阅读应聘者的简历或申请表、心理测验报告等材料，使面试官了解应聘者的基本背景情况和心理特征，如姓名、年龄、性别、身体状况、教育和训练状况、工作经历、以往薪资以及离职原因等，此外还可以发现应聘者材料中缺少的信息，甚至是前后不一致的地方，以便在面试时提问，进行有效信息采集。

（3）使面试官熟悉整个面试的程序以及日程安排。

（4）使面试官熟悉自己所扮演的角色，主要是自己所提的问题及如何与他人配合。

（5）使面试官熟悉面试试题、统一评分标准，将面试官的差异性降到最低。

（6）提示其他注意事项。

（八）进行面试通知

面试其他准备工作完成后，对于通过初步甄选进入面试阶段的应聘者，在确定好面试时间后要进行面试通知，通知的方式包括电话通知、信件通知、E-mail 通知、短信通知、网络通知等。在通知中要明确以下内容：一是告知具体的面试时间、地点、联系人、联系电话、交通方式；二是告知应聘者需要准备的具体事项等。

二、面试试题的设计

（一）面试试题设计的原则

面试的内容与题目设计是面试设计者要考虑的重要问题。面试的试题设计一般遵循以下原则。

1. 针对性原则

面试总是为特定的岗位选人，所以面试试题设计通常要紧密围绕所应聘岗位的工作说明书提出的能力要求。应聘者的能力包括三种，即一般能力（逻辑思维能力、语言表达能力、临场反应能力等）、领导能力（计划能力、决策能力、预测能力等）和个性特征（气质风度、情绪稳定性、自我认识和处事风格等）。对于这三种能力，每个人的侧重是不同的，而不同的岗位所需要的能力也是不同的，因此设计出来的题目不能泛泛而谈，要考虑招聘岗位员工所需要的能力，并针对该岗位需要的能力设计问题；问题设计出来后，应该使应聘者的回答反映其在这三个方面的能力，以便找出与职位相符的应聘者。此外，题目还应针对应聘者的来源和背景情况，选择适合应聘者的问题。例如，若应聘者是没有工作经验的应届毕业生，则可以询问其在大学中所参加的实践活动情况；若应聘者是有工作经验的求职者，则可以询问其过去的工作经历。

2. 代表性原则

设计面试试题时，内容不能过于简易，也不能过于烦琐，应在某一方面或某一环节上具有代表性，足以测试应聘者的特定素质。例如，企业如果需要招聘一名有经验的人力资源经理，不妨设计这样的试题：请讲一件你自己做过的最难或者最让你印象深刻的决策。一个真正有管理经验的人，稍加思索就会把他曾做过的比较难的决策讲出来，面试官则可以从他讲的细节中判断是否属实，进而确定他是否有管理经验。

3. 可行性原则

可行性原则即从实际出发的原则。从当前实际看，有的地方不难招到高素质人才，因而竞争激烈；有的地方却不然。因此，内容深浅难易要顾及应聘者的情况，不宜一味求新求异求难。如果录用缺乏实际工作经验的应届毕业生，应着重一般素质（尤其是发展潜力）的测评；如果应聘者有一定工作经验，可着重进行特殊素质的测评。对不同类型的应聘者在项目的权重分配上应有所区别。

4. 灵活性原则

题目的形式和内容都要采用较灵活的做法，一是为面试情境性提问留有余地，也给应聘者的思维留有空间以调动其积极性；二是灵活的试题可以铺垫面试所需的活跃气氛，使面试根据时间进展的情况、测试目标完成的情况、应聘者的表现情况，有张有弛、有节奏、有力度地进行，这有利于调整应聘者的紧张心理，使其发挥正常水准。

5. 顺序性原则

题目出现的顺序应当遵循以下原则：

（1）先易后难原则。面试中首先出现的问题应该是难度最低的，然后再提高难度。面试中，应聘者免不了会有些紧张，如果刚开始的题目就有一定的难度则会加大应聘者的压力，不利于后面题目的回答；也可能应聘者认为面试官提问的题目过于困难，自己根本不会，干脆放弃后面题目的回答。如果试题从简单的开始，应聘者见题目简单，就会放松心情，从容作答，这样面试官就可以从应聘者的回答中获取需要的信息。

（2）先一般后专业原则。同样的道理，应聘者在紧张的环境下对专业知识的把握可能会出错，而一般问题则不容易出现失误。

（3）先共性后个性原则。一个人在陌生的环境中会对外界提高警惕，如果面试官一开始就涉及应聘者的个性问题会增加其警惕度，得到的回答可能是不真实的；相反，如果先从共性问题入手，应聘者慢慢融入新的环境、放松警惕，则更容易得到真实的意思表达。

（二）面试试题的类型

1. 背景性问题

背景性问题一般是在面试开始阶段作为导入性的题目向应聘者提出的，其主要目的一方面是营造良好的沟通气氛，缓和应聘者的紧张情绪；另一方面是帮助面试官对应聘者有基本的认识和大致的了解，为双方之间的进一步交流和沟通收集有价值的话题。这类面试题目的设计相对容易，但题目的可替换性也比较小，一般只能围绕应聘者的个人背景进行。例如，谈谈你过去的工作经历，说说你的工作经历对你参加这次面试有什么帮助。

2. 智能性问题

智能性问题主要是考察应聘者的综合分析能力、言语表达能力和逻辑推理能力。一般是由面试官提出一些值得思考并富有争议性的现实问题和社会问题，让应聘者阐述自己的观点和看法。这类问题没有标准答案，应聘者可以自由发挥，面试官考察的重点不是应聘者的答案是否正确，而是应聘者能否抓住看似复杂的问题的实质和症结所在，并有逻辑、有层次、有针对性地展开论述，做到论点鲜明、论据充分、论证严密，最终自圆其说、令人信服。例如，有人认为“企业用人应以才为先”，也有人认为“企业用人应以德为先”，你认为企业用人应先注重什么？为什么？

3. 工作知识问题

工作知识问题主要是询问应聘者对所应聘岗位的相关知识的了解和掌握情况，对于技术类工作岗位来说这类问题尤为重要。这类问题需要设计者与具体部门工作人员进行沟通。如果在工作中对专业技术要求很高，则提问应该有一定的深度；如果工作中只需要了解基础专业知识，则设计问题时只提问该专业领域中的普通理论知识即可。例如，招聘营销专员时可以设计“请谈谈营销理论中的 4P 理论”之类的题目。

4. 情境性问题

情境性问题是描述一个与工作相关的假定情境，让应聘者置身于这样的情境中，讲述自己有怎样的想法和做法。这类问题可以根据所招聘岗位在工作中解决不同问题所需要的能力设计不一样的情境，主要考察应聘者的组织协调能力、决策能力、随机应变能力等。

5. 行为性问题

行为性问题通过让应聘者确认在过去某种情境、任务或背景中他们实际做了什么，来取得应聘者过去行为中与一种或数种能力要素相关的信息。该问题的目的是通过关注应聘者过去的行为来预测应聘者将来的表现。在行为性问题的实际使用过程中，所有已经发生的事件都是由应聘者进行描述，面试官了解真实情况比较困难，应聘者就可能对以往的工作成果夸大其词。因此，在使用行为性问题进行提问时，面试官一定要注意提问的技巧，遵循 STAR 原则，对应聘者以往的工作细节进行追问，以便了解特定情况下应聘者的行为、表现出来的能力以及所取得的成果。例如，请讲述一下你认为自己组织得最成功的一次活动，并说说体会。在了解到信息的基础上，可以追问更多细节，如你是怎么组织的，他人对这项活动是如何评价的，你自己如何看待，等等。

6. 压力性问题

压力性问题通常是故意给应聘者施加一定的压力，观察其在压力情境下的反应，主要考察应聘者的应变能力、忍耐性和情绪控制能力。设计压力性问题时，还需要与面试官进行充分沟通，在考场营造出特定的压力氛围。例如，你只是应届毕业生，没有工作经验，怎么能胜任我们的岗位？

7. 意愿性问题

意愿性问题主要考察应聘者的工作动机是否与岗位相匹配，涉及应聘者的世界观、人生观、价值取向、求职动机与职位要求的匹配性以及生活态度等多个方面。另外，薪资、福利待遇、工作安排等问题均属此类。这类问题不强调有标准答案，旨在了解应聘者过去和现在对工作的态度、更换工作与求职的原因、对未来的追求与抱负。例如，询问应聘者离开原工作单位的原因或设计一个两难情境让应聘者选择，并询问其选择动机。面试官提问这类问题时，有的是直接询问应聘者的动机和个人志趣，有的是通过应聘者的表现来衡量其是否适合做所招聘岗位的工作，但多数面试官是采用投射和迫选两项技术来实现的。投射就是询问一些看起来不相关的问题，采用旁敲侧击的方式，让应聘者在选择时表现出自己真实的目的。迫选则是通过两项具有相等价值的问题，迫使应聘者必须从中选择其一，这样做的好处是答案限定，应聘者只能在这个范围中回答，从而避免了应聘者按照社会期望的价值取向来回答，使面试官对应聘者的评价更为真实。

第 3 节 面试的实施技巧

想要使面试有效，除了需要规范的管理流程，还需要面试官掌握面试技巧。有效利用各种面试技巧，可以提高面试的有效性和可靠性。具体的面试技巧可以从提问、倾听、观察、引导、记录、评分六大方面入手。

一、面试中的提问技巧

提问是面试实施过程中的核心技术，提问的目的是获取应聘者与应聘岗位匹配性的信息。结构化的面试试题事前已经设计好，形成了题本，可直接运用于面试过程中，但要有效地获取信息还需要面试官的有效提问。主要的提问技巧一般有以下几种形式：

（1）提问应该是有组织、有计划的。面试官要充分考虑好提问的整体结构，做到既全面又重点深入，既灵活多样又有条不紊。做到这些，一方面需要事先设计和协商分工，另一方面需要面试官之间在现场互相“关照”“意会”。

（2）提问应遵照由易到难的原则。面试官提问要循循善诱、由浅入深、由表及里、由简到繁、逐步深入，使面谈在融洽的气氛中进行，以避免应聘者因紧张而不能展示全面素质。

（3）话题数量要适度。在短短的几十分钟内，必须提问的话题本身就很多，有深有浅、有宽有窄，所以，要控制话题数量，保证最要紧的话题的回答时间，话题与话题之间要相互联系、层层递进。

（4）注意关联提问。面试官要多问“为什么”“究竟怎么样”，特别要抓住应聘者回答含糊、有意回避的地方，深究穷追，当然，也应注意不在枝节问题上纠缠，该止则止，更不要故意刁难应聘者。

（5）牢牢记住提问意图：所提的每一个问题都要有针对性，有明确的测评意图。

（6）提问时要诚恳、友善、不卖弄、不欺侮人，切忌提侵犯应聘者隐私的问题。

二、面试中的倾听技巧

面试中倾听的目的是有效地收集提问后应聘者反馈的信息，通过倾听来识别有效信息，为评价奠定基础。优秀的面试官不仅是一个优秀的谈话者，还是一个优秀的倾听者，因为不论面试官口才如何，若不懂得倾听，就很难采集到全面、客观、有效的信息。听，并非简单地用耳朵就行，必须同时用心去体会理解，并积极做出反应。为了做到积极有效地倾听，必须注意以下几点。

（一）积极地倾听

面试官在面试过程中常犯的一个最大错误就是讲得太多。事实上，在面试中，面试官讲话的时间不应该超过 30%。倾听时要仔细、认真，表情自然，不能不自然地俯视、斜视，或者盯着对方不动，以免给应聘者造成过大的心理压力，使其不能正常发挥。慎用有倾向性的肢体语言，如点头或者摇头，以免给应试者造成误导。

（二）客观地倾听

避免夸大、低估、添加、省略、抢先、滞后、分析和机械重复错误倾向等。作为一名面试官，最忌讳的就是在面试的时候带有个人偏见。例如，不喜欢应聘者的发型，或者觉得应聘者的观点和自己的理解不同等。这些个人偏见都会影响面试官对所得信息的加工，因此要抱着友善和体谅人的心情倾听，体现出对应聘者的关怀和启迪。

（三）反馈式倾听

如果面试官一时没有听懂对方的话或有疑问，不妨提出一些富有启发性或针对性的问题，这样不但使自己的思路更明确，对问题的了解更全面，而且让应聘者在心理上觉得面试官听得很专心，对他的话很重视。

（四）思考着倾听

在应聘者讲话的时候，面试官有足够的时间进行思考。比如可以将应聘者现在所说的话和前面所说的话联系起来等。此外，注意从应聘者的语调、音高、言辞等方面区分应聘者内在的素质水平，如讲话常用“嗯”“啊”等语气词的人往往自我感觉良好，要求他人的重视。

（五）归纳性倾听

面试考官应具备足够的敏感性，善于从应聘者的话语中挖掘其没有直接表达出的意思，善于听出与工作相关的信息。有的应聘者语言表达能力不是很强，回答问题总是不能切中要害，这就更需要从其回答中提取与问题有关的内容。

（六）总结性倾听

由于应聘者常常不能一次性地提供一个问题的全部答案，或者经常从一个问题跳到另一个问题，所以面试官要想得到一个问题的完整信息，就必须善于对应聘者的回答进行总结和确认。通常，面试官可以用重复或总结的方式对应聘者的回答进行确认。例如，“刚才你讲到你的主要工作职责有三项：一是对公司的一些上传下达的文件进行管理，二是帮助总经理撰写一些文件，还有一项是什么？”

三、面试中的观察技巧

面试中观察的目的是在语言信息的基础上，结合对非语言信息的采集，来挖掘应聘者的内在反应，对语言信息做重要补充。研究表明，在面对面的沟通中，约有65％的信息都是靠非语言信息传达的。面试过程中需要面试官在很短的时间内迅速地、尽可能多地从应聘者身上获得所需的信息，并进行判断。因而，这种观察除具有一般性观察的特点外，还有其特殊性。

（一）较强的目的性

观察就是为了更多地了解应聘者，进而为做出是否合格、能否任用的判断提供依据。

（二）可采用现代化的记录手段

采用现代化的记录手段，比如录像、录音等，可以帮助面试官全面准确地观察应聘者，为以后的分析工作提供有利条件。

（三）尽量有系统性

观察必须具有系统性，只有这样才能排除偶然获得的不能反映应聘者本质的材料，达到对应聘者本质的真实认识。观察的内容主要是非语言信息，非语言信息不仅能够起到补充作用，某种程度上甚至能更真实地表现应聘者的内心。这里的非语言信息主要是指面部表情、身体动作和手势以及说话中的停顿、语速、声调、声高和清晰程度等。从双方接触起，所有这些因素都会一同向面试官传达信息。要结合具体环境，分析这些非语言信息表达了什么意义。

四、面试中的引导技巧

（一）过分羞怯或紧张的应聘者

有时面试刚开始，就可以感觉到有的应聘者过于羞怯或紧张。这样的应聘者往往不善言辞，对问题的回答总是很短，也不够自信。对待这样的应聘者，面试官可以尝试采取以下方法：一是注意提问的方式，可先问一些比较简单的问题，或是封闭性的问题。二是善于使用重复、总结等方式加强与应聘者的沟通。可重复应聘者讲话的某些要点引导其继续，并且在一定的时间后对谈话的内容进行总结，以获得更加充分的信息。三是使用鼓励性的语言，如“慢慢来，别急”等，在音调方面则注意使用比较温和轻柔的声音；也可以使用一些带有鼓励性的身体语言，包括点头、微笑、直接的目光接触、身体前倾等。

（二）过分健谈的应聘者

有些应聘者似乎能无休无止地讲下去，他们不仅回答了面试官提出的问题，还会主动说一些面试官未要求回答且毫无价值的内容。这种过分健谈的应聘者可以让面试官得到大量的信息，但也会浪费时间，有的时候不得不阻止他们。对这类应聘者可以尝试用以下方法：一是直接打断他们的话，将谈话引导到面试官所关心的问题上来；二是在提问时要求他们做出简短的回答，暗示他们不要讲得太多；三是当他们偏离主题时，面试官可以表现出没有兴趣听的表情或动作。

（三）支配性过强的应聘者

有的应聘者在面试中会反客为主，通常表现为不正面回答面试官提出的问题，而是咄咄逼人地问面试官问题。这些应聘者或者是过于自负，对工作比较挑剔，因此总是试图了解更多的组织情况，以便判断这份工作能否满足自己的意愿；或者由于想要掩饰自己某些方面的能力不足，顾左右而言他。面试官应该尽快扭转这种局面，一般来说可以有礼貌而坚决地告诉应聘者："对不起，你想了解的这些问题我们在后面有机会讨论，现在我所关心的是……"

（四）情绪化或非常敏感的应聘者

有些应聘者被问到某些问题或者讲到某些话题的时候，会突然情绪激动起来。遇到这种情况，面试官应表示理解和关心，给应聘者倒杯水，尽量使其平静下来。必要的时候，也可以让其单独待一会儿，等其情绪恢复了再继续面试。在这种情况下，应聘者会与面试官分享内心真正的感受。值得注意的是，如果一个职位需要的是有稳定的情绪和良好的自控能力的人，这样的应聘者要慎重考虑。

五、面试中的记录技巧

面试记录是为了有效记忆应聘者的表现，并为之后的评价提供直接依据，也是在应聘者之间做比较的信息基础。面试官在面试期间先记下关键词和想法，随后马上扩展笔记，能确保记住那些重要的事实。记录应遵循以下原则。

（一）避免主观性言语

避免使用主观性哪怕是赞赏性的语言是获得有效的面试后信息的重要前提。避免主观性语言就是面试官记下的所有评论都应当是客观的。例如，说某位应聘者有魅力就是一种主观的描述，记下"应聘者的外表与其在组织所担任的职位的形象相符"就很客观。

（二）避免记录无事实根据的意见

不要记录与工作没有充分相关的事实依据的意见。孤零零的、没有具体根据的意见意味着面试官虽然得出了某种结论，却没有找出支持这些结论的依据。

（三）做具体描述

在面试量很大的情况下可以采用此项技巧。见了很多人之后，面试官很难重新审阅每个人的申请表或简历，并将他们彼此区分开来。要解决这一问题，可使用描述性语言，帮助自己回忆具体的面试。

（四）为面试录音录像

有些面试官觉得做记录涉及的问题太多，要花费不少时间，而将整个面试过程录下来要容易一些，这有利于在对应聘者评价有争议时进行复核。

此外，要注意面试官与应聘者之间不要靠得太近，以免记录时会使双方感到不便，防止应聘者看到或影响应聘者的注意力，可以考虑将记录纸前端稍立起与桌面成一定角度。

六、面试中的评分技巧

面试中评分是对面试采集的应聘者信息的梳理和认定，最终给出正确的评估意见。评分带有一定的主观性，因此，统一评分标准，提高评分技巧，对于客观评价应聘者尤为重要。这个过程要注意以下方面。

（一）不要过快做出判断

有时面试官会根据简历的材料对应聘者进行初步判断，并通过面试进一步了解应聘者，为了节约评分时间，有时甚至会在面试过程中就对应聘者完成评分。这样的操作过程由于信息采集不完整，会影响评分的有效性。因此，遵循面试规则，按照面试流程进行评分，可以避免过快做出判断，使评分更加准确。

（二）不要受面试次序的干扰

应聘者的次序也会影响面试官的评定结果。一项研究发现，一位中等水平的应聘者在好几位不理想的应聘者之后进行面试，面试官对他的评价大大高出实际的水平，这就是受到面试次序影响的结果。

（三）不要被应聘者表情所迷惑

有好几项研究指出，应聘者若有较多的凝视、点头、微笑，或其他类似的形体动作表现，则得分较高，而且通常这些因素占总评分的80%以上。一项研究中，将52位人事专家平均分成两组，然后以播放录像带的方式，由他们来分别评估荧屏中出现的同一位应聘者。该应聘者所陈述的工作经历大同小异。不过，第一组人事专家所看到的应聘者，其脸部表情较古板、声音较低沉，而且没有什么笑容；第二组人事专家所看到的应聘者，其脸部表情较丰富，声音富有变化，而且脸上常带着微笑。研究结果指出，在第二组26位人事专家中有23位愿意邀请这位应聘者再来做第二次面试，而第一组的人事专家则很少愿意让这位应聘者再做第二次面试。另外的研究表明，应聘者回答问题的语气、观点等方面有意讨好面试官的话，也会提高面试官的评价。

（四）评价标准把握要宽严适当

在面试中，评价标准把握不当对应聘者整体影响有三种：一是面试官有老好人倾向，标准把握过宽，对所有应聘者的评定结论普遍偏高，出现宽大化倾向；二是标准把握过严，对所有应聘者的评定结论普遍偏低，出现严格化倾向；三是标准宽严不定，对所有应聘者的评定结论集中在中等，区分不出优劣，出现中间化倾向。在对单个应聘者的评定方面，因把握标准失当造成的误差，主要是标准使用不当，如把“能力强”的评定为“一般”，把“一般”的评定为“强”等。

本章小结

面试可以了解应聘者的求职动机，获取在笔试中难以获得的信息，评估应聘者的综合能力，为企业招聘优秀人才。根据其标准化程度，面试可分为结构化面试、非结构化面试和半结构化面试；根据其实施方式，面试可分为单独面试与小组面试；根据题目内容，面试可分为情境面试和行为面试。

结构化面试又称标准化面试，是指依照所需岗位胜任素质确定面试的维度，在每个测评维度上预先编制好面试题目并给出相应的权重和评分标准，严格遵循特定程序，对应聘者进行客观评价的方法。结构化面试可以保证面试过程基于应聘者所申请岗位胜任素质水平进行评估，并力求采用系统化、结构化的方法来评价应聘者在这些胜任素质上的行为表现水平，以确保选拔的公平性和科学性。

无领导小组讨论可以对应聘者在讨论中所展现的语言表达能力、独立分析问题的能力、概括能力、应变能力、团队合作能力、感染力、建议的价值性、措施的可行性、方案的创意性等划分等级，进行评价，能够较为高效准确地判断应聘者的隐性特征，更好地对应聘者做出评价。

在准备面试的过程中，应该根据岗位的需求确定面试方式，组建面试官团队，设计面试提纲与试题，并对面试官进行培训，同时应该拟订面试评价表以便在面试期间及时反馈，根据应聘人员安排面试场所以及准备面试资料与道具。

思考案例

阿里巴巴的面试官

阿里巴巴的面试官由各个事业部推荐产生，面试官的层级、专业能力、在阿里巴巴的工作年限、面试经验都有一定的要求。确保他们能代表阿里巴巴对每一位前来应聘者做出客观、准确、公平的判断，在为公司甄选优秀人才的同时，也能尽量对每一位应聘者给出发展的建议和帮助，让他们留下一段美好的面试体验。

阿里巴巴的面试官分为业务初试官、业务终试官和人力资源面试官三种。业务初试官一般由业务团队的专家担任，负责考察应聘者的基础知识、项目经验、动手能力、成果等，并给出是否进入业务终试的建议和原因。业务终试官都是由各自业务领域的专业或权威人士担任，主要负责考察应聘者的学习能力、发展潜力、技术热情与视野等，并对面试结果进行确认和定级，此外还要结合大家的意愿和自己的判断为应聘者推荐合适的团队。人力资源面试官主要观察应聘者的自我认知、沟通能力、团队合作意识、行为习惯、求职动机等与人有关的特质，判断应聘者的个人情况与阿里巴巴整个组织和团队的风格是否匹配，是否能顺利融入和落地，是否能迅速成长和发展等，最终与业务终试官一起做出录用或不录用的决定。

思考题：

为什么阿里巴巴的面试官要经过筛选？为什么由三类人员组成？

拓展阅读

追问：提高行为面试效度的关键

在行为面试中，如果面试官收集到的信息有限，或对某些情况存在疑问，无法做出准确判断时，就得使出追问的“探测棒”，打破砂锅问到底。

行为面试，也称为行为事件访谈，它是一种效度较高的面试技术。但在很多时候，由于应聘者刚刚进入面试这一特殊情境，或心情紧张，或表达不足，或理解偏差，从其最初的回答中，面试官收集到的信息是很有限的，很难对其能力、素质做出准确判断。而且由于应聘者带着强烈的求职动机，他们回答问题时往往倾向于展示自身最突出、最优秀的方面，而有意或无意地隐藏不足或缺陷，所提供的信息常常会有夸大、含糊、编造的痕迹，面试官也无法凭借这些看似“完美”的证据来做出对应聘者能力、素质的肯定判断。

在面试时间有限的情况下，如何对应聘者的素质与能力做出相对准确的判断呢？这就需要面试官有效地使出追问的“探测棒”，获取更多关键信息，并对存在疑问或不确定的情况探明真相。那么具体该什么时候追问？又该以什么方式追问呢？

追问要把握好情况，不恰当的追问不仅会浪费时间，甚至会引起应聘者的反感与不配合，最终达不到追问的目的。一般可在出现以下五种情况时进行追问。

（1）当面试官不清楚应聘者在事件中的具体角色时需要追问。行为面试需要了解应聘者本人亲身经历的事件，需要应聘者向面试官描述其本人做出的对事件发展有影响的行为。经常遇到的情况是，应聘者对自己在事件中扮演的角色表述不明确，多使用“我们”“大家”“每个人”等词。

例如，在一次面试中，面试官问：“请描述在某个项目中因为捕捉到了变化的市场信息，及时调整既定方案而挽回损失的一次印象深刻的经历。”应聘者回答：“记得××年上半年，我们在积极公关一个路桥项目，跟了很久，但突然从一些渠道传来消息说国家的调控在这一类项目上会有变化，不利于我们目前的项目开展，于是我们迅速进行了综合分析，果断放弃了那个项目。幸亏后来没有继续跟进那个项目，不然我们会有很大的损失。”从应聘者以上的回答中，面试官无法了解其在这个项目中担当的角色，也不知道在当时的情况下应聘者采取的具体行动，因此进行了追问：“这么大的项目，你们这个团队有多少人？你在这个团队中担任什么角色？是谁从哪里得到这个消息的？主要是谁做出放弃该项目的决策的？在整个事件过程中，对事情发展起关键作用的哪一个点是由你首先提出的？”通过追问发现，此应聘者只是参与项目的一个副手，获取信息的人并不是他，在分析后做出放弃决策的人是项目经理也不是他。根据其之前的描述以及追问了解到的信息，面试官可以判断他并不具备应对突然变化的决策能力。

所以在遇到这种情况时，面试官要去探究在事件中应聘者个人表现出的明确的行为，他扮演什么角色，对事件的发展是否起到了决定性作用等，否则就获取不到其具有的某些能力的证据，也就无法预测未来在类似的情境中其会有的表现。

（2）当面试官不清楚应聘者行为的对象时需要追问。应聘者各具特色，每个人都很不一样，而行为面试可以让面试官认识到每一个人的不同经历，获得更个性化的个人信息。在面试过程中，面试者讲述其经历事件时，常常会涉及相关的人和对象，有时这些对象不是很明确，如应聘者说“我向大家请教”“他们也努力影响我的看法”“通过沟通，我解决了这个矛盾”等非常笼统的描述，讲的是大多数人都会有的惯常模式，没有显现其较为独特的个人特点。这时，面试官需要通过追问来明确其行为的对象。一是为了证实其所讲述事件的真实性，二是为了获得更为细致、具体的信息来抓住应聘者的个性特点。

例如，面试官问应聘者：“请讲述你克服困难，在工作中努力达成任务目标的一次具体经历。”应聘者说：“有一次，我在工作中遇到一个棘手的问题，我就向周围的人请教，集中大家的力量解决了这个问题。”在遇到困难时多数人都会向他人请教，但如何显示其与众不同，这就需要进一步了解“周围的人”是哪些人。面试官追问：“你能具体地说一下当时的情况吗？你具体问了什么人的意见？”通过追问面试官得知，应聘者是向某个富有经验的老同事请教了问题，因为该同事过去经常处理类似的问题。这里可以判断出其解决问题时的权衡与考虑的过程：选择合适的资源来解决问题，而不是盲目地、毫无头绪地去碰运气。这样面试官对其思维的决策水平就会有更进一步的认识。对类似的问题，还有应聘者说“这个问题我当时是先向领导做了汇报”，这则是另外一种处理问题的风格，其更注重处理事情的稳妥性或遇事更倾向于与领导保持充分的沟通。

因此通过明晰事件中与应聘者交流互动的对象，不仅能够了解到事情更为细致、具体的方面，还可以了解应聘者行为背后的一些想法及其解决问题的思路等。只有获得这样的个性化信息，才有助于将其与众多的应聘者区分比较。

（3）当应聘者讲述非行为事件时需要追问。应聘者在面试过程中经常容易谈到一些非行为事件，归纳起来主要有这样一些情况：第一，应聘者常常会说一些主观的看法与认识，而非其真实发生的行为，如“我认为团队合作是应该的”“我想这种情况下每个人都会这么做”。第二，应聘者把自己置身于一个假想的情境中，来讲述其可能会有的一些应对做法，如“在这种情况下我会这么做”。第三，常会偏离到一般性描述，如“通常我是这么处理的”“过去我遇到的这种情况有很多，我常和大家一起商量解决”。这几种情况，应聘者提供的都是非行为信息，谈论的是抽象的个人观点或理论认识、概化的通常行为模式以及未发生的将来行为等。因为行为面试始终关注从个人过去的行为解读其行为模式，来对未来行为或绩效表现作出有事实根据的预测，所以一旦察觉应聘者在讲述非行为事件，面试官一定要先试着帮助其放慢节奏，引导其回想，讲述一件既往发生的具体实例。

例如，提问应聘者“与个性较强的人合作有时会遭遇很多挑战，请你谈一个你所遇到的类似经历吧”，如果应聘者回答“我要是遇到了，我一定会尊重他，多与他交流”，那他描述的就是将来事件；如果应聘者回答“过去遇到这种个性强的人，我通常会尊重他，多与其沟通”，则是应聘者对自己过去多个类似情境的概括性描述。这些回答都没有涉及应聘者具体的行为，而是偏于认识层面，这时面试官就需要通过追问来引导其讲述具体的实例。例如，面试官可以这样引导：“请你先稍微回想一下，然后选择一个让你印象深刻的事例来谈一下”“你在什么情况下和这个个性强的人合作？合作过程中，他的什么行为让你觉得受到了挑战？是哪些方面的挑战？”

（4）当应聘者事件描述不完整时需要追问。行为面试偏重于获取完整的行为事例信息，一般来说完整的事例包括四个部分：情形、目标、行为、结果，简称STAR。当应聘者对事件过程的描述比较模糊时，STAR就可以帮助我们迅速观察其中的遗漏与缺失，指导我们进行有针对性的追问。

例如，“请讲述你付出较多的努力使自己的工作取得突出成绩的一次具体经历”。应聘者回答：“记得在2007年，在基金的销售工作中，我通过努力卖出了好多基金，当时的工作成绩比较突出，之前从没有卖过这么多。”整体来看，这个回答对事件的描述比较简单，背景尤其模糊，于是面试官针对背景这样追问：“当时是什么环境？怎么就这一次卖得比以前好？”应聘者回答：“那个时候基金很火爆，每天都有很多人很早来排队买，那段时间我每天的工作量特别大，从早到晚几乎没有停歇，全部身心都投入到工作中，付出了很多努力。”显然应聘者所述这一事件的背景是“基金销售火爆的时候”，可以判断，这项工作实质上难度应该不大，应聘者所说的努力主要是基于工作量大，不能判断此人工作能力有多强。行为事件的背景信息对于预测一个人的实际工作能力是很重要的证据来源，一是因为与应聘者过去经历事情的复杂性、挑战性和多样性相关的信息多依据事件的背景；二是因为从心理理论来看，人的特质与环境是交互作用的。

（5）当应聘者讲述现在的想法和感受时需要追问。向应聘者提出问题之后，常需要他们先稍微回想，去讲述一件“当时当景”的事例。但应聘者讲述“当时当景”的想法与感受时，很容易出现“此时此景”的情况，即应聘者从现在的时间角度来看过去发生的事情，这时追问需要特别注意避免诱导应聘者讲述“此时此景”的想法与感受。例如，“这件事情对你的影响很大，你从中得到了什么？”应聘者可能会讲述一些偏于认识层面而非行为层面的当前看法，没有讲述与当时行为伴随的真实心理体验。所以追问时可以适当强调“当时”，如“当时你心里想到了什么，确切的感受是什么？”“当时你具体是怎么做的？”

通过在这些情况下的进一步深挖，了解行为事件更多的具体细节并查明事件的真伪，面试官就能更清楚地了解应聘者。

资料来源：彭晓明．打破砂锅问到底：追问，提高行为面试效度的关键．人力资源，2009（8）.

第 8 章

录　用

［学习目标］

- 描述员工录用程序
- 了解劳动合同签订的必备条款
- 了解新员工培训的一般流程

［引入案例］

华为新员工入职 180 天

华为公司非常重视新员工的入职管理，将入职管理的周期拉长到 6 个月，以做到让企业和员工之间充分地相互了解、相互信任，并帮助员工尽快适应工作，获得成长。华为认为，入职前 6 个月管理好了，可以降低新员工的流失率，节省企业的招聘成本。

以下是华为新员工入职 180 天的培训计划：

第 1 阶段：新人入职，让他知道来干什么（3～7 天）。

为了让员工在 7 天内快速融入企业，管理者需要做到以下几个方面：

1. 给新人安排好座位，开一个欢迎会或者聚餐，介绍部门里的每一个人，相互认识；

3. 直接上司与其单独沟通，让其了解公司文化、发展战略等，并了解新人专业能力、家庭背景、职业规划与兴趣爱好；

4. 人力资源主管告诉新员工的工作职责及自身的发展空间及价值；

5. 直接上司明确安排第一周的工作任务；

6. 对于日常工作中的问题及时发现、及时纠正（不作批评），并给予及时肯定和表扬（反馈原则），检查每天的工作量及工作难点在哪里；

7. 让老同事（工作 1 年以上的）尽可能多地和新员工接触，让其尽快融入团队。

第 2 阶段：新人过渡，让他知道如何能做好（8～30 天）。

1. 带领新员工熟悉公司环境和各部门的人，让他知道怎么写规范的公司邮件、怎么发传真、电脑出现问题找哪个人、如何接内部电话等；

2. 及时观察其情绪状态，做好及时调整，通过询问发现其是否存在压力；

3. 及时为其传授经验，让其在实战中学习，学中干、干中学是新员工十分看重的；

4. 对其成长和进步及时肯定和赞扬，并提出更高的期望。

第 3 阶段：让新员工接受挑战性任务（31～60 天）。

1. 知道新员工的长处及掌握的技能，对其讲清工作要求及考核指标要求；

2. 多开展公司团队活动，观察其优点和能力，扬长避短；

3. 犯错误时给其改进的机会，观察其在逆境时的心态，观察其行为，看其培养价值；

4. 如果实在无法胜任当前岗位，看看是否适合其他部门，多给其机会，避免一刀切。

第 4 阶段：表扬与鼓励，建立互信关系（61～90 天）。

1. 当新员工完成挑战性任务，或者有进步时及时给予表扬和奖励；

2. 要多给他不同形式的表扬和鼓励，多给他惊喜，多创造不同的惊喜感；

3. 向同事展示其成绩，并分享成功的经验。

第 5 阶段：让新员工融入团队主动完成工作（91～120 天）。

1. 鼓励新员工积极踊跃参与团队的会议并在会议中发言，当他们发言之后进行表扬和鼓励；

2. 对于激励机制、团队建设、任务流程等成长过程中的好经验，多进行会议商讨、分享；

3. 与新员工探讨任务处理的方法与建议，当他们提出好的建议时要给予肯定。

第 6 阶段：赋予员工使命，适度授权（121～179 天）。

当度过了前 3 个月，一般新员工会转正成为正式员工，随之而来的是新的挑战，当然也可以说是新员工真正成为公司的一分子，管理者的任务重心也要随之改变，包括帮助员工重新定位，让员工重新认识工作的价值、意义、责任等；让员工感受和理解企业的使命、公司的愿景和文化价值等；开始适度放权让员工自行完成工作等。

第 7 阶段：绩效总结，制订发展计划（180 天）。

6 个月过去了，对新员工做一次正式的评估与发展计划，帮助新员工了解其取得了哪些成就，还有哪些不足，未来的改进措施和发展规划等。

对新员工而言，加入新企业，不仅意味着全新的开始和机会，也意味着挑战。新员工需要适应新企业的环境，适应新企业的文化，并要努力展现自己的能力，获得上级和同事的认可。而良好的氛围会帮助新员工尽早地发挥出自己能力。而通过华为的入职管理，新员工会感觉到企业对自己的重视和帮助，尤其是在遇到工作或生活的困难时给予的真诚帮助，会极大增强新员工对企业尤其是所在团队的认同感，从而大大提高新员工的留存率。

资料来源：孟涛．名企人力资源最佳管理实践．北京：中国法制出版社，2017.

第 1 节　录用概述

对应聘者进行各种甄选后，即可着手进行员工录用并将其安排到相应的岗位上，体现招聘的最终目的和成果。员工录用是指对经过招聘甄选阶段的应聘者做出最终录用决定，通知他们报到及办理就职手续，并通过试用期考核完成正式录用的过程。

一、员工录用的原则

基于有效利用人力成本的目的，员工录用必须遵循以下原则。

（一）录用流程体现公平竞争原则

公平竞争原则是指对所有应聘者进行录用时应当机会均等，一视同仁，整个录用流程规范合理，不得人为地制造各种不平等的限制，不拘一格地选拔录用各方面的优秀人才，以保证录用的人员是组织最满意的人才。

（二）录用决策体现择优录用原则

这是人员录用的核心。择优就是广揽人才、选贤任能，在甄选结果的基础上为各个岗位选择最合适的工作人员。因此，录用过程应是深入了解、全面考核、认真比较、谨慎决策的过程。做到择优必须对照招聘标准，严格按照科学的选拔录用流程来操作。

（三）员工安置体现人岗匹配原则

在员工安置过程中，要充分把握人岗匹配的原则，将人和岗进行有机结合。按照组织的人力资源招聘计划和岗位的特性招收员工，根据职位的需要做到知人善任、扬长避短，为组织招聘到最合适的人才并将其安置到最合适的位置上，同时还要根据每个人的能力特点、个性差异来安排相应的职位，做到人尽其才、用其所长、职适其人，以利于人员能力的发挥与今后个人职业生涯的发展，大大提高人力资源的利用率。

（四）劳动关系体现符合法律原则

在进行组织和员工劳动关系确定的过程中，要符合法律的规范，遵循《中华人民共和国劳动法》和《中华人民共和国劳动合同法》（以下简称《劳动合同法》）的具体要求，及时签订劳动合同，这既是对组织利益的保障，也是对员工利益的保障。

二、有效员工录用的意义

有效的员工录用有如下意义。

（一）科学的员工录用管理可以规避录用风险

员工招聘过程中的甄选手段由于受到工具本身、时间与成本的限制，不可避免地存在不确定性。科学有效的员工录用管理，通过科学的决策和规范的试用期考核，可为组织减少招聘到能力不合格人员和不愿为组织工作人员的可能性，降低员工的辞退率与辞职率，为组织节约离职成本。

（二）签订合法的劳动合同可以确保组织和个人的利益

《劳动合同法》的颁布实施，对员工招聘提出了新的要求。签订合法的劳动合同可以确保组织和个人的利益。《劳动合同法》对组织和员工的劳动关系进行了进一步的细化和明确，员工录用中的劳动合同成为保障双方权益的法律依据。对组织而言，一方面推进了本组织人力资源管理水平的不断提高，另一方面也为确保达成招聘岗位要求提供了依据。对员工而言，可以更明晰自己的权利和义务，有效约束和激励自己的工作行为。这种双赢为组织的健康发展奠定了基础。

（三）有效的新员工培训可以加快员工适应岗位的速度

新员工培训可以加快员工对组织的认识和对工作的认识，提高员工在新职位上的工作效率，保证组织在员工上的投入得到回报，也保证员工在组织中得到发展。如果在人员录用过程中能做到员工对工作满意、愿意为组织工作，组织对员工拥有的技能、知识、经验满意，那么组织必然会收到高额快速的回报。由于对组织满意、对工作满意，员工必然会在组织中得到发展，其结果是组织与个人共同得到发展。

三、影响录用的因素

（一）劳动力市场

在录用过程中，必须考虑劳动力市场的条件。劳动力市场条件对录用过程的影响在建立招聘资源时表现得最清楚。充分的劳动力供给，意味着招聘资源充足，因此录用决策会有比较好的基础；而稀缺的劳动力供给，意味着建立起来的招聘资源不可能很充足。在录用过程中，人力资源专家经常使用基准率来衡量求职人员的质量。基准率是应聘者中能够比较满意地完成工作的人员的比例，它取决于劳动力市场的供给状况、劳动力市场上劳动力的质量以及组织所设计的吸引高素质劳动力的招聘过程。如果基准率太高，意味着每一个应聘者几乎都能100%完成工作，因而需要进行大量的甄选工作，录用决策比较困难；如果基准率比较低，则意味着大多数应聘者都无法完成工作，也需要比较细致的甄选过程，录用决策也会比较困难。

（二）组织的发展状况

组织的发展状况对录用过程有比较大的影响，具体地说，它对录用人员的资格与类型以及录用人员的来源有直接影响。例如，生产新产品或者正在开发新市场的组织，需要录用市场开发能力或技术开发能力较强的人，在做出录用决策时，常常关注在新市场的开发和新产品的设计上能力突出的人；产品和市场都已经比较成熟的组织，在做出录用决策时，常常关注精通操作工艺和擅长经营的人，以控制产品的质量和产品的成本；通过实施市场扩张战略来提高市场占有率的组织，常会通过外部招聘录用一些市场营销人员。

（三）录用决策者的个人因素

在许多组织中，录用一般是由人力资源部门具体负责的，他们往往为部门经理提供经过甄选的应聘者名单及录用建议，由部门经理进行录用决策。没有人力资源部门的小组织则把录用工作委派给部门经理。随着组织中的职位越来越复杂以及组织规模的不断扩大，随着经理和主管受到的培训越来越多，在组织中，部门经理对录用决策的影响也越来越大，部门经理和主管最终决定着录用标准。

（四）科学测评方法的使用

随着各种测评方法的广泛使用，录用决策者可以从各个角度来评估应聘者是否符合职位要求，科学的测评方法可以采集到应聘者的综合素质，这些都直接影响录用决策的速度和质量。

（五）职位类别

不同的职位对从业者的要求不同，直接影响着录用过程的繁简度，并最终影响录用决策。例如，要招聘一名清洁工人，公司的行政经理或主管就可以决定，面试的次数可能不超过两次；而招聘一名大客户经理，则要经过多次面试，且需要由公司的管理高层来决定录用与否。

四、员工录用程序

员工录用是招聘的目的和成果。在招聘考核中选拔出来的合格人员，只有办理完一定手续，才能成为组织员工。录用手续的办理是确定员工身份的依据。

尽管员工录用程序在不同的组织中有很大的差异，但录用工作一般总是要包括制定录用制度、做出录用决策、办理录用手续、签订劳动合同、入职试用、新员工培训、新员工试用期考核、新员工转正等主要环节。

员工录用的一般程序如图 8－1 所示。

第 2 节　录用决策

录用决策主要是根据企业在招聘中对于应聘者的各种选拔评价结果，通过综合分析和筛选，对照预先设定的岗位录用要求，选择最合适的人员予以录用的过程。

录用决策，是指通过科学精确的测算，对岗位和所招聘的人选进行权衡，实现人适其岗、岗得其人的合理匹配的过程。人员录用决策成功与否，对招聘有着极其重要的影响。决策失误，整个招聘过程功亏一篑，不仅使组织蒙受重大的经济损失，还会延误组织的发展。录用决策的有效性取决于录用标准是否合理、决策流程是否规范、决策方法是否科学。

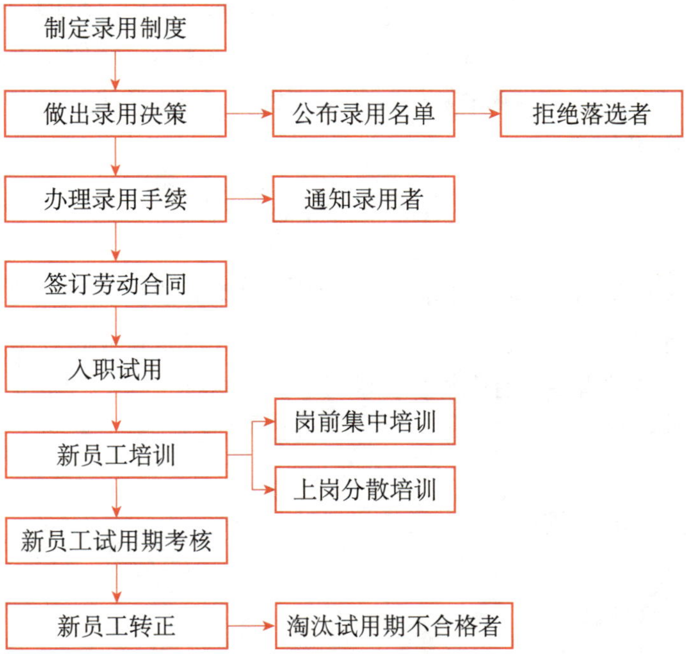

图 8-1 员工录用程序

人员录用一是以岗位为标准，按照岗位要求选择最合适的人选；二是以人员为标准，将人员安置到最合适的岗位上，实现人尽其才、才尽其用。两种标准都可以实现局部最优化，但通常将这两种标准结合起来使用，可以互为补充，提高组织的整体资源配置效率。

一、录用决策流程

招聘甄选工作结束后，就进入录用决策阶段。一般而言，这个决策也是最难做出的，特别是决定一个对组织发展相当关键的职位的应聘者时，组织常常会在几个脱颖而出的应聘者中难以取舍。

在此给出一个录用决策流程，如图 8-2 所示。

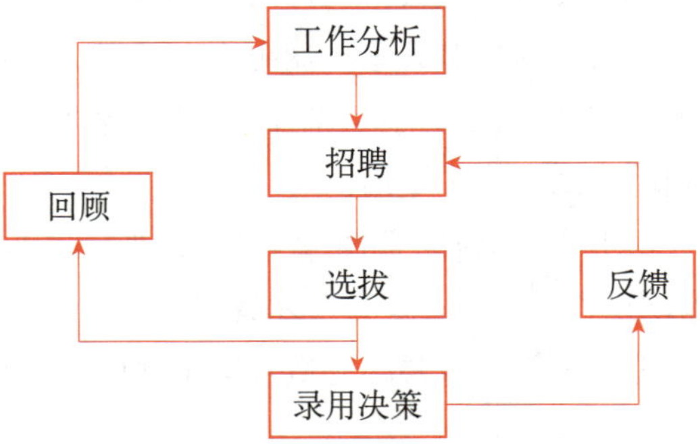

图 8-2 录用决策流程

在录用决策阶段，脱颖而出的几个应聘者往往使组织难以取舍，此时最好是回到工作分析阶段，重温工作分析，看看该职位究竟需要怎样的人，并从应聘者中挑选出两三个人。但工作分析不应该成为唯一的标准，灵活性是成功录用决策的关键。完全符合职位标准的人要么不存在，要么在这个职位上不可能待得太长。一般来说，最好选择一个能够完成 80%的工作任务的应聘者，这样的员工会在岗位上待更长的时间，而且有更强的工作动机和工作动力。

二、录用决策方法

组织的需要及拟聘的职位各不相同，因此录用决策方法会有很大的差别。在进行决策时，一般有两种选择：一是在应聘者之间进行选择；二是在应聘者与招聘标准之间进行比较再选择。当应聘者中没有人符合要求时，也有两种选择：一是重新招聘；二是在原来的招聘中重新选择。

三、录用决策注意事项

（一）明确决策主体

决策主体是最后做出录用决定的人或机构，一般的原则是谁用人谁拥有决定权，即“谁用人谁决策”。对于一般基层人员，由用人部门主管或人力资源部主管单独决定即可；对于管理人员，尤其是关键岗位，可由用人部门提出，报总经理或董事会批准。

（二）尽量减少做出录用决策的人员的数量

在确定录用决策主体人选时，必须坚持少而精的原则，选择那些直接负责考察应聘者工作表现的人，以及那些会与应聘者共事的人。如果参与的人太多，会增加录用决策的困难，导致争论不休，浪费时间和精力。

（三）录用标准要恰到好处

录用标准不可太高，也不可太低，要恰到好处。标准设定得过高，会导致“地板效应”的出现，即能够通过录用的人寥寥无几，使组织在招聘方面的投入收获甚微，也就失去了招聘的意义；标准设定得太低，则会出现“天花板效应”，即通过录用的人员很多，从而增大了组织在招聘方面的成本支出。

松下电器公司创始人松下幸之助有一句名言：“‘适当’这两个字很要紧，适当的公司，适当的商店，招募适当的人才。70 分的人才有时反而会更好。”人才的雇佣以适合公司为最好，水平高不见得一定好，重要的是适合岗位并愿意尽心竭力地工作。

（四）尽快做出决定

目前人才竞争是十分激烈的，优秀的应聘者更是非常抢手，因此必须在确保决策质量的前提下，尽快做出录用决策，否则即将到手的人才有可能被其他单位抢走。

做出录用决定之后，要对新员工进行一些简单的接待，这对减少或消除新员工的陌生感有重要作用。新员工刚到组织时的所见所闻以及对工作环境的实际感觉，会巩固或动摇他们选择该组织的决定。在接待阶段，组织应让员工感到“宾至如归”，同时使他们产生被认同感与被重视感。

（五）留有备选人员

招聘实践中，经过层层甄选、面试，常会发现一些条件不错且适合组织的人才，但是由于岗位编制、组织发展计划等因素限制无法现时录用，此时建立人才储备库就很有必要。招聘部门应将这类人才的信息纳入组织的人才储备库，包括个人资料、面试小组意见、评价等，不定期地与之保持联系，一旦出现岗位空缺或组织发展需要招人，人才储备库可以提高招聘速度，降低招聘成本。

一般而言，组织的人才储备通常分为内储和外储两种。内储就是暂时把预留人才储存在组织内部，这会带来一些成本，比如发放薪水、如何安置等，尤其是关键部门关键岗位的人才。通常大多数组织并不愿意在没有项目的情况下大量储备人员，只有经济实力雄厚的大公司才会这样做，以便在上项目时可以及时补充人员。外储包括与外面的人才市场、猎头公司以及在职人员等多方面的联系，关键是要清楚组织需要的人才在哪里、能否迅速到位。

四、录用决策的一般程序

（一）确定录用决策小组成员

录用决策人员一般应由那些直接负责考察应聘者工作表现的人、将来会与应聘者共事的人（如部门的同事或主管）组成，但人数要做相应限制。在进行录用决策时，可以根据事先确定的录用标准和企业实际情况灵活掌握，确定适合企业相应岗位的优秀人才。

（二）分析候选人的相关信息

在确定候选人名单后，企业招聘人员需要对候选人进行背景资料的收集工作，核实候选人所提供信息的真实性，了解候选人的能力及发展潜能。同时，结合招聘过程中候选人在语言和非语言等方面的表述评价，审视部门现状和未来发展目标，考虑企业现有的薪酬水平和应聘者的待遇要求，对候选人的各项信息进行审度、评估。

（三）确定拟录用人员名单

经录用决策小组综合考虑候选人各方面的信息后，按照各部门职位空缺类别对候选人进行排序，确定最终拟录用人员名单，同时列出备选人员名单，以便在候选人不能录用时有候补人员跟进。接下来的工作是将名单交给人力资源部门，由人力资源部门通知应聘者关于录用的决定。

第 3 节　录用实施

一、对应聘者的通知

通知应聘者是录用工作中的重要组成部分，一般由人力资源部门完成，通知包括两种，一种是录用通知，另一种是辞谢通知。

（一）录用通知

为了给企业争取到合格的人才，录用通知必须及时发出。在现今的劳动力市场上，应聘者常常会同时参与多家企业的应聘考核，如果不及时发出录用通知，可能导致企业与合适的人才失之交臂，影响企业的发展。录用通知有信函通知和电话通知两种形式，一般以信函通知较为稳妥。在录用通知书中，要向被录用者清楚说明聘用岗位、所属部门、报到时间、报到地点、报到时所需准备的资料及报到流程，最好通过附件提供抵达报到地点的详细路线和其他有关说明。在录用通知的措辞中，不要忘记对新员工加入企业表示欢迎以及强调他的到来对企业发展的重要意义等，这样做表明了企业对人才的重视，是吸引人才的一种手段。

（二）辞谢通知

许多招聘企业常常会把注意力都放在被录用者的录用工作上，而忽视对未被录用的应聘者的辞谢程序。其实，应聘者很有可能是企业产品的忠实消费者或潜在用户，恰到好处的辞谢方式不仅会对今后的招聘工作产生有利影响，还可以树立企业在市场中的良好形象。

对于未被录用的应聘者，也应该公平对待，同样以统一的方式通知，最好也采取书面形式。辞谢信的措辞应简洁、坦诚、礼貌，又不缺乏对应聘者的鼓励。信中要注意对应聘者关注本企业表示感谢，告诉应聘者未被录用只是因为企业的暂时情况，并表达愿意建立长期联系的意愿，把未能录用的原因归结于企业目前没有合适的岗位，而不能归结于应聘者的能力和经验等。

当然，即使企业不断努力吸引人才，仍不乏被录用者接到录用通知而不报到的情况。对于企业看中的优秀人才，人力资源部门甚至是最高层领导应该主动打电话询问，并表示积极的争取态度。如果对方有特殊要求，企业应该进一步协商谈判，必要时做出适当的让步与妥协。如果在招聘过程中出现很多候选人拒聘，企业就应该从自身考虑，从与拒聘者的交谈中或许可以获得一些有用信息，从而适当调整自己的招聘条件，吸纳优秀人才。

二、详细协商待遇条件

在接到录用通知后，大部分被录用者会欣然接受企业提供的各方面待遇条件进而很快融入企业，但有些候选人则会仔细考虑企业的待遇条件，并将它与市场价格、其他企业提出的条件进行比较。对于这样的情况，企业如果想吸引优秀人才，就必须在进行录用时，根据待录用员工在应聘中表现出来的综合素质、专业能力等因素结合企业的薪酬策略，拟定出可提供的薪酬标准区间，这在招聘企业中的重要职位时尤其重要，能够为企业进一步协商争取优秀人才留有空间。

（一）协商待遇技巧

1. 了解市场价格

招聘者可以通过互联网或当地的经济发展部门获取相关信息，搞清楚自己提供的岗位在市场上的平均价格。如果招聘者给出的薪酬高于市场价格，与应聘者在待遇方面达成共识一般不成问题；如果招聘者给出的价格低于市场价格，那么招聘者需要做好以下三件事中的至少一件：降低招聘标准，提高薪资待遇，提高非货币化的额外津贴。

2. 了解候选人原来的薪酬

了解候选人原来的薪酬结构、标准、发放方式等，有助于招聘者做出正确的薪资判断。如果候选人原来的薪酬水平低于招聘者预定的最高薪酬标准，这段差距便是谈判的空间；如果候选人原来的薪酬水平高于招聘者预定的最高薪酬标准，招聘者可以更多地强调企业在非薪酬因素上的优势，对于事业心强的应聘者而言，事业发展机会会起到更好的吸引效果。

3. 了解候选人对待遇的期望值

候选人往往会综合考虑自己的专业水平和从业经验能在某一岗位上发挥怎样的作用，给自己预设一定的薪酬标准，这就是候选人对薪酬的期望值。如果招聘者预定的最高薪酬标准低于候选人的期望值，这时招聘者一定要非常谨慎，充分考虑是否值得为他的专长和经验付出代价，不能一味迎合候选人的期望，企业中并不只有招聘到的新员工，更有已经为企业作出很多贡献的老员工。

4. 确定企业在该岗位上的薪酬标准区间

对于一个岗位来说，薪酬往往是一个范围，人力资源部门应根据候选人在甄选过程中表现出的综合素质、工作经历、学历等因素，结合企业员工在岗位中所能达到的绩效水平、候选人原来的薪酬水平、劳动力市场供求状况等信息，拟定合理的薪酬标准区间，以便招聘者在与候选人协商时清楚自己的协商范围有多大。

5. 该放手时则放手

如果招聘者经过多番努力，应聘者仍然不接受招聘者提出的最高待遇条件，此时不应再浪费精力，而是继续寻找更合适的应聘者。

（二）协商待遇时应避免的现象

1. 亮出自己的底牌

在进行人员招聘时，招聘者切忌亮出自己在薪酬方面的底牌，最好是在必要的时候给出薪酬范围的下限和中间值。这样不仅可以帮助企业筛选掉对薪酬期望值过高的应聘者，还可以给自己在协商待遇时留有充足的余地，在遇到特别优秀的人才时，有上调薪酬争取人才的空间。

2. 随意调整薪酬标准区间

如果人力资源部门已经根据实际情况确定了合理的薪酬标准区间，招聘者不可以为了挽留优秀人才，一味地迎合应聘者的期望值。这样不仅会加大企业的人力资源成本，还会带来很多负面影响。

3. 言不符实

言不符实主要有两种现象，一种是提出过多的货币化或非货币化的奖励，另一种是减少应聘者的责任。不管是哪种情况，都会使员工的工作动力和挑战精神随之减弱。企业会因为员工得到了那么多优厚的待遇而对其寄以不切实际的期望，其他员工也可能会嫉妒新员工。

三、办理录用手续

（一）接收报到

新员工携带录用通知书报到当日，应及时到人力资源部门填写员工录用表并提交相关资料，如身份证、学历学位证、健康体检报告、工作所必备的各种资格证书及其他所需材料的原件，供人力资源部门审核。

（二）签订劳动合同

劳动合同是指劳动者与用人单位之间确立劳动关系，明确双方权利和义务的协议。企业在与被录用者办理录用手续时，需要通过签订劳动合同来保护各自权利，规范各自义务。

劳动合同分为固定期限劳动合同、无固定期限劳动合同和以完成一定工作任务为期限的劳动合同。固定期限劳动合同，是指用人单位与劳动者约定合同终止时间的劳动合同；无固定期限劳动合同，是指用人单位与劳动者约定无确定终止时间的劳动合同；以完成一定工作任务为期限的劳动合同，是指用人单位与劳动者约定以某项工作的完成为合同期限的劳动合同。

劳动合同的内容一般包含两部分，一部分是必备条款的内容，另一部分是约定条款的内容。

1. 必备条款

劳动合同的法定条款是法律规定的劳动合同的必备条款。根据《劳动合同法》第十七条的规定，劳动合同应当具备以下条款：

（1）用人单位的名称、住所和法定代表人或者主要负责人。

（2）劳动者的姓名、住址和居民身份证或者其他有效身份证件号码。

（3）劳动合同期限。

（4）工作内容和工作地点。工作内容是指工作岗位和工作任务或职责，这是劳动合同的核心条款之一，劳动合同中的工作内容条款应当明确具体，便于遵照执行。工作地点是劳动合同的履行地，它关系到劳动者的工作环境、生活环境，以及劳动者的就业选择。劳动者有权在与用人单位建立劳动关系时知悉自己的工作地点。

（5）工作时间和休息休假。工作时间是指劳动者为履行劳动合同义务从事生产和工作的时间。工作时间的种类包括标准工作时间、不定时工作时间、综合计算工作时间、弹性工作时间等。休息是劳动者的一项基本权利。休息时间是指劳动者免于履行劳动给付义务而自行支配的时间，如周末休息。休假则是劳动者带薪休息免于上班劳动，并且有工资保障的休息时间，如法定节日休假、探亲休假、年休假、婚假和丧假等。

（6）劳动报酬。劳动报酬是指用人单位根据劳动者劳动的数量和质量，以货币形式支付给劳动者的工资。劳动报酬是劳动者提供劳动的直接目的，也是劳动者的主要生活来源。协商约定劳动者的工资额、工资调整的权限、发放时间、报酬的构成和变更，对劳动关系双方具有重要意义。劳动报酬一般可包括计时工资、计件工资、奖金、津贴和补贴、延长工作时间的工作报酬以及特殊情况下支付的工资等。

（7）社会保险。社会保险是指国家通过立法建立的、以保障劳动者在丧失劳动机会或劳动能力时的基本生活为目标的物质帮助制度，主要包括基本养老保险、基本医疗保险、工伤保险、失业保险和生育保险。

（8）劳动保护、劳动条件和职业危害防护。劳动保护是指预防劳动过程中的安全事故，保障劳动者安全的各种措施。劳动条件主要是指用人单位为使劳动者顺利完成劳动合同约定的工作任务，为劳动者提供的必要的物质和技术条件，如必要的劳动工具、机械设备、工作场地、技术资料、工具书以及其他一些必不可少的物质、技术条件和其他工作条件。职业危害是指劳动者在职业活动中，因接触职业性有害因素如粉尘、放射性物质和其他有毒有害物质等对健康造成的危害。企业应当按照有关法律法规，采取切实有效的措施，达到职业危害防护的要求标准。

（9）法律法规规定应当纳入劳动合同的其他事项。其他事项是指按照《劳动合同法》以外的其他法律、行政法规的规定，应当在劳动合同中说明的内容。

2. 约定条款

除上述法律规定的九项必备条款，用人单位和劳动者可以约定试用期、培训、保守秘密、补充保险和福利待遇等其他事项。

《劳动合同法》第十六条规定，劳动合同由用人单位与劳动者协商一致，并经用人单位与劳动者在劳动合同文本上签字或者盖章生效。

《劳动合同法》第十九条规定，劳动合同期限三个月以上不满一年的，试用期不得超过一个月；劳动合同期限一年以上不满三年的，试用期不得超过两个月；三年以上固定期限和无固定期限的劳动合同，试用期不得超过六个月。同一用人单位与同一劳动者只能约定一次试用期。以完成一定工作任务为期限的劳动合同或者劳动合同期限不满三个月的，不得约定试用期。试用期包含在劳动合同期限内。劳动合同仅约定试用期的，试用期不成立，该期限为劳动合同期限。

《劳动合同法》第二十条规定，劳动者在试用期的工资不得低于本单位相同岗位最低档工资或者劳动合同约定工资的百分之八十，并不得低于用人单位所在地的最低工资标准。

《劳动合同法》第二十一条规定，在试用期中，除劳动者有本法第三十九条和第四十条第一项、第二项规定的情形外，用人单位不得解除劳动合同。用人单位在试用期解除劳动合同的，应当向劳动者说明理由。

《劳动合同法》第二十二条规定，用人单位为劳动者提供专项培训费用，对其进行专业技术培训的，可以与该劳动者订立协议，约定服务期。劳动者违反服务期约定的，应当按照约定向用人单位支付违约金。违约金的数额不得超过用人单位提供的培训费用。用人单位要求劳动者支付的违约金不得超过服务期尚未履行部分所应分摊的培训费用。用人单位与劳动者约定服务期的，不影响按照正常的工资调整机制提高劳动者在服务期期间的劳动报酬。

（三）其他事宜

其他事宜包括办理各类保险、转入档案、转入党组织关系等事宜。签订劳动合同书确定了企业和新员工的法定雇佣关系，为体现企业对员工的关怀，同时也为保障劳动力买卖双方的共同利益，企业应及时为新员工办理法定保险。通知新员工转入人事档案及党组织关系并及时接收，建立员工在本企业的信息档案。

第 4 节　新员工培训与入岗

一、新员工的培训

工欲善其事，必先利其器。刚刚被录用的新员工进入一个新企业时，面对全新的企业文化、价值观、同事和工作环境，多多少少都会有些不知所措。企业要想让新员工认同企业文化，迅速地融入团队，适应工作，并且使新员工的潜力和价值更快、更大程度地发挥出来，就必须组织新员工进行系统培训。新员工培训，又称入职培训，是指企业为招聘到的新员工提供师资、信息、技能平台，鼓励员工学习，开发员工潜能，使员工逐步熟悉企业环境，了解并接受企业核心价值理念，认同企业文化，明确自己即将从事的工作职责、程序和基本技能，帮助新员工尽快进入岗位角色的一项系统性工作。

（一）新员工培训的意义

企业通过培训向新员工介绍企业的发展历史、发展战略、经营特点及企业文化和管理制度，使其明确企业的发展目标，了解企业对自己的期望，激励和引导新员工树立正确的使命感和荣辱观，在熟悉相关业务流程、掌握相关工作技能、认同企业文化的基础上，遵循各项规章制度，做好自身职业规划，实现自我管理，尽快进入岗位角色中。培训管理者还可以结合员工自身发展空间，给员工提供富有挑战性的工作，充分挖掘新生力量的潜能，用实际行动来留住新员工。

（二）新员工培训的一般流程

新员工培训是各部门通力协作的过程，只有周密的协作才能完成这一系统的培训任务。新员工培训一般有三大环节，即前期准备工作、中期督导工作和后期评估工作。

1. 前期准备工作

在进行系统培训之前，企业应根据实际情况确定培训的组织者，由培训的组织者周密组织、细致安排，与各部门协调做好准备工作，迎接新员工前来培训。该阶段的工作一般包括以下内容。

（1）制订培训计划。组织者通过统计入职培训人员数量，调查培训需求，设计培训课程，确定培训时间、场地和讲师，落实培训经费，制订切实可行的培训计划。

（2）申请培训费用。培训费用中应包含交通费、住宿费、师资费等因培训产生的实际花费。

（3）与讲师协调沟通。与讲师沟通培训学员情况、授课时间地点、授课方式与内容以及培训中的注意事项等。

（4）准备培训资料。组织者应当把培训前、培训中、培训后所有涉及的资料编列清单、分类准备，保证培训开始前能够及时提供给讲师和学员。

（5）场地和设备准备。协调培训场地，保证在培训期间场地不被他人占用，场地的布置应考虑培训方式、学员特点和讲师要求等因素；培训设备主要包括电脑、投影仪、麦克风、写字板等，应该在培训开始前全部准备就绪。

（6）后勤准备。后勤准备主要包括讲师和学员的住宿、用餐、交通以及意外事故处理等方面的准备。

2. 中期督导工作

培训启动后，组织者要同步跟进教学进程，保证培训工作顺利进行，同时观察每位学员的培训过程，记录培训产生的影响，为完善今后的培训工作积累经验。

（1）观察。观察学员身体情况和心态的变化，保证对每个人可控，避免发生意外；观察学员对讲师的教学反应，为以后类似的培训积累经验。

（2）记录。记录每个学员每天的学习进展、在培训过程中发生的变化以及遇到的问题等。

（3）监督。监督培训工作的推进和培训的质量，查漏补缺，保证培训的顺利开展。

（4）检验。在培训结束时，通过考试或操作等方法，检验学员的学习成果。

3. 后期评估工作

在新员工培训结束后，企业组织者应采用一定的形式，把培训的效果用定性或定量的方式表示出来。一般采用柯氏四级培训评估模型。这个模型将培训的效果分为四个层次：

（1）反应评估，即评估被培训者的满意程度。反应评估是指受训人员对培训项目的印象如何，包括对讲师和培训科目、设施、方法、内容、自己收获的大小等方面的看法。反应评估主要是在培训项目结束时，通过问卷调查来收集受训人员对于培训项目的效果和有用性的反应。这个层次的评估可以作为改进培训内容、培训方式、教学进度等方面的建议或综合评估的参考，但不能作为评估的结果。

（2）学习评估，即测定受训人员的学习获得程度。学习评估是目前最常见也是最常用的一种评价方式，它测量受训人员对原理、技能、态度等培训内容的理解和掌握程度。学习评估可以采用笔试、实地操作和工作模拟等方法。培训组织者可以通过书面考试、操作测试等方法，来了解受训人员在培训前后知识以及技能的掌握方面有多大程度的提高。

（3）行为评估，即考察受训人员的知识运用程度。行为评估是指在培训结束后的一段时间里，由受训人员的上级、同事、下属或者客户观察他们的行为在培训前后是否发生变化，是否在工作中运用了培训中学到的知识。这个层次的评估可以包括受训人员的主观感觉、下属和同事对其培训前后行为变化的对比，以及受训人员的自评。这通常需要借助一系列的评估表，以判断受训人员所学知识、技能对实际工作的影响。行为评估是考察培训效果最重要的指标。

（4）成果评估，即计算培训创出的经济效益。效果的评估即判断培训能否给企业的经营成果带来具体而直接的贡献，这一层次的评估上升到了组织的高度。成果评估可以通过一系列指标来衡量，如事故率、生产率、员工离职率、次品率、员工士气以及客户满意度等。通过对这些指标的分析，管理层能够了解培训所带来的收益。

企业在对新员工培训进行评估时，要侧重于行为评估和成果评估，因为只有最终的行为改变和绩效提升才能真正体现培训的价值所在。组织者应在培训评估完成后，及时撰写培训评估报告，内容包括培训项目概况、培训结果、评估结果及改进建议，以便不断地展现效果、总结经验和持续改进。

（三）新员工培训的步骤

1. 岗前集中培训

这一般是由企业内部培养的资深讲师在特定的地点对刚办理完报到手续的新员工进行集体授课式的培训，目的是使员工了解企业文化和经营理念，熟悉即将工作的环境和团队，可采用发送企业相关资料和到各部门实地参观并相互介绍等方式进行。

2. 上岗分散培训

这是新员工进一步了解工作的具体程序、工作的职责，接触或强化工作方法和工作技能的深入培训。根据岗位工作需要的不同，可以是老员工对新员工传帮带式的培训，也可以是员工观摩学习式的培训，目的是加快新员工在新团队中的融合速度，增进新老员工之间的契合度。

（四）新员工培训的内容

1. 认知培训

向员工介绍企业的创立、发展历程、经营理念、文化、核心价值观、战略目标及核心竞争力，营造良好的企业文化环境，形成员工向心力，让员工主动与企业协调发展；提供企业的组织结构图，让员工了解企业组织文化，清楚自己在企业中所处的位置，明确在工作中的直接上级和下级，以及今后工作中各部门之间的协调方式。

2. 态度培训

向员工发放企业规章制度手册和员工手册并细致讲解，通过培训不断强化新员工的责任意识和团队意识，使员工树立企业主人翁的责任感、团结"家人"的团队意识。企业要用正确的理念去引导、良好的企业文化去熏陶、合理的制度去激励员工，使他们建立强大的自信心，用正确的态度看待自己和企业，并根据他们的特长安排工作。这样才能创造良好的绩效，达到企业和员工共同成长的效果。

3. 职业培训

职业培训主要是针对刚走出校门的学生，帮助其成功转变成一名职业化的工作人员而设计的培训内容，当然，这也适用于所有新员工的学习。其内容主要包括社交礼仪、人际关系、沟通与谈判、科学的工作方法、职业生涯规划、压力管理与情绪控制、团队合作技能等。职业培训的目标是让员工了解角色转变的心态和能力要求，树立正面的职业心态；更好地了解自己，建立自己的职业生涯规划；了解什么是真正的团队，并成为团队的一分子；掌握与上级、同事建立良好合作关系的方法与技巧；掌握提高自己专业形象的方法，为自己的职业成长奠定基础。

4. 技能培训

技能培训主要是结合新员工即将上任的工作岗位而进行的专业技能培训，现在很多企业采用的"师徒制"就是技能培训的形式之一，也是为了满足工作的需要所必备的一种培训。技能培训模式有两种：一是集中培训，即把岗位技能要求相同或相似的新员工集中起来进行培训，这样可以扩大技能的传播范围，并且节约培训成本；二是分散式培训，即由技能熟练的老员工对相应岗位的新人进行指导，并确定指导责任制，一名老员工可以指导一名或多名新员工。在实际工作中，常常是将这两种培训模式结合运用。

二、正式录用员工

新员工加入企业开始工作后，人力资源部门的工作并没有完全结束。新员工的加入只是对企业空缺岗位的填补，员工是否适合其所处的岗位，还需要在试用期间进行考核评估。用人单位在与劳动者签订劳动合同时已经约定了试用期，其目的是：一方面维护用人单位的利益，为每个工作岗位找到合适的劳动者，试用期就是供用人单位考察劳动者是否适合其工作岗位的一项制度，给企业考察劳动者是否与录用要求相一致的时间，避免用人单位遭受不必要的损失；另一方面维护新员工的利益，使被录用的员工有时间考察了解用人单位的工作内容、劳动条件、劳动报酬等是否符合劳动合同的规定。在劳动合同中规定试用期，既是订立劳动合同双方当事人的权利与义务，同时也为劳动合同其他条款的履行提供了保障。

试用期间，人力资源部门针对新员工进行的主要工作有：对员工进行跟踪观察；与员工所在部门进行持续沟通；考核员工在试用期的表现；做转正前的各项准备工作。当员工试用期即将结束时，人力资源部门需要与员工及员工所在部门充分沟通，了解员工对企业文化和经营理念的认可度，了解员工试用期间在工作中表现出的能力和素质是否符合其所处的岗位，并作出公正客观的书面考核评价，坚持公平择优的原则进行转正录用，办理录用手续。如果在试用期内企业通过科学的方法对员工进行了考核，发现员工不符合岗位的录用能力和条件，企业也应当在试用期内依法通知员工解除劳动合同，办理离职手续。

本章小结

对应聘者进行了各种甄选后，即可着手进行员工录用并将其安排到相应的岗位上，体现招聘的最终目的和成果。员工录用是指对经过招聘甄选阶段的应聘者做出最终录用决定，通知他们报到及办理就职手续，并通过试用期考核完成正式录用的过程。

录用程序一般包括制定录用制度、做出录用决策、办理录用手续、签订劳动合同、入职试用、新员工培训、新员工试用期考核、新员工转正等主要环节。

录用通知有信函通知和电话通知两种形式，一般以信函通知较为稳妥。在录用通知书中，要向被录用者清楚说明聘用岗位、所属部门、报到时间、报到地点、报到时所需准备的资料及报到流程，最好通过附件提供抵达报到地点的详细路线和其他有关说明。

新员工报到当日，应及时到人力资源部门填写员工录用表并提交相关资料。企业在与被录用者办理录用手续时，要通过签订劳动合同来保护各自权利、规范各自义务。

新员工培训，又称入职培训，是指企业为招聘到的新员工提供师资、信息、技能平台，鼓励员工学习，开发员工潜能，使员工逐步熟悉企业环境，了解并接受企业核心价值理念，认同企业文化，明确自己即将从事的工作职责、程序和基本技能，帮助新员工尽快进入岗位角色的一项系统性工作。

思考案例

网易的“易计划”

网易集团成立于 1997 年，是中国领先的互联网技术公司，在多个国家和地区设有分支机构，旗下产品覆盖全中国超过 10 亿用户。随着业务的高速发展，每年有大量校招生入职。为了新员工快速转化成有效生产力，“易计划”人才培养项目应运而生。

“易计划”以“角色转变、了解公司、快速融入、夯实技能”为培养目标，帮助校招生从学生的角色转变成职场人的角色，加速应届毕业生的成长，降低人才流失率，进而支撑公司业务的提升。“易计划”从应届生签约开始介入，包含以下形式。

一、“嘿猪行动”—— offer 落地保温活动

网易内部戏称校招生为“小猪仔”，在“嘿猪行动”中，网易会通过一些有仪式感的活动将这些“小猪仔们”从负责校招的同事手中移交到负责培训的同事手中。例如，网易会组织团建活动，进行接歌词等小游戏，游戏中的所有歌单均来自网易云音乐当年的畅销歌单，在游戏之余也让校招生们提前对网易产品有大致的了解。通过“嘿猪行动”，让所有的“小猪仔们”能感受到公司对他们的欢迎，同时他们也可以通过这样的活动感受到网易的文化氛围，从而加强了所有校招生之间、校招生和公司之间的情感连接。

二、校园修行或猪厂试炼

入职前，网易为校招生提供了“校园修行”和“猪厂试炼”两个选项。

校园修行：通过在校大作业的方式对校招生的未来工作岗位进行能力预热。网易根据校招生不同岗位的特征进行针对性的在校大作业设计。校招生需在学校自主完成大作业并每个月同导师互动，导师对学员的作业进行审核和评估，帮助校招生快速学习该岗位的必备知识和技能。

猪厂试炼：校招生直接入司进行实习以积累工作岗位的经验和知识。在实习期间，校招生能够切实体验网易的团队氛围和工作内容，熟悉工作部门，提前了解公司和产品业务。实习结束后，实习生需要提交一份总结学习和工作情况的实习报告。

三、入职

入职当天人力资源部门会为所有校招生集中办理入职手续，并联合共享服务中心为他们准备入职欢迎活动。

校招生入职后会进行集中培训，内容包括理论授课和户外拓展两大部分。

理论授课：网易组织校招生在进入公司的1至2周内进行理论学习，内容包括角色转变、行业了解、公司介绍、制度规范、岗位知识等。同时也会为后一阶段的Mini项目设置前置课程，介绍实际项目开发过程中的流程、工具和注意事项等。

户外拓展：在校招生进入公司的第一周，网易会组织户外素质拓展，共安排12个活动并设置积分制。通过两天一夜的活动增强学员的体验，帮助学员建立社交圈、体验实际团队合作和提高校招生的职业素养。

四、Mini 项目

网易在每年“易计划”项目启动前会向全公司员工征集与互联网、游戏等相关的课题，并进行筛选。之后课题提出者和校招生们会参加课题的双向选择会，双选成立意味着项目立项完成，则会进入实际的项目开发阶段。校招生组成10～12人一组的团队，每个课题将会配备一名顾问，协助小组确定产品大方向，并解决项目过程中的问题。在项目开发阶段，人力资源部门会在该过程中按阶段组织质量保障评审、技术评审、视觉交互评审、产品评审等多方位评审，帮助学员不断打磨完善其作品。

经过6周的开发设计，学员们会对项目进行线上和线下的推广，积累用户并收集用

户评价，最后携相关成果进入项目终审。优秀项目有可能会被公司采纳，进入正式开发运营阶段。

五、导师制

网易为所有学员安排导师并全程陪伴校招生入职。在入职的第一周导师需与学员主管以及学员本人进行沟通，基于学员的岗位特征和职业技能制订 6 个月的学习成长计划并全程追踪关注。期间进行评估和考察。

入职第 4 个月，人力资源部门会与导师和主管一起对学员前 3 个月工作学习表现予以评估。成绩排名后 30%的学员进入特殊观察期。各部门 HRBP 和培训人员在后面的学习期间会对这部分学员加强关注，保证他们不掉队，赶上所有人的进度。

试用期结束后，HR 会根据学员 6 个月的表现输出个人报告，导师需要在报告中对学员工作表现进行评估，学员个人报告会应用到学员的转正答辩中。

六、转正定级答辩

网易在校招生入职的时，无论其学历高低，会进行统一定级，而后根据校招生在培训期间的综合表现以及转正答辩当天的表现再重新定级。

资料来源：网易 做最有趣的校招人才培养.（2021－01－06）. https：//www.sohu.com/a/442958958_183808.

思考题：

请结合材料分析网易是如何通过“易计划”留住校招生并促进校招生成长的。

第 9 章

招聘与录用评估

「学习目标」

- 解释企业进行招聘评估的原因
- 描述招聘与录用评估的作用和标准
- 了解招聘成本包含的内容以及各成本评估的操作方法
- 描述录用成本的构成，评估录用工作的数量和质量
- 了解如何对招聘与录用方法的效果进行评估
- 描述招聘与录用总结的内容

「引入案例」

数据让招聘标准更加有效

LZ 是一家时装公司，旗下拥有诸多时装品牌。驱动企业发展的主要有三个因素：市场、产品、人才。对于人力资源部门，要想发挥价值，核心切入点则在于“人才”。要提升企业销售业绩，就要招到优秀的导购人员。那么优秀的导购是怎样的一群人？有什么共同特质？

人力资源总监通过经验分析得出这样的结论：优秀的导购是拥有本科学历，年龄在 20 多岁的女性。原因如下：女性的亲近感更强，所以女性导购的成功概率更高；LZ 时装的消费者以年轻人为主，所以 20 多岁的年轻导购会更懂客户，取得成功的概率更高；LZ 的竞品品牌用人时侧重本科学历，所以学历高的导购成功概率更高。接下来招聘部门就以这个标准对应聘者进行了优先选择。

3 个月之后，人力资源部门对新招聘的导购人员的销售数据进行了相关性分析，所得出的结论却与之前的推断有较大的出入。数据分析显示，LZ 时装的导购中，35 岁左右的女性、有 1～2 个孩子的人员的销售绩效最好，而且销售绩效与学历完全没有关系。

通过进一步的访谈和分析，结果发现“35 岁、有 1～2 个孩子、学历一般”的女性导购，通常面临的压力更大，工作的驱动力就更强；35 岁左右的女性在人生阅历上相比年轻导购更丰富，对人的感知更为敏锐，这可以帮忙她们用更好的方式赢得消费者的信赖。这份结果让总监十分意外，但这次分析也让 LZ 认识到了自己在招聘标准上的误区。

资料来源：用数据分析，找到提升导购人效的“秘诀”.（2021 - 08 - 04）. https：//mp. weixin. qq. com/s/7wfrizlmRd7NBU6QyMP5tg.

第 1 节　招聘与录用评估概述

一、招聘评估

很多企业陷入了为同行“做嫁衣”的苦恼——辛辛苦苦将员工招进来，花大量时间和精力培训，等到能用的时候却留不住。出现这些困扰，往往是因为企业认为人员到位就万事大吉了，忽视了招聘后期工作的重要性，对招聘缺乏系统评估和调整。由此可见，在一次招聘任务完成后，对招聘工作成果和方法是否有效做出科学客观的评价，是进一步提高招聘工作效率的一项必不可少的工作。

招聘与录用评估是在完成招聘流程各阶段工作的基础上，对整个招聘活动及结果进行评价和总结，检查是否达到预期招聘目的的活动。

（一）招聘评估的作用

评估是整个招聘与录用工作中最后一个重要环节，企业在完成招募、甄选、录用与安置、入职培训等工作之后，就应该对招聘工作中的各项活动、招聘部门的工作情况、被录用人员的数量和质量、招聘成本与效益等进行统计、分析和总结，以节约成本，提高招聘与录用效率。

招聘评估的作用具体体现在以下几个方面：

（1）有利于企业节省开支。招聘评估的成本与效益核算能够使招聘人员清楚地知道费用的支出情况，区分哪些为应该支出部分，哪些是不应该支出部分。对于其中非应支出部分，应在今后的招聘中消除，以降低招聘费用，为组织节省开支。

（2）有利于招聘方法的改进。通过招聘信度与效度的评估，可以了解招聘过程中所使用方法的正确性与有效性，不断积累招聘工作的经验与修正不足，改进招聘方法。

（3）有利于提高招聘工作质量。通过招聘数量评估分析是否满足了原定的招聘要求，有利于找出各招聘环节中的薄弱之处；招聘质量评估既有利于招聘方法的改进，又能够为员工培训、绩效评估提供必要的信息，及时总结有利经验、查找不足，进而提高今后招聘工作的质量。

（二）招聘工作的评估标准

被招聘对象的表现如何是衡量招聘工作的唯一标准，这种衡量不仅需要时间，而且需要企业制定相应的程序和标准。企业招聘与录用工作成功与否，可以依据以下标准来判断：

（1）负责招聘的人员是否花时间与公司其他部门的经理一起探讨对应聘者的要求。合格的招聘人员会花相当多的时间来了解空缺职位的情况，同时用人部门应该明确提出本部门职位需要的关键技能和条件。

（2）招聘部门的反应是否迅速，能否在接到用人要求后在短时间内就找到有希望的候选人。真正高效的招聘部门应该了解其他公司中干得出色的人并随时储备各种候选人资料。这就需要公司内部其他职能部门在平时就为招聘人员提供消息和便利，而负责招聘的人员则需要为这些潜在的候选人建立档案，甚至可以打电话以了解其兴趣所在。

（3）部门经理能否及时安排面试，如果不能，就会错过真正优秀的人才。总是推迟面试，传递了两个信息：一是使应聘者觉得自己没有那么重要；二是使本公司的招聘人员觉得自己的工作没有被重视。

（4）公司是否在物资方面给招聘部门支持并给予足够的授权。优秀的候选人大部分都以职业为重，但也非常关心自己能否得到特殊的对待，自己的工资待遇等条件能否得到满足。如果招聘部门有足够的权力和候选人进行这方面的洽谈，而且公司也能够从人力资源方面给招聘人员支持并为候选人提供最好的条件，就能够在竞争中获得优势。

（三）招聘成本的评估

招聘成本评估是指对招聘过程中产生的各种费用进行调查、核实，并对照预算进行评价的过程。招聘工作结束后，要对招聘工作进行核算。通过核算，可以了解招聘中经费的使用情况，确定其是否符合预算以及主要差异出现在哪个环节上。

招聘成本包括获得成本、新员工培训成本、离职成本与重置成本。

1. 获得成本

获得成本是指企业录用到合适的人才到具体的岗位上工作的一系列过程中产生的费用。其中包括为了吸引和确定企业所需要的内外部人力资源而发生的招募成本，对应聘者进行鉴别选择以决定录用或不录用应聘者所支付的甄选成本，把合适的人员录用到企业中所产生的录用成本，安置已被录取的员工到具体的工作岗位所发生的安置成本。其计算公式为：

获得成本＝招募成本＋甄选成本＋录用成本＋安置成本

（1）招募成本。招募成本是为吸引和确定企业所需内外人力资源而发生的费用，主要包括招募人员的直接劳务费、直接业务费（如招聘洽谈会议费、差旅费、代理费、广告费、宣传资料费、办公费、水电费）、间接管理费（如行政管理费、临时场地及设备使用费等）。招募成本既包括在企业内部和外部招聘人员的费用，又包括吸引未来可能成为企业成员的人选的费用，如为吸引高校研究生与本科生所预先支付的委托代培费。招募成本的计算公式为：

招募成本＝直接劳务费＋直接业务费＋间接管理费＋预付费用

（2）甄选成本。甄选成本是指对应聘人员进行鉴别选择，做出决定录用或不录用这些人员时所支付的费用。一般情况下，甄选过程主要包括以下环节：

1）初次口头面谈，进行人员初选；

2）填写申请表，并汇总候选人员资料；

3）进行各种书面和口语测试，评定成绩；

4）进行各种调查和比较分析，提出评论意见；

5）根据候选人资料、考核成绩、调查分析评论意见，召开负责人会议讨论决策录用方案；

6）最后的口头面谈，与候选人探讨录用后职位、待遇条件等；

7）获取有关证明资料，通知候选人体检；

8）通知候选人录用与否。

以上每一步骤所产生的甄选成本不同，其成本计算方法也不同。通常，甄选成本可以用以下公式计算：

甄选成本＝选拔者面谈的时间费用＋汇总申请资料费＋考试费用＋测试评审费用＋体检费用

（3）录用成本。录用成本是指经过招聘选拔后把合适的人员录用到企业所发生的费用。录用成本包括录用手续费、调动补偿费、搬迁费和旅途补助费等由录用引起的有关费用。录用成本的计算公式为：

录用成本＝录用手续费＋调动补偿费＋搬迁费＋旅途补助费

（4）安置成本。安置成本由为安排新员工的工作场所产生的各种行政管理费用、为新员工提供工作所需要的装备条件以及录用部门因安置人员所损失的时间成本而发生的费用构成。其计算公式为：

安置成本＝安置行政管理费＋必要装备费用＋安置人员时间损失成本

2. 新员工培训成本

新员工培训成本是企业对上岗前的新员工在企业文化、规章制度、基本知识、基本技能等方面进行培训所发生的费用。新员工培训成本由受训者的工资、受训者离岗的人工损失费用、培训管理费用、资料费用和培训设备折旧费用等构成。

3. 离职成本与重置成本

招聘成本还包括因招聘不慎使员工离职而给企业带来的损失（离职成本）以及重新组织招聘所产生的费用（重置成本）。

员工离职成本可分为直接成本和间接成本。直接成本是那些通过检验记录及准确估计时间和资源可以量化的成本，比如员工的离职费用。间接成本主要包括员工离职前后对企业造成的潜在货币或非货币的损失，如员工离职前因个人工作效率低下引起的集体效率不高、员工离开影响企业内部员工的工作士气等。

评估招聘成本之前，准确地说应该是在进行招聘之前，需要制定招聘预算，招聘成本的评估有利于对下次招聘进行可估量的预算。每年的招聘预算应该是全年人力资源开发与管理的总预算的一部分。招聘预算主要包括招聘广告预算、招聘测试预算、体格检查预算、招聘差旅费及其他预算，其中招聘广告预算占相当大的比例，一般来说按4∶3∶2∶1的比例分配以上各项较为合理。

（四）招聘质量的评估

招聘质量用来衡量某次招聘是否成功地招到企业所需要的人才。许多企业并没有掌握如何度量这一指标的方法，下面将介绍衡量招聘质量的不同因素。

1. 目标的完成

通常在试用期内，特别是对白领员工来讲，雇主会建立特别的衡量标准来衡量新员工是否在新的岗位上成功。设立双方都认可的目标是非常有必要的。目标可以包括对质量、数量或两者综合的度量。例如，技术工程师应当每月完成 3 本手册的撰写；软件开发者应当完成一系列代码的编写，并且应当保证错误率低于 1%。一般来讲，太多的目标会导致企业和员工双方产生意见分歧，并引起争论，所以在建立目标时，应以适量并可度量为准。

2. 能力

零售企业可能会期望一位有经验的电话中心代表每小时处理平均 100 个电话，并保证客户满意率在“满意”或者以上。企业应当了解新员工在开始的 1 个月或 3 个月内能够达到怎样的工作效率，并且把对他的要求及时地与员工沟通。

3. 动机

新员工对他的工作感兴趣吗？有没有表现出对工作的激情和动力？对直接上司或经理来讲，这是一个相当主观的评判标准。不过通过拟定特定标准来描绘如动机这样的抽象概念，从而为经理们提供一系列评判动机的标准，还是有可能的。例如，如果一个员工要求承担更多的任务，或者想知道更多的有关公司或与工作相关的信息，就表明这个员工对工作有高水平的动机。

4. 知识和技能

新员工是否具备岗位所要求的工作技能？一个候选人声称自己达到高级编程师的水平，但事实上仅仅是中级水平，这样的事并非不存在。因此需要在面试时和试用期间，运用技能测试这样的客观手段进行测试。不过这种方法也有缺点，很多人会不愿意参加测试，特别是当他们已经被证实雇佣以后。

5. 业绩表现

对新员工的工作表现进行评估，以获知新员工的工作表现是否与部门内其他员工的表现相当是非常重要的。尽管这种评估不可能脱离主观性，但运用严格的评估标准，还是可以获得成功的。采用同级员工和 360 度评估方法，可以帮助公司获得较客观的评价结果。公司可以让同级的员工对试用期内新员工进行评估，根据评估结果来判断该员工的工作业绩。

6. 解决问题的能力

几乎所有的工作都需要一些分析和解决问题的能力。一个称职员工的标志就是具有独立解决问题的能力。如果一个员工持续不断地问一些基本的问题，那么他可能缺乏所应具备的解决问题的能力。

7. 以往经验的贡献

把以往工作中学到的知识运用到现有工作上的能力，是衡量新员工价值的一个关键因素。同样地，尽管可以通过关键因素评估，或者同级员工评估，但评判这个因素的方法依然存在一定的主观性。

8. 客户的满意度

在某些行业中，如零售业，有必要通过客户对新员工投诉的数量及投诉的严重性来评估该员工的表现。这样的评估可以通过一个简单的客户调查来进行，如果发生严重的投诉问题，对客户进行电话追踪可以获得更多有用的信息。

9. 与工作团队的融洽度

现今与工作团队有效配合的能力，已成为一个员工能否取得成功的关键因素。与他人相处、承担适当的工作压力以及与工作团队文化的适应性是非常关键的，如果一个员工不能适应工作团队，由此会产生大量的问题。在一些案例中，一个员工可能是一个优秀的雇员，并且对企业来讲是一笔财富，但是却不能适应特定的工作集体。因此把合适的员工安排到合适的团队尤为重要。有时候好的员工被公司解雇，只是因为企业把他们派到了不合适的工作团队中，并且不愿意进行相应的调整。

10. 与企业的融洽度

个人与企业文化的适合度是最重要的融洽度问题。当员工与所在团队的人相处不融洽时，可以把他调到其他团队去。但当个人与企业的文化不相配时，他可能就不是合适人选了。在招聘时，可以采用对候选人价值观、态度的测试来减少这种摩擦。如果员工与企业的文化相适应，那么员工在企业中获得成功的可能性就会大大地增加。

11. 对待变化/学习的态度

现今快速变化的企业环境，需要不断适应变化的能力，那些能够适应变化，并且不断努力学习新技能、不断更新自身知识结构的员工更容易取得成功，企业可以通过在试用期内对员工态度的调查来判断此项指标。接受变化的能力是不易被灌输的。因此，惠普、美国西南航空以及其他一些企业会在面试中进行测试，而不是寄希望于员工在短短的几个月内会突然改变态度快速适应新的环境。

二、录用评估

录用评估是指根据招聘计划对录用人员的数量和质量进行评估的过程。

（一）数量的评估

录用人员数量的评估是对招聘工作有效性检验的一个重要方面。通过数量评估，分析在数量上满足或不满足需求的原因，有利于找到各招聘环节上的薄弱之处，改进招聘工作；同时，对录用员工数量与招聘计划数量的比较，还可以为人力资源规划的修订提供依据。判断招聘数量的一种简单方法就是看职位空缺是否得到满足，雇佣率是否真正符合招聘计划。录用人员的数量可用以下几个数据来表示：

（1）录用比。

录用比＝（录用人数/应聘人数）×100％

录用比越小，相对来说，录用者的素质越高，反之则录用者的素质较低。

（2）招聘完成比。

招聘完成比＝（录用人数/计划招聘人数）×100%

招聘完成比等于或大于 100%，则说明在数量上全面或超额完成招聘计划。

（3）应聘比。

应聘比＝（应聘人数/计划招聘人数）×100%

应聘比越大，说明发布的招聘信息效果越好，同时可能说明录用人员素质较高。

（二）质量的评估

录用人员质量的评估是对员工的工作绩效行为、实际能力、工作潜力的评估，它是对招聘工作成果与方法的有效性进行检验的另一个重要方面。质量评估既有利于招聘方法的改进，又为员工培训、绩效评估提供了必要的信息。录用员工质量的评估实际上是在员工选拔过程中对录用人员在能力、潜力、素质等方面进行的各种测试与考核的延续，也可根据招聘的要求或职位分析中得出的结论，对录用员工进行等级排列来确定其质量，方法与绩效考核方法相似。当然，录用比和应聘比这两个数据也在一定程度上反映了录用人员的质量。

对录用人员质量的评估还可以用下面的公式进行定量的衡量：

$$QH=(PR+HP+HR)/N$$

式中，QH 为被聘用的新员工的质量；PR 为工作绩效的百分比；HP 为新聘员工在一年内晋升的人数占所有当期员工人数的比例；HR 为 1 年后还在企业工作的员工占原招聘的新员工的数量的百分比；N 为指标的个数。

QH 的数值只是一个参考值，并不能完全反映新员工的质量，主要是因为绩效和晋升率有时并不能被新员工所控制。企业内部复杂环境导致的人才流失，或者企业绩效评价系统不完善等都可能影响新员工最终的考评结果。

表 9-1 根据 4 所不同的院校情况，描述了用人单位是如何比较招聘结果的，反映了成本和有效性。其中，第 4 所大学的费用最高，绩效水平（一般表现）也最高，第 2 所大学具有较高的绩效水平（一般表现）但招聘费用要低得多。

表 9-1　院校招聘的评价矩阵

项目	学校			
	1	2	3	4
面试人数	38	22	58	12
邀请人数	15	9	30	10
现场参观人数	13	8	22	5
接受人数	7	5	12	4
雇佣人数	6	4	8	2
一般表现	2.6	3.1	2.7	3.8
两年内辞职人数	0	0	2	1
两年内解雇人数	1	1	0	0

续表

项目	学校			
	1	2	3	4
16 次以内面试费用（美元）	1 222	764	1 356	1 664
17～32 次面试费用（美元）	2 525	1 568	2 769	3 470
每次参加费用（美元）	540	512	652	750
平均雇佣成本（美元）	622	320	688	810
每年最多的面试次数	24	12	32	20

资料来源：乔治·米尔科维奇，约翰·布德罗．人力资源管理．北京：机械工业出版社，2002.

第 2 节　招聘与录用评估的内容

一、成本效益评估

（一）招聘单位成本评估

招聘单位成本是招聘成本评估的一个重要指标。企业除了要考虑招聘总成本，还必须考虑招聘单位成本。招聘单位成本包括年人均招聘成本和年人均有效招聘成本。

1. 年人均招聘成本

年人均招聘成本是指企业录用一个人所花费的平均招聘成本，等于年招聘总投入除以录用总人数。该比例越大，说明企业每做出一个录用决定花费的费用越高；相反，该比例越小，说明企业每做出一个录用决定花费的成本越低。其计算公式为：

年人均招聘成本＝年招聘总投入/录用总人数（含试用期后未留用人员）

2. 年人均有效招聘成本

年人均有效招聘成本是指企业实际签约一个人所花费的平均招聘成本，用年招聘总投入除以签约总人数。该比例越大，说明实际招聘每个员工的成本越高；相反，该比例越小，说明企业实际招聘每个员工的成本越低。其计算公式为：

年人均有效招聘成本＝年招聘总投入/签约总人数（不含试用期后未留用人员）

（二）成本效用评估

成本效用评估是对招聘成本产生的效果进行分析，主要包括招聘总成本效用分析、招募成本效用分析、甄选成本效用分析和录用成本效用分析等。

1. 招聘总成本效用分析

招聘总成本效用分析是指全部招聘费用对实际录用人数的效用，用录用人数除以招聘总成本来表示。这个比例越大，说明企业花费的招聘费用获得的效果越好，即每单位招聘成本录用的人数越多；反之，则说明效用较低。其计算公式为：

总成本效用＝录用人数/招聘总成本

2. 招募成本效用分析

招募成本效用是指招募工作的费用支出对吸引应聘者的效用，用应聘人数除以招募期间的费用来表示。这个比例越大，说明企业花费的招募费用的效用越高，能吸引大量的应聘者前来应聘，有利于扩大企业的备选人数量；反之，则说明效用较低。其计算公式为：

招募成本效用＝应聘人数/招募期间的费用

3. 甄选成本效用分析

甄选成本效用是指甄选所花费的费用支出对挑选应聘者的效用，用被选中人数除以甄选期间的费用表示。比例越大，说明企业的甄选成本效用越高；反之，则说明效用较低。其计算公式为：

甄选成本效用＝被选中人数/甄选期间的费用

4. 录用成本效用分析

录用成本效用分析是指在录用过程中发生的费用对正式录用应聘者的效用，用正式录用的人数除以录用期间的费用来表示。若该比例较小，说明企业正式录用每一位员工的平均费用高；若该比例较大，说明企业正式录用每一位员工的平均费用低。其计算公式为：

录用成本效用＝正式录用的人数/录用期间的费用

（三）招聘总收益-总成本比

新员工充实到企业后，招聘工作就基本完成了。但从长远来看。招聘是个具有延续性的工作。新员工入职后，不仅能够完成基本要求的工作，为组织创造出预期的收益，同时随着新员工潜力的发挥，还能创造更多的新价值。

招聘的收益价值可以在新员工入职后，以其在相应岗位上的业绩、利润及其他绩效考核结果来衡量，或与历史同期或同行业的标准做比较。

1. 招聘投资收益

招聘投资收益包括招聘投资总收益和招聘投资净收益。假设企业中员工的薪金收入完全代表员工对企业所做的贡献，则招聘投资总收益可表示为：

$$\text{招聘投资总收益}=\sum_{i=1}^{n} w_i \times (z_i-\bar{z}_i)+\text{广告效应}$$

式中，n 为实际招聘人数；w_i 为第 i 个被录用员工的考核期限预期或当前的总报酬，如以月或年为单位；z_i 为第 i 个被录用的员工的实测能力值；$\bar{z}_i$ 为同类人员平均能力值。

招聘投资净收益＝预计招聘总收益－招聘费用

招聘投资的成本收益率＝预计投资净收益/招聘成本

2. 招聘收益-成本比

该比值越高，则招聘工作越有效，即雇佣人员的贡献越大，招聘收益越大，说明录用人员的素质越高，招聘效果越好；反之，说明公司招聘的人员不符合公司的需要，不能为公司创造价值。

招聘收益-成本比＝所有新员工为组织创造的总价值/招聘总成本

3. 招聘渠道的效益评估

对招聘渠道的效益进行评估，有助于为组织找到最经济、效率最高的招聘渠道组合。可以根据每种招聘渠道吸引的招聘人数、每个合格应聘者的成本、每种渠道来源的应聘者中优秀者的人数等指标来评估。

二、招聘与录用方法效果的评估

招聘与录用方法的效果是指测试是否尽可能地选择了符合要求的人，并排除了不符合要求的人，其效果可以用以下几个指标进行评估。

（一）标准化

标准化是指与实施测试有关的过程和条件的一致性，为了能根据同样的测试比较若干求职者的表现，企业应该尽可能让求职者在相似的条件下接受测试。

（二）客观性

当多个评分者对每个人的测试结果大致相同时，测试就具有客观性，一般情况下，选择题和判断题的客观性较强。

（三）规范化

规范的测试结果应该是成正态分布的，这种分布结果为求职者之间的比较提供了参考框架。

（四）可靠性

员工甄选中所使用的测评方法的可靠性可以用信度来衡量，信度是指一系列测评的结果稳定性与一致性的高低。当应聘者多次接受同一测评或有关测评时，其得分应该是相同或相近的，因为人的个性、兴趣、技能、能力等素质在一定时间内是相对稳定的。如果通过某项测评，没有得到相对稳定、一致的结果，就说明测评本身的信度不高。测评信度是以对同一人所进行的几次测评结果之间的相关系数来表示的。可信的测评，其信度系数大多数在0.85以上。由于测评的信度受到多种因素的影响，如测评本身内容的组织与安排，测试者个人的因素（如语言、语调、语速等），被测试者情绪、注意力、疲倦程度、健康水平的变化等，因此测评的信度系数不可能达到1，即几次测评结果不完全相同。

测评的信度分为重测信度、对等信度、分半信度三类。

（1）重测信度。重测信度是指用同一测试方法对一组应聘者在两个不同时间点进行测试的结果的一致性。如对一组应聘者进行某项测评后，过几天再对其进行同一测评，两次测评结果之间的相关程度为重测信度。时间间隔一般在两个月以上，这样比较准确。该方法不适用于受熟练程度影响较大的测评，因为被测试者在第一次测评中，可能记住了某些测试题目的答案，从而提高了第二次测评分数。

(2) 对等信度。对等信度是指对同一应聘者使用两种对等的、内容相当的测评，测试结果之间的一致性。如对应聘者先后使用甲个性测评量表与乙个性测评量表，然后测出两种测评结果之间的相关程度，以确定测评的信度。这一方法减少了重测信度中前一次测评对后一次测评的影响，但两次测评间的相互作用在一定程度上依然存在。

(3) 分半信度。将对同一组应聘者进行的同一测评分为两部分加以考察，这两部分结果之间的相关程度，即为分半信度。这种方法既省时，又避免了前后两次测评间的相互影响。在对应聘者进行招聘测评时，应努力做到既可信又有效。但应注意的是，可信的测评未必有效，而有效的测评必定是可信的。

(五) 有效性

招聘的有效性可用效度衡量。效度是指招聘中真正测评到的品质与想要测评的品质的符合程度。在甄选过程中，有效的招聘测评，其结果应该能够正确地预计应聘者将来的工作绩效，即甄选结果与以后的工作绩效考评得分是密切相关的。这两者之间的相关系数称为效度系数，它的数值越大，说明招聘测评越有效。效度可以分为三种：预测效度、同测效度、内容效度。

(1) 预测效度。预测效度是指对所有应聘者都进行某种测评，但并不依其结果决定录用与否，而以其他甄选手段，如申请表、面试来录用人员。待这些被录用人员工作一段时间以后，对其工作绩效加以考核，然后再将绩效考核得分与当初的测验结果加以比较，求两者的相关系数。相关系数越大，说明此测评效度越高，可以依其来预测应聘者的潜力；相关系数越小或不相关，则说明此测评无法预测应聘者的工作潜力。

(2) 同测效度。同测效度是指对现有的员工实施某种测评，然后将其结果与这些员工的工作表现或工作考核得分加以比较。若两者的相关系数大，则此测评的效度就高，说明此测评与某项工作密切相关。这种测评效度的特点是省时，可以尽快检验某种测评的效度，但在将其应用于员工甄选测评时，难免会受到其他因素的干扰，从而无法准确预测应聘者未来的工作潜力。例如，这种效度是根据现有员工的测评得出的，而现有员工所具备的经验、对企业的了解等是应聘者所缺乏的，因此应聘者可能因缺乏经验在测评中得不到高分，而被错误地判断为没有潜力或能力。其实他们经过实践锻炼与培训，是能够成为称职的员工的。

(3) 内容效度。内容效度是指测评是否代表工作绩效的某些重要因素，例如，招聘打字员时，对应聘者的打字速度及准确性进行测评，这种实际操作测评的内容效度是最高的。与前面两种效度不同的是，内容效度不用测评结果与工作绩效考核得分的相关系数表示，而是凭借招聘人员或测评编制人员的经验来判断。内容效度多应用于知识测评与实践操作测评，不适用于对能力或潜力的预测。

三、招聘部门的工作成效评估

评价招聘部门的工作成效评估，对于持续改进招聘部门的工作有效性，顺利完成组织交给的招聘任务具有重要的意义。评价招聘部门的工作是否成功、是否有效可以通过以下几方面进行评估：

（1）招聘部门是否花费必要的时间与公司用人部门一起讨论对应聘人员的要求。合格的招聘部门会花相当多的时间来了解空缺职位的情况，明确欲招聘的人员所必须具备的重要技能。与此同时，用人部门也应该明确提出本部门职位所需要的条件和要求。一个比较简便有效的方法是参照该部门表现最出色的员工具备何种技能或能力，然后快速寻找合适的人才。

（2）招聘部门的反应是否迅速，能否在接到用人要求后在短时间内提供可供选择的人选。真正高效的招聘部门应该通过各种渠道了解同行业中表现出色的人才的信息。比如在平时参加商务会议或其他活动时，留意将来可能会对公司有用的候选人及其信息，并随时准备把他们推荐给用人部门。而招聘工作人员在平时就要建立这些潜在候选人的档案，甚至可以电话了解他们的兴趣所在。如果凡事留心，广泛收集，拥有一个宝贵的人才库并为用人部门随时推荐人才应该不是一件困难的事情。

（3）能否及时安排面试，尽快约见候选人。当今的人才市场竞争异常激烈，尤其是稀缺人才。许多应聘者都将在与用人单位会见的 7 天内得到录用与否的通知。如果不能及时安排面试，尽快约见候选人，就可能错过招聘到优秀人才的机会。推迟面试时间，可能会向应聘者传递一种信息：自己并不是很受重视，或不被需要。另外也会使负责招聘的相关工作人员觉得自己的工作和努力没有受到足够的重视。在如今社会高速发展的时代，时间就是效率，就是效益。同样，时间对于招聘工作的成功也是非常关键的。

（4）招聘部门是否获得公司在决定薪资待遇方面的授权。大多数优秀的应聘者都以职业为重，同时也非常关心自己的福利待遇是否得到满足，自己能否得到特殊对待。因而，尽可能满足他们要求的待遇是非常重要的。现今人的发展更加个性化，社会也在朝越来越人性化的方向发展。组织仅仅为人才提供标准化、单一化的待遇模式已经不能适应时代的要求，所以如果招聘部门有足够的权力和候选人共同协商出一个待遇方案，而不仅仅是工资和福利的简单组合，就能够在人才竞争中获得优势。

四、招聘渠道评估

在人才招聘过程中渠道的作用非常重要，比如报纸、人才网站、人才市场现场招聘、校园招聘、推荐、专业组织、刊物、BBS 等。公司有实力，当然渠道覆盖越全面越好，但对于大多数公司来说，要对招聘渠道进行针对性分析管理，一是出于对成本的考量，二是提高招聘效率的要求所在。了解哪些招聘渠道可以快速提供大量合适的候选人，从而利用重点渠道宣传招聘，比盲目地撒网式招聘效果要好得多。所以，对招聘渠道的有效性评估就成为招聘人员要考虑的事情。

行业不同、公司不同，招聘的职位不同，对渠道的选择就会有差异。一般而言，在应聘者投寄简历时要求注明招聘信息获取渠道，或者在面试的时候询问有关问题，这样可以得到在招聘信息发布后通过各渠道获得的有效简历数量、相应时间。在通过面试、最终录用后，再统计一下，可以得到最终录用人员的来源渠道是哪些。这些数据将为评估渠道提供参考。

招聘完成后在招聘渠道评估阶段，将统计数据以表格的形式列出，统计各种渠道实际录取的人员数，并对数据进行分析，看哪些渠道成功率高、更合适、更有效率，可重点采用，以便节约企业资源，并对下次招聘提出指导性建议。

企业在选择招聘渠道时，经济上的投入往往是考虑的重要因素。

（1）招聘会。招聘会在经济上的花费与规模和地点有关，一般几百到上千元不等，是一种“费效比”比较适中的招聘方式。在此主要介绍校园招聘会和现场招聘会两种。

校园招聘的应聘者普遍是年轻人，学历较高，工作经验较少，可塑性强。这类员工进入工作岗位后能较快地熟悉业务，所以这个招聘渠道一般适用于招聘专业职位或专项技术岗位人员。如果招聘企业看重员工知识结构的更新和人力资源的长期开发，则校园招聘是首选。当然校园应聘者由于缺乏工作经验，公司在将来的岗位培训上成本较高，且不少学生由于刚步入社会对自己定位还不清楚，流动性也可能较大。

现场招聘是公司招聘中常用的一种渠道，在招聘会上，用人企业和应聘者可直接进行接洽和交流，节省了企业和应聘者的时间，还可以为招聘负责人提供不少有价值的信息。随着人才交流市场的日益完善，洽谈会呈现出朝专业方向发展的趋势，如中高级人才洽谈会、应届生双选会、信息技术人才交流会等。洽谈会应聘者集中、人才分布领域广泛，企业的选择余地较大，通过参加招聘洽谈会，企业招聘人员不仅可以了解当地人力资源的素质和走向，还可以了解同行业其他企业的人事政策及人力需求情况。但通过这一渠道的应聘者多数比较适合公司的中基层职位，高级人才一般较少参加这种招聘会，所以招聘的数量和质量都可能受到很大限制。

随着其他招聘渠道的发展，现场招聘的局限日益突出，目前即使较优秀的基层专业技术人才和管理人才也不太愿意到现场应聘了。

（2）委托招聘。委托招聘目前有两种：一种是中介机构推荐或派遣，这种推荐来的员工一般都是经过筛选的，招聘成功率较高，上岗效果也比较好。一些规范的中介机构还能提供后续服务，使招聘企业感到放心。针对性强、费用低廉是该渠道的优势所在。另一种是较为昂贵的猎头服务，通过这一渠道招聘的多数为公司中高层职位，招聘人员工作经验丰富、在管理或专业技能上有相对优势，在行业中和相应职位上是比较难得的人才。该招聘渠道被公司所需要，一方面因为企业的中高层岗位一般都有现职人员，在没有物色到更佳的替换对象前，调整决定尚掌握在企业领导层面，不宜通过媒体大张旗鼓地进行公开招聘，以免影响现职人员的工作积极性；另一方面能够胜任这些岗位的候选人也多已名花有主，薪资、地位相对有保障，不会轻易跳槽，即便有换单位的意向，也较倾向于暗地操作，不愿在去向未定之前让领导、同事知道，他们投递应聘材料和参加招聘会的可能性不大，所以猎头公司能在公司和个人需求之间进行较好的平衡。委托招聘省时省心省力，不过代价通常是该人才年薪的 20%～30%，比较适用于招聘企业迫切需要的中高层管理人员和专业技术人才。

（3）发布媒体广告。在报纸、杂志等媒体上刊登招聘广告受众面广，一般会收到较多的应聘资料，也可宣传企业形象，招聘到公司需要的中基层和技术职位员工。但需要达到一定的周期才可以有所收获，其费用高低受所选择的媒体的影响力大小、专业程度、版面大小等因素制约。该渠道的缺点是对应聘者信息的真实性较难辨别，人力资源部门在这方面需要花费大量的人力物力。在众多招聘方式中，该渠道的性价比颇高。

（4）内部员工招聘。采用内部招聘时，通常只需要较少的技能评估、较短的时间就能确定内部员工是否胜任，因此减少了相应的测试成本。同时，内部求职者熟悉公司和公司业务，能很快地开始工作，因此也可以降低培训成本。

（5）网络招聘。网络招聘是近年兴起的招聘方式。网络招聘渠道成本较低廉，根据专业人士介绍，一次招聘会的费用可做两个月的网络招聘，而且网上的招聘广告不受时空限制。同时值得一提的是，这种渠道对于招聘 IT 行业人才有着很好的效果，这也与 IT 人员经常使用网络的特点密切相关。

五、适应性培训的评估

（一）适应性培训的概念及意义

适应性培训是企业雇佣了新的雇员后对其进行的培训。这种培训实际上是招聘过程的延续。新员工经过这一步的培训，才能完成在企业的社会化，从而真正成为企业的一员。被录用者并不是一进入企业就能够马上成为企业的一分子的，适应性培训是完成招聘过程必须要做的事情。

适应性培训的重要性主要体现在三个方面：首先，新员工与职位之间肯定存在许多不适应的地方。当新员工与所分配角色之间存在差距时，应该缩小这种差距。如果岗位有特殊的技术和人际关系方面的要求，还应该进行特殊培训。其次，员工还可能在许多方面不适应企业，员工与企业之间也可能出现不适应状况，这样的话，员工就可能偏离社会化的正常轨道，而不能完成社会化，还可能出现泛社会化倾向。最后，一个新员工进入企业之前，对企业、自己的职位总有许多幻想，当现实与这种幻想不符的时候，他们就可能出现所谓的“现实休克”，适应性培训能很好地缓解这种问题。

（二）培训评估的重要性

一般企业组织都很重视对员工培训项目的结果进行评估，其主要原因在于：

（1）通过评估可以了解某一培训项目是否达到员工的目标和要求。加拿大学者对上岗前的新员工培训专门进行过分析研究。他们发现，受过培训的新员工在上岗后创造的价值远比未受过培训的人高。经过分析，他们认为如果受训人员工作一年内创造的价值等于或大于培训费用的三倍的话，这种培训就是成功的。反之，培训就有改进的必要。

（2）通过评估可以分析受训人知识技术能力的提高或行为表现的改变是否真正直接来自培训本身。

（3）通过评估可以找出培训中存在的问题或失败的原因。有的培训项目计划听起来很不错，但效果不好。通过分析培训，可以找出原因，以便从失败中吸取教训，改进今后的培训。

(4) 通过评估，可以检查培训支出的效益如何。

(三) 培训评估的实施

适应性培训评估工作可以从以下角度开展：

(1) 企业是否受益的角度。显性效果如新员工流失率是否下降等，隐性效果如新员工劳动生产率是否有所提高。

(2) 受训者是否受益的角度。评估需要注意受训者的反应。最简单的办法是进行问卷调查，还可以要求受训者写学习小结、开座谈会，谈自己学到哪些东西或受到哪些启发等。

(3) 培训者角度。评估需要反思培训系统设计是否得当、使用的培训方法是否有效、学员的接受程度是多少、是否达到培训目的等。

(4) 人力资源部门角度。人力资源部门评估需要抓住两条主线：一是经过培训员工的任职资格差距是否缩小了，经过培训的员工是否比没有经过培训的员工绩效水平更高，流动率是否更低；二是适应性培训的成本。

第 3 节　招聘与录用总结

评估工作完成之后，最后一个环节就是对招聘与录用工作进行总结，对招聘与录用的实施、工作中的优缺点等进行回顾分析，撰写工作总结，作为一项重要的资料存档，为招聘与录用目标的实现、过程的调控、效率的提高等提供反馈性指导意见。

一、招聘与录用总结的注意事项

(1) 对招聘与录用活动进行计划和总结。计划是为了有效执行，总结是为了提升质量和效率。对企业开展的招聘与录用活动应尽量进行详细总结，阶段性总结可以促进后续招聘与录用工作的顺利进行，总体性总结或项目性总结有利于以后同类招聘与录用工作的科学进行。

(2) 真实地反映招聘与录用全过程。招聘与录用总结要做到客观、实事求是，应该由招聘与录用主要负责人撰写，明确指出招聘与录用的成功与失败之处，并提供改进意见，内容尽量简单明了，尤其注重“经验总结”部分。

(3) 招聘与录用总结完成之后，要及时交给有关领导（如人力资源部门经理、总经理）和参加招聘与录用活动的有关人员（招聘人员和参与测试的人员），这样既能及时争取领导的指导和资源支持，又能让参与招聘与录用的人员及时吸取经验和教训。

二、招聘与录用总结的内容

招聘与录用总结的主要内容包括招聘与录用计划、进程、结果、经费、评定及改进建议等。

（1）计划。在企业招聘需求确定之后，人力资源部门就会制订招聘与录用计划，用来指导企业后续的招聘与录用工作。总结中的招聘与录用计划一般只需说明招聘岗位名称、数量、人员到岗时间、招聘工作由哪些部门负责实施就行了，也可以在总结后附上一份原始招聘与录用计划以供对照。

（2）进程。该部分主要用来说明企业在招聘与录用工作中的人员参与情况、所运用的甄选方法、各环节的进展情况。这部分内容能让领导和专家了解招聘与录用工作的人员安排是否到位、科学，招聘与录用流程是否规范、完整、科学，甄选方法是否具有针对性。

（3）结果。这部分主要是对人员到岗的数量和及时性做出陈述。

（4）经费。这部分主要介绍整个招聘与录用活动的费用支出情况。

（5）评定及改进建议。该部分主要在招聘与录用评估的基础上，总结过程中的成功与创新之处，同时找出做得不到位、需要改进的地方，并提供合理的改进建议与方法。

三、针对竞争对手的招聘与录用总结

竞争对手的情报是指公司的直接竞争对手的有价值情报，包括策略、计划、工作方法及人员资料。竞争对手的情报能使公司在进行人才招聘与录用时更好地抗衡竞争对手。招聘与录用方面的情报通常包括：

（1）最优秀的求职者为什么向竞争对手申请工作，而不愿意向我们申请？

（2）求职者为什么查询竞争对手的公司网站？

（3）若求职者不来我们公司求职，他们会转向哪家公司？我们公司与其他公司的薪水差额是多少？

（4）我们公司在招聘与录用中最终取胜的因素是什么？哪些因素会促使一些求职者最终选择竞争对手提供的职位？

（5）影响我们公司招聘工作的不良因素是什么？

（6）竞争对手的广告、网站及其他招聘方式中的哪一项对求职者的影响最大？

四、招聘与录用评估中常见的问题与对策

（一）重视招聘与录用的具体实施工作，忽视招聘与录用的评估工作

很多企业没有认识到招聘与录用评估工作的重要性和必要性，因而在招聘与录用评估工作方面往往存在空白。有些企业虽然对招聘与录用工作进行了回顾和总结，但多局限于“人员补充是否及时”“招聘与录用费用是否高昂”“用人部门是否满意”等方面的简单评估。一般情况下，这种评估常通过工作或非工作场合的非正式交流来完成，不仅没有形成文字性的成果，而且不能对后续的招聘与录用工作提供有价值的参考和借鉴。

招聘与录用评估是对所开展的工作进行的全面总结，能够起到发扬优点、克服缺点、增强效果的作用，所以，企业不但要开展招聘与录用评估工作，而且应该认真全面

地做好这项工作。

（二）重视当前招聘与录用效果的评估，忽视未来效果的评估

很多企业非常关注“是否及时招到所需要的人员”“招聘花了多少时间成本、人工成本”“招募、甄选和录用过程中是否出现问题”等这些当期效果，但不重视长期才能体现出来的效果，如“新员工学习和成长情况”“3 个月或者 6 个月员工的离职情况”“新员工 3～6 个月的业绩”等。这样必然导致招聘与录用工作人员的短期行为，也不能很好地分析招聘与录用工作给后续人力资源管理带来的影响。

（三）重视招聘与录用结果的评估，忽视招聘与录用过程的评估

招聘与录用结果对于企业来说当然是最根本、最重要的，但是好的招聘与录用结果必须来源于科学规范的招聘与录用过程管理。“招到多少人”“花了多少钱”“多少人参加招聘工作”“新员工和用人部门满意度”等结果性指标的评估受到用人单位的高度重视，而对“招聘与录用流程是否科学合理”“招聘与录用方法针对性是否强且有效”“招聘与录用人员是否严格按照要求选拔人员”“招聘与录用人员在招聘与录用过程中的工作情况”等过程指标的评估不足。

针对上述问题，企业首先要深刻认识到招聘与录用评估工作的重要性，其次要明确企业需要从哪些方面开展评估工作，然后遵循科学的程序、运用有效的方法开展评估工作。

本章小结

招聘评估是在完成招聘流程各阶段工作的基础上，对整个招聘活动及结果进行评价和总结，检查是否达到预期招聘目的的活动。招聘评估有利于企业节省开支，有利于招聘方法的改进，有利于提高招聘工作质量。

为了使新员工熟悉企业环境，尽快融入企业，对新员工进行适应性培训尤为重要，这就要求企业必须重视适应性培训的评估工作。

评估工作完成之后，最后一个环节就是对招聘与录用工作进行总结，对招聘与录用的实施、工作中的优缺点等进行回顾分析，撰写工作总结，作为一项重要的资料存档，为招聘与录用目标的实现、过程的调控、效率的提高等提供反馈性指导意见。

思考案例

360 公司的校园招聘

360 是中国大型互联网企业之一，伴随着中国互联网行业的风起潮涌，360 的人才体系一直保持着勃勃生机，新血液的输入对公司业务发展起到了关键作用。为满足公司人才需求，360 在 2022 年校招中推进了招聘的数字化变革。

在招聘流程中，360 校招组为批量筛选简历、批量触发笔试、自动分配简历、业务

筛选面试及淘汰后二次推荐、offer后的简历回传等阶段设置了自动化流转的规则引擎，形成了自动化的流程齿轮，大大缩短了招聘周期。

为提高业务经理的校招参与度，增强招聘灵活性和专业度，360构建了自动化、透明化的校招高效协作模式，业务经理可以从专属的工作台看到面试学生的进展、岗位的进展，将招聘流程掌控在自己手中。360还搭建了校招人才库，业务经理可以在人才库自由搜寻，换岗位推荐，提升了简历利用率和人岗匹配度。

此外，360为学生提供了多种简历投递渠道，确保学生能顺畅、简便、快速地融入招聘流程中。从自主渠道的运营来看，360的内推、校园大使等推荐运营渠道的简历量占到50%。而在学生最关注的面试环节，360革新招聘模式，采用“双向预约”方式，给学生提供更灵活的面试时间选择，降低了多方沟通成本，面试量的阶段数据增长12%，面试到场率提升了40%。

思考题：

1. 如果你是校园招聘的负责人，从招聘过程、招聘效率和招聘结果来看，如何对此次校园招聘作评估和复盘？

2. 思考招聘评估对人力资源管理的作用。

拓展阅读

招聘成本评估实例

广州某科技公司计划招聘大学毕业生和技术人员30人，此次招聘在3—7月发生了以下相关经济业务。

一、招募成本

3月1日开始筹备人员招聘工作。招聘工作进行一个月，包括刊登广告、召开招聘会议、到定点学校宣讲等，3月份发生的招募人员的直接劳务费工资和福利费总计6 600元。3月10—17日该公司参加招聘会，直接业务费包括招聘洽谈会议费1 000元、差旅费250元、招聘广告费400元、宣传材料费1 500元、办公费500元、办公用品及水电费等200元。间接管理费用包括分摊行政管理费300元、招聘会临时场地设施使用费2 000元，应负担本批员工奖学金费用2 000元（该费用是为了吸引未来可能成为公司的成员面向本批新员工就读大学预付的奖学金）。则

招募成本＝直接劳务费＋直接业务费＋间接管理费用＋预付费用

＝6 600＋1 000＋250＋400＋1 500＋500＋200＋300＋2 000＋2 000

＝14 750（元）

二、甄选成本

4月15—18日，进行4天招聘新员工的笔试和面试，然后进行改卷、调查、分析等甄选工作。甄选成本主要包括以下几个方面。

（1）进行初步口头面谈，甄选人员的工资率为20元/小时，面试人员为招聘人数的

3 倍，面试前的准备时间为每人 2 小时，面谈所需时间为每人 0.25 小时。计算如下：

甄选者面谈的时间费用＝（2＋0.25）×20×90＝4 050（元）

（2）汇总申请资料费用，包括印发每份申请表资料费 2 元，每人资料汇总费 2 元，选拔人数 90 人，则

总费用＝（2＋2）×90＝360（元）

（3）进行书面和口语测试，每人材料费 5 元，每人书面测试评分成本 10 元，口语测试评分成本 5 元，人数 90 人，书面和口语测试各一次，则

考试费用＝（5＋10＋5）×90＝1 800（元）

（4）人事部门请各部门代表进行各种调查和比较分析，人事部门人员的工资率为 20 元/小时，各部门代表的工资率为 25 元/小时，讨论 3 次，每次 4 小时，则

评审费用＝4×（20＋25）×3＝540（元）

（5）根据应聘者资料、考试成绩、调查分析评论意见，召开负责人会议讨论决策录用方案 2 次，每次 1 小时，均有 5 位经理参加，其工资率为 50 元/小时，则

决策费用＝50×2×5＝500（元）

（6）最后的口头面谈，与候选人讨论录用后职位、待遇条件，费用 300 元。

（7）获取有关证明资料，通知候选人体检，每人费用 10 元，共计 10×30＝300（元）。

（8）在体检后通知候选人录取与否，体检及其他费用为每人 30 元，共计 30×30＝900（元）。

甄选成本＝4 050＋360＋1 800＋540＋500＋300＋300＋900＝8 750（元）

三、录用成本

6 月份准备录用甄选出来的 30 名人员，企业在录用时支付的录取手续费为 20 元/人，且需要为 10 名大学生支付学校的培养费，每人 5 000 元。则

录用成本＝20×30＋5 000×10＝50 600（元）

四、安置成本

7 月开始安置已录用的 30 名员工到具体的工作岗位，为安排新员工的工作所必须发生的各种行政管理费用 1 000 元，为新员工提供工作所需要的各种办公用品费用 50 元/人，录用部门因安置人员所损失的时间成本为 20 元/小时，共计安置时间为 4 小时。则

安置成本＝1 000＋50×30＋20×4×30＝4 900（元）

五、适应性培训成本

7 月 1 日，30 名新员工进入公司开始进行为期 1 个月的适应性培训，每位新员工的工资为 50 元/日，每日安排 4 个小时讲座、4 个小时作业或模拟实习，每月按 22 天计算。培训讲师是公司内部各部门经理，每日由 1 名经理上课，工资按每小时平均 100 元计算，假定培训期间讲师离岗的人员损失费用为 50%，教育管理费用每月 2 000 元，资料费用每人每月 100 元，培训设备折旧费用 2 000 元/月。则

适应性培训成本＝（100×4×50%＋50×30）×22＋2 000＋100×30＋2 000
＝44 400（元）

把以上5个部分费用加起来，得到招聘总成本为：

招聘总成本＝14 750＋8 750＋50 600＋4 900＋44 400＝123 400（元）

六、离职成本

该科技公司在对30名新员工进行为期1个月的适应性培训之后，8月1日开始进入试用阶段（6个月），试用期间每位新员工的工资为64元/日，每日工作8小时。在此期间，公司分别针对这30名新员工进行详细严格的考核。次年2月1日，试用期结束，人力资源部门发现新员工李某在实际工作中的表现不佳，不善于和别人合作，决定予以辞退。另外，一位在公司已经工作5年的员工赵某（其工资为30元/小时）因对公司给予的福利待遇表示不满主动提出辞职，经研究决定，予以批准。随后，人力资源部门决定将赵某剩余的医疗公积金、保险总计3万元退还，将其二人从工资单中删除，停止发放福利费，并收回他们手中的办公设备和科研器材，共用10个小时，人事部门人员的平均工资为20元/小时。这两名员工的离职面谈均由人力资源部门经理负责，其工资按每小时100元计算，准备面谈大约需要0.5小时，进行面谈各需15分钟。

离职前的面谈费用＝面谈者的时间费用＋离职员工的时间费用

＝（0.5＋0.25）×100×2＋0.25×（64÷8＋30）＝159.5（元）

与离职有关的管理活动费用＝10×20＝200（元）

离职金＝每位离职者的离职金×离职人数＝30 000×1＝30 000（元）

由此得出

直接离职费用＝159.5＋200＋30 000＝30 359.5（元）

若该科技公司为弥补岗位空缺需要继续进行招聘，则重置成本为新员工补充费用和培训费用之和，计算方法与招募成本的核算类似。

资料来源：万玺，冉军．招聘管理．北京：科学出版社，2011.

适应性培训管理规则

一、培训目的

一是使新员工对公司有一个全方位的了解，认识并认同公司的事业及企业文化，明确自己的职业选择，理解并接受公司的行为准则和管理规范。

二是使新员工明确自己的岗位职责、工作任务和工作目标，掌握工作要领、工作程序和工作方法，尽快进入岗位角色。

二、培训期间

新员工入职培训期为一个月，包括2～3天的集中脱岗培训和后期的在岗指导培训。人力资源部根据具体情况安排确定培训日期。每期新员工培训定于入职后两周内。

三、培训对象

公司所有新入职员工。

四、培训方式

（1）集中脱岗培训。由人力资源部制订培训计划和方案并组织实施，采用集中授课及讨论、参观等形式。

(2) 在岗培训。由新员工所在部门负责人对其已有的技能与工作岗位所要求的技能进行对比评估，找出差距，以确定新员工培训方向，并指定专人实施指导培训，人力资源部负责跟踪监控。可采用日常工作指导及一对一辅导的形式。

五、培训教材

公司简介、员工手册、新员工行为准则、公司行政管理制度汇编、部门岗位指导手册等。

六、培训内容

(1) 企业概况：公司创业历史、企业现状以及在行业中的地位、公司产品品牌与经营理念、公司企业文化与未来发展前景、组织机构、各部门的功能和业务范围、人员构成、薪资福利政策、培训制度、历年重大人事变动或奖惩情况介绍、公司活动和团队精神介绍、沟通技能训练及新员工关心的各类问题解答等。

(2) 员工守则：企业规章制度、奖惩条例、行为规范等。

(3) 入职须知：入职程序及相关手续办理流程。

(4) 财务制度：费用报销程序及相关手续办理流程以及办公设备的申请领用。

(5) 安全知识：消防安全知识、设备安全知识及紧急事件处理等。

(6) 沟通渠道：员工投诉及合理化建议渠道介绍。

(7) 实地参观：参观企业各部门以及工作、娱乐等公共场所。

(8) 介绍交流：介绍公司高层、各部门负责人及对公司有突出贡献的骨干与新员工认识并进行交流恳谈。

(9) 在岗培训：服务意识、岗位职责、业务知识与技能、业务流程、部门业务周边关系等。

(10) 岗位相关部门或关系人介绍。

七、培训考核

培训考核分为书面考核和实操考核两部分，集中脱岗培训以书面考核为主，在岗培训以实操考核为主，各占考核总成绩的50%。书面考核考题由各位授课教师提供，人力资源部统一准备考卷；实操考核通过测试、观察等手段来考察受训员工在实际工作中对岗位培训知识或技巧的应用及业绩行为的表现，由其所在岗位主管、部门经理、同事及人力资源部共同考核评定。

八、效果评估

人力资源部通过与新员工、岗位培训指导人、部门负责人直接交流，制定一系列书面调查表进行培训后的跟踪了解，评估培训效果，逐步减少培训内容与实际效果的偏差，进一步改进培训方法，提高新员工入职培训的有效性，达到期望目标。

九、培训相关工作要求

(1) 人力资源部根据各部门的人力需求计划统筹入职人员指标及入职时间，根据新员工的规模情况确定培训时间并拟定新员工培训具体方案；填写新员工脱岗培训计划书报送人力资源总监及相关部门。

（2）人力资源部负责人与各相关部门协调，做好培训全过程的组织管理工作，包括经费申请、人员协调组织、场地安排布置、课程调整及进度推进、培训质量监控以及培训效果的考核评估等。

（3）人力资源部负责人在每期培训结束当日对学员进行反馈调查，填写新员工入职培训调查表，并根据学员意见，于七日内给出对该课程及授课教师的改进参考意见，将学员反馈表汇总，送授课教师参阅。

（4）授课教师在七日内整理出改进方案并填写教师反馈信息表，交人力资源部审议。

（5）人力资源部在新员工集中脱产培训结束一周后，提交该期培训的总结与分析报告，报人力资源总监审阅。

（6）新员工集中脱产培训结束后，分配至相关部门岗位接受上岗指导培训（在岗培训），由各部门负责人指定岗位指导人实施在岗培训，并于培训结束时填写新员工在岗培训记录表，报人力资源部。

（7）人力资源部在新员工接受上岗指导培训期间，应不定期派专人实施跟踪指导和监控，并通过一系列的观察测试手段考察受训者在实际工作中对岗位知识和技巧的应用及行为的改善情况，分析培训为企业业务带来的影响和回报的大小，以评估培训效果，调整培训策略和培训方法。

X公司春季招聘总结

一、招聘计划

根据2023年10月15日总经理办公会决议，X公司向社会公开招聘负责国际贸易的副总经理1名、生产部经理1名、销售部经理1名。

由人力资源部经理在分管副总经理的直接领导下具体负责。

招聘测试工作会全权委托某咨询公司实施。

二、招聘进程

10月20日：在《北京青年报》《北京晚报》和智联招聘网站刊登招聘广告。

11月5—15日：初步筛选，挑选符合要求的应聘者。

11月16—20日：招聘测试，从中选出约1/4的合格应聘者。

11月21—27日：面试，确定录用人选。

12月1—10日：录用人选体检。

12月11—15日：最终决策。

12月20日：新员工上岗。

三、招聘结果

（1）副总经理应聘者22人，参加招聘测试13人，送企业候选人3人，录用0人。

（2）生产部经理应聘者15人，参加招聘测试11人，送企业候选人3人，录用1人。

（3）销售部经理应聘者30人，参加招聘测试25人，送企业候选人6人，录用1人。

四、招聘经费

（1）招聘预算4万元；

（2）招聘广告费2万元；

（3）招聘测试费1万元；

（4）体检费2 000元；

（5）招待费3 000元；

（6）杂费3 500元。

合计支出7.85万元。

五、招聘评估

（1）主要成绩。委托专业机构进行专业测试，结果表明录用的两位经理素质较高；同时，测试结果指出副总经理应聘者中无合适人选，最后没有录用。

由于公平竞争，许多落选人都声称受到了一次锻炼，对宣传企业的良好形象起到了促进作用。

（2）主要不足之处。招聘广告的设计有些问题，没有吸引到足够的高层次应聘者来竞聘副总经理一职，致使副总经理一职最终未能选拔到合适的人选。

资料来源：万玺，冉军．招聘管理．北京：科学出版社，2011.

跨国公司的特殊招聘法

1. 日产公司——请你吃饭

日产公司认为那些吃饭迅速的人，一方面肠胃功能好、身强力壮，另一方面往往干事风风火火、有魄力，这些正是公司所需要的。因此对每位来应聘的员工，日产公司需要进行一项专门的“用餐速度”考试——招待应聘者一顿难以下咽的饭菜，一般面试官会“好心”叮嘱应聘者慢慢吃，吃完后再到办公室接受面试，那些慢腾腾吃完饭者得到的都是离开通知。

2. 壳牌石油——开鸡尾酒会

壳牌公司会组织应聘者参加一个鸡尾酒会，公司资深员工都来参加，酒会上由这些应聘者与公司员工自由交流。酒会后，由公司资深员工根据自己的观察和判断，推荐合适的应聘者参加下一轮面试。一般酒会现场表现抢眼、气度不凡、有组织能力的人将会得到下一轮面试机会。

3. 假日酒店——你会打篮球吗

假日酒店认为，那些喜欢打篮球的人性格外向，身体健康，充满活力，富有激情。假日酒店作为以服务至上的公司，员工要有亲和力、饱满的干劲，朝气蓬勃。一个缺乏兴趣、死气沉沉的员工既是对公司的不负责，也是对顾客的不尊重。

4. 美国电话电报公司——整理文件筐

美国电话电报公司往往先给应聘者一个文件筐，要求应聘者将一堆杂乱无章的文件整理好放进文件筐，规定在 10 分钟内完成，而一般情况下不可能完成。公司只是借此观察应聘者是否有应变能力，是否分得清轻重缓急，以及在办理具体事务时是否条理分明，那些临危不乱、作风干练者自然得分较高。

5. 统一公司——先去扫厕所

统一公司要求员工有吃苦精神以及脚踏实地的作风，凡来公司的应聘者都会被派去扫厕所，不接受此项工作或只把表面洗干净者均不予录用。统一公司认为一切利润都是从艰苦劳动中得来的，不敬业的员工就是隐藏在公司内部的“敌人”。

6. 松下公司——70 分以上我不要

松下公司要求应聘者根据实际给自己打分，那些给自己打 70 分以上者，公司一般不予录用。松下公司认为，自认为优秀的人员，要么眼高手低、不服管教，要么跳槽频率高。因为公司要的是“适当”的人才，70 分已足够。

7. 摩托罗拉——拒答隐私方录用

摩托罗拉公司会故意问应聘者几个难堪的问题，如结婚了吗？什么时候要小孩？找男/女朋友的标准是什么？支持性开放吗？以问题为个人隐私为由拒答者，公司持赞赏态度。公司认为这些应聘者不会因个人的眼前利益而屈服于压力，有个性、有尊严，表现在工作上就是少受诱惑，坚持原则，始终以公司利益为先。

第 10 章

招聘外包

「学习目标」

- 了解招聘外包决策应考虑的因素
- 描述招聘外包的类型
- 了解招聘外包的实施步骤
- 描述我国企业招聘外包的现状
- 讨论改善招聘外包的对策与建议

「引入案例」

上药天普的全流程全渠道招聘管理之路

作为上海医药集团的成员公司，上药天普成立于 1993 年，是一家专注于生物医药研发、生产和营销的生物制药公司，一直致力于在危重症领域成为值得尊敬和合作的生物医药领军者。和众多行业内的企业类似，上药天普在招聘中也具有职位类型多、专业要求高、招聘难度大等特点。除此之外，还有几个较为突出的问题亟待解决。

(1) 作为一家国企背景的医药公司，上药天普以往主要依赖于内部推荐，招聘渠道相对单一，希望能够打破这种惯例，通过市场化手段引入更加多元化的专业人才，提升竞争力。

(2) 因长远战略发展需要，上药天普对人才的选拔标准很高。但是相对于发展成熟、具有一定历史积淀的外资药企，其自身在品牌知名度、薪资水平等方面的优势还不够显著，加上企业文化比较低调，想要在竞争白热化的一线城市吸引到符合要求的优质人选，颇具挑战。

(3) 招聘流程中各个节点的落地和执行还需进一步规范。为解决人才招聘难题，上药天普决定将招聘全流程委托给专门的人力资源服务公司。经过多方调研，上药天普最终选定了 R 公司，一家在中国首创招聘流程外包服务并具有丰富项目经验的成熟上市公司。两家公司签订了合作协议。针对上药天普的情况，R 公司项目团队为其制定了全流程全渠道的招聘解决方案，和上药天普共同解决各种招聘疑难杂症。例如针对上药天普的业务战略、医学事务、销售管理等中高端岗位，引入猎头服务。针对员工短期替补以及职能类岗位编制受限的情况，引入灵活用工服务。同时全面负责校招后期的简历筛选、面试、入职、上岗等各项事宜并推进招聘系统应用，参与微信公众号运营，统筹管理第三方渠道。合作期间，上药天普的人力资源高管与R公司项目团队分享公司战略、产品知识、用人标准以及企业文化，让访寻顾问对上药天普具有更感性的认识，为促进双方的战略合作、实现招聘目标奠定了良好的基础。而RPO现场顾问则通过定期分享市场信息、竞品动态、人才情况等，为客户提供切实可行的决策依据，还可以通过可视化形式进行“视频面试技巧”等经验分享。

在双方的共同推进与深度合作下，一年内共完成了260个职位的招聘，平均招聘周期36个自然日，业务部门零投诉。而合作职位也从最初的基础销售岗位，逐步覆盖至非销售类岗位、工厂岗位，以及其他高端岗位。

资料来源：上药天普的全流程全渠道招聘管理之路.（2022-06-15）. https：//www.careerintlinc.com/casestudy/161.html.

第1节　招聘外包概述

人才是当前企业发展的重要支柱，能否及时、快捷、廉价地吸纳优秀的人才，是影响企业发展的重要因素。快速成长的企业一直面对优秀人才短缺的局面，包括缺乏富有经验的招聘人员。起草和发布招聘广告、接收和筛选求职简历、初次面试、向管理人员推荐最终入围的应聘者、审查证明材料等，都需要有经验的员工花很长时间去完成。如果将这些任务外包给在人才招聘方面有经验的服务商，则会为企业节省大量时间和成本。

一、招聘外包的概念

人力资源外包是指发包商（或外包需求方）与服务商（或外包供应商）签订服务协议，由服务商提供预定的人力资源管理服务并收取既定的服务费用（见图10-1）。

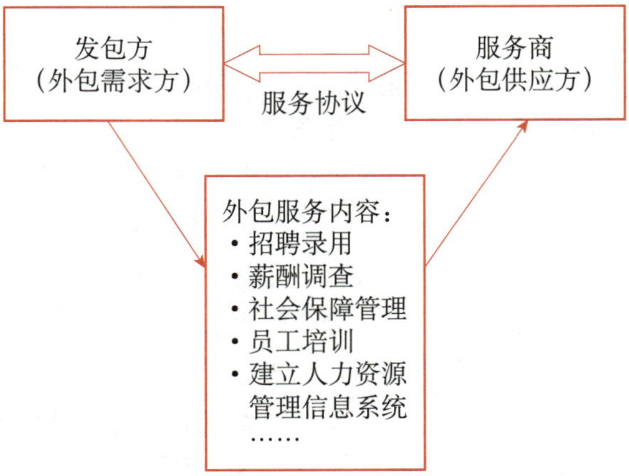

图10-1　人力资源外包模型

发包方和服务商是人力资源外包的主体。发包方是人力资源外包的需求方，即当前设置了人力资源管理职能的各类组织。服务商是外包服务机构，即提供人力资源管理服务或产品的供应商，通常指人力资源管理服务机构。人力资源供需双方相互接洽，进行业务合作的内容就是外包服务内容，包括适宜进行外包的一切人力资源管理职能活动，如事务性的人事代理、保险缴纳、档案代理、薪酬调查等数据信息服务，员工培训、人力资源管理流程等咨询服务。

招聘外包是人力资源外包的组成部分之一，是指企业根据需要将招聘工作通过合约方式交给外部的专业服务机构负责，以获取更加专业化的招聘服务，降低管理成本，提高管理效率。

二、招聘外包产生的背景及动因

（一）招聘外包产生的背景

1. 国际化背景

在全球化和世界经济一体化的背景下，在企业实行国际化战略的过程中，跨国投资设厂和招募东道国员工，使跨越地理边界的国际雇员大量出现，同时也使人才竞争成为关键。寻求专业外包商来分担企业的招聘压力，提高企业应对全球化竞争的能力，成为国际化背景下企业的必由之路。

2. 现代信息技术迅猛发展

现代信息技术迅猛发展，电子商务、EPI 无纸化办公、企业 ERP 系统、人才测评工具、员工数据库等，都在信息技术发展的背景和支持下应运而生，为招聘外包提供了技术支持。

3. 人力资源外包的兴起

招聘外包产生的直接背景是人力资源外包浪潮。随着人力资源部门由行政性角色向战略性角色转变，人力资源外包日渐风靡世界。自 1980 年国务院出台《关于管理外国企业常驻代表机构的暂行规定》，我国的人力资源外包行业开始萌芽，各类人力资源专业外包服务机构出现，各企业纷纷进行外包的初步探索，都为招聘外包的出现和兴起提供了宏观背景。

（二）招聘外包产生的动因

招聘外包作为一种使企业提高效率、赢得竞争优势的新型管理模式，在多种因素的共同作用下日渐成为企业招聘的新选择。

1. 企业外部环境的变化

20 世纪 80 年代以来，企业在全球化、技术创新、组织变革等外部环境中，面临的风险和竞争激烈程度日渐提高，速度和效益成为企业生存和发展的关键，相应地，对企业招聘效率也提出了更高的要求。企业仅凭自身的资源和能力跟踪市场需求，并不具备竞争优势，利用外部资源进行合理分工，有利于企业灵活应对外部环境的变化。

2. 企业间竞争的加剧

招聘外包源于企业面临的巨大竞争压力，压力使得压缩成本和提高劳动生产率日益重要。招聘外包具有规模经济性，往往能以更低的成本提供服务，而有效的外包服务也会降低企业的成本，有利于企业以低成本、高效率在竞争中获胜。

3. 组织结构扁平化趋势

组织结构扁平化意味着人力资源部门必须将有限的精力用于关键职能上，增强企业的核心竞争力。因此，将招聘中的事务性工作外包成为必然趋势，这将使得企业具有更强的应变性和反应性，机构也将更加精简且有弹性。

三、招聘外包的类型

（一）按外包服务的内容划分

按外包服务的内容，招聘外包可以分为中小企业代理招聘、长期招聘职能外包、项目团队招聘外包、应届生校园招聘外包和招聘流程整合咨询等。

1. 中小企业代理招聘

当企业招聘需求量大、招聘人员不足，以及新组建企业进行人员招聘时，可将部分中低端职位招聘由人才公司代理，省去企业招聘广告、发布信息、面试等成本和时间，同时可使时间和效率得到有效保证。该服务适用于技术类职位和人事行政财务类职位，以及部分主管级职位，但招聘难度很大的职位属于猎头范畴。

2. 长期招聘职能外包

招聘职能外包，即用人单位将全部或大部分招聘、甄选工作委托给第三方的专业人才公司，专业人才公司利用自己在人才资源、评价工具和流程管理方面的优势来完成企业招聘工作的一种方式。长期招聘职能外包指人才公司与客户签订一年或多年的招聘外包协议，成为客户指定的唯一招聘外包服务商，为客户提供一对一的快速响应服务。这种方式较适合中小型企业和专注于人力资源长远战略和核心职能的中大型企业。

3. 项目团队招聘外包

此项主要针对企业经常遇到临时性的项目，需要在短时间内招聘大量人才，而人力资源部门往往因为人手少、渠道有限、储备不足而不能按时完成招聘任务的情况。人才公司提供的项目团队招聘服务利用海量的人才储备、庞大的招聘渠道、优秀的寻访能力、专业的甄选方法和经验，能在客户紧急需求的时间内完成80%以上的招聘任务，为客户解决限时招聘难题。

4. 应届生校园招聘外包

大型企业进行应届生的校园招聘工作，时间紧、准备工作烦琐，可将前期准备工作如信息发布、招聘信息宣传推广、校园宣讲、简历接收和筛选、第一轮面试和笔试以及食宿和行程安排等工作外包给人才公司，企业人力资源部门可专注于少量候选学生的专业和素质考察以及最终面试录用，这样可以缓解人力资源部门的时间压力，提高招聘的效率。

5. 招聘流程整合咨询

人才公司的招聘流程整合咨询，可帮助中大型企业进行招聘流程优化，招聘渠道整合，重建招聘体系，培训和辅导企业招聘人员提升招聘技能，根据企业发展规划构建企业人才梯队并辅导实施，从而提升人才对于企业竞争优势的支持。

（二）按招聘的时间划分

按招聘时间长短，招聘外包可以分为长期招聘外包和临时招聘外包。长期招聘外包通常是指发包方与服务商签订一年以上（含一年）的招聘外包协议；临时招聘外包是指企业临时性的项目需要大量的人员，人力资源部门由于人手少、渠道有限、储备不足，不能在短时间内招聘大量人员，转而寻求与服务商签订短期合作协议以完成招聘任务。招聘对象包括事务类、行政类人员，也包括软件工程师、项目经理、财务主管、信息技术专家、具有专长以及管理技能的专业人员。这些专业人员帮助企业在既定时间内完成短期项目，当公司需要快速完成某项工作而又没有必要的内部人员时，就需要临时雇佣某些人员。临时招聘外包通常涉及劳务派遣。随着对临时工作人员的需求量越来越大，企业也在越来越多地利用临时招聘外包。

（三）按涉及的招聘人员划分

按涉及的招聘人员，招聘外包可以分为常规招聘外包和高级管理人员招聘外包。企业对常规人员的需求量最大，招聘程序也较繁杂，这类招聘可由企业设定个性化的条件，委托服务商代为进行。高级管理人员（如部门经理）的招聘工作，可外包给猎头公司，为企业提供较为合理的人力资源配置。

常规人员招聘外包的内容包括：

（1）起草和发布招聘内容。

（2）接受和筛选求职简历。

（3）初次面试。

（4）向管理人员推荐最终入围的应聘者。

（5）审查证明资料。

高级管理人员是很稀缺的，所以高级管理人员的招聘就像抢座位的游戏。因此，很多企业都选择将高级管理人员的招聘外包给专业的猎头公司。

四、招聘外包的作用

（一）提升人力资源服务功能

企业可通过外包来获取专业供应商提供的专项服务，提高企业员工的招聘质量，同时外包后从烦琐的日常行政事务中解脱出来的招聘服务人员可以更多地投入到与企业人力资源战略相关的工作中。

（二）简化和整合工作流程

企业通过招聘外包服务，可以重新设计人力资源服务流程，并将行业最佳实践统一应用到各个分支机构，整合流程，方便管理。

（三）规避管理风险，提高企业运营效率

国家和地方劳动人事政策法规的不断修订和完善，以及跨地区的政策法规的差异，使得企业不但需要为掌握和遵守复杂的法规花费大量时间与精力，还面临因违法或管理失误受处罚的风险。专业的外包商可以帮助企业发现其人力资源管理的盲区，协助企业解决用工过程中出现的争议、纠纷，并提供合法解决方案，从而规避人力资源管理风险，大大提高企业的运营效率。

（四）企业和求职者实现双赢

按照现代次优合约理论，人力资源管理的目标是实现员工和企业的“双赢”。企业更多的是把员工当成内部顾客来对待，所以企业也希望应聘者迅速地了解公司业务、招聘职位、企业文化及制度方面的信息，能够更快地将求职者转变为内部员工。外包服务公司给求职者提供的相对专业且省时省力的招聘服务，可以使求职者快速步入理想中的企业。企业要想在竞争激烈的市场环境中很好地生存下去，必须灵活自如地应对环境、政治、金融、法规等变化，而招聘工作的外包可以使企业管理和经营者在环境背景飘摇不定的海面专心掌舵企业这艘巨轮，这些正是企业所需要的。

第 2 节　招聘外包的决策分析

企业在决定是否需要招聘外包时，要全面考虑招聘外包的各种因素，分析招聘外包的优劣势，明确什么样的企业、什么样的岗位及招聘管理中的哪些环节适合招聘外包。

一、企业招聘外包的收益和风险

招聘外包的收益和风险是相对于企业自主招聘而言的，企业在决定是否进行招聘外包时，应该权衡优劣势后理智地选择。

（一）企业招聘外包的收益

企业能否在市场中取得竞争优势取决于人力资源管理水平，而招聘是人力资源的入口。因此，招聘的成败直接决定了企业的整体能力。招聘失败不但会损失招聘费用，更可能带来录用不合格人员的风险。招聘在企业管理中的重要地位使招聘管理尤需慎重，如果企业不具备成功招聘的能力，外包就是很好的选择。招聘外包的收益体现在以下几

个方面。

1. 节约招聘成本

企业自主招聘需要人力资源部门投入大量的人力、物力、财力、时间来处理繁杂的事务性工作，往往效率低下；而服务商作为专业的招聘服务提供商，拥有先进的专业招聘管理技术，可以在一定程度上帮助企业化解招聘难题。同时，服务商的客户不止一两家，具有一定的规模优势和较好的成本优势，受到很多企业的青睐。企业生存面临巨大的成本压力，如何控制成本进而保持盈利能力是企业成功的关键。

2. 提高招聘效率

由于我国劳动力市场长期存在供大于求的局面，招聘管理人员通常面对 5 倍或 10 倍于招聘岗位数量的简历，这使得初步筛选工作任务繁重，耗费时间。通过招聘外包可以把参加招聘会、拟定招聘计划、收取简历、简历筛选等事务性工作交给服务商，由他们的专业人员实施操作，这就大大提高了招聘效率，确保在既定时间内获得所需人员。

3. 获取专业的人力资源服务，提高招聘质量

很多企业自身不具备招聘选拔技术或者技术过时，如果不外包就必须投入大量的资金更新计算机软件、重新招聘专业员工。而专业的服务商拥有比较完备的招聘流程、丰富的招募渠道及有效的人员筛选测评工具，这些招聘测试工具对单个企业而言，难以自行开发。同时，服务商拥有专业知识和操作经验都很丰富的专家团队，比企业内部的招聘人员更容易提高招聘质量。

4. 整合所有招聘渠道

招聘外包可利用招聘企业和服务商之间的合作关系，提升企业的招聘技术，调整快速发展对人才的需求。

（二）企业招聘外包的风险

招聘外包虽然具有成本、效率、质量方面的优势，但不是完美无缺的。和企业自主招聘相比，招聘外包的主体多了一个服务商，服务商对招聘企业的独特性和价值需求的认识不到位，使得招聘企业和服务商的合作、甄选测试的针对性等都存在不足。

1. 信息不对称风险

研究表明，招聘与录用外包失败的主要原因是服务商在为企业提供服务时，缺少关键的专业技能和以企业为中心的服务意识。从理论层面来分析，上述状况的形成在于企业合理选择服务商是非常困难的。在招聘外包中，企业和服务商之间是典型的委托-代理关系，双方存在信息不对称，即企业无法完全了解服务商背景、技能水平等真实信息。这就极易导致服务商出现机会主义行为。

2. 资产专用性风险

由于企业内部组织结构和管理方式各不相同，所以需要服务商为企业提供专门化、

定制化的招聘与录用管理服务。按照交易费用理论，这样会形成资产专用性，即对招聘与录用管理服务的投资仅仅是基于服务商和单个企业之间交易关系的需要，当交易费用增加时，在这种依赖关系中的企业会面临较高风险，如服务商提供服务失败或服务商的机会主义行为等都会给企业造成损失。

3. 依赖性风险

用人企业与服务商调整或改变运作流程以适应合作需要的时候，都会对对方产生依赖。对企业而言，与服务商进行关于招聘对象、手段的协同定位等过程，都是依赖性风险可能形成的过程。如果服务商没有有效履行相关的服务职能，企业流程间的传递性和相互作用，必然会影响组织其他的管理活动。

4. 信息泄露风险

招聘外包会产生组织机密信息泄露的风险。在组织流程存在相互作用的前提下，如果招聘外包职能与其他组织内部活动之间的界线模糊，则安全风险会加剧。外包合同的签订是一个耗费精力的谈判过程，而且合同的遵守还充满了不确定性。当交易双方都重视自己的声誉，则建立相互依赖的合作关系时，这一监督过程可以简化。服务商的经营目标是通过提供招聘服务来获得利润，这一驱动力在实际运作中可能会与发包方获得合适员工的目标发生冲突，从而影响双方的合作与信任。

5. 员工的抵制风险

招聘外包是传统企业招聘模式的变革，会引起组织结构的变动和利益的重新分配，一些员工可能会被辞退或调换工作岗位等，如果处理不当，一方面，由于担心失业，公司的招聘外包工作会使在岗员工士气低落，逐步丧失对公司的归属感和责任感，失去做好工作的内在动力，导致整个公司生产率低下。另一方面，可能增加转岗或下岗员工的不满情绪，给企业造成较坏的影响，甚至产生更大的打击。

6. 管理失控的风险

招聘外包后的招聘企业需要不断监控和评价服务商的工作进展和业绩，以达到预期的目的。然而，发包方与服务商是合作伙伴关系而不是隶属关系，服务商本身又是一个独立运作的经营实体，其行为往往不受控制，企业不易对其进行适度、高效的控制和管理。

7. 破坏企业文化的风险

每个企业都有其独特的企业文化及稳定的工作规则和方式，企业在自主招聘时会衡量应聘者是否符合或适应企业文化及特殊要求。而招聘外包缺乏这种针对性，招聘来的员工可能与企业环境不相适应或者磨合期较长。

8. 变革冲突风险

外包是一个组织变革的过程。这种变革使企业内部的管理活动向服务商转移，而服务商对企业人力资源管理的介入可能伴随文化冲突的风险，即双方价值观和管理理念等方面存在不同，使服务商所提供的管理在企业推行时产生摩擦。这一方面可能使外包活动受阻，另一方面也可能会破坏企业原有文化。

二、企业选择招聘外包的考虑因素

一般说来，企业在选择招聘外包策略时，应该从以下几个方面综合考虑招聘外包带给企业的影响。

（一）企业的人力资源战略

目前普遍讨论的人力资源弹性战略大致可分为职能弹性战略、数量弹性战略、时间弹性战略以及薪资弹性战略等。其中职能弹性战略与数量弹性战略和招聘外包的联系尤为紧密。

与招聘外包相关的职能弹性是指企业将琐碎、基本不涉及企业机密的招聘工作外包给专业的服务商，这样人力资源部门就可以充分利用有限资源，集中于人力资源的战略规划与其他方面。通过招聘外包，人力资源部门得以从烦琐的招聘工作中释放出来，裁减不必要的人员，从而使该部门关注于附加值高的、对企业影响更大的专业工作。数量弹性是指在劳动力多寡和种类需求发生变动时，企业调整员工数量和工作时数，使员工总数迅速而顺利地进行增减，以符合实际需求的能力。数量弹性目标由各种非正式的雇佣方式来达成，除兼职、固定契约以及短期或临时契约等形式外，还包括派遣服务、人力租赁等招聘外包形式。

同时，企业在决定是否进行招聘外包时，必须考虑其对企业整个战略的影响：一是招聘外包是不是区分企业及其竞争对手的重要因素；二是招聘外包是否影响企业价值创造的重要性。

（二）企业的招聘技术及方法

很多企业求助于外包的一个原因是，它们缺乏相关技术或者技术过时，如果不实施外包就必须投入大量资金来更新计算机和软件，对员工进行新技术的培训等。现在很多企业通过网络发布招聘信息，或是在企业的主页上专门开辟“招贤纳士”板块，而这些需要企业拥有相关的技术人才或者购买专门的工具来实现。

招聘过程中需要许多辅助文件和工具，包括申请表、面试评分表、书面通知、登记表等，企业要做好这些工具的设计开发，提高其科学性、实用性、有效性，就需要针对不同类型人力资源的特点及其对企业的重要程度，分别采取不同的招聘工具和方法。

一般技术方面主要包括技术成熟度和技术集成度。技术成熟度决定企业能否精确地提出自己的招聘需求；技术集成度决定企业的招聘工作是否比较容易独立出来外包给服务商。如果企业的技术成熟度高、技术集成度低，这类企业最适合招聘外包；如果企业的技术成熟度高、集成度较高，理论上也可外包，但应慎重，最好与服务商加强战略合作；如果企业的技术成熟度低，风险会较大，此类企业不适合招聘外包。

（三）企业的招聘预算

由于招聘目标包括成本和效益两方面，而且各种招聘方法奏效的时间不同，所以招聘成本和对人才需求的紧迫性会明显地影响招聘效果。实力雄厚的企业在发布招聘信息时，可以花较高费用做广告，所选择的广告媒体形式也比较多。在招聘筛选时，可以选择更多先进或精细的筛选方法，可以在更大范围内更准确地选取所需要的员工。企业是一个营利性组织，在从事每项活动时都希望能达到最佳的成本效益比，即不管企业的实力有多雄厚，都希望花费尽可能少的时间和成本，达到既可以很好地宣传企业形象又可以招聘到更多合格候选人的目的。

实际上，成本是招聘外包中考虑最多的因素。在招聘时，由于发布招聘信息、筛选简历、测试与面试都需要较长的时间，企业会为此耗费大量的人力、物力和财力，所以当招聘外包服务商具有规模经济性，能够以更低的成本提供服务时，企业招聘工作就可以外包。

（四）招聘外包服务商的发展

外包环境的不断变化给企业的招聘政策、招聘工作带来了较大风险。企业所处环境的限制，使得它对招聘市场的了解远比不上专业的招聘外包服务商。企业如果自己去招聘，费时费力不说，可能还招聘不到合适的人员。招聘外包服务机构的迅速发展，使招聘外包这一国际流行的形式被越来越多的企业接受。

招聘外包服务商的发展水平也直接影响企业外包的决策。只有当招聘外包服务商的技术比较成熟、形成行业规模并相互竞争促使服务成本降低时，企业才会考虑进行外包。

三、招聘外包的适用条件

招聘外包存在风险，并不是所有企业、所有层级和类型的职位都适合外包，也不是要将企业的招聘工作全部丢给服务商。认清企业招聘外包的适用条件，才能最大限度地发挥招聘外包的优势。

（一）适合招聘外包的企业

从事一般商业活动的企业，招聘外包是比较可行的；需要极其严格的保密制度的企业，招聘外包要非常慎重，如涉及军工技术的企业。另外，需要对任职者进行非常严格的资格或背景审查的企业也不适合招聘外包。

适合招聘外包的企业应具备以下条件：

（1）企业具有一定的规模。公司规模越大，对招聘外包的潜在需要就越大。50 人以下的小企业采取招聘外包，很难获得显著的成本控制效果；人数在 500 人以上的企业，招聘外包效果立竿见影。

（2）企业进行充分的人力资源准备。如果企业自身在人力资源、组织上没有准备好，就需要和服务商一起优化管理和组织。

（3）企业的战略和核心竞争力较为清晰。通过招聘外包，企业可以把更多的精力、投资花在核心业务和战略上，同时也可凭借服务商的专业能力提升自身的招聘水平和质量。

（二）适合招聘外包的岗位

尽管大多数岗位的员工都可以借助招聘外包得到，但也有岗位招聘不适合外包给第三方，尤其是涉及企业运营战略的关键部门和技术核心部门的岗位招聘，外包时应特别谨慎。

（三）适合招聘外包的环节

典型的人力资源招聘工作包括招聘规划、招募、甄选和最终录用四个环节。一般来说，招募和甄选环节最适合外包，而招聘规划和最终录用环节应该由企业自己独立完成或者在第三方的协助下完成。企业应认真分析自身的特点，确定招聘外包的具体环节。

1. 艾伦·斯皮克的理论

艾伦·斯皮克（Alan Speaker）将招聘管理活动按照战略价值高低和独特性强弱进行划分，战略价值越高，越关系到企业的核心竞争优势和能力；独特性越高，越需要较高水平的人际关系技巧（见图 10-2）。

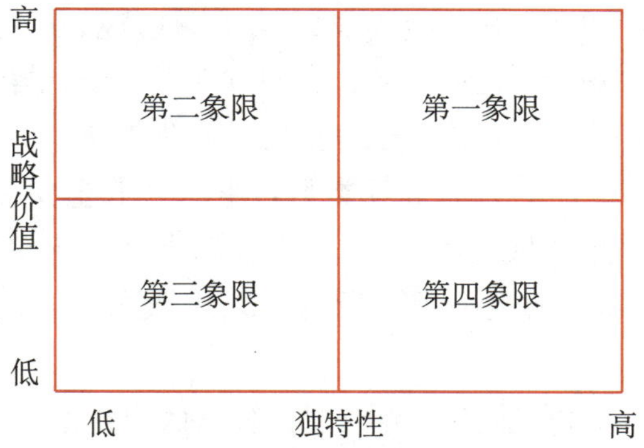

图 10-2　招聘外包决策矩阵

第一象限的活动独特性和战略价值都很高，意味着企业具有很强的个性文化。这个象限内的招聘活动是与企业的长远发展密切相关的活动，这种业务不宜普遍推广，服务商不易达到规模经济。企业如果将其外包，必然引起成本的上升。

第二象限的活动独特性弱，战略价值高。独特性弱意味着企业完成这些活动不需要高水平的人际关系技巧，多数是一些事务性的、程序化的活动；战略价值高意味着这些活动对企业推进竞争战略的能力有直接影响。这一象限的活动虽然关系到企业的竞争优势，但可以通过招聘管理软件或数据库升级逐渐标准化，因此适合外包。

第三象限的活动战略不直接影响企业竞争战略的实现，独特性较弱。对这类活动，外部市场中标准化的服务足以满足企业需求，选择招聘外包更具效率。

第四象限的活动对竞争优势影响较低，但具有高度的独特性，需要高超的人际关系技巧，所以最好由企业自己进行。

2. 莱珀和斯内尔的HRM虚拟模型

莱珀和斯内尔（Lepak & Snell，1996）依据雇佣对象对组织目标实现的价值和独特性，将组织的人力资源类型划分为以下四种：高独特性/高价值性、高独特性/低价值性、低独特性/高价值性、低独特性/低价值性（见图10－3）。针对不同的人力资源类型，组织应该采取不同的人力资源政策和管理方式。

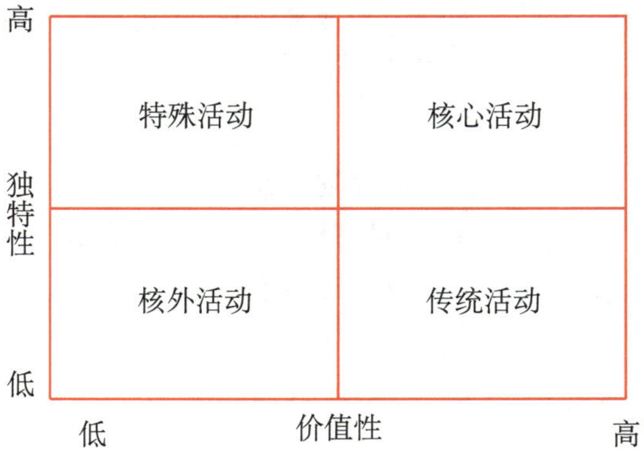

图10－3　莱珀和斯内尔的HRM虚拟模型

对于低独特性/低价值性的人力资源类型，组织应采取基于契约的人力资源管理策略。因为这种人力资源对组织目标实现只提供较少的贡献，而且在雇佣市场又是比较容易取得的，所以组织就可以用一份规定详细的契约来规范双方的关系。雇佣对象只需要完全按照契约上的规定来履行自己的义务，雇佣方则可以按照契约来决定是否随时更换雇佣对象。由于雇佣对象本身的特点，他完全处于被动地位。

对于低独特性/高价值性的人力资源类型，组织采取主要侧重于雇佣对象的劳动的人力资源策略。因为对组织而言，这种人力资源类型对于实现组织目标意义重大，但是又可以很容易地从雇佣市场取得，所以可以用激励等措施来吸引并引导其努力工作。

对于高独特性/低价值性的人力资源类型，组织认为其价值不足以由组织自身投入取得，在外部市场又并非很容易便可获得，所以组织倾向于采取联盟的方式来取得这种人力资源。因为一方面联盟能够帮助组织取得该项人力资源的贡献，另一方面又可以同其他组织分担所需的成本。

对于高独特性/高价值性的人力资源类型，组织倾向于以知识作为人力资源策略的核心。因为这类人力资源主要依靠自身具有的独特知识来为组织服务，同时组织在处理与其的相互关系时，必须从考虑知识本身特点的角度出发。

尽管莱珀和斯内尔建立HRM虚拟模型的目的是帮助企业针对不同价值的人力资源实施不同的管理策略，但它提出的价值性与独特性这两个维度对于企业进行招聘外包的决策也很有用。根据这个模型，如果某一职位的市场供应相对充足，可以考虑采用契约或者纯粹只雇佣劳动的方式得到，对于市场供应并不充分，但其价值不大的职位，也可以采用联盟方式来降低成本。换言之，如果以职位的层级来代表该职位价值的话，对于低级、中级职位来说，市场供应如果相对充分，企业是可以考虑将这些职位的雇佣（包括招聘）进行外包的；而对于高级职位，由于管理的不再是其劳动而是其知识，所以在雇佣方式上并不适合外包。

第 3 节　招聘外包的实施步骤

招聘外包涉及外包项目的选择、招聘服务商的选择、签订协议、合理参与和监督外包服务实施过程、制定成果衡量标准和管理措施、相关信息安全监控等多个方面，是一项系统工程。

一、招聘外包的准备阶段

用人企业选择招聘外包时，招聘事务将全部或部分委托给服务商，用人企业负责选择服务商，并管理、评估招聘外包服务。

（一）做出外包决策

企业在进行招聘外包时，首先要做出招聘外包决策，即必须了解将哪些职位的招聘进行外包，外包的是招聘过程中的哪些活动，哪些活动不宜进行外包。当然，做出外包决策时，还必须明确外包动机是什么，因为它是招聘外包项目成败与否的评估标准。需要注意的是，发包方在确定是否外包或外包部分的过程中，并不是由自己决定的，在许多时候，发包方提出招聘外包的意向后，会有服务商参与讨论，其原因在于服务商作为行业服务专家，具有丰富的实践操作经验，其诚恳的意见和建议更能解决企业外包的实际问题。当然，在外包决策前期阶段，发包方与服务商的目标并不一致，因此发包方在此阶段应该谨慎对待服务商的意见，同时让自己的专业人力资源人员加以分析判断。

（二）服务商的选择

服务商的选择是企业使用招聘外包的关键环节之一，服务商对企业招聘的质量好坏起着决定性作用。企业与服务商之间是一种战略伙伴关系，而非单纯的买卖关系，必须在共同的目标下互利互惠。选择服务商时必须对其进行综合调查和评估。最佳服务商应符合以下几个方面的标准：

（1）服务商的资质。服务商的资质，即企业认为重要的、必要的企业资质等级及服务商工作人员的资格。

（2）提供的招聘技术。最佳服务商应拥有最适合企业的招聘测试手段。

（3）招聘流程。最佳服务商拥有最适合企业的招聘程序、成果提供方式和时间表。

（4）收费结构。最佳服务商的收费标准和方式应公平、合理。

（三）签订协议

外包作为一项服务，服务商是服务的提供者，企业是服务的购买者，两者之间是平等交易关系，应当受市场相关法律的保护和约束。因此，双方应事先签订外包协议，明确双方的权利和义务及违约赔偿等。招聘外包协议应当明确外包服务的时间、地点、收费、服务内容及双方各自承担的责任与义务等，并将招聘外包方案作为协议附件。

二、招聘外包的管理阶段

（一）明确人力资源的定位和职责

事实上，招聘外包强化某些核心职能的同时，也弱化或分化了某些职能，这给人力资源管理提出了更大的挑战。只掌握人力资源专业知识不足以成为称职的人力资源管理人员，他们必须具备广泛的经营管理知识，要充当企业决策的战略伙伴、企业变革的推动力、员工代言人等多重角色。

（二）充分沟通合作

虽然招聘外包把招聘管理部门从日常事务中解放出来，但是企业的招聘管理人员在外包过程中的参与和监督也不可忽视。不断地参与和监督，可以保持和提升企业自身的招聘管理能力，使主管人员在与外部专业机构的交流中提高自身的业务水平，避免人力资源管理职能的边缘化，进而更好地行使其战略方面的职责，这种学习机会可以提高人力资源部门员工的满意度，减少人员流失。更重要的是，作为与服务商接触最密切、最频繁的部门，人力资源部门要承担起对服务商的监督和评估职能，要建立服务商的评估机制，彼此不断地进行评审、反馈和沟通。

服务商往往会在招聘方案实行过程中更改原来的方案，这些变动有时是必须的，有时是为了节约成本或出于其他原因。这时，招聘企业必须及时监控服务商的工作变动情况，并对计划的改动进行审查，确保招聘外包的效果。

（三）相关信息安全监控

在招聘外包过程中，大多数信息资料都会由人力资源部门披露给服务商，在信息的保密方面，人力资源部门应当与用人部门进行协作，建立文件管理和信息安全保障机制，避免机密信息外泄。

（四）建立企业内部的人力资源信息系统

在外包合作中，企业应通过系统载体把与企业有关的知识、信息进行整理和记录，转化成企业自己的知识。这样就不会出现某个服务商一走就使整个企业人力资源管理信息流失的情况，使企业的知识不因服务商的变动而流失。人力资源管理事务性工作的外包，不仅是为了减轻人力资源管理人员的工作量，更重要的是使他们从日常烦琐的工作中解脱出来，用更多的时间和精力从事更有价值的工作，利用其知识和专长，站在战略层面上考虑企业的发展，建立一个架构，使公司内部的人力资源管理与整个企业的管理体系结合起来，这些正是人力资源管理在企业中战略地位的真正体现。

三、制定成果衡量标准和评估措施

如果没有一个好的基线，就很难评估外包战略带来的收益，因此，企业应该建立人力资源职能模块的标杆。企业可以建立相应的矩阵来帮助评估，包括雇佣操作矩阵（见表 10－1）、薪资支付操作矩阵（准确度、单位处理成本、处理时间）、福利操作矩阵（单位处理成本、问题解决、过程处理时间）和财务矩阵（报告时间、预测的准确度、报告的实用性）等。

表 10－1　雇佣操作矩阵

	雇佣时间	单位雇佣成本	90 天内的雇员流动率	雇佣质量
外包前				
外包后（　）月				

此外，双方需要实施定期报告制度。服务商与企业应该坚持每周至少一次的沟通，服务商应每周向企业提供一份关于外包绩效状况的评估报告，由于双方在合同中明确了项目的具体目标，所以应该以此作为项目的评估依据，这种评估有利于双方共同总结经验与教训，以期形成长期合作关系。

在招募阶段及初步筛选阶段结束后，人力资源部门应及时按照计划参与到最终阶段的甄选与录用中来。在此阶段，人力资源部门与具体业务部门的主管对服务商推荐的候选人进行业务技能测试，并对候选人的性格、态度、职位适应能力进行评价，弥补招聘外包缺乏针对性的不利影响。在人员接收后，人力资源部门要对服务商和整个外包流程进行总结和评估，并做出项目的总结报告，其检验考核依据是企业的外包目标是否达到，这种总结可以帮助企业在以后的招聘中更清楚地做出外包还是自主进行的决策，为以后的招聘工作做好准备。同时用人部门也要做出人力资源评估报告，尽管这一评估也可由人力资源部门做出，但考虑到人力资源部门人员在外包过程中的参与作用，由用人部门做出的评估报告更容易客观公正地将人力资源部门招聘和由外部提供商招聘在人员质量的差异性上做比较。

第 4 节　国内招聘外包

一、招聘外包现状

目前很多企业使用招聘外包服务，将若干招聘环节或全部流程委托给招聘外包服务商，借力服务商的专业知识、资源和能力加速人才配置工作的开展。常见的招聘外包服务包括招聘信息发布、简历推荐、面试设计与实施、背景调查、招聘流程外包等。

招聘外包服务能在效率与质量这两个人才招聘焦点上提供显著的服务价值。“提高招聘速度，满足企业的用人需要”“提高候选人质量”成为企业使用招聘外包服务的主要原因。

在购买招聘外包服务时，企业将行业资源、背景、口碑及运作经验作为选择服务商的主要依据。实际上企业关注的核心是招聘外包服务商的交付质量，即能否快速地为企业找到合适的人才。资源、实力、经验可以在一定程度上反映服务商的交付能力，但还不能真正保证服务商在为"我"服务时的质量。对于企业来说，更需关注服务商对项目过程的管理，从保证过程入手，保证最终的交付结果。当前，一些招聘外包服务商已运用招聘管理系统实现项目进展的全程可视化分享，为企业对服务商进行实时监控提供条件。

当前企业采取多管齐下的方式获取人才，其中，三大招聘网站（智联招聘、前程无忧、中华英才）、内部员工推荐、校园招聘是企业普遍采用的渠道。此外，猎头招聘、招聘流程外包等形式的招聘外包服务被越来越多的企业所采纳。从图10－4可知，超过30％的企业采用猎头招聘，近6％的企业将招聘流程外包服务作为主要的招聘渠道。由图10－5可知，33.33％的企业使用招聘外包服务超过5年，这说明企业较满意招聘外包服务带来的价值，对招聘外包服务具有较高的忠诚度。同时33.33％的企业在最近1～2年开始使用招聘外包服务，明显高于2～5年前使用的企业数量。这说明招聘外包服务在近年的接受度呈上升趋势，得到了越来越多的企业重视。从招聘外包预算上来看，有近90％的企业会增加投入或与上年持平（见图10－6）。

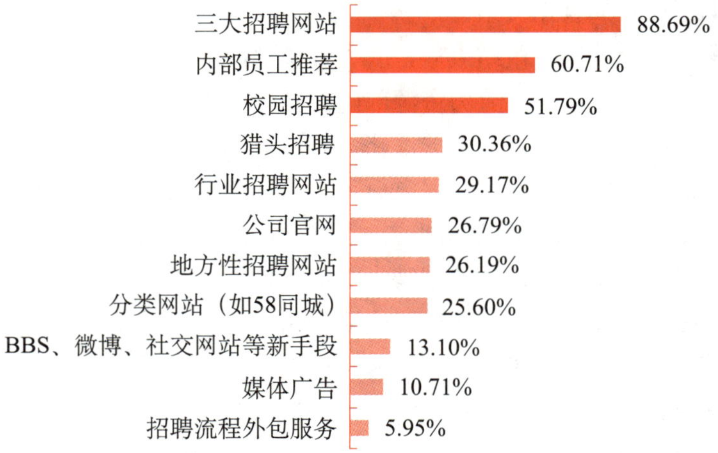

图10－4　企业主要选择的招聘渠道

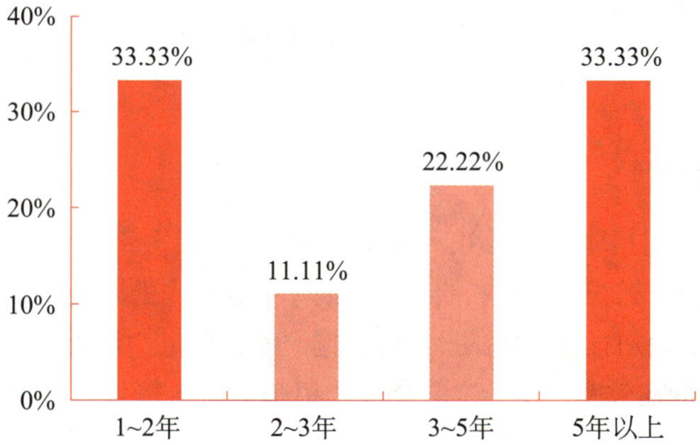

图10－5　企业使用招聘外包服务的时间

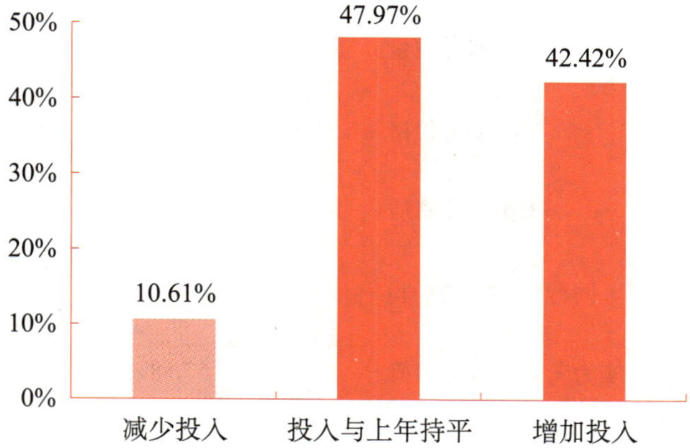

图 10-6　企业招聘外包服务预算

目前，招聘外包服务已经渗透到招聘的每一个环节，其中简历推荐、招聘信息发布和简历收集是企业购买最多的两项外包服务，使用企业的比例如图 10－7 所示。面向未来，面试设计与实施、测试设计与题本开发、招聘管理系统等环节的外包服务是企业需求的重点，分别有 37.88%、37.88%、36.36%的企业表示期望增加使用。这表明企业对招聘外包服务的诉求不再停留在相对简单的招聘环节，而是希望通过更大范围、更大力度地引入第三方专业力量，进一步加速提升人才甄选的效率和效果。

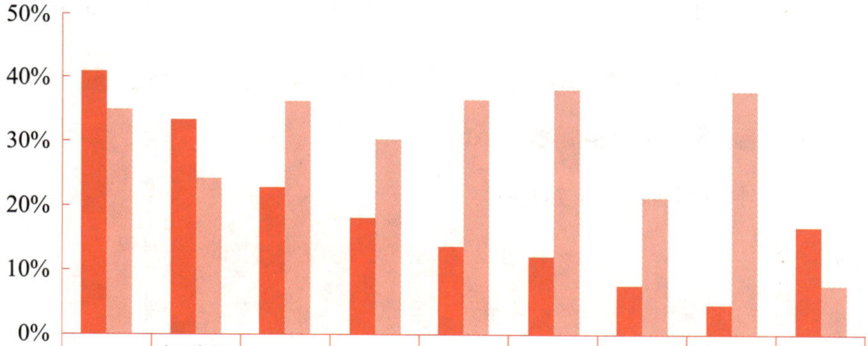

	简历推荐	招聘信息发布和简历收集	背景调查	校园招聘	招聘管理系统	测评设计与题本开发	招聘计划设计	面试设计与实施	其他
■ 正在使用	40.91%	33.33%	22.73%	18.18%	13.64%	12.12%	7.58%	4.55%	16.67%
■ 期望增加	34.85%	24.24%	36.36%	30.30%	36.36%	37.88%	21.21%	37.88%	7.58%

图 10-7　企业正在使用及期望增加的招聘外包服务项目

在招聘外包服务商的选择上，企业最看重服务商“在行业内拥有的资源”，68.18%的企业将此作为选择提供商的主要依据。同时近 60%的企业关注服务商的实力背景及业界口碑，超过 40%的企业认为服务商以往的操作经验，特别是同行业的成功操作经验是其选择服务商的重要因素（见图 10－8）。这表明，除拥有丰富的行业资源外，企业同样看重服务商是否具有发挥资源价值的能力。

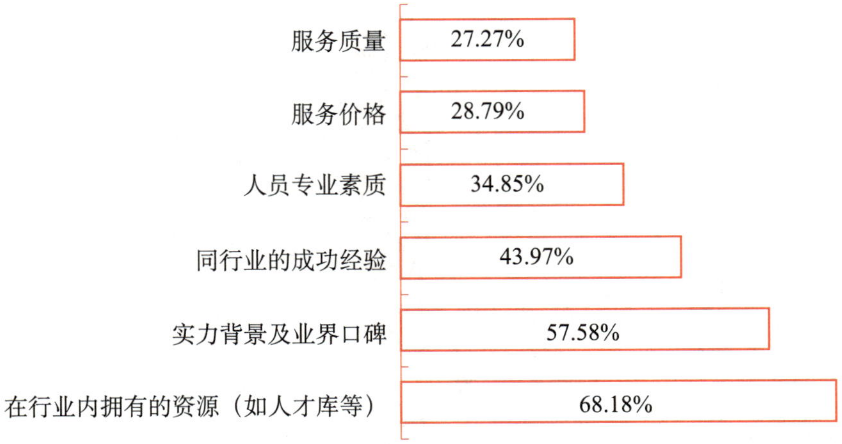

图 10－8　企业选择招聘外包服务商重点关注的因素

企业对招聘外包服务商的资源、实力、经验进行分析的目的在于对服务商的交付能力做出预判。但仅凭这些因素，还不能保证服务商在实施项目的过程中可以真正帮助企业实现有效的人才定位和获取。对企业来说，更需关注服务商对交付过程的管理，从实际落地执行的角度考察服务商的交付能力。此外，图 10－9 表明大多数企业倾向于选择本土的招聘外包服务商。这表明本土服务商凭借熟悉本土文化、拥有丰富的本土人脉资源和优质的本土人才数据库等优势，企业认为其能够为企业带来更好的效益增值。

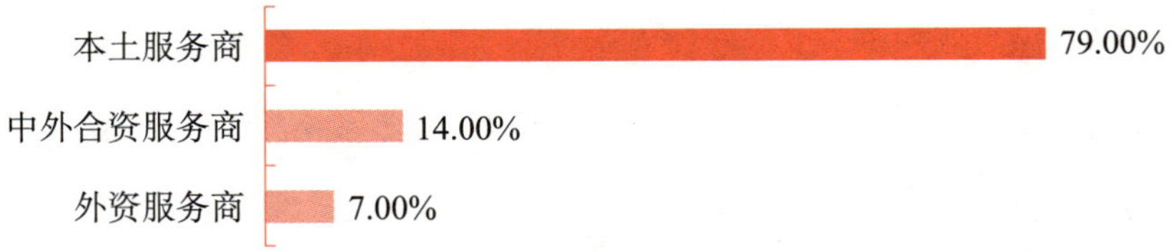

图 10－9　企业选择招聘外包服务商的情况

二、招聘流程外包

（一）招聘流程外包的概念

招聘流程外包（recruitment process out sourcing，RPO）是企业人力资源外包的一种方式，它是指企业将招聘需求外包给第三方 RPO 专业公司或者 RPO 服务商来完成，RPO 服务商管理企业内部招聘的整个流程。也就是说，RPO 服务提供的是“起点—终点”的一站式直通服务，它包含整个招聘流程的外包和招聘流程中个别环节的外包。

对企业来说，招聘流程外包最大的优势在于低成本、高效率、以最少的资金投入招聘到最合适的人才。也正因如此，招聘流程外包才会越来越受到国内企业的青睐。同时招聘流程外包也在一定程度上帮助企业降低员工的流失率，并通过优化企业的招聘工作使人力资源部门能够集中精力专注于其核心业务。尽管招聘流程外包模式存在种种优势，但其弊端也不可忽视。例如，由于 RPO 模式在中国发展起步较晚，所以还存在着很多不完善的地方。不仅 RPO 专业公司的运营与管理方面的制度不健全，运用 RPO 模式的企业自身也可能由于对模式的理解不够全面而运用不当。如果对这些问题视而不见，企业的人力资源管理方面就会遭遇巨大的损失，甚至影响到企业的整体运营。

（二）与传统猎头服务的比较

传统猎头服务与用人单位的业务联系相对较少，它更侧重于帮助企业搜索、探访人才。尽管猎头公司可以为用人单位提供高质量的人才，但提供的不一定是用人单位所需的最佳人选。由于其自身服务性质的限制，猎头公司仅仅承担总裁、副总裁、总经理、副总经理等高级人才的寻访。一般而言，搜索、探访高级人才需要猎头投入大量的成本，因而对于企业大量需要的蓝领工人的选聘业务，猎头公司是不会也不可能接受的。企业也不可能向猎头公司支付巨额资金来寻求大量的人才。总之，对于附加价值较低的岗位的选聘工作，采用猎头服务的成本要远远高于其收益。

RPO 服务则可以很好地解决上面的问题。通过 RPO 服务，企业可以把员工招聘的烦琐环节全部或部分地外包给外部机构，从而使企业人力资源部门能够专注于更重要的业务，不仅节约企业人力资源管理成本，而且优化企业招聘流程。在招聘流程外包的实施过程中，提供 RPO 服务的专业公司也会派遣顾问承担用人单位内部的人力资源管理职责，以便同用人单位内部具体用人部门沟通协调，最终为用人单位提供最合适的人才。可见，提供 RPO 服务的专业公司与用人单位的业务联系要远远多于传统猎头公司，因而它更了解用人单位需要什么样的人才。正因为如此，现在很多的猎头公司、网络招聘公司都试图扩大自己的业务范围，把 RPO 服务纳入进来。

三、企业招聘外包存在的问题

（一）“共享用工”模式的影响

疫情期间，外包用工方式有了新的发展趋势，“共享用工”这种新型用工模式悄然兴起。“共享用工”是疫情之下的权宜之举，还是未来社会发展趋势？一些缺工企业与尚未复工的企业之间实行“共享用工”，进行用工余缺调剂，一定程度上提高了人力资源配置效率。“共享用工”不改变原用人单位和劳动者之间的劳动关系，合作企业之间可通过签订协议明确双方权利义务关系。疫情期间，不少居民通过网购的方式买菜，使得以盒马鲜生为代表的网络平台业务量暴增，但由于面临特殊时期招工难的问题，于是网络平台与青年餐厅等餐饮企业开启了“共享用工”计划。总体而言，“共享用工”分担了餐饮企业因停工带来的人力成本，减轻了它们疫情后重建的压力，也解决了网购平台亟须员工的难题，同时有利于疫情防控，让人们足不出户就可满足生活所需。这个计划对于待岗员工而言，也增加了他们的收入。

虽然“共享用工”模式有不少积极作用，但其对传统用工形式有一定的冲击，考虑到这些问题，人力资源社会保障部强调，“共享用工”不改变原用人单位和劳动者之间的劳动关系，原用人单位应保障劳动者的工资报酬、社会保险等权益，并督促借调企业提供必要的劳动保护，合理安排劳动者工作时间和工作任务，保障劳动者身心健康。

（二）招聘外包公司运营不善

首先，招聘外包公司部分员工不具备专业知识与能力，导致公司的招聘服务无法使用人单位完全满意。其次，招聘外包公司的运营方式不够专业，往往使得招聘外包原有的巨大优势无法较好地体现出来，同样导致公司在市场上的影响力不足。最后，招聘外包公司的经营不善致使整个招聘流程外包市场良莠不齐，再加上其与用人单位之间的信息不对称，用人单位在考虑使用招聘外包服务时疑虑重重。这些问题多属于招聘外包公司的内部问题，但其给公司带来的负面影响是具有外放性的，影响的是公司在整个市场上的形象和信誉。同时，招聘外包公司内部往往分为若干团队，团队中都会有一些工作经验不足的实习生，由他们分别负责不同部门的相关职责。团队中的实习生负责的大多是执行类工作，然而公司往往未对这些实习生进行系统的岗前培训，这样一来，就极有可能引发各种问题，导致招聘外包公司在国内的知名度难以提升。

（三）相关政策法规严重缺失

现阶段，我国企业招聘外包市场的发展需相关政策法规的指引。而实际上，到目前为止我国企业招聘外包方面的政策法规少之又少，仅有国务院《关于促进服务外包产业加快发展的意见》以及各地方关于服务外包产业发展的相关政策，既没有针对服务外包产业发展的专门的法律，也没有专门针对企业招聘外包服务方面的政策。

（四）外包服务内外部成本不可控

目前，招聘与录用外包服务在外部缺乏统一的收费标准，由各机构自行制定价格，参照标准都不一样。对大多数企业来讲，招聘与录用外包的收费，是否会增加企业劳动力成本、是否用得其所，恐怕是考虑最多的问题之一。

四、招聘外包的对策与建议

（一）正确认识招聘外包

新事物的发展必定有一个非常曲折的过程，人们能否接受新事物很大程度上取决于能否对其形成较为全面准确的认识。招聘外包作为一种新型的人力资源管理模式，其认可度同样在很大程度上取决于人们对它的认识。因而要提升招聘外包在国内企业的普及度，关键在于促进人们对其形成正确的认识。一方面，要求国内专家学者加大对招聘外包的研究，形成更多的科研成果，使得招聘外包的概念高度清晰。同时借助于专家学者的科研成果加大宣传，促进招聘外包在国内企业中的广泛传播。另一方面，要求企业能区分招聘外包服务与传统猎头服务，避免因混淆二者概念而使企业在人力资源管理方面存在低效率。同时，企业必须客观认识招聘外包的优劣势，避免产生不利于企业发展的偏见。鉴于此，应该在市场上对招聘外包服务开展适当的调研，并结合企业自身的实际情况对招聘外包实施的可行性有一个事先的了解。

（二）政府积极引导、制定政策法规

要通过多种有效途径宣传人力资源外包，尤其是招聘外包，政府引导是招聘外包得以健康发展的强劲推动力。政府部门要积极鼓励、支持、提倡招聘外包这一新的管理模式，加大宣传推广招聘外包的力度和广度，给进行招聘外包的企业适当的优惠政策，大力培育招聘外包市场，做大招聘外包这块蛋糕，推动人力资源外包向深度专业化方向发展，并制定相关的政策法规，为招聘外包活动的开展提供法律护航。

（三）企业积极进行沟通协调、转变观念

企业管理层和雇员层都要认识到招聘外包服务的必要性和有效性，政府、社会和企业都要积极鼓励、支持、提倡、参与招聘外包这一新的管理模式，加大宣传推广招聘外包的力度和广度，使中小企业的管理者转变观念，认同、接受招聘外包，充分发挥招聘外包对企业发展的作用。企业应建立严格的外包服务管理体系，要求外包服务商实现服务内容从无形到有形的转化，将一些模糊的东西明朗化、内容实现量化，以便科学评价外包服务的水平和效益。此外，企业还应加强外包实施过程中的质量监控。

（四）提高招聘流程外包的服务质量

RPO 产业还处在发展的初级阶段。从服务的行业结构上看，以中小型高科技企业为主；从服务类别来看，以基础性流程外包为主；从市场需求来看，以外企为主。招聘外包品种少，外包服务范围较窄，这不利于它的快速发展。外包服务公司要以市场为导向，多样化招聘流程外包服务品种，提高服务质量，促进 RPO 进一步朝专业化和产业化方向发展。在市场经济环境下，只有实实在在地提供较高的服务质量才能赢得客户的满意，并最终在整个市场大环境中占据一席之地。RPO 服务公司可从以下方面入手：

（1）建立完善和标准化的培训体系。由于 RPO 服务内容比较简单、操作容易，所以 RPO 团队成员可以是实习生、兼职人员，但在他们入职后一定要进行培训，培训内容包括行业知识、沟通能力、协调能力、随机应变能力等。建立考评激励机制，欢迎应聘者对 RPO 团队人员的行为表现进行书面评价，对 RPO 团队人员在工作过程中存在的问题进行投诉，RPO 服务商在收集相关评价内容并总结分析后，将其作为对 RPO 团队人员绩效考核的重要依据之一。

（2）将团队成员按行业细分。RPO 服务在 IT、自动化、房地产、金融、奢侈品零售、汽车制造、医药化工行业的运用最广，在组建 RPO 团队时，应该以行业为划分依据，每个团队各有 1 名项目主管、3 名及以上项目经理，且每个团队成员对所负责的行业要有清晰的认识，理解每个岗位的职位要求，对行业内的知名企业的企业文化、用人理念等有详细的了解。

（3）整合招聘渠道并降低成本。大多数的外包服务商拥有自己的庞大的招聘渠道，能够在短时间内招聘大量所需人才，且绝大多数 RPO 服务商依赖于自己的人才库系统或招聘系统。庞大的数据库使 RPO 服务商有人才可选，同时却又因量大而造成浪费。对渠道进行整合、对人才数据系统进行优化是十分必要的。整合、优化的目的是去除无

用的简历，保留有用的，可以通过请专门的技术人员对简历及人才库数据进行评估，将无用的简历去除或转到其他备用系统保存，以便提供给系统使用者更精确的数据。

（4）综合多种招聘模式。新媒体所附带的各种招聘模式已经形成一种趋势，并将成为未来招聘的主要渠道，比如各类社交网站招聘、微博招聘、微信招聘等。这不仅对传统的招聘模式来说是一种冲击，对 RPO 服务也一样。招聘服务商可以主动寻找新的招聘模式，比如，利用领英等来优化自己的人脉网络；利用微信，建立人才圈；尝试采用微博招聘等。

本章小结

招聘外包是人力资源外包的组成部分之一，是指企业根据需要将招聘工作通过合约方式交给外部的专业服务机构负责，以获取更加专业化的招聘服务，降低管理成本，提高管理效率。

招聘外包的作用有以下几个方面：（1）提升人力资源服务功能；（2）简化和整合工作流程；（3）规避管理风险，提高企业运营效率；（4）企业和求职者实现双赢。

企业在决定是否进行招聘外包时，需要全面考虑招聘外包的各种因素，分析招聘外包的优劣势，明确什么样的企业、什么样的岗位及招聘管理中的哪些环节适合招聘外包。

招聘外包涉及外包项目的选择、招聘服务商的选择、协议签订、合理参与和监督外包服务实施过程、制定成果衡量标准和管理措施、相关信息安全监控等多个方面，是一项系统工程。

思考案例

新奥集团的校园招聘流程外包

新奥集团旗下有 7 个产业集团，全方位覆盖能源和文化旅游类产业，业务多样性强。新奥集团在全国范围内有 3 万多名员工，每年都有较大的人员需求量，而校园招聘是新奥集团极为重视的招聘渠道，每年校园招聘人数都在 500～600 人。

2009 年以前，新奥集团的校园招聘都是由集团总部统一负责，招聘人员一直进行着大量重复的事务性工作，一定程度上限制了职业发展。2009 年起，新奥集团开始与第三方进行全方位合作。

一、合作目的

（1）借助第三方的各项渠道优势促进企业雇主品牌的传播和推广。

（2）减少招聘人员的事务性工作，使他们能够更加专注于高附加值的工作内容，实现招聘人员结构优化和能力提升。

二、合作模式

新奥集团有专门的招聘小组负责与服务商合作。合作内容主要为校园招聘项目策划、校园招聘宣传、简历筛选、笔试面试的场地准备以及其他辅助性工作。而招聘部门的同事则将工作重点转向更具战略性和技术性的工作。例如，前期的招聘需求分析和战略制定、中期的笔试面试内容设计和执行以及后期的薪酬谈判和录用等。总的来说，新奥集团在确保招聘内容控制权的基础上最大化地运用了服务商的渠道优势，提高了校园招聘的效率和质量。

三、 具体合作内容

1. 服务商选择

在服务商的选择阶段，公司的品牌、财务、法务部门的同事都会参与其中，公司会从服务商规模、覆盖城市范围、校园招聘经验以及社会口碑等方面综合考察其行业水平。同时，公司也会重点考察各服务商提交的方案是否与市场大环境以及公司招聘计划匹配。然后挑选出与公司需求最相符的服务商。

2. 服务商管理

服务商的加入意味着招聘人员的工作重点从之前的招聘流程执行转移到服务商管理。由于新奥集团招聘的岗位类型较多，目标人群较分散，这在一定程度上增加了服务商的工作难度。为了提高服务商工作效率和质量，新奥集团招聘人员每年都会梳理招聘流程，制订详细的招聘计划，将每一项具体任务细分到各个时间节点上，并且在不同阶段都有固定联系人与服务商实现有效协商，确保服务商提供的服务能够满足企业在每一个时间节点上的需要。

校园宣讲会开始前，公司负责人会紧密联系服务商，确保其在宣讲场地选择、海报和易拉宝制作、网络平台发布等方面的工作进度与公司计划同步。同时，公司招聘负责人也会联系该院校的老师和学生，了解线上线下宣传是否到位。比如海报是否张贴、学校就业网和 BBS 等是否发布新奥集团校园招聘信息。公司会从服务商服务所呈现的结果来评估具体环节中其是否服务到位，从而及时要求其改进。

在笔试和面试等环节，服务商主要负责场地准备等后勤工作，考官均为公司内部人员。就该环节而言，新奥集团的招聘人员能够在现场与服务商进行面对面沟通，及时提出建议并进行有效调整。

3. 服务商评估

每年，新奥集团会自行设计问卷向各院校学生进行调研。从调研的反馈情况来评估服务商线上线下的宣传是否可靠和有效。比如宣讲会的到场率、校园招聘的签约率、签约学生的来源和雇主品牌影响力等，这都可以反映出服务商工作的效果。同时，调研数据也可以让企业更了解学生的关注点，比如学生关注的信息渠道、学生就业的侧重点、学生对将来的职业目标等。而这些反馈信息会运用到下一年的校园招聘方案设计和服务商选择中，以实现招聘效果最优。

思考题：

1. 新奥集团的校园招聘流程外包给企业带来了哪些益处？
2. 请结合资料分析新奥集团的校园招聘流程外包项目成功的因素有哪些？

拓展阅读

某招聘网招聘外包服务收费标准

1. 单个岗位收费标准

普通岗位（劳务、普通、主管）收费标准为月薪的30%～100%，其中普通岗位30%～60%，主管级岗位50%～100%。具体收费标准为三种：

（1）成功后收费。普通岗位（劳务、普通、主管）分别按月薪的30%、60%、80%收费。预付30%的定金，不退还。人才被录用一周内费用支付完毕。

（2）按简历收费。按企业需求的简历数量收费。我公司提供基本符合条件的应聘资料，企业可挑选符合条件的简历，我们仅对选中的简历收费。每份简历按各级别费用标准的10%收费。不保证人才能够被录用，仅当简历与候选人的实际经历有重大出入（学历、主要工作经历虚假）时退款。预付10%的定金，不退还。人才简历被选中后费用支付完毕。

（3）预先付费。无论是否成功，预先支付服务费。每职位按各级别费用标准收取50%的服务费。

中高级人才收费标准为岗位年薪的30%，具体程序见猎头服务项目。

2. 招聘外包会员收费标准（见表10-2）。

表10-2　招聘外包会员收费标准

会员级别	服务标准	正常费用	会员费用	适用企业及范围
普通会员	20个普通岗位 4个主管岗位	约8 000元	3 000元/年	规模不大、人员流动小的中小型企业
中级会员	60个普通岗位 10个主管岗位	约2.4万元	8 000元/年	规模中等、人员流动不大的中大型企业
高级会员	普通岗位不限制， 30个主管岗位	约10万元	3万元/年	集团公司或人员流动大的大型公司

3. 项目制招聘外包收费标准

根据招聘外包项目大小、招聘岗位多少、难易程度等综合协商确定。

招聘外包协议

甲方：

乙方：

甲方应公司需要，与乙方本着平等自愿、协商一致、公正公平、诚实信用的原则，签订本协议，并承诺共同遵守。

一、协议期限

本协议自20__年__月__日起至20__年__月__日止。协议期满双方应以书面方式办理续延手续。

二、 合作形式

1. 甲方以招聘外包的形式委托乙方进行相关工作岗位的人员招聘。

2. 乙方按照甲方的用工需求，在规定时间内为甲方招聘符合要求的人员供甲方筛选，并协助甲方做好员工的相关入职准备工作。

三、 甲方需要接收劳务人员 （以下简称员工） 的岗位数量

（1）岗位：________人数：________工作内容：________工作地点：________。

（2）岗位：________人数：________工作内容：________工作地点：________。

（3）岗位：________人数：________工作内容：________工作地点：________。

（4）岗位：________人数：________工作内容：________工作地点：________。

（5）岗位：________人数：________工作内容：________工作地点：________。

四、 双方责任

1. 甲方责任：

（1）甲方需指派专人全权负责此项工作。

（2）甲方所提供的招聘信息应真实合法有效。

（3）关于工作细节及薪酬待遇等相应变化（工资、奖金、工作时间、加班费、保险等相关事宜），甲方需真实及时与乙方沟通，确保招聘环节不存在因信息误差导致的无效招聘行为。

（4）甲方需按照约定，为乙方所输送的人员提供对应的工作岗位及工资福利待遇，不能安排乙方输送人员从事违反国家法律法规相关规定的工作，否则产生的后果，概由甲方承担责任。

（5）甲方需要进行人员补充时，需提前 10 个工作日通知乙方，以保证乙方有足够的时间开展招聘工作。

（6）员工上岗 3 个月内，甲方需保证员工工资在规定时间内及时发放（工资发放时间容差为 10 个工作日），如果拖欠工资造成人员离职，由甲方承担全部责任。

（7）员工上岗 3 个月内，甲方不可无故克扣员工工资，因员工本身问题造成的劳动纠纷，甲方有义务通知乙方进行协调处理。

2. 乙方责任：

（1）乙方需指派专人全权负责此项工作。

（2）乙方按照甲方招聘要求，在协议期限内负责推荐符合条件的求职者供甲方择优录用。

（3）乙方负责与甲方联系，对面试时间、地点、方式进行有效沟通。

（4）乙方需向甲方提供符合条件人员的资料，并确保资料真实。

（5）乙方需安排应聘人员面试，并将甲方的相关工作环境、福利待遇等信息与求职者进行详细真实的沟通，避免产生因信息误差导致的无效招聘行为。

（6）面试通过者上岗后 1 个月内，工作效果不符合甲方要求，乙方需另行推荐其他人员，要求与之前相同。

(7) 上岗不满3个月的离职人员，不按照成功上岗人数计算，乙方需按照与甲方的要求，为甲方补充人员。

(8) 乙方须在合同期内为甲方提供________人次的人员输送，按照每人________元收取服务费。

五、费用与结算

自协议签订日起，甲方需在7个工作日内预付委托招聘______人次，每人次______元的费用，另附加________元/年维护费给乙方，总共________元（大写____________）劳务费用。

六、其他注意事项

1. 违反本合同约定，或无故终止合同的视为违约，违约方应按合同法相关规定，承担违约责任。合同签订生效后7个工作日内甲方尚未支付应付费用，从第8个工作日起，将按照支付额的5%交滞纳金给乙方，直到甲方支付费用款项为止。

2. 乙方须按约定在甲方提出用工需求后10个工作日内为甲方完成相关人员输送，如乙方未能在约定时间内完成相关人员输送，甲方可追究乙方相关责任。

3. 甲方应为乙方所输送的员工提供相应的劳动保护条件。乙方不得利用甲方所提供的服务费用传播违反国家法律和公民道德的信息。如甲方违反本条款之规定，乙方有权单方解除协议，甲方预交的各项费用乙方不予退还，并由甲方承担可能由此产生的法律责任和经济损失。

4. 在合同有效期内，若无不可抗拒因素发生，甲乙双方中的任何一方都不得终止合同。而非由本合同约定的事由导致的无法合作或无法如期合作，甲方需提前7天通知乙方，合同双方互不追究对方的违约责任。

5. 如因合作产生争议，双方首先应本着互谅互让的原则，友好协商解决。如果对协商解决有异议，可向仲裁机构提起仲裁。

七、补充条款

1. 甲乙双方对本次合作及本协议的具体内容有保密责任。任何一方不得在未经另一方书面同意的情况下将双方的合作协议具体内容及相关内容转让或以其他方式让与任何第三方。

2. 本合同项下的未尽事宜，双方友好协商并另行签订补充协议，经双方签字盖章后与本合同具有同等效力。

3. 双方为履行本合同而往来的信函、传真、电子邮件等书面及电子格式文件将被视为本合同的一部分，具有与本合同相同的法律效力。

4. 本合同一式两份，双方各持一份。本合同自双方签字、盖章之日起生效。

甲方（盖章）	乙方（盖章）
法定代表人、负责人	法定代表人、负责人
或委托代理人（签名）：	或委托代理人（签名）：
时间：	时间：

参考文献

[1] 陈慧．评价中心技术与人才选拔．北京邮电大学学报（社会科学版），2003（4）．

[2] 豆谊博，洪建刚．评价中心在人员选聘中的作用．江苏商论，2004.

[3] 关培兰，苏永华．“无领导小组讨论法”在人员招聘中的应用研究．武汉大学学报（哲学社会科学版），1999（2）．

[4] 郭维维，王重鸣．评价中心效用分析探讨．人类工效学，2004（4）．

[5] 胡斌，邵祖峰．企业关键岗位管理人员甄选定性模拟方法及原型系统．系统工程理论与实践，2004（11）．

[6] 洪自强，严进．结构化面试构思效度现场研究．南开管理评论，2003（4）．

[7] 赫伯特·赫尼曼，蒂莫西·贾奇．组织人员配置：第4版．王重鸣，陈学军，等，译．北京：机械工业出版社，2005.

[8] 何琪．“无领导小组讨论”在人才测评中的应用．现代企业教育，2004（2）．

[9] 计淑玲，刘彦国，韩兴国．企业招聘工作中存在的问题与对策．石家庄经济学院学报，2004（1）．

[10] 李安，萧鸣政．战略人力资源管理及其职能．宏观经济研究，2004（2）．

[11] 黎恒，王重鸣．结构化面试研究新进展．人类工效学，2003（4）．

[12] 李丽．员工招聘管理现代化的研究．北京：首都经济贸易大学，2005.

[13] 雷蒙德·诺伊，约翰·霍伦贝克，巴里·特哈特，等．人力资源管理：第3版．刘昕，译．北京：中国人民大学出版社，2005.

[14] 廖泉文，万希．中国人力资源管理的发展趋势．中国人力资源开发，2004（12）．

[15] 刘远我．招聘面试中的主要问题．中国人力资源开发，2003（12）．

[16] 秦元元．结构化面试——企业筛选人才的捷径．中国人力资源开发，2004（6）．

[17] 苏珊·杰克逊，兰德尔·舒勒．管理人力资源：第7版．欧阳袖，张海容，译．北京：中信出版社，2006.

[18] 孙健敏，彭文彬．无领导小组讨论题目设计．中国人力资源开发，2004（7）．

[19] 唐炎钊．我国企业用人误区的诊断及对策．中国人力资源开发，2004（3）．

[20] 唐宗健．浅谈企业人才招聘与选择．航天工业管理，1997（11）．

[21] 王垒．加入WTO后中国人力资源管理与开发对策．中国人力资源开发，2001（11）．

[22] 王小华，车宏生．评价中心的评分维度和评分效果．心理科学进展，2004（4）．

［23］吴志明，张厚粲．评价中心的构想效度和结构模型．心理学报，2001（4）．

［24］萧鸣政．人力资源开发与管理——在公共组织中的应用．北京：北京大学出版社，2005.

［25］许铎．履历分析测评技术在选拔招聘人才中的应用．中国人力资源开发，2002（10）．

［26］徐君．企业在人员招聘中存在的问题及对策．经营管理，2002（3）．

［27］肖文圣，周敏倩．企业人才招聘创新探析．现代科学管理，2004（9）．

［28］严妍．人力资源配置模型研究．当代经济，2008（3）．

［29］詹姆斯·皮克德福．人员管理精要．佟博，李小北，译．北京：经济管理出版社，2003.

［30］詹姆斯·沃克．人力资源战略．吴雯芳，译．北京：中国人民大学出版社，2001.

［31］张发均．国企、外企与民企员工招聘比较分析．中国人力资源开发，2002（10）．

［32］赵曙明，吴慈生．中国企业集团人力资源管理现状调查研究（一）——调查方案设计、人力资源管理政策分析．中国人力资源开发，2003（2）．

［33］彭剑锋．互联网时代的人力资源管理新思维．中国人力资源开发，2014（16）．

［34］严进，吴英杰，姜琦．基于行为事件的履历资料评估．心理科学，2015（2）．

［35］董克用．人力资源管理概论．北京：中国人民大学出版社，2015.

［36］胡华涛．人力资源招聘环境分析及效果评价．核工程研究与设计，2006（3）．

［37］金玉秋．2001—2020年我国劳动力供给与需求预测分析．集团经济研究，2005（12）．

［38］廖泉文．招聘与录用．2版．北京：中国人民大学出版社，2004.

［39］刘永仁．技术进步如何影响劳动力市场．乡镇企业科技，2000（5）．

［40］廖泉文，杨泉．与企业战略相匹配的人力资源管理战略．新资本，2007（4）．

［41］李中斌，卢冰，郑文智，等．招聘管理．北京：中国社会科学出版社，2008.

［42］刘宁，张正堂．人力资源管理与企业竞争战略的契合．科学学与科学技术管理，2005（2）．

［43］理查德·达夫特．组织设计与理论．王凤彬，张秀萍，译．北京：清华大学出版社，2003.

［44］马晓红．企业生命周期与人力资源管理．商场现代化，2005（16）．

［45］毛海强．对招聘广告中就业歧视问题的调查与分析．北京劳动保障职业学院学报，2007（2）．

［46］石磊，罗键．论企业人力资源管理与企业战略匹配性．商业时代，2007（21）．

［47］陶莉，郎涛．企业招聘与企业文化的匹配探析．经济体制改革，2004（1）．

［48］王贵军，丁雯，李明昱，等．招聘与录用．大连：东北财经大学出版

社，2007.

[49] 王杨．我国劳动力市场供需状况分析．金卡工程，2009（6）．

[50] 韦恩·蒙迪，罗伯特·诺埃，沙恩·普雷梅克斯．人力资源管理：第8版．葛新权，等，译．北京：经济科学出版社，2003.

[51] 肖峰．员工招聘与组织结构、组织文化的关系．甘肃社会科学，1999（4）．

[52] 徐世勇，陈伟娜．人力资源的招聘与甄选．北京：清华大学出版社，2008.

[53] 罗伯特·盖特伍德，休伯特·菲尔德．人力资源甄选：第5版．薛在兴，张林，崔季明，译．北京：清华大学出版社，2005.

[54] 艾尔·巴比．社会研究方法．邱泽奇，译．北京：华夏出版社，2009.

[55] 翁定军．社会定量研究的数据处理：原理与方法．上海：上海大学出版社，2002.

[56] 刘理晖，潘溯恺．执行招聘管理．北京：中国发展出版社，2008.

[57] 李德伟．人力资源招聘与甄选技术．北京：科学技术文献出版社，2006.

[58] 陈京民，韩松．人力资源规划．上海：上海交通大学出版社，2006.

[59] 曹亚克，王博，白晓鸽，等．最新人力资源规划、招聘及测评实务．北京：中国纺织出版社，2004.

[60] 顾英伟．人力资源规划．北京：电子工业出版社，2006.

[61] 孙宗虎，李艳．招聘、面试与录用管理实务手册．北京：人民邮电出版社，2009.

[62] 伊恩·贝尔德维尔，莱恩·霍尔登，蒂姆·克莱顿．人力资源管理：第4版．胡昱，等，译．北京：经济管理出版社，2008.

[63] 于桂兰，魏海燕．人力资源管理．北京：清华大学出版社，2004.

[64] 马欣川．面试学：理论与实践．北京：社会科学文献出版社，2011.

[65] 董福荣，赵云昌．招聘与录用．大连：东北财经大学出版社，2006.

[66] 葛玉辉．招聘与录用管理实务．北京：清华大学出版社，2011.

[67] 李旭旦，吴文艳．员工招聘与甄选．上海：华东理工大学出版社，2009.

[68] 赫寅．大五人格测验与无领导小组讨论的结果相关性研究．北京：北京交通大学，2014.

[69] 刘立萍．结构化面试对招聘有效性的影响研究．长春：东北师范大学，2017.

[70] 唐忠明．无领导小组讨论应用模式与评价者研究．苏州：苏州大学，2003.

[71] 王林雪．人力资源管理概论．2版．西安：西安交通大学出版社，2013.

[72] 高秀娟，王朝霞．人员招聘与配置．北京：中国人民大学出版社，2013.

[73] 王丽娟．员工招聘与配置．上海：复旦大学出版社，2006.

[74] 王挺，寇建涛．员工招聘．北京：北京大学出版社，2012.

[75] 王丽娟．招聘与录用．北京：中国人民大学出版社，2012.

[76] 万玺，冉军．招聘管理．北京：科学出版社，2011.

[77] 赵曙明，赵宜萱．招聘、甄选与录用：理论、方法、工具、实务．2版．北京：人民邮电出版社，2019.

［78］王琳．供应链管理视角下的人力资源外包隐患分析．现代商业，2007（8）．

［79］李富．企业不同发展阶段的人力资源外包策略．中国人力资源开发，2007（5）．

［80］李钢英．浅析我国企业人力资源管理外包．商场现代化，2007（27）．

［81］文燕，李丽丽，魏汐珂．中国 RPO 业务发展探讨．商，2013（24）．

［82］刘耀中，李莎．中国 RPO 发展的相关问题及其探讨．中国商贸，2012（16）．

［83］人力资源智享会．2013 中国招聘流程外包调研报告．智享会，2013（6－8）．

［84］王盼盼．RPO 服务存在问题及其改进意见探讨．经济研究导刊，2015（6）．

［85］HODGE H. Culture dictates recruitment and retention（book review）. HR magazine，2000（2）．

［86］CARUTH D L，CARUTH G D，PANE S S. Staffing the contemporary organization：a guide to planning，recruiting，and selecting for human resource professionals. Westport：Praeger Publishers，2009.

［87］CHEN S J. Human resource management systems and organizational performance：an empirical study of Taiwanese firms in China. Academy of Management Journal，2001（1）．

［88］DAVID E G. Human resource management and performance：a review and research agenda. The International Journal of Human Resource Management，1997，8（3）.

［89］TERPSTRA D E，ROZELL E J. The relationship of staffing practices to organizational level measures of performance. Personnel Psychology，2006，46（1）．

［90］YOUNDT M A. Human resource management，manufacturing strategy and firm performance. Academy of Management Journal，1996，39（4）．

［91］SCHEIN E H. Increasing organizational effectiveness through better human resources planning. Sloan Management Review，1977，19（1）．

［92］KAZAN H. A study of factors affecting effective production and work force planning. Journal of American Academy of Business，2005（1）．

［93］ROBERT M，CHERYL Y，ALBERT A. An executive perspective on workforce planning. California：RAND Corporation，2004.

［94］JACKSON S E，SCHULER R S. Human resources planning：challenges for industrial/organizational psychologists. American Psychologist，1990，45（2）．

图书在版编目（CIP）数据

招聘与配置 / 王丽娟，王青主编. -- 2 版. -- 北京：中国人民大学出版社，2025. 7. --（中国人民大学劳动人事学院系列教材）. -- ISBN 978-7-300-33271-0

Ⅰ. F243

中国国家版本馆 CIP 数据核字第 2024XV4584 号

中国人民大学劳动人事学院系列教材

招聘与配置（第 2 版）

主编 王丽娟 王 青

Zhaopin yu Peizhi

出版发行	中国人民大学出版社		
社　　址	北京中关村大街 31 号	**邮政编码**	100080
电　　话	010－62511242（总编室）		010－62511770（质管部）
	010－82501766（邮购部）		010－62514148（门市部）
	010－62511173（发行公司）		010－62515275（盗版举报）
网　　址	http://www.crup.com.cn		
经　　销	新华书店		
印　　刷	北京昌联印刷有限公司	**版　　次**	2020 年 7 月第 1 版
开　　本	787 mm×1092 mm　1/16		2025 年 7 月第 2 版
印　　张	18.75 插页 1	**印　　次**	2025 年 7 月第 1 次印刷
字　　数	430 000	**定　　价**	55.00 元

中国人民大学出版社　管理分社

教师教学服务说明

中国人民大学出版社管理分社以出版工商管理和公共管理类精品图书为宗旨。为更好地服务一线教师，我们着力建设了一批数字化、立体化的网络教学资源。教师可以通过以下方式获得免费下载教学资源的权限：

- 在中国人民大学出版社网站 www.crup.com.cn 进行注册，注册后进入“会员中心”，在左侧点击“我的教师认证”，填写相关信息，提交后等待审核。我们将在一个工作日内为您开通相关资源的下载权限。
- 如您急需教学资源或需要其他帮助，请加入教师 QQ 群或在工作时间与我们联络。

中国人民大学出版社　管理分社

教师 QQ 群： 648333426(工商管理)　114970332(财会)　648117133(公共管理)
教师群仅限教师加入，入群请备注（学校+姓名）

联系电话： 010-62515782，82501868，82501048，62514760

电子邮箱： glcbfs@crup.com.cn

通讯地址： 北京市海淀区中关村大街甲 59 号文化大厦 1501 室（100872）

管理书社　　人大社财会　　公共管理与政治学悦读坊